陶质彩绘文物保护修复材料性能及应用效果评价

容 波 赵 静 著

科学出版社

北 京

内 容 简 介

本书针对陶质彩绘文物保护修复需求，聚焦文物保护修复材料，系统梳理陶质彩绘文物保护修复材料应用现状，以现有保护修复材料为分析评估对象，基于文物保护修复原则，依据保护修复工艺特点设计模拟实验，实验室测试其吸收率、渗透性、表面性能、力学性能及耐老化性能，模拟保护修复材料抵御环境侵蚀的作用机制，研究用于陶胎加固、彩绘加固、残片粘接的保护修复材料等进入文物本体的作用机制；实验室研究保护修复材料服役行为，揭示保护材料与陶质文物作用的微观特征，结合行业需求，建立了陶质彩绘文物保护修复材料评价流程，构建了陶质彩绘文物保护材料效果评估的参数和方法，科学评估验证了已用保护材料及其保护工艺的效果，在行业内具有良好的应用前景，为陶质彩绘文物保护修复效果评价提供科学依据。

本书适宜于文物保护、科技考古、考古学等学科研究者及相关院校师生阅读参考。

图书在版编目（CIP）数据

陶质彩绘文物保护修复材料性能及应用效果评价 / 容波，赵静著. —北京：科学出版社，2022.10
ISBN 978-7-03-073317-7

Ⅰ.①陶⋯ Ⅱ.①容⋯ ②赵⋯ Ⅲ.①古代陶瓷–文物保护–研究–中国 ②古代陶瓷–器物修复–研究–中国 Ⅳ.①K876.34②G264.3

中国版本图书馆CIP数据核字（2022）第182666号

责任编辑：赵 越 王 蕾 / 责任校对：王晓茜
责任印制：肖 兴 / 封面设计：北京金舵手世纪图文设计有限公司

科 学 出 版 社 出版
北京东黄城根北街16号
邮政编码：100717
http://www.sciencep.com

北京汇瑞嘉合文化发展有限公司 印刷
科学出版社发行 各地新华书店经销

*

2022年10月第 一 版　开本：787×1092　1/16
2022年10月第一次印刷　印张：18
字数：420 000
定价：298.00元
（如有印装质量问题，我社负责调换）

序 言 一

　　陕西拥有丰富多彩、异常珍贵的文化遗产，这些文物蕴含着中华民族的生命力和创造力，传承着中华民族的文化基因，体现着国家的文化软实力。多年来，在陕西省文物局的组织指导下，秦始皇帝陵博物院开展文物科技保护国际合作、承担国家重大科研项目、培养复合型专业技术人才、积极申报行业重点科研基地，成立"文物保护科技创新联盟"，解决文化遗产保护领域的关键性难题，提升了文化遗产保护研究水平。秦始皇帝陵博物院致力于以秦兵马俑为代表的陶质彩绘文物及相关出土文物的科技保护研究，促进了科技成果的转化和应用，提高了秦兵马俑在国内外的知名度，推动了陕西经济和社会的全面、协调、可持续发展。

　　2014年，为促进优秀青年科技人员和创新团队脱颖而出，国家文物局组织实施文物科技保护优秀青年研究计划，旨在培养面向文博行业、面向世界、面向未来的一大批创新能力强的学术骨干和青年人才，并以此为突破口，加快推进文化遗产领域与交叉学科科学研究领域的深度融合和创新。陕西省文物局高度重视，认真组织落实，在全国文物系统首批优秀青年13项入选课题中，陕西省最终获批3项，容波同志主持承担的《陶质彩绘文物保护修复材料性能及应用效果评价》成功入选。该课题联合中国科学院上海硅酸盐研究所，集结多方青年学者，历经5年，主要针对以秦兵马俑为代表的陶质彩绘文物的保护修复，从实验室的科学研究到考古工地的抢救性保护、馆藏文物的保护修复、文博单位的推广应用，全链条提供研究和应用示范，此研究获得了多项科技奖项。

　　该项研究的重要成果之一即容波同志领衔所著的《陶质彩绘文物保护修复材料性能及应用效果评价》，针对以秦兵马俑为代表的陶质彩绘文物保护修复材料，通过实验室评估、现场应用，从微观到宏观，构建出文物保护修复材料与工艺的安全性、有效性及耐久性的评价流程，既为出土秦兵马俑保护修复奠定了研究基础，也为陶质彩绘文物保护修复材料研发提供思路，更为藏品的保管养护、预防性保护提供借鉴，同时让更多的人看到优秀青年计划促进了文物科技保护多学科的融合，提升了青年骨干的研究水准，使优青们在潮流和机遇中不断成长、成熟，培养了一批获得行业认可、具备良好国际视野和创新能力、领导力的学术型人才。如今，这批优秀青年已由技术骨干逐渐成长为学科带头人、首席科学家、资深学者,在专业研究项目中分享其专业知识和工作经验,成为年轻文保从业者的榜样。

我相信,改变未来的力量终将依靠青年,期待更多的年轻人通过长期刻苦的钻研和学习,积累丰富的专业实践经验,不断走向成熟,让文化遗产保护成果惠及广大人民群众,取得更为丰硕的成果,逐步构建起可持续发展、专业化、充满活力的优秀青年学术共同体,为我国的文化遗产保护事业贡献更大的力量!

衷心祝贺该书的出版,祝愿容波同志及秦始皇帝陵博物院文物保护研究团队取得更丰硕的成果!

罗文利

陕西省文物局局长

2020年12月

序 言 二

陶质文物在我国赋存众多，分布很广，对其的科学保护修复历经多年，虽有不少成果积累，但仍有许多技术难点和发展瓶颈需要突破。究其发展和现状，曾经或依然要面对的是：出土陶质文物价值认知的科学化程度，陶质文物劣化损坏机理的深化，保护修复材料和技术的针对性，保护修复效果评价的定量化和系统性。归纳起来，无外乎两类，基础科学问题和工程应用问题。

正是为了解决陶质文物保护修复领域的基础科学问题和工程应用问题，在国家文物局整体规划和专业布局框架下，2005年，秦始皇兵马俑博物馆获批"陶质彩绘文物保护国家文物局重点科研基地"。该基地的组建和运行，顺应了陶质彩绘文物保护修复的发展趋势，发挥了行业龙头的牵引作用，带动了一批基地辐射地区工作站的建立，有效推动了我国陶质彩绘文物保护修复科技的发展。基于该基地的学术定位，以需求为导向，从基础应用学科的材料科学角度，逐渐开展了以秦兵马俑为代表的陶质彩绘文物保护材料研究、材质结构蜕变及保护材料研发等方面的研究。

2014年，为促进优秀青年科技人才的成长，加快培养文物保护领域学科带头人，促进文物保护科技人才梯队建设，国家文物局组织实施了"文物保护科技优秀青年研究计划"的遴选，对入选的青年学者，采用经费支持、专家跟踪指导等方式，以期培育项目、发现人才。经过竞赛、答辩等多轮环节，容波同志成功入选这一计划，同时，他的"陶质彩绘文物保护修复材料性能及应用效果评价"研究计划也获准立项。显然，容波同志的这一研究计划与他在科研基地开展的前期研究是密切相关的，充分体现了需求导向的特征。此项研究计划作为国家文物局首批优青计划得以入选，使得他日常的研究真正有了走向深入的可能性，并为这本专著奠定了坚实的理论基础和学术价值。

历经5年，容波同志联合中国科学院上海硅酸盐研究所，集结了秦始皇帝陵博物院考古发掘现场保护的一线青年学者，针对以兵马俑为代表的陶质彩绘文物保护修复材料，统计调查陶质彩绘文物保护修复已用和在用的材料，梳理分析典型的文物保护案例，研究陶质彩绘文物保护修复材料性能的评价方法，通过实验室评价常用保护材料服役期间从微观到宏观的变化，构建出保护材料与工艺的安全性、有效性及耐久性的评价流程，为保护修复效果评价推广应用提供技术支撑，也为陶质彩绘文物保护修复材料研发提供思路，更为文博单位库房藏品的保管养护、预防性保护提供研究基础。在推广应用和案例实施过程中，联合国内文博单位，促成研究成果应用于陶质彩绘文物的保护修复，取得了良好的社会和学术影响。

《陶质彩绘文物保护修复材料性能及应用效果评价》正是对上述研究内容和成果的梳理和总结，该书通过实验室科学研究，依托于秦始皇帝陵博物院这一著名世界文化遗产地出土秦兵马俑的保护修复，形成了创新性的成果，这些成果不仅应用于出土秦兵马俑的保护修复，也应用到了国内部分文博单位出土陶质彩绘类文物保护研究当中，抢救了大量残损破坏、保存状况堪忧的陶质彩绘文物，提升了陶质彩绘文物保护的修复水平，积累了经验，开阔了视野，培养了陶质彩绘文物保护修复专业人才，推动了我国陶质彩绘文物保护修复的发展。

全书不乏回顾和积累，也透射出实验的科学、思辨的逻辑和希望的预测，若能为推动文物保护修复工作的科学化和规范化提供借鉴，则是作者最大的愿望。全书从陶质彩绘文物保护修复研究状况调查入手，展开科学实验研究，以陶质彩绘文物保护材料的未来研究与应用展望收笔，并通过相关案例介绍，对书中的重要观点和成果进行了佐证，显示出理论性和实践性并重的特点，从而具有较高的学术价值和参考借鉴意义。

作为秦始皇帝陵博物院陶质彩绘文物保护国家文物局重点科研基地学术委员会委员，我衷心祝贺该书的出版，祝愿容波同志在陶质彩绘文物保护研究与应用方面取得更多的成果，为推进文化遗产科学研究和保护技术的进步，推动文化遗产保护事业的发展做出新的贡献。

中国国家博物馆

2020年12月

目　录

第一章　绪论 （1）
1.1　陶质文物科技保护概述 （1）
1.2　陶质文物科技保护国内外研究现状 （2）
1.3　陶质文物保护存在的问题与不足 （6）

第二章　陶质彩绘文物保护修复材料研究现状综述 （7）
2.1　丙烯酸树脂 （7）
2.2　有机硅类材料 （8）
2.3　含氟树脂 （8）
  2.3.1　物理性能指标 （9）
  2.3.2　力学性能指标 （10）
  2.3.3　微观指标 （10）
  2.3.4　耐久性能指标 （11）

第三章　陶质彩绘文物的制作工艺及材质 （16）
3.1　陶质彩绘文物的制作材质 （16）
3.2　陶质彩绘文物病害类型及特点 （18）
3.3　陶质彩绘文物病害的产生机理和原因 （20）
  3.3.1　内部因素——彩绘层材质本身变化或老化所产生的病害 （20）
  3.3.2　外部因素——文物保存环境中对文物产生影响的各种因素 （21）
  3.3.3　病害机理 （24）
3.4　陶质彩绘文物病害评估流程 （24）
  3.4.1　基本信息收集 （24）
  3.4.2　病害识别 （24）
  3.4.3　病害测量 （26）

3.4.4　病害性质判定 ……………………………………………………………（26）
　　3.4.5　病害综合评测 ……………………………………………………………（27）

第四章　陶质彩绘文物保护材料性能评价研究 ……………………………（28）

　4.1　成膜性 ……………………………………………………………………………（28）
　4.2　显微和微观结构 …………………………………………………………………（28）
　4.3　秦俑模拟样块成膜 ………………………………………………………………（31）
　4.4　保护材料热稳定性 ………………………………………………………………（32）
　4.5　润湿性 ……………………………………………………………………………（36）
　4.6　薄膜性能测试 ……………………………………………………………………（37）
　4.7　接触角 ……………………………………………………………………………（37）
　4.8　吸水率及耐水性测试 ……………………………………………………………（38）
　4.9　黏度 ………………………………………………………………………………（38）
　4.10　抗压强度和孔隙率 ……………………………………………………………（40）
　4.11　光老化 …………………………………………………………………………（41）
　4.12　耐盐 ……………………………………………………………………………（42）

第五章　TEOS/PDMS-OH改性材料的实验室评价研究 …………………（45）

　5.1　保护材料及其测试方法 …………………………………………………………（45）
　　5.1.1　保护材料与制备方法 ………………………………………………………（45）
　　5.1.2　测试条件与试验方法 ………………………………………………………（47）
　5.2　保护材料和应用效果的性能评估 ………………………………………………（49）
　　5.2.1　TEOS/PDMS-OH改性材料 …………………………………………………（49）
　　5.2.2　改性氟硅材料 ………………………………………………………………（58）
　　5.2.3　改性明胶材料 ………………………………………………………………（63）
　5.3　小结 ………………………………………………………………………………（80）

第六章　陶质彩绘文物陶胎加固材料研究 …………………………………（81）

　6.1　常见文物加固材料 ………………………………………………………………（81）
　　6.1.1　无机材料 ……………………………………………………………………（81）
　　6.1.2　有机材料 ……………………………………………………………………（82）
　　6.1.3　复合材料 ……………………………………………………………………（83）
　　6.1.4　小结 …………………………………………………………………………（84）

目　录

6.2　传统保护材料及保护性能研究 …………………………………………（84）
6.3　保护材料加固后性能分析 …………………………………………………（91）
　　6.3.1　模拟样品烧制 ………………………………………………………（91）
　　6.3.2　保护性能测试 ………………………………………………………（92）
　　6.3.3　小结 …………………………………………………………………（97）
6.4　无机-有机复合材料及其保护性能研究 …………………………………（98）
6.5　复合材料性能研究 …………………………………………………………（98）
　　6.5.1　复合材料的制备 ……………………………………………………（98）
　　6.5.2　复合材料的性能测试 ………………………………………………（99）
　　6.5.3　复合材料保护性能研究 ……………………………………………（104）
6.6　无机-有机原位复合材料及其保护性能研究 ……………………………（109）
　　6.6.1　复合材料性能分析 …………………………………………………（109）
　　6.6.2　小结 …………………………………………………………………（114）
6.7　TEOS改性材料及其保护性能研究 ………………………………………（115）
　　6.7.1　改性材料的制备 ……………………………………………………（115）
　　6.7.2　改性材料性能测试 …………………………………………………（115）
　　6.7.3　样品的加固保护 ……………………………………………………（117）
　　6.7.4　小结 …………………………………………………………………（119）
6.8　加固材料用于陶胎模拟样品加固保护研究 ………………………………（120）
　　6.8.1　仪器与材料 …………………………………………………………（121）
　　6.8.2　模拟样品制备 ………………………………………………………（121）
　　6.8.3　实验结果与讨论 ……………………………………………………（121）
6.9　小结 …………………………………………………………………………（129）

第七章　秦俑彩绘保护材料实验室评价研究 ………………………………（132）

7.1　溶剂实验 ……………………………………………………………………（132）
7.2　加固剂筛选 …………………………………………………………………（132）
7.3　彩绘脱水方法的研究 ………………………………………………………（134）
7.4　新的研究思路 ………………………………………………………………（134）
7.5　抗皱缩剂筛选实验 …………………………………………………………（135）
7.6　加固剂的对比实验 …………………………………………………………（138）
7.7　单体渗透辐照聚合保护研究 ………………………………………………（142）
　　7.7.1　单体渗透、电子束辐照加固原理 …………………………………（142）
　　7.7.2　单体材料对比实验 …………………………………………………（142）
　　7.7.3　引发聚合方法的筛选 ………………………………………………（145）

7.7.4 电子束辐射（EB）固化工艺的研究 …………………………………………（145）
7.7.5 辐照加固彩绘陶片的科学检测 …………………………………………（149）
7.8 加固后生漆层剖面显微观察 …………………………………………………（150）
7.8.1 湿度对残片漆层的影响 …………………………………………………（150）
7.8.2 聚合物耐久性测试 ………………………………………………………（150）
7.8.3 对秦俑带彩陶片的实验与保护 …………………………………………（151）
7.9 结论 …………………………………………………………………………（151）

第八章 陶质彩绘文物修复黏接剂性能及筛选研究 …………………………………（153）

8.1 黏接材料及测试方法 …………………………………………………………（153）
8.1.1 黏接材料初步筛选 ………………………………………………………（153）
8.1.2 模拟样品的烧制 …………………………………………………………（154）
8.1.3 保护材料的性能分析 ……………………………………………………（156）
8.2 测试结果与分析 ………………………………………………………………（158）
8.2.1 黏接材料的性能分析 ……………………………………………………（158）
8.2.2 颜色变化 …………………………………………………………………（158）
8.2.3 分析结构变化 ……………………………………………………………（159）
8.2.4 材料应用于模拟陶质样品的黏接强度分析 ……………………………（169）

第九章 陶质彩绘文物保护材料未来研究展望 ………………………………………（176）

附录 ………………………………………………………………………………………（178）

附录一 河南城阳城址出土彩绘陶器黏接剂筛选研究 …………………………（178）
附录二 汉阳陵着衣式陶俑残余物生物检测初探 ………………………………（190）
附录三 永昌唐代青龙佛石造像的保护修复 ……………………………………（201）
附录四 山东济南华阳宫古建筑砖体阻水加固保护案例 ………………………（214）
附录五 荆门市博物馆藏东周彩绘陶方壶的保护修复 …………………………（226）
附录六 荆州博物馆馆藏陶质彩绘文物彩绘加固材料实验室评估研究 ………（236）
附录七 唐至元代耀州窑青瓷的科学研究 ………………………………………（248）
附录八 新疆和静察吾呼沟四号墓地出土单耳彩陶带流罐保护修复 …………（259）

Abstract ………………………………………………………………………………（271）

后记 ………………………………………………………………………………………（272）

第一章 绪 论

陶质文物是人类最早的发明创造之一。古陶器的发展演变与人类的生产和生活密切相关，是历史信息的重要载体。中国古代陶器是中华民族的先民们遗留下来最宝贵的财富之一，是具有中华民族鲜明特征的历史文化遗产，它一直伴随着中华儿女从原始社会走向文明社会。在近万年的发展演变中，陶器的产生是旧石器时代和新石器时代的分界标志，某些典型古陶器已经成为一些重要时代文化的代表符号。其内涵十分丰富，功能极为广泛，渗透于物质生活、精神生活及社会生活的各个方面，见证了中华文明的发展历程，是历史信息的重要载体，是考古学研究中建立器物类型学和断代发展序列最重要的实物资料之一，具有不可替代的历史价值、艺术价值和科学价值，这些古陶器的重要意义不言而喻。

1.1 陶质文物科技保护概述

陶质文物是指以硅酸盐为材质加工的艺术品，是人类创造的第一种新物质，主要包括四个类别，即素陶、彩陶、彩绘陶、釉陶四大类。素陶是指在烧窑后期，采用还原焰，使制陶原料中铁的氧化物大部分转化为二价铁，在这种情况下，烧成的陶器呈灰色或灰黑色，灰陶是陶器中最多的一种，质地较疏松、粗糙。彩陶是指陶坯未入窑焙烧前，用铁、锰等颜料在坯体上绘画纹饰，入窑后用氧化焰烧成。彩绘牢固地结合在器物表面，不易脱落。彩陶上的纹饰有变化多端的植物纹、形态各异的动物纹和几何形纹饰等。常见的器皿有饮食器、贮藏器和吸水器。彩绘陶是指在陶器烧成后进行彩绘，称"烧后彩绘陶"，彩色易剥落。秦始皇陵兵马俑即彩绘陶。釉陶是指表面施釉的陶器，一种胎呈灰色，胎质坚硬，器表带有透明的青灰釉，烧成温度达1200℃的釉陶，其性能已接近瓷器，也称这种釉陶为原始青瓷；另一种胎呈红色，表面施绿、黄、黄褐色的低温釉，釉料中有铅做助熔剂，称铅釉陶器，如唐三彩。

经调查统计，截至2010年，我国31个省、自治区、直辖市（不含港澳台，后同）现有陶质文物148万多件，占我国可移动文物总量的12.5%，其中一级文物近万件，此外，新出土的陶器还以每年逾万件的速度递增。陶器的历史从新石器时代至清末民初，有8000多年的历史，已基本上形成了规模宏大的收藏体系。陶器品种之丰富、质量之精湛，在世界文博界都具有重要的地位，已成为我国博物馆的特色收藏之一，是华夏民族祖先留给我们一笔巨大的珍贵文化遗产，为研究和弘扬我国古代灿烂的历史文化提供了丰富的实物资料。

国家文物局于1999—2003年组织实施了《陶瓷文物腐蚀损失调查》项目，调查结果表明：古陶器中存在盐析、表面酥粉、釉色蜕变、表面片状脱落、磨损等病害；陶质彩绘文物中存在大量彩绘层粉化、起翘、龟裂、脱落等病害。出现中度损害的约30%，重度损害的超过10%，古陶器的腐蚀损失状况相当严重，并呈日益加重之趋势。虽然陶器由于其自身材质比较坚固结实，耐风化能力强，但是由于长时期经历自然风化的影响、破坏，古陶器中有相当数量的易损性陶器，如彩陶、彩绘陶、釉陶等，长期处于缺氧、缺光照的潮湿环境，在发掘过程中，随着文物的暴露，文物所处的环境发生了巨变，极易因脱水、氧化等因素发生褪色、变色、脱釉、彩绘脱落等损毁。

1.2　陶质文物科技保护国内外研究现状

陶质文物的科技问题，大致可以分为以下四种类型：陶质文物科技考古研究，包括制作工艺、时代、产地；陶质文物保护基础研究，包括陶质文物加固材料筛选、陶质文物材质性能分析检测、陶质文物病害的分析检测和稳定性评估方法、风化机理研究等；陶质文物保护修复案例，包括针对陶质文物病害的清理、脱盐、加固、黏接、修复等具体操作步骤；陶质文物的养护及预防性保护、保护效果评估等。

陶质文物保护研究自19世纪在英国伦敦大英博物馆开展以来，发达国家对此一直比较关注。20世纪80年代以来，欧美发达国家开展了一系列的各类博物馆石质、陶质文物受损调查，取得了相当的成果，如Ashley-Smith，Jonathan所著的*Risk assessment Object Conservation*（《文物危险程度的评估》），从方法学角度客观实际地提供了一套评估文物危险程度的理论方法，并举例分析了陶器保护修复前评估病害程度的方法和措施。意大利文物保护修复专家Cesare Brandi所著的*The Theory of Restoration*（《保护修复理念》），将文物修复理论上升到哲学的高度，辩证的阐述修复中审美、艺术性、文物本体保护等方面的关系和方法。Rose Kerr，Nigel Wood所著的*Science and Civilisation in China*, Volume 5, *Chemistry and Chemical Technology Part 12, Ceramic*

Technology（《陶瓷技术：中国的科学与文明》第五卷《化学与化学技术12分册》），从石器时代晚期到21世纪，综合历史、考古、工艺和科学分析等多方面的内容，对中国陶瓷的发展历程进行了比较详尽、全面的回顾和研究，详细介绍了中国陶瓷制品制作、上釉和烧制的过程。Prudence M. Rice所著的*Pottery Analysis*（《陶器分析》），从考古学、民族学、艺术风格、功能、物理、化学等方面的内容，将陶器作为一个切入点，深入研究相关的人群和文化，并细致地分析研究了从史前到现在陶器的制作方法。Cronyn J. M.所著的*The Elements of Archaeological Conservation*（《考古文物保护的要点》）详细评价了现有的保护技术和规程，包括发掘现场、实验室、库房和展览馆内艺术品的内涵、破损的原因、对其进行的检测和处理；概括了文物损坏的原因、保存的必要性和相应的保护技术，涉及金属、有机、陶器及其他材质的文物。Garry Thomson所著的*The Museum Enviroment*（《博物馆环境》），从预防性保护的角度论述了博物馆中光、湿度和空气污染所造成的损害及预防措施，并列举了大量案例阐述了陶器的养护办法。Emiliano C.所著的*Managing Conservation in Museum*（《博物馆文物保护的管理》）介绍了文物信息管理方面的知识，对理解、评估陶器价值，以及库房养护和实验室修复技术方面进行了阐述。

国内关于陶器科技保护修复的专业书籍相对较少，仅仅偏重介绍科技保护修复理念和陶器修复技术案例，关于陶器科技检测的分析则较匮乏。王蕙贞在《文物保护学》中对陶器的清洗、黏接、加固、修补、表面封护的材料和方法进行了介绍。王成兴在《文物保护技术》中对陶器修补、加固等保护修复材料的使用进行了论述。贾文忠在《文物修复与复制》中介绍了陶器修复、复制技术及陶器修复常用的工具、设备和材料。贾文熙在《文物养护复制适用技术》中介绍了陶质文物的洁除与养护。这些著作对于馆藏陶器修复理念和养护介绍较多，但尚未形成系统性的陶器科技保护著作。Sharon Zuckerman对来自希腊古代都市迈锡尼文明的陶器起源进行了研究，通过中子活化分析，表明大量陶器轮廓很相似，可追溯到伯罗奔尼撒半岛东北部，此研究结果有助于深入理解地中海沿岸青铜时代晚期的文化和历史背景。Sevim Akyuz研究了土耳其阿伊努地区公元前5世纪的古陶器残片，采用了显微红外和激光拉曼光谱分析，并以EDXRF和X射线衍射作为辅助，结果表明古陶器的烧制温度为750℃—800℃。Civici N.采用X射线荧光、EDXRF光谱，分析了土红色陶器的制作材料，并对其产地进行研究。Iordanidis A.应用多种仪器分析方法，如XRD、XRF和扫描电镜等，解析古希腊北部艾阿尼考古现场出土的古陶器形态、化学性能和矿物学特征。研究结果表明，这批陶器制作起源于古希腊晚期，成分中包含大量古代硅酸盐及其他未加工原料，均与陶器的特殊用途有关，添加辉石、长石矿等成分，将烧成温度提高至900℃左右。意大利米兰大学学者Paola Fermo运用化学和化学计量学分析技术，对拜占庭时期（5~6世纪）的突尼斯古代陶器进行测试，应用电感耦合等离子体原子发射光谱（ICP-AES）和电感耦合等离子体发射光谱（ICP-OES）确定了陶器中所含的14种元素。法国学者

Sciau Ph. 基于文物样品取样特点，拓展已有的离子光束系统、电子显微镜系统、X射线同步加速器FBI系统，搭建新的测试平台研究古陶器物理化学性能。Erdem A. 应用激光诱导光谱仪LIBS对铁器时代土耳其东部的陶器进行研究，通过化学计量学鉴别不同陶片。研究结果表明，通过LIBS技术可以对陶片进行定性和定量分析，提供相关黏土的组分。Velraj G. 运用热膨胀法、傅里叶红外光谱测试印度三处考古遗址出土陶器的烧成温度，并用扫描电子显微镜、偏光显微镜、X荧光等仪器分析检测陶胎性能与结构。Annarosa Mangone通过扫描电镜（SEM）、能量色散X射线谱（EDS）、电感耦合等离子体发射光谱（ICP-OES）和原子吸收光谱（AAS），调查意大利卡诺萨城堡考古遗址出土的彩绘釉陶，确定陶器及其表面颜料和釉的物质成分。但上述这些工作主要集中在陶器性能检测与工艺分析上。

我国陶质文物科学保护工作起步较晚，20世纪60年代起，陶质文物保护技术研究主要针对的是墓葬出土陶器的保护修复工作，先后对半坡遗址出土陶器、仰韶遗址出土陶器、龙山出土陶器、秦汉陶俑、汉代釉陶、隋唐三彩等开展了考古发掘现场陶器的清理、保护、修复工作，通过机械清理、物理除垢、化学加固等技术方法，应急性地解决了陶质文物的主要病害问题，取得了较大的成绩。从20世纪80年代起，随着各研究机构对文物科技保护的重视，陶质文物科技保护研究逐步开展。上海硅酸盐研究所将化学分析法及物理形态观察法运用在考古学陶器研究中，为研究中国古代制陶工艺开辟了一条新路线。1989年，处于筹备中的中国科技考古学会，为广大高校、科研院所热爱科技考古的学人们提供了很好的交流信息的机会，此后，古代陶瓷器的研究成果报告成为中国科技考古学会的一项内容，各种测试报告及学术结果不断涌现。随后，中国科学技术大学科技考古联合重点实验室采用EDXRF探针技术，测试了若干陶瓷样品中的常量元素及微量元素，在利用多元统计中的因子分析处理成分数据，对各样品的因子得分，用因子轮廓图和聚类分析图来表示，从釉的微量元素上区分陶瓷，反映出样品中所隐含的产地信息，从而为汝瓷科技鉴定和其他古陶瓷的产地分析提供了参考。郑州大学用中子活化分析古陶样品，研究认为：古陶器腐蚀表面次沉积元素变化可以导致化学成分数据的改变，并严重影响统计组排序。从Bonn所测的元素中，对这个变化过程具有最强影响的是Ca、碱金属Cs、Rb、K和Na，且它们在表面样品中剧烈减少；此外，稀土元素，特别Sm、Eu和La也有较大的影响。王建平、陈铁梅为揭示广东博罗梅花墩、银岗、横岭山三地古陶器的产源、烧造工艺、技术传播和文化交流等方面的情况，用波长色散X射线荧光分析（WDXRF）、仪器中子活化分析（INAA）同时测量了这三个地点所出38片西周至春秋、战国硬陶中Al、Ba等元素的含量，并用主成分分析分别处理了测量数据。两套数据的分析结果均表明，梅花墩、银岗和横岭山的硬陶原料互不相同，各地点硬陶可能主要是"自烧自用"。数据分析还表明在南方各省区中，广东硬陶具有Al_2O_3含量偏高这一明显的地区特征。李乃胜测试分析了凌家滩"红陶块"的物相组成、烧成温度、吸水率与抗压强度，同时对比分析了明砖、汉砖、现代砖的物理性能，发现"红陶块"系黏土原料在950℃以上温度烧制而成的，其吸水率和抗压强度由外向内呈梯度变化，内层的抗压强度、吸水率接近现代砖和汉砖，业已超过明砖样品，所有这些分析结果，皆支持考古学家关于凌家滩"红陶块"为砖的雏形这一推测。

另外，杨军昌等介绍了X射线照相技术在文物及考古学研究中的应用，采用X光照相技术照射汉阳陵出土彩绘陶俑，展示了器物的工艺痕迹，反映了陶俑的保存状况，有助于考古出土文物线图的绘制等。上海博物馆文物保护与考古科学实验室对古陶器热释光测定年代进行了深入的研究，对"细粒混合矿物技术"和"粗粒石英技术"做了详细的论述，对影响古剂量和年剂量测量准确性的一些复杂因素和解决方法进行了分析。西安文物保护修复中心分别采用了热释光技术、X射线对黑色陶俑的制作工艺、微观结构、成分及元素、颜料等进行分析，从几个方面综合论证，从科学角度诠释分析结果的可靠性、相关性，并进行辨伪分析，为科学综合分析陶器鉴别应用方面做出有益的尝试。吴瑞等通过热释光、综合化学分析等方法，发现仙人洞遗址出土陶片的主次量元素组成随着年代的变化出现有规律的变化，而微量元素组成则与出土地层有一定的相关性。目前，此领域已经逐渐成为科技考古热点研究之一。

从20世纪90年代开始，国家文物局组织开展多项陶质文物保护技术研究课题，经过大量实验室和现场研究，在部分方面已经取得了很大的进步，并比较稳妥地解决了一批馆藏陶质文物保护的问题。如南京博物院的"高分子材料在陶、砖及骨角质文物中的渗透加固与保护研究"，秦始皇帝陵博物院的"秦俑彩绘保护技术研究"，安徽省文物考古研究所"陶质文物的高分子材料渗透加固与保护研究"，尤其以"秦俑彩绘保护技术研究"较有特色。秦始皇帝陵博物院科研人员与德国巴伐利亚州文物保护局合作，从损害机理入手，研发出两套较为成熟的秦俑彩绘加固保护方法，即抗皱缩剂、加固剂联合处理保护方法和单体渗透、电子束辐照固化加固保护方法，用该办法保护了整体彩绘的秦俑，并推广应用于凤翔唐代彩绘俑、汉阳陵、秦陵百戏俑坑和秦陵6号陪葬坑出土的彩绘俑保护中，取得了较好的效果。

从目前的资料来看，陶质文物科技研究领域内对各种病害的分类、产生机理等进行一系列科学的分析、研究，但是如何量化、明确病害程度、确立陶质彩绘文物病害的分类类别和与之相对应的标识符号还没有达成共识，虽然在文物保护的其他领域有所涉及，但是整体来看在整个行业中这一问题还没有得到足够的重视。

陶质彩绘文物的颜料褪变色、彩绘起翘等现象较为严重，是彩绘文物保护的重要课题。雷勇用扫描电子显微镜、热分析仪、孔隙率检测仪、X射线衍射仪、傅里叶红外分析等手段对秦兵马俑样品进行了相关的理化分析，并根据分析结果，对秦俑的风化状况进行了初步评估。实验结果表明，秦俑没有发生大规模的、可觉察的内部风化现象，但表面出现了轻度风化，并有少量陶俑表面发生了明显的酥解现象。研究结果表明，陶俑的保护，特别是表层防风化问题应当作为秦俑保护的重要研究内容。容波运用偏光显微镜对秦兵马俑残片中的一些矿物质（石英、长石、云母等）颗粒的分布形态和含量进行分析，以获取陶土的成分结构、制作工艺、烧成气氛及原料来源等信息。结果表明，秦俑陶片主要成分为少量砂屑及大量黏土，而黏土为岩土矿风化的产物，秦俑残片裂痕较多的部位风化、酥粉痕迹明显。秦俑制作工艺以模为主，模、塑结合，并在黏土中添加了细砂，多于还原气氛中烧制而成。

中德合作项目"秦俑彩绘保护技术研究"通过细致地观察，激光全息摄像仪器测试，以及彩绘材料分析等研究，揭示了彩绘损坏的机理：秦俑彩绘之所以难以保护，与其特殊的层次结构、所用材料的特性及出土时的保存状况有关。彩绘的颜料调和剂及大漆底层均已老化。颜料层内部的凝结力，各层彩绘之间、底层与陶体之间的黏附力都很微弱；特别是底层（大漆层）对失水非常敏感，出土后，环境变化使得漆层失水，引起漆层剧烈收缩、龟裂、起翘、卷曲，造成彩绘脱离陶体的现象。由于秦俑彩绘中有这样一种质地致密、呈连续膜状的大漆底层，常用的天然及合成的高分子加固剂不能渗过底层，在底层和陶体之间起加固作用。况且，一般的加固剂也不足以抵御漆层因失水而引起的剧烈皱缩。秦俑彩绘保护技术研究课题组针对彩绘的脱落机理，提出了新的保护思路，在实验室获得了两套有效的保护方法，成功保护了秦俑彩绘。

总之，陶质文物保护研究领域已有一些研究成果，其中成分分析、病害原因的研究较多，比如在分析检测方面，许多分析测试方法已被应用到陶器成分分析、年代测定、制作工艺及形态分析中，并通过利用或建立一定的数学模型，分析已获取的信息，来揭示当时人们的制陶技术、社会组织形态，进而研究群体之间的交往，描述人们与周边自然环境的关系、人群迁徙途径及文化的传播流向，同时为科学保护提供依据。在颜料调和剂研究方面，国内外相关研究都只对文物中颜料调和剂的种类进行了鉴定，而对于颜料调和剂的降解程度，其与彩绘颜料产生病害的关系研究则较为缺乏。

1.3　陶质文物保护存在的问题与不足

陶质文物保护技术研究较少，也较零散，系统的、深入的研究很少；对陶质彩绘文物的保护研究，尤其是考古发掘现场的保护技术研究，多为应急性的处理，罕有成熟、系统的综合保护应用技术。由于没有从根本上了解文物本身的性质和腐变的机理，长时间保护工作的进展不大，也未得到社会的重视和投入，个别案例更缺乏科学的、针对性的措施。

随着文物保护科技的发展，国家对文物科研基础工作的加大投入，相信陶质彩绘文物保护工作会逐渐受到重视，尤其是系统性文物保护工作的开展，对陶质彩绘文物保护技术的标准化、规范化的关注也会越来越深入，进一步走向完善，未来几年将会有更多、更详细的研究成果出现。

第二章

陶质彩绘文物保护修复材料研究现状综述

陶质彩绘文物暴露在自然环境中，经风化、风蚀、雨蚀、污染、霉变的不断侵蚀，表面彩绘更易受到损害，造成起翘、脱落，研究彩绘加固材料是陶质彩绘文物保护的重要环节。使用保护材料渗透是实施彩绘加固最直接有效的方法。一般来说，要求保护材料黏度低、渗透性好、耐候性好，与彩绘文物有较好的黏结力、附着力和相容性，且不改变彩绘文物外观，保护材料发生老化后不产生对彩绘文物有破坏的新物质。

自19世纪以来，关于文物彩绘保护材料的研究就受到欧洲等地学者的关注，最早使用的保护材料以天然高分子材料为主，包括蜡、油、蛋类等。20世纪60年代开始，随着各类合成树脂研究的兴起，高分子聚合物被引入文物保护领域，丙烯酸树脂、有机硅树脂、含氟聚合物等都在文物彩绘保护中有所应用。但是，针对文物彩绘，国际上还没有一种保护材料能达到完美持久的保护效果。近十多年来，学者们通过对陶质文物保护的各类材料进行评估，指出了各类材料在使用中的不足。

2.1 丙烯酸树脂

丙烯酸树脂是一种常用的文物彩绘保护材料，常用于文物的黏接、加固。Carretti等人通过测量壁画毛细水上升系数、水蒸气渗透系数、水接触角、比表面积和孔径分布等，研究了丙烯酸聚合物应用于文物表面彩绘的物理化学行为，结果表明丙烯酸共聚物明显改变了彩绘画面的物理结构和性能，使用树脂后，表面的亲水性大大降低，同时水在表面蒸发的速率也降低，完全不利于壁画的保护。Duffy通过测试五种常用丙烯酸类材料的剥离强度、黄变度和干膜的溶胀性，发现丙烯酸材料用于文物基材后的一定时间内，就会发生变色、剥离强度变化等现象，指出丙烯酸类材料的长期可靠性值得怀疑，老化后的不可逆问题应进一步深入研究。

2.2 有机硅类材料

有机硅作为很好的防水材料，在文物封护中使用广泛。Mosquera等的研究发现，正硅酸乙酯加固文化遗产后有明显的收缩现象，生成物的质地过硬，容易产生微收缩裂纹和堵塞陶质文化遗产的微孔，从而加速文化遗产的损坏。George研究了有机硅树脂加固石质文物的过程，发现有机硅树脂固化时其结构发生了变化。树脂内部应力的存在导致其在交联反应过程中发生卷曲，当卷曲力大于黏附力时，不会形成连续的硅树脂膜，故在岩石等多孔介质中形成的加固体的功效较差。

2.3 含氟树脂

近年来，由于含氟树脂的憎水性和耐候性比较好，已有许多研究应用的报道。Poli等人将两种含氟的丙烯酸共聚物用于三种意大利石材上，测试了使用前后石材的颜色、水渗透性、表面状况等，结论是使用高分子材料作为保护涂覆剂必须要考虑受体文物本体的物理和化学性质，否则会改变文物本体原貌并造成潜在危害。可以看出，受历史和技术条件的限制，保护材料的应用仍然带有较大的盲目性，经常可以看到因保护材料使用不当引起的文物本体表层剥离、变色等破坏现象。另外，随着时间的流逝，越来越多的保护修复材料留在了文物本体上。这些遗留的材料，有的目前还在发挥着保护功能；有的已经开始劣化，逐渐丧失作用；有的则已分解或失效，甚至在加速文物本体的破坏。随着现代合成材料越来越广泛的使用、文物保护修复项目的急剧增多，保护性破坏问题越来越严重地凸显出来。保护材料应用于文物本体以后的作用机制和失效规律已经成为文物保护领域中迫切需要解决的基础科学问题。

中华人民共和国成立以来，我国的文物保护科技工作已经从传统技术保护向现代科学技术保护转变，虽然取得了进步和发展，但是文物保护材料基本上还是从工业等其他领域所使用的通用材料中挑选，尚未出现专门为文物保护研发订制的保护材料，以至于在文物保护实践中，由于材料选择不当而造成文物损毁的情况也不是个案。文物保护材料进入文物本体材料后，在不同环境因素（温度、湿度、光照、氧、化学介质、生物介质）等的作用下，或在保护材料自身因素（化学成分、相结构、分子构造及官能团）的作用下，引起文物材料本体物理化学性质和机械性能的改变，最终使文物材料本体丧失艺术、科学价值。对文物保护材料而言，称之为材料失效，这是一种不可逆的物理、化学变化,称为"劣化"[1]。文物保护材料失效主要发生在其保护过程中,俗称老化。文物保护材料失效,主要是内外因素综合作用的结果。外因是指材料所处的外界环境因素的作用,如物理因素、化学因素、生物因素等;内因是指化学成分、分子量分布、组织结构等因素[2]。从材料科学来讲,文物保护材料评价指标分为如下几类。

2.3.1 物理性能指标

物理性能指标是最直观评价材料性能的指标,主要有表面表观变化(通过目测试样发生局部粉化、龟裂、斑点、起泡及变形等外观上的变化)、光学性能(光泽、色变和透射率等)、物理测定方法(如相对分子质量、相对分子质量分布、溶液黏度、熔融态黏度、质量等)。Bajsic等认为分子量是表征高分子材料老化性质的最重要的参数之一[3]。由于分子量对材料性能的重要性,Kucera认为在一般条件下,高分子的老化过程会伴随着分子量的下降和质量损失,因此,分子量的变化与老化过程有关[4]。Bretz等在研究尼龙66疲劳破裂与分子量间的关系时发现,随着分子量的增大,材料疲劳老化的敏感性降低,而分子的大小、长度,又决定高分子材料的机械性能和溶液性质(黏度)。其中,对最为常见的文物保护材料——高分子薄膜材料进行氙弧灯曝晒颜色和外观变化的测定,规定了将高分子薄膜材料暴露于实验室光源下,以评价其在这种暴露条件下颜色和外观变化的方法[5]。根据光泽、颜色、厚度的变化,主要的国标有色漆和清漆(不含金属颜料的色漆)漆膜之20°、60°和85°镜面光泽的测定、涂膜颜色的测量方法[6]、色漆和清漆漆膜厚度的测定、磁性金属基体上非磁性覆盖层厚度的测量方法[7]。

Gonzalez-Velasco等[8]在通过研究聚合物热氧老化动力学过程以预测Poly(2-Hexyne)使用寿命的过程中,也认为分子量指标对评定烯烃类塑料氧化老化的灵敏度要大大高于测定吸氧量或分析新生成的含氧基团的灵敏度。有学者通过测定聚丙烯腈和聚酰胺特性黏度,研究了分子量和老化系数及老化性能之间的关系,发现老化过程为断链的高聚物,由于老化过程中分子量与老化系数之间存在对应关系,可以用分子量作为预测的物理量,进行老化系数的计算,在此基础上对材料的使用寿命进行预测[9]。此外,有学者利用模拟老化方法在0~250h和60℃、100℃、130℃的条件下,分别研究了道路沥青老化过程中,其组成与分子量分布的变化,通过分析直观的分子量分布变化曲线,结果表明:低温短期老化时沥青的分子量增加,分散度变大,即使随着温度升高也可以观察到分子量的变化,并进一步利用聚集态和分子量的概念解释了沥青老化的机理[10]。

2.3.2 力学性能指标

材料的实际应用涉及强度，因而必然要研究其力学性能。材料的力学性能是评价材料在变形和破坏情况下的重要性能指标，主要有拉伸强度、断裂伸长率、弯曲强度及冲击强度等。涉及实验方法有：塑料拉伸性能试验方法[11]、塑料弯曲性能试验方法[12]、塑料薄膜拉伸性能试验方法[13]、硫化橡胶耐臭氧老化试验动态拉伸试验法[14]、硫化橡胶或热塑性橡胶拉伸应力应变性能的测定，具体应用参照国家标准或行业标准进行。

2.3.3 微观指标

在研究高分子材料的老化时，除了用某些宏观物理机械性能作为评价标准以外，更应该采用一些微观分析方法。特别是当建立人工老化和大气老化之间的相关模型时，微观分析方法显得更为重要。目前，聚合物降解的检测和分析方法很多[15]，有热分析法（差热分析DTA、差示扫描量热法DSC、热重分析法TGA及热机械分析法TMA）[16]、化学分析法（氧吸收法、过氧化物基团的测定、羰基的测定、羧基的测定）、色谱法、质谱法、光谱法、核磁共振NMR、电子自旋共振ESR、动态热-力分析DMA、激光解析电离-飞行时间质谱（MALDI-TOF-MS）[17]等。由于文物保护材料微观结构变化到一定程度之后才会反映到宏观性能上，所以也常根据微观结构变化来比较快速地表征高分子材料的老化过程[18]。Raghavan等[19]利用AFM显微镜研究了室温下聚酯在碱性溶液中的老化特性、测量材料表面膜的成分和化学特性。例如金属材料腐蚀形貌、聚合物薄膜的渗透、包装薄膜的热封、橡胶的氧化及聚合物表面发生的许多反应特性等，并借助于原子力显微镜观测了未老化和不同老化条件下XLPE电缆的结构形态变化，得到了纳米尺度的结构细节，通过对比研究经低能电子束轰击和现场老化的XLPE试样表面，发现二者具有相似的结构特征，为建立电老化与结构改变之间的关系提供了有力的手段[20]。除了用于材料微观结构的研究外，还利用原子力显微镜纳米压痕法研究GrAl复合材料热循环后的微观力学性能，进一步分析了性能与结构的关系[21]。Chang等[22]则利用单一升温速率（Flynn's，Boride's Method）及多重升温速率（Ozawa's Method）的方法，在TG曲线三个区段中分别计算出聚氨酯热氧老化反应的表观活化能，并进一步解释了热氧老化的机理。虽然热分析具有快速敏捷的特点，但由于它本身不涉及材料的实际老化过程，只是经验性的，并且理论上只适合于老化过程属于单一活化能的反应，因而具有不足之处[23]。武汉大学吕桂英等[24]从实验、测试和途径三个方面阐述了高分子材料的老化与防老化评价方法。近年来，由于环境扫描电镜、长距离显微镜检测技术的发展，在材料微观分析上可检测到高分子老化初期的细微变化，朝精确预测材料使用寿命又前进了一大步。

2.3.4 耐久性能指标

耐久性能指标主要有耐磨、抗紫外线、抗生物、抗化学、抗大气环境等。李宏松[25]从文物岩石材料劣化特征、劣化机理和评价方法三个方面进行了研究。郭艳敏、高峰[26]从湿度、温度和辐射三方面出发，来研究文物保护材料耐气候老化性能测试方法。韩国强[27]初步建立了一套加固效果评价指标体系与评价实验，为土遗址化学加固实验研究提供指导。雷涛筛选出石质文物表面封护材料、加固材料和黏接材料的主要性能指标，建立它们的评价方法，提出其合理的评价标准，最后将评价方法和评价标准应用于重庆大足石刻的模拟试样上。根据石质文物病害机理和对保护材料的性能要求，筛选出石质文物保护材料的主要评价指标：固含量、表面张力、黏度、渗透性、抗老化性、附着力性能、透气性等[28]。赵静[29]开展了高分子文物保护涂层材料的稳定性能及其在彩绘文物保护中的应用研究。赵强[30]研究了合成高分子和有机硅低聚体这两类表面封护材料，对含氟、含硅类高分子材料进行选择、试验及改性，并对石材试样进行了固化物形成周期、憎水性、透气性等方面的研究。和玲[31]对多孔文物结构特点、风化条件和特征、目前国内外的相关文物加固保护材料及表面封护材料的种类、性能、应用条件、保护效果、评估方法等进行全面系统的综述，为进一步了解多孔质无机文物保护材料存在的问题或缺陷提供了可能；并通过含氟聚合物结构特点、独特的性能、研究进展，展望了含氟聚合物在文物保护中的应用前景。刘强[32]在天然生成的草酸钙生物矿化保护膜的启示下，根据"生物矿化"原理，提出了采用"仿生"方法对石质文物进行保护的新思路，仿生合成了一系列无机生物矿化保护材料。潘月雷[33]利用工业品含氢硅油制备有机硅改性甲基丙烯酸烯丙酯单体（即甲基丙烯酰氧烃基硅油），并与其他丙烯酸酯单体进行乳液聚合，从而得到有机硅-丙烯酸酯共聚水乳液，初步考察其对石质文物保护的应用性能。徐雷雷[34]以古代造纸方法抄造并经加速老化模拟自然老化下的纸张为应用实验对象，分别研究制备了一种与纸张纤维相容性优异的天然高分子材料——醋酸丁酸纤维素、淀粉为主，交联剂、纳米材料为辅的加固保护胶液。在深入分析研究纸质文物损害机理和现有保护方法的基础上，结合纸质文物的保存现状及文物修复要求，采用一种化学合成方法，制备出与纸张纤维相容性好的天然高分子改性材料。田仕鹏[35]通过将复合纳米粉末加入到具有低表面能的有机物基体中，制备了一种具有优异防风化保护效果的无机-有机纳米超疏水性复合涂层，并对其作为石质文物保护材料的保护效果进行了评估。杨富巍[36]概述了土遗址和石质文物等不可移动文物的病害类型、破坏机理、保护方法、保护材料及传统砌筑灰浆的研究现状和存在问题，并结合当今文物保护材料的发展趋势，以潮湿环境土遗址、古建筑和石质文物的原址加固保护为目标，在课题组前期工作的基础上，开展了传统胶凝清理文物表面污垢的研究。高岩磊[37]研究了环氧树脂黏合剂在实验室模拟环境水溶液介质和热空气条件下的老化行为，分别测定胶粘剂在水、5%NaCl、10%H_2SO_4、10%HCl、10%NaOH、湿热条件和热空气中老化后环氧胶接性能的变化，探讨了表面预处理和外加载荷对其老化行为的作用，为黏合剂在不同环境中的老化过程和寿命预测提供了理论基础。环氧树脂黏合剂在不同温度、不同介质中老化后的胶接强度测量、红外光谱与扫描电镜分析结果可知，提高温度能够加速环氧黏合剂在介质中的老化；介质的种类和属性也能影响其老化寿命，环氧树脂黏合剂在不同介质中的耐久性顺序为：水＞盐溶液＞碱性介质溶液＞酸性介质溶液。郑秋闰等[38]采用一种评价聚丙烯抗老化性能的氧化诱导测试新方法——前段以传统方法测定氧化诱导温度（Tind）的恒定速率升温，后段以传统方法测定氧化诱导时间（OIT）的温度恒温（即升温-恒温氧化诱导测试法），测定了添加不同含量抗氧剂Irganox B215的聚丙烯的抗氧化性能。这种氧化诱导测试法的特点是起始温度较低，以恒定速率升温至某一较高温度后恒温。实验结果表明，这种氧化诱导测试法简便易行，准确可靠，避免了容易引起误差的因素，能准确反映试样的热氧老化性能[39]，用该方法测定的OIT能与用传统方法测定的OIT相互换算，可作为对高分子材料抗老化性能初步测定的通用方法。王小军等[40]从高分子材料老化过程中外观变化、力学性能变化、电性能变化、波普性能变化这四个方面综述了高分子材料的老化表征方法，展望了表征高分子材料老化的研究方向。谭晓倩、史鸣军[41]综述了高分子材料老化机理及目前国内外各种高分子材料老化实验研究方法，并在现有的基础上，对高分子材料将来的研究进行了展望。孙彦红等[42]整理和归纳了近几十年来有机高分子材料使用寿命的预测方法，对由新检测技术的出现而发展起来的新预测方法进行了总结和评述，列出了高分子材料寿命预测的常用标准，同时，还就该领域的研究趋势进行了展望。周勇[43]介绍了由高分子材料老化引起的外观、物理性能、力学性能、电性能的变化；分析了引起高分子材料老化的内在因素和外在因素，阐述了自然环境老化实验、人工加速老化实验、耐候性实验、热老化实验、湿热老化实验、臭氧老化实验[44]、盐雾腐蚀实验[45]、耐寒性实验、抗霉实验等老化评价方法和物理性能、力学性能、微观分析、耐久性能及系统分析技术等老化性能的评价指标；并对老化预防措施进行了展望[46]。

综合分析国内外相关文献，已有文献大多从现有文物保护材料的本身性能入手，通过模拟样块的曝晒实验和室内加速老化实验研究，利用现代分析测试手段对文物保护材料介入的表观状况、理化性能进行检测，但针对陶质彩绘文物表面彩绘加固保护材料的研究较为鲜见。由于陶质文物彩绘自身的多样性、保护工艺的复杂性，目前对于陶质文物彩绘保护材料介入文物后的服役行为方面的研究仍未能深入开展，多学科、系统化的文物保护材料性能综合评估尚未开展，进行分子水平的微观结构分析，采用数值模拟与实验研究相结合的方法，综合研究陶质文物彩绘保护材料介入文物后的作用机制，通过老化动力学研究获得数学模型、预测保护材料服役寿命，最终构建陶质文物彩绘保护材料评估流程，为新型陶质文物彩绘保护材料研发及实施保护修复提供重要基础。

注　释

[1]　化工部合成材料研究院、金海化工有限公司：《聚合物防老化实用手册》，北京：化学工业出版社，1999年，第97页。

[2]　刘景军、李效玉：《高分子材料的环境行为与老化机理研究进展》，《高分子通报》2005年第3期。

[3]　Bajsic E G, Rek V, Sendijarevic A, Sendijarevic V. Polyimide: Fundamentals and applications, *Polym Degrad and Stab*, 1996, 52: 223.

[4]　Kucera M, Lanikova J. Evaluation of barium hydroxide treatment efficacy on a dolomatic marble, *J Polym Sci*, 1961, 54 (160): 375.

[5]　Bretz P E, Hertzberg R W, Manson J A. Natural deterioration and conservation treatment of the granite standing Buddha of Daejosa temple, *J Appli Polym Sci*, 1982, 27: 1707.

[6]　中国计量科学研究院等：《GB/T 3977.颜色的表示方法》，国家技术监督局出版社，2008年。

[7]　德国标准化学会（DIN）：《DIN EN ISO 2360，漆膜厚度的测量》，国家技术监督局出版社，1995年。

[8]　Gonzalez-Velasco J R, Gonzalez-Marcos J A, Delgado J A. Sustainable environmental protection of stone monuments of Bhubaneswar, *Chem Eng Sci*, 1996, 51 (7): 1113.

[9]　Chang J Y, Johnson J F. Epoxy-silica polymers as restoration materials, *J Appli Polym Sci*, 1973, 17 (7): 2123.

[10]　刘忠安、金鸣林：《特种沥青性能测试》，《公路》2001年第5期。

[11]　中国轻工业研究院等：《GB1040-92塑料拉伸性能试验方法》，国家技术监督局出版社，1992年。

[12]　中国轻工业研究院等：《GB/T 9341-2000塑料弯曲性能试验方法》，国家技术监督局出版社，2000年。

[13]　中国轻工业研究院等：《GB 13022-1991塑料薄膜拉伸性能试验方法》，国家技术监督局出版社，1991年。

[14]　中国轻工业研究院等：《GB/T 13642-1992硫化橡胶耐臭氧老化试验 动态拉伸试验法》，国家技术监督局出版社，1992年。

[15]　Broido A. Determination of the impregnation depth of siloxanes and ethylsilicates in porous material by neutron radiography, *J Polym Sci, Part A-2 Polym Phys*, 1969,7 (10):1761.

[16]　Kucera M，Lanikova J. Biomimetic pathways for assembling inorganic thin films, *J Polym Sci*, 1961, 54 (160): 375.

[17]　Eguchi T，Tamura N. Calciumoxalate and sulphate containing structures on the thallial surface of the lichen Ramalina lacera: response to polluted air and simulated acid rain, *J Phys Chem*, 1973, 77 (1): 40.

[18] Birkinshaw C, Buggy M, Daly S. Investigations on limestone weathering of letup minaret elmehalla, Egypt case study, *Polym Degrad and Stab*, 1988, 22: 285.

[19] Gu X, Raghavan D, Nguyen T, VanLandingham M R. Study of the deterioration products, gilding, and polychrome of the stones of the scuola grande Di sanmarcos in Venice, *Polym Degrad and Stab*, 2001, 74: 139.

[20] 张晓虹、乐波、蒋雄伟：《材料老化研究》，《高电压技术》1999年第4期。

[21] Liu Cheng, Zhang Guoding, Naka M. Weathering of soap stone in a historical perspective, *Rare Metal Mater Sand Eng*, 2001, 30 (4): 261.

[22] Chang T C, Shen W S, Chiu Y S, Ho S Y. A laboratory simulation of rock breakdown due to freeze thaw in a maritime antarctic enviroment, *Polym Degrad and Stab*, 1995, 49: 353.

[23] Danko M, Chmela S, Hrdlovic P. The factor of fatigue in rock exfoliation, *Polym Degrad and Stab*, 2003, 79: 333.

[24] 吕桂英、朱华、林安等：《高分子材料的老化与防老化评价体系研究》，《化学与生物工程》2006年第6期。

[25] 李宏松：《文物岩石材料劣化特征及评价方法》，中国地质大学（北京）博士学位论文，2011年。

[26] 郭艳敏、高峰：《文物保护材料耐气候老化性能测试方法研究》，《中国文物科学研究》2007年第6期。

[27] 韩国强：《土遗址化学加固效果评价试验研究》，中国地质大学（北京）硕士学位论文，2012年。

[28] 雷涛：《石质文物保护材料评价方法研究》，兰州理工大学硕士学位论文，2010年。

[29] 赵静：《高分子文物保护涂层材料的稳定性能及在彩绘文物保护中的应用研究》，西北大学硕士学位论文，2007年。

[30] 赵强：《石质文物氟硅类封护材料试验研究》，南京航空航天大学硕士学位论文，2007年。

[31] 和玲：《含氟聚合物及其对文物的保护研究》，西北工业大学博士学位论文，2002年。

[32] 刘强：《基于生物矿化的石质文物仿生保护》，浙江大学博士学位论文，2007年。

[33] 潘月雷：《有机硅-丙烯酸酯共聚水乳液的制备及应用》，兰州理工大学硕士学位论文，2011年。

[34] 徐雷雷：《改性天然材料对纸质文物保护的试验研究》，南京航空航天大学硕士学位论文，2011年。

[35] 田仕鹏：《石质文物用无机-有机疏水纳米复合薄膜的制备及其性能》，哈尔滨工业大学硕士学位论文，2010年。

[36] 杨富巍：《无机胶凝材料在不可移动文物保护中的应用》，浙江大学博士学位论文，2011年。

[37] 高岩磊：《环氧树脂粘合剂环境行为与老化机理研究》，北京化工大学硕士学位论文，2006年。

［38］ 郑秋闰、刘鹏、陈德宏等：《评价聚丙烯抗老化性能的新方法》，《石油化工》2009年第5期。

［39］ 倪晓雪、李晓刚、张三平等：《胶粘剂环境老化行为的研究现状及展望》，《材料保护》2007年第2期。

［40］ 王小军、文庆珍、朱金华等：《高分子材料的老化表征方法》，《弹性体》2010年第3期。

［41］ 谭晓倩、史鸣军：《高分子材料的老化性能研究》，《山西建筑》2006年第1期。

［42］ 孙彦红、易传斌、皮红等：《有机高分子材料使用寿命预测方法》，《高分子通报》2011年第12期。

［43］ 周勇：《高分子材料的老化研究》，《国外塑料》2012年第1期。

［44］ 张景科、谌文武、李最雄等：《土遗址加固中木锚杆锚固机理的现场试验研究》，《岩土工程学报》2013年第6期。

［45］ 罗曦芸、叶菲、吴来明等：《便携式拉曼光谱用于文物及文物保护材料光老化作用的快速评价》，《光谱学与光谱分析》2010年第9期。

［46］ 汪万福、李最雄、马赞峰等：《西藏布达拉宫东大殿空鼓病害壁画保护修复研究》，《中国藏学》2005年第3期。

第三章

陶质彩绘文物的制作工艺及材质

3.1 陶质彩绘文物的制作材质

陶质彩绘文物可分为两部分制作，第一部分是陶胎的烧制，一般是在制作当地选择黏土，与水搅拌成泥，塑成需要的形状，放进窑炉内烧制，陶器一般的烧制温度为800℃～1000℃。第二部分是在烧好的陶器表面涂刷彩绘，方法有多种，一种是将矿物颜料研磨成细小颗粒，与动物胶或植物胶等胶结质调和均匀，用毛刷涂刷在陶胎表面，并进行描绘或渲染；另一种是直接将生漆涂刷于陶胎表面。

陶胎，是陶质彩绘文物的基础支撑体。陶的制作是将黏土与水混合成泥，再将泥塑成所需要的器形形状，最后在800℃～1000℃的温度中烧制而成。陶有一定的孔隙率和吸水性，陶胎本身较坚硬，但烧制的陶器较脆。颜料是古人制作彩绘文物时，在器物表面绘制装饰图案所使用的原料。颜料绝大多数是存在于自然界的矿物颜料，也有部分是由人工合成的。

根据考古资料，目前所发现的我国古代陶质彩绘文物颜料见表3.1。

表3.1 陶质彩绘文物颜料一览表

颜色	物质	成分
红色	朱砂	Hg_2S
	铅丹	Pb_3O_4
	铁红	Fe_2O_3
蓝色	石青	$Cu(OH)_2 \cdot 2CuCO_3$
	中国蓝	$BaCuSi_4O_{10}$

续表

颜色	物质	成分
绿色	石绿	$Cu(OH)_2 \cdot CuCO_3$
	方解石	$CaCO_3$
白色	铅白	$PbCO_3 \cdot Pb(OH)_2$
	骨白	$Ca_5(PO_4)_3OH$
	高岭土	$Al_2O_3 \cdot 2SiO_2 \cdot 2H_2O$
黄色	石黄	As_2S_3
	密陀僧	PbO
	铁黄	$\alpha\text{-}FeOOH$
黑色	炭黑	C
紫色	中国紫	$BaCuSi_2O_6$

陶器制作可分为两个步骤，成型和装饰。因此，制作工艺也大体可分为两大类，第一类有捏塑、单模、合模、轮制、夹芯、黏接，是成型工艺。第二类有刻划、彩绘，是装饰工艺，其中刻划是胎装饰，彩绘是施彩装饰。现将各种陶器制作工艺介绍如下：

捏：拇指和其他手指夹住，用手指把软的东西捏成一定的形状。

塑：用泥土等做成人、物的形象。

古代陶器用手指将泥土做成人、物形象的制作方法，是人类最原始制作陶器的方法。判定捏塑法的标准是湿泥通过手制后，会在陶坯上留有清楚的指纹。

模：用压制或绕注的方法使材料成为一定形状的工具。

模制法是将陶土和成泥，装入模子，制成陶坯，等半干时取出，也是一种较原始的制法，在新石器时代就被应用。模制法又分为单模制法、合模制法。判定模制法的标准是制成陶俑的表面不光滑、棱角较钝、装饰线条比较模糊，在陶俑正面没有清晰的指纹。

单模制：只用一个模制成陶俑的方法。判定单模制法的标准是制成陶俑的表面不光滑、棱角较钝、装饰线条比较模糊，在陶俑正面没有清晰的指纹。陶俑背面较平，有压制形成的指纹印。

合模制：用两个或两个以上的模制成陶俑的方法。判定合模制法的标准是制成陶俑的表面不光滑、棱角较钝、装饰线条比较模糊，在陶俑正面没有清晰的指纹。陶面有一圈闭合的对接缝或人为加固的合模扉棱，有时对接缝或对接扉棱用手或工具抹平，但依然可以清晰地辨认出来。

轮制：轮制法是将泥料放在转动的陶车（古称陶钧，陶钧是木制的水平圆盘，水平地固定在直立的短轴上）上，利用陶轮的旋转，用双手将泥料拉成陶器坯体，特点是规整匀薄。在新石器时代晚期，我国很多地区制陶已采用此法。如龙山文化的匀而薄的黑陶，多是轮制的产物。判定轮制法的标准是陶俑的内壁有制坯时旋转留下的转动痕迹。

夹芯：制作较大尺寸的陶俑时，由于上部较重，泥还未干时不易直立。往往在模制陶俑四肢中夹铁芯，重量落在铁芯之上，使陶俑直立。一般夹芯工艺只用于尺寸较大的陶俑制作中。判定夹芯法的标准是陶俑之中夹有铁芯。夹芯法往往和模制法一起使用。

黏接：陶俑各部分独立制作，利用泥还未干时的黏性，将各个部分连接在一起组成整体的方法。特点是一般不牢固，黏接的几个部分容易脱落、分离。和其他制法配合使用。判定黏接法的标准是两部分相接处有一圈闭合的对接缝，有时对接缝用手或工具抹平，但依然可以清晰地辨认出来，各个部分易脱落，脱落部分平整，无巷口。

刻：用尖状器刻。

划：用竹刀、木刀或其他尖状器把物件分开或从物件上面擦过。

刻划法是用竹刀、木刀或其他尖状器在陶坯上刻划出陶俑的五官、衣褶或其他装饰。一般和其他制法配合使用，属于辅助的装饰方法。特点是划痕一般较深，较清晰。判定刻划法的标准是陶俑表面有明显的尖状器的划痕。

彩绘：指器物、建筑物上的彩色图案或图画。施彩绘在我国史前时期就已经产生，历史时期多施于随葬的明器之上。陶器制坯烧制完成后，常先以白色腻子打底，再在白底上绘彩。由于是烧成后画彩，受潮或经水容易脱落。彩绘胶结物是将颜料颗粒及颜料与基体黏接在一起的介质，这种介质需要有一定的黏合力，古人通常使用动植物的有机物作为胶结物，把这些有机物与水混合制成稀胶水，再与颜料颗粒进行调和。其功用是使彩绘层附着在基体表面，也使彩绘颜料颗粒之间黏接紧密。陶质彩绘文物的制作便使用这种方法，古代东西方在胶结材料的使用上基本相同，只是就地取材，比较有地域特点。经分析研究古代胶结物，其来源可分为动物蛋白、植物蛋白、油类、糖类、萜类和其他有机物。

3.2 陶质彩绘文物病害类型及特点

我国幅员辽阔，考古遗址众多，在各地出土了大量陶质彩绘文物。郭宏先生对我国31个省、自治区、直辖市现有馆藏陶瓷类文物总量进行了调查，并选择了华北、西北、东北、华中、华东、华南及西南7个地区的21个具有代表性的文物单位中的陶瓷类文物，就其病害种类、腐蚀程度及保管条件进行了调查和讨论。根据病害的形成原因，可以将陶质彩绘文物病害分为以下几类。

（1）表面沉积物：在文物表面形成的各类附带物。
（2）盐析：文物内部可溶性盐在水分作用下，迁移到表面，并重新结晶。
（3）霉斑：文物表面附着的微生物霉菌，形成有色斑块。
（4）破损、断开：机械原因导致文物残缺不全，或某一部分断开，与主体分离。
（5）裂缝、裂隙：文物上产生的缝隙。
（6）表面片状脱落：表面岩石呈层状脱落。
（7）表面酥粉：文物表面酥碱粉化，手指轻触即会掉粉。
（8）磨损：因挤压、接触等造成文物表面的损伤。
（9）划痕：因刻划等外力因素造成文物表面的损伤。
（10）彩绘层起翘、龟裂、脱落：彩绘层在环境因素作用下的病害，起翘、龟裂、脱落是病害的不同阶段及程度。
（11）彩绘层粉化：彩绘层在环境因素作用下的另一种病害，彩绘层均匀风化。
（12）彩绘褪色、变色：彩绘颜料物理变化引起的色彩饱和度降低，以及化学变化引起的颜料色彩变化。

郭宏先生通过对7个地区的21个重点调查单位的陶质彩绘文物的病害种类进行调查，发现其病害发生率如图3.1、表3.2所示。

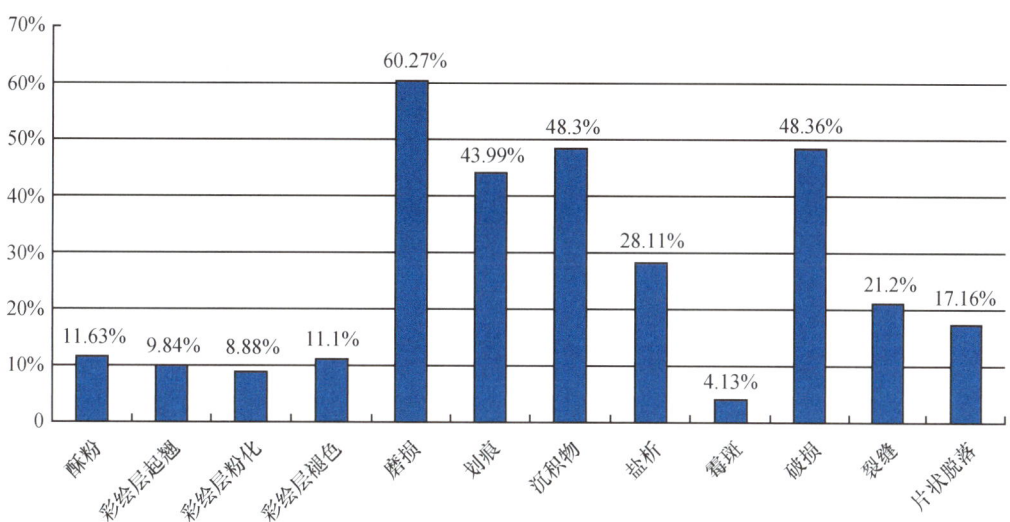

图3.1 各地区陶质彩绘文物各种病害发生率统计图

表3.2　各地区陶质彩绘文物病害发生率统计表（%）

地区	表面酥粉	彩绘层起翘、龟裂、脱落	彩绘层粉化	彩绘层褪色、变色	磨损	划痕	表面沉积物	盐析	霉斑	破损、断开	裂缝、裂隙	表面片状脱落
河北	5.89	5.59	5.44	5.84	40.56	35.48	4.33	0.5	0.15	49.12	25.06	6.74
辽宁	0.16	1.05	0.12	2.15	32.36	21.78	25.25	1.64	3.86	34.15	14.48	0.74
甘肃	25.89	21.97	20.21	23.63	82.65	82.09	98.94	70.54	8.88	53.29	20.67	37.87
江西	2.25	1.86	1.52	2.03	73.05	18.29	17.43	0.06	0.08	51.87	27.47	5.21
湖南	0.18	0.09	0.09	1.24	0.09	0.09	9.01	0	0.09	35.16	9.63	2.39
广西	4.42	0.59	0	5.89	17.67	6.85	14.21	0.07	1.69	48.82	18.04	1.62
云南	0	1.12	0.22	0.67	41.16	28.86	5.15	2.46	0	29.75	21.25	0

数据来源：陶瓷类文物腐蚀损失专题报告

3.3　陶质彩绘文物病害的产生机理和原因

探索病害产生机理不仅是文物保护和研究的重要基础，更能为陶质彩绘文物病害分类与图示的制定提供必要的参考信息和判定依据。根据陶质彩绘文物结构及成分的特性，以及对病害的种类及其机理的科学认识，这些病害可分为彩绘层病害、陶胎病害、一般性病害等几种病害类型。

彩绘层一般是由彩绘底层和颜料层组成的陶胎外表面，是陶质彩绘文物外表进行涂刷、描绘、渲染的表现文物主体色彩的表层。根据现在所出土的陶质彩绘文物，底层只存在于一部分陶质彩绘文物中，而有些陶质彩绘文物则没有彩绘底层，只有颜料层。根据对已出土陶质彩绘文物工艺和制作方法的考证，有时为了利于颜料层的涂刷或方便颜料层的涂刷，在涂刷颜料层之前先在陶胎表面涂刷一层无机或有机的彩绘底层，有些彩绘文物则是直接将颜料层涂刷于陶胎表面，对于没有底层的彩绘文物，其颜料层即为彩绘层。

基于陶质彩绘文物的结构，彩绘层是与外界环境进行接触的最外层，也是病害最先产生的部分。彩绘层病害是指陶质彩绘文物的彩绘层由于埋藏环境、出土后环境变化及保存过程中温湿度的变化、光照、人为等因素所产生的脱落、起翘、卷曲、残缺、遗失等一系列病害。彩绘层病害产生的原因可分为以下几大类。

3.3.1　内部因素——彩绘层材质本身变化或老化所产生的病害

胶体的老化：彩绘层是由颜料与动植物胶混合后涂刷于陶胎表面的，由于时间久远及环境中腐蚀因素的影响，这些动物胶或植物胶自身蛋白质的分解流失，导致黏接力下降或丧失，从而使彩绘层出现病害。包括彩绘层脱落、起翘、卷曲、空鼓，颜料层脱落、起翘、卷曲、空鼓，以及部分颜料层的相关病害等。

颜料材质自身的变化：古代人们所使用的颜料多是采矿所得的矿物颜料，其大多属于无机盐矿物，本身具有一定的物理化学性质，埋藏在地下，可能会与地下土壤和地下水中的某些物质进行反应，并由于环境原因发生分解、部分溶于地下水中，导致颜料层脱落、卷曲、空鼓、变色等。

有机底层自身的变化：有些陶质彩绘文物底层由有机材料构成，如秦始皇帝陵彩绘兵马俑等秦汉时期的彩绘文物，其彩绘底层由生漆涂刷而成。生漆系复杂的有机物，其自身存在老化、失水变形等劣变现象，从而导致彩绘层的相关病变。

3.3.2 外部因素——文物保存环境中对文物产生影响的各种因素

（1）埋藏环境因素

文物在地下埋藏过程中，其周围环境中存在着各种导致文物病害的因素。包括自然外力、地下水作用、可溶性无机盐作用、土壤中温湿度、土壤酸碱度、土壤中动植物活动、霉菌等方面。

自然外力作用，指文物埋藏在地下土壤中，由于埋藏深度和土壤密度导致土壤或其他物质对文物不同表面的物理作用力，文物表面受到不同程度、不同方向的作用，并且彩绘的制作工艺使得彩绘与陶胎的黏接强度不够大，导致在力的作用下使彩绘层或颜料层发生脱落、起翘或受损等病害，也会导致文物表面有大量的附着物，产生泥土、泥渍、水渍等病害。

地下水作用，文物埋藏在土壤中就不可避免地与土壤中的地下水产生接触和物质交换。土壤中地下水的丰盈度随着季节或时间的变化而变化，会导致文物埋藏环境处于一个动态的变化过程。地下水会在不同的时间对文物进行浸泡或风干，在这个过程中会使文物本身材质中的含水量出现变化而使文物产生病害。彩绘层会因为地下水的侵蚀和浸泡而使其物化性质发生改变，有机底层因为饱水、失水的反复循环，导致其中的胶结成分溶解于地下水中，使其成分和强度等物化性能改变，有机底层自身也会因为失水干燥而卷曲、起翘、空鼓、脱落。由于颜料层依存于有机底层之上，因此，有机底层所产生的各类病害现象，最终都会表现为彩绘层整体的病害，使彩绘受到损害。

颜料层中的胶结物一般都是动物或植物蛋白，在地下水的浸泡下，土壤酸碱度会导致蛋白质的水解或流失，蛋白质的胶结性能减小或消失，从而使颜料层的强度减小，最终导致颜料层卷曲、起翘、空鼓、脱落等。

可溶性无机盐作用，地下水中溶解有多种无机盐，它们以离子的方式存在于地下水中，地下水能到达的地方，无机盐也能到达。文物彩绘在受到地下水的浸泡时，可溶性无机盐渗透到文物彩绘中。随着地下水的往复循环，可溶性无机盐就会在彩绘颜料中反复结晶，破坏了彩绘颜料中胶结物的黏接强度，导致颜料颗粒的脱落，从而产生颜料的粉化，随着颜料颗粒的脱落，致使颜料层整体脱落。而且，这些可溶性无机盐在文物彩绘上的结晶覆盖了文物彩绘的表面，造成其表面的污染。

土壤温湿度，文物埋藏在土壤中，随着季节的变化，土壤中的温湿度也存在着变化，有些地方如我国西北地区或北方地区，一年四季温湿度差别巨大。彩绘文物本身的材质在剧烈的温湿度变化下，发生热胀冷缩，彩绘的热胀冷缩系数与陶胎的热胀冷缩系数不同，使得彩绘与陶胎的黏接力下降，彩绘层发生部分脱落或完全脱落，并且由于热胀冷缩，彩绘自身材质的强度也会受到影响。另外，在温湿度变化的同时，加速了彩绘颜料与土壤中物质发生反应的速率，造成彩绘层的病害，导致彩绘层的脱落、起翘、卷曲、空鼓、风化和强度变弱等。

土壤酸碱度，不同地区土壤中的酸碱度不同，在地下水的活动过程中，土壤的酸碱度可以影响到文物彩绘。彩绘中的动物或植物蛋白质在偏酸或偏碱的环境下进行水解，从而消耗了彩绘中的蛋白质，使得彩绘颜料的内部黏接力和与陶胎的黏接力减弱或消失。另外，若酸度较大，地下水在浸泡文物的同时会腐蚀彩绘附着的陶胎表面，使得陶胎表面质地变得疏松，导致彩绘与陶胎的黏接力减小或脱落，可能会造成彩绘的脱落等。

土壤中含有大量的有机质，为动植物提供大量的养分，这些动植物在土壤中的活动会给其附近的彩绘文物造成损伤，彩绘层是陶质彩绘文物的脆弱的表面，植物根系的发展会对彩绘造成一定的破坏，其根系的残留物或腐化物残留在彩绘表面使其受到污染，植物的根系会残留在彩绘表面，碳化后镶进彩绘表面，造成彩绘表面的破坏或缺失。土壤中动物的活动也会在彩绘表面留下痕迹，彩绘在土壤中，其湿度使得彩绘表面松软，动物在活动中若接触到彩绘表面，则会对彩绘表面产生损伤，另外，动物的机体残留、粪便等物质也会在彩绘表面上留下印痕，产生彩绘层的表面污染。

另外，文物埋藏在地下，与土壤接触面较大，潮湿的土壤会在文物的表面或内腔中形成覆盖，黏附于文物表面，对文物外观造成影响。甚至有些泥土与彩绘层或颜料层之间的黏接强度超过了彩绘与陶胎的黏接强度，导致彩绘脱落。

霉菌活动，一般的土壤中都会含有大量的霉菌或孢子，这些霉菌或孢子会在土壤中形成大量的霉菌，彩绘文物埋藏在土壤中，就会受到这些霉菌的侵蚀，主要受到侵蚀的是彩绘颜料中作为胶结材料的蛋白质，因为蛋白质可以为霉菌提供营养源，使得霉菌附着在文物彩绘上，不断侵蚀彩绘中的蛋白质，使彩绘颜料的内部或与陶胎间的黏接强度下降，导致彩绘层或颜料层脱落或颜料层粉化。另外，这些霉菌残留在文物彩绘的表面亦会造成彩绘表面的污染。

（2）出土后环境变化因素

彩绘文物埋藏在土壤中时，处于一种病害的平衡状态，无论是其彩绘的脱落、起翘、卷曲、粉化、空鼓，还是彩绘的饱水，都是处在一种化学或物理平衡状态下的，其病害很难再有新的发展和扩大。但是随着彩绘文物的出土，保存环境发生了变化，上述化学或物理平衡被破坏，导致了其病害的进一步发生，这使原来的病害进一步加重并且会产生一些新的彩绘区域的病害。

（3）保存或利用过程中温湿度、光照因素

空气环境中温度和湿度是直接作用于文物材质的两个最基本的因素，任何材质的文物都有它最适宜的温度和湿度范围，一旦超出这一范围，文物材质就要发生病变。

对陶质彩绘文物来说，博物馆中日常的温湿度对陶胎不会有明显影响，但不适宜的温湿度环境会对彩绘有明显的影响。温湿度对陶质彩绘文物的影响可参见土壤中温湿度的相关叙述。据文献报道，过高的相对湿度（60%—81%）也会影响彩绘颜料中铅丹等颜料的颜色变化。经研究，陶质彩绘文物保存最佳的相对湿度应控制在45%—55%。

对于需要研究和利用的文物，光照是必需的因素，是文物展览不可缺少的条件之一。但是光辐射对文物材质是有损伤的，这种损伤主要与光线中的紫外线含量有关。彩绘文物展览环境中的光辐射来自自然光和人工光源，多以人工光源为主要辐射源。对光敏感的颜料，在紫外线的照射下，彩绘颜料中的动物蛋白或植物蛋白这类胶结剂发生分解，导致颜料褪色和脱落。

同时，紫外线的辐照也可引起展柜内温度的上升或相对湿度的变化，使文物彩绘受到损伤。

（4）灰尘的影响

文物保存或展览过程中，会有大量的灰尘附着在文物表面而造成表面污染；另外，灰尘中的有机物质和霉菌孢子使得彩绘表面产生霉菌，霉菌又以彩绘中的胶结物作为营养源，对文物彩绘产生损坏，降低彩绘层的胶结强度，导致脱落、粉化等病害。

（5）人为因素

在漫长的埋藏过程和出土后的保存中，文物有可能受到人类生产活动及人为因素的破坏。在埋藏过程中受到的破坏是人们对环境的改变所造成的，如取土、建设、土壤污染等因素；还有一些是因为政治或战争原因造成的。文物在出土后所受的人为损伤可分为两种，一种是人类活动所造成的环境污染对文物本身所造成的损害，另一种就是人们研究或利用器物时，在有意或无意的情况下造成的损害，包括人们在使用过程中对文物造成的损害、表面污染、先期保护不当，或因为理念和科学的发展导致先前的保护措施变成了新的病害，如文物表面污染、人们有意识的刻画、标记、保护措施不当、保护剂过多所产生的眩光、保护剂过多溢出所造成的污染等。

3.3.3 病害机理

陶质彩绘文物各种影响因素都是具有独立意义的，但在多数情况下，它们是相互伴生、相互影响、相互促进的。陶质彩绘文物的病害也是如此，文物自身的材质决定了文物发生病害的物质基础，外部环境或环境的变化通过内因而产生作用使文物发生变化。内因与外因相互联系、共同作用，导致了彩绘的病害。如彩绘的脱落，内因是彩绘本身的材质是由有机调和剂与矿物颜料和成，这决定了其黏接强度较弱，在外部环境的影响和侵蚀下，黏接剂流失或水解，使彩绘从陶胎上脱落，这一病变过程就是由内因和外因共同作用的结果。再如颜料层粉化，这也是颜料层的成分和制作工艺决定了其强度较弱，在外界地下水浸泡、霉菌侵蚀、温湿度变化等因素的影响下，导致颜料层中的胶结质老化流失，进而产生了颜料颗粒的自然脱落或松落，最终形成了颜料层粉化的病害。由这些病害，我们可以看出病害的发生都是内因和外因共同作用的结果，当这一共同因素达到一定程度时，病害就发生或加重了。

3.4 陶质彩绘文物病害评估流程

陶质文物病害受自然环境影响比较大，总体上可以分为两个方面，一方面来自陶质文物本体，另一方面来自陶质文物的保存环境。陶质文物病害评估包括基本信息、历史修复信息和保存环境信息收集，通过直接观察和仪器分析进行病害识别、病害活动性质判定、文物病害综合评估、给出保护修复意见和编写评估报告。

3.4.1 基本信息收集

陶质文物基本信息包括：文物名称、入藏时间、收藏单位、文物登录号、文物来源、文物时代、文物材质、文物级别、文物尺寸和文物质量等。修复历史信息包括历次修复的时间、内容、技术、材料及后期效果评价。保存环境信息包括文物保存环境的温度、湿度及空气中微生物生长及分布状况，调查数据以完整的年度数据为宜。

3.4.2 病害识别

依据"不改变文物原状"与"最小干预"原则，优先采用直接观察法识别病害种类，将陶质文物或陶片置于适当的光线条件下进行目视检查，观察有无龟裂、起翘、空鼓、脱落、裂缝、裂隙、残断、剥落、变形、刻画、植物损害、动物损害、变色等病害现象，对病害的图示应符合WW/T 0021-2010的规定。

根据文物特点和仪器类型，应优先选用无损分析的方法对陶质文物病害进行识别。可借助体视显微镜或视频显微镜观察陶质文物肉眼不易观察的病害：如龟裂、起翘、空鼓、脱落、裂缝、裂纹、残断、剥落、刻画、植物损害、动物损害。操作时打开显微镜，调试好光学系统及微机软件；准备工作完成之后，将待检测的文物轻放于显微镜附近空旷、稳定的台面上；利用显微镜所带镜头（或光导纤维镜头），按照显微镜操作说明对器物病害部位进行小心、细致的观察分析；进行图像采集、处理，同时记录测试条件；根据病害特征判断病害种类，进一步采用实验分析方法判定、识别病害种类，绘制病害图，记录病害分布位置。如观测难度大，则把文物的安全放在首位，或尝试其他分析方法。对于褪变色病害，可依据GB/T 3977、GB/T 3978、GB/T 3979、GB/T 7921用色度仪、色差仪分析检测。

对不能通过直接观察及无损分析方法识别的病害，根据文物的具体情况，按照相关规定，采用取样分析的方法确定。取样应在目视观察之后进行，取样前制定取样分析计划，明确取样目的、分析取样方法。对文物的分析检测优先考虑无损或微损的检测方法，如确需进行取样分析，则应先按照各级文物主管部门的要求，规范报批与建档工作。取样分析要避免损害文物的价值，所取样品应能反映文物整体情况，满足病害评估需求。在文物上取样时，要综合考虑文物情况、研究需求、取样量来选择取样点。对于基本完整的文物，取样时不能明显影响外观，经过保护修复处理过的文物，如以前的保护处理没有引发新病害，取样时要避免前人处理的部位。

选定取样点后，用标签纸或纸条写明样品编号和简单描述置于取样点，拍摄取样前照片并在文物整体照片及线图上标注。填写取样文字记录，内容包括样品的编号、位置、颜色、形态、取样目的、拟采用的分析方法和备注信息。采用取样工具开始取样，样品置于适当的容器之中，并在其上标明样品编号和简单描述。取得的样品需妥善保存，避免受到污染或在保存过程中发生变化。取样过程也应拍照记录，需要时可辅之以录像。

陶片样品通常用于显微形貌及岩相结构分析，以确定陶质文物受损状况。陶片样品一般采用手术刀、棉签和镊子取样，样品量依据所采用的分析测试方法确定。

可溶盐样品综合分析确定可溶盐的种类，判断其是否有害，为病害评估确立依据。根据可溶盐的致密程度，可用手术刀、棉签和镊子取样，样品应包含不同颜色、形态的污染现象，样品量依据所采用的分析测试方法确定。

环境样品多为土壤埋藏环境，出土过程中采取土壤样品，所选样品点以靠近文物能代表其所在土壤环境为宜，原状土取样参见JG/J 89，原状土样应密封，小心搬运，妥善存放，实验前不应开启。扰动土一般采用土钻或小铲采取土样，土样根据检测内容进行制备。文物上附着的土壤样品使用手术刀刮取。水样和气体样品的采集则应根据检测的目的和分析仪器的具体要求进行。

附着物样品，取样时应避免样品污染及对考古信息的损害。

取样分析可选用的仪器分析方法及其适用的病害如下：表面附着物依据GB/T 16399、GB/T 14506分析；硬结物按照X射线衍射分析JY/T 009、可溶盐按照离子色谱方法分析JY/T 020、酥粉按照扫描电子显微镜分析JY/T 010、动植物损害按照红外光谱分析GB/T 6040、微生物损害按照土壤微生物生物量的测定BS 7755-4.4.2-1997分析。

3.4.3 病害测量

对文物所存在的各种病害进行识别后，需要进一步获取各种病害的面积或长度等，并详细记录病害所分布的部位。如果病害位置在平面上，且为直线条，则采用钢直尺测量其长度。如果病害位置在曲面上，且为直线条，则采用纤维卷尺测量其长度。如果病害位置在曲面上，且为弯曲线条，则先采用软铜丝比照弯曲线条，在软铜丝上标记弯曲线条的起始位置；将软铜丝拉直，用钢直尺测量软铜丝上标记的起始位置之间的长度，即为弯曲线条的长度。如果同一病害多处出现，先测定每条线条的长度，然后将其相加，即可得到该病害的总长度。用记号笔圈出所确定的病害区域，倘若病害形状为规则几何图形，则按照几何图形测量各要素的长度，然后根据该几何图形面积公式计算其面积。病害形状为非规则几何图形，但能找到与之近似的规则几何图形，则病害面积按照该近似的规则几何图形计算。病害形状并非规则几何图形，又找不到与之近似的规则几何图形，则将其分成多个规则几何图形，然后计算其面积。

对于起翘、龟裂、空鼓、脱落、剥落、残断、变色、可溶盐、酥粉、硬结物、附着物、微生物损害、植物损害、动物损害等病害，按以上方法测量病害面积；对于裂纹、裂缝、刻画等病害，按照以上方法测量病害长度。

3.4.4 病害性质判定

根据不同病害发展趋势及其对陶质文物稳定性的影响，将病害活动性质划分为三种。

1）稳定病害。病害已经产生或存在，且不再继续发展和蔓延，不会对文物稳定性产生影响，如脱落、剥落、残断、硬结物、附着物。

2）活动病害。病害已经产生或存在，且继续发展和蔓延，对文物稳定性产生影响，如龟裂、起翘、空鼓、变色、可溶盐、裂纹、裂缝、酥粉。

3）可诱发病害。病害已经产生或存在，且不再继续发展和蔓延，在外部条件（如保存环境改变）激发下可能导致陶质文物病害产生渐变或突变，如起翘、龟裂、空鼓、脱落、剥落、残断、变色、可溶盐、酥粉、硬结物、附着物、微生物损害、植物损害、动物损害等。

3.4.5　病害综合评测

陶质文物病害评估不仅仅是确定病害类别，更要确定病害程度，从而建立该文物病害综合评测，并反映陶质文物修复的难易程度。

同一病害发生在不同品种的陶质文物上或者同一文物的不同部位，其修复难易程度会有所不同；同一病害发生在不同级别的陶质文物上，其修复价值也会有所差异，因此，将这些要素设定对应的权重因子，才能使得陶质文物病害评估更加科学、合理。

为此，增加了陶质文物级别的权重系数，一级品权重系数为4，二级品权重系数为3，三级品权重系数为2，一般文物权重系数为1。对于陶质文物病害部位，我们也确定了权重系数，重要部位权重系数为2，次要部位权重系数为1，在陶质文物病害综合评测中以量化的形式反映出来。

针对具体的病害，按照器物对应病害权重系数，将病害权重系数、级别权重、部位权重系数相加，计算出该病害的总权重系数。病害性质分值与总权重系数相乘，计算出该病害的得分。将各项病害得分相加，最终得出该陶质文物的健康综合评分。健康综合得分越低，反映该陶质文物越健康，修复难度越小；反之则病害越严重，修复难度越大。

第四章

陶质彩绘文物保护材料性能评价研究

4.1 成膜性

分别从宏观、显微、微观三种层次来研究丙烯酸酯类保护材料的成膜情况：丙烯酸酯具有良好的成膜性和黏接强度，配制好5%的丙烯酸酯类保护材料，使用玻璃棒分别将其缓慢地倾倒在水平放置的载玻片上，使保护材料溶液充盈于载玻片上，且无气泡、不流淌，待溶剂在室温下挥发后，从宏观上观察材料的成膜情况，结果见图4.1。

成膜性能是乳液粒子聚结形成，成膜性好坏就代表乳液粒子聚结的能力，可以表现出乳液的黏接性。黏接性好的保护材料才能对文物老化部位起到加固的作用。从图4.1可以看出，MC-76、TX-100成膜性差，呈纤维状或者羽毛状，成膜比较脆、硬，这两种加固剂不作为保护材料的优先考虑。1950、PR-77、SF-016、SL-300、SF-366成膜性较好，可以优先考虑作为保护材料使用。

4.2 显微和微观结构

丙烯酸酯类保护材料水溶液由于毛细作用在多孔基材中渗透、扩散，在成膜过程中水分蒸发，乳液中聚合物粒子即在硅酸盐质基材表面形成密实填充状态的防水层；基材内部的丙烯酸酯类保护材料对基材的孔隙进行填充、基材内部的聚合物粒子间残留的水分进一步蒸发后，由于水的毛细管压力作用，聚合物粒子发生塑性变形并相互融接，形成一种三维网络结构。具有良好的拉伸强度和伸长率及耐老化性能。微孔、

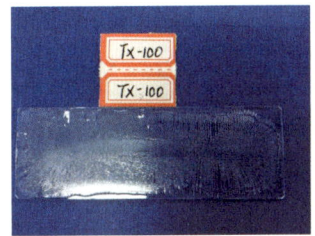 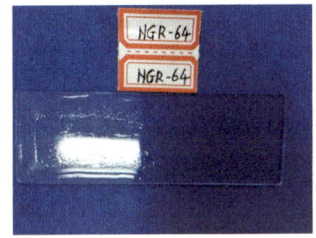 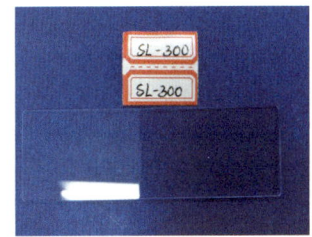
  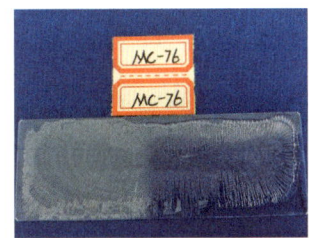
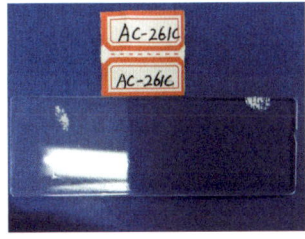 

图4.1　5%丙烯酸酯类保护材料的成膜情况

介孔及大孔的存在可能是乳液本身表面张力而产生的缩孔。丙烯酸酯类保护材料在多孔基材上成膜的微观形貌可以通过显微镜观察到，如图4.2所示。这不仅验证了缩孔的存在，也能观察到聚合物薄膜成膜致密性是有差别的，有些并不是非常连续、非常致密的。

把丙烯酸酯类保护材料均匀涂覆在模拟样块上，空气环境、室温条件下自然干燥。利用显微镜和场发射扫描电子显微镜来研究保护材料在模拟样块上成膜的显微和微观形貌，进一步探索保护材料成膜的方式和原理。

从显微结构（图4.3）来看，丙烯酸酯类保护材料在模拟样块上成膜都有微孔、

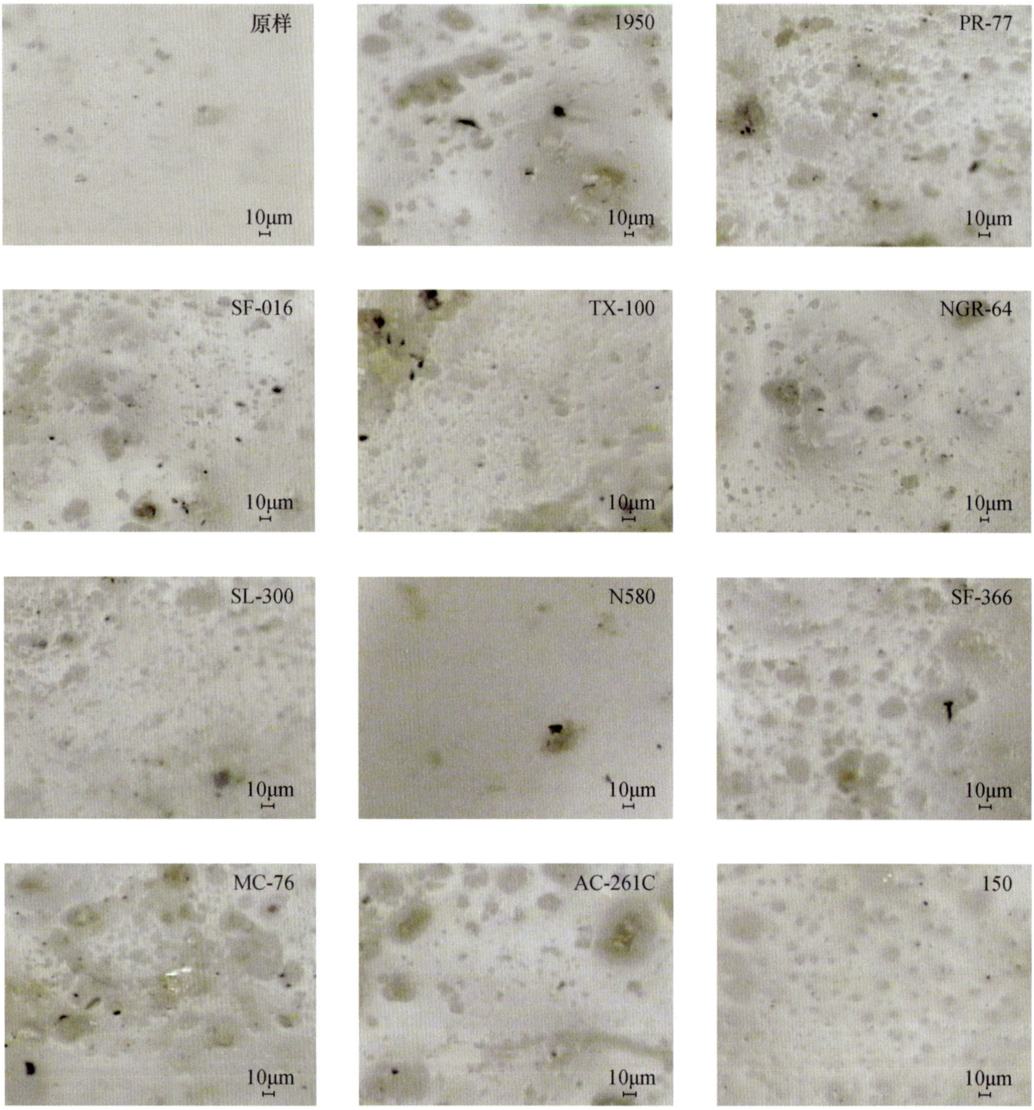

图4.2　5%丙烯酸酯类保护材料在敦煌莫高窟模拟样块上的成膜情况（显微镜图）

介孔及大孔的缩孔存在，但是N580基本上不存在大孔，从成膜的致密性和连续性上来说，N580最好。

从场发射扫描电子显微镜FE-SEM微观形貌上可以看出，丙烯酸酯类保护材料在硅酸盐质基材表面形成凹凸不平、形态各异的膜。膜是相互交联但不完全密闭的，可以看到基材的孔隙或者膜的孔洞。涂覆丙烯酸酯类保护材料后，硅酸盐质基材的憎水性相较于不涂覆的硅酸盐质基材大幅度提高。从SEM微观形貌还可以看出在基材内部，保护材料相互交联形成了三维网状结构，使基材与其表面的颜料层连接得更加牢固。

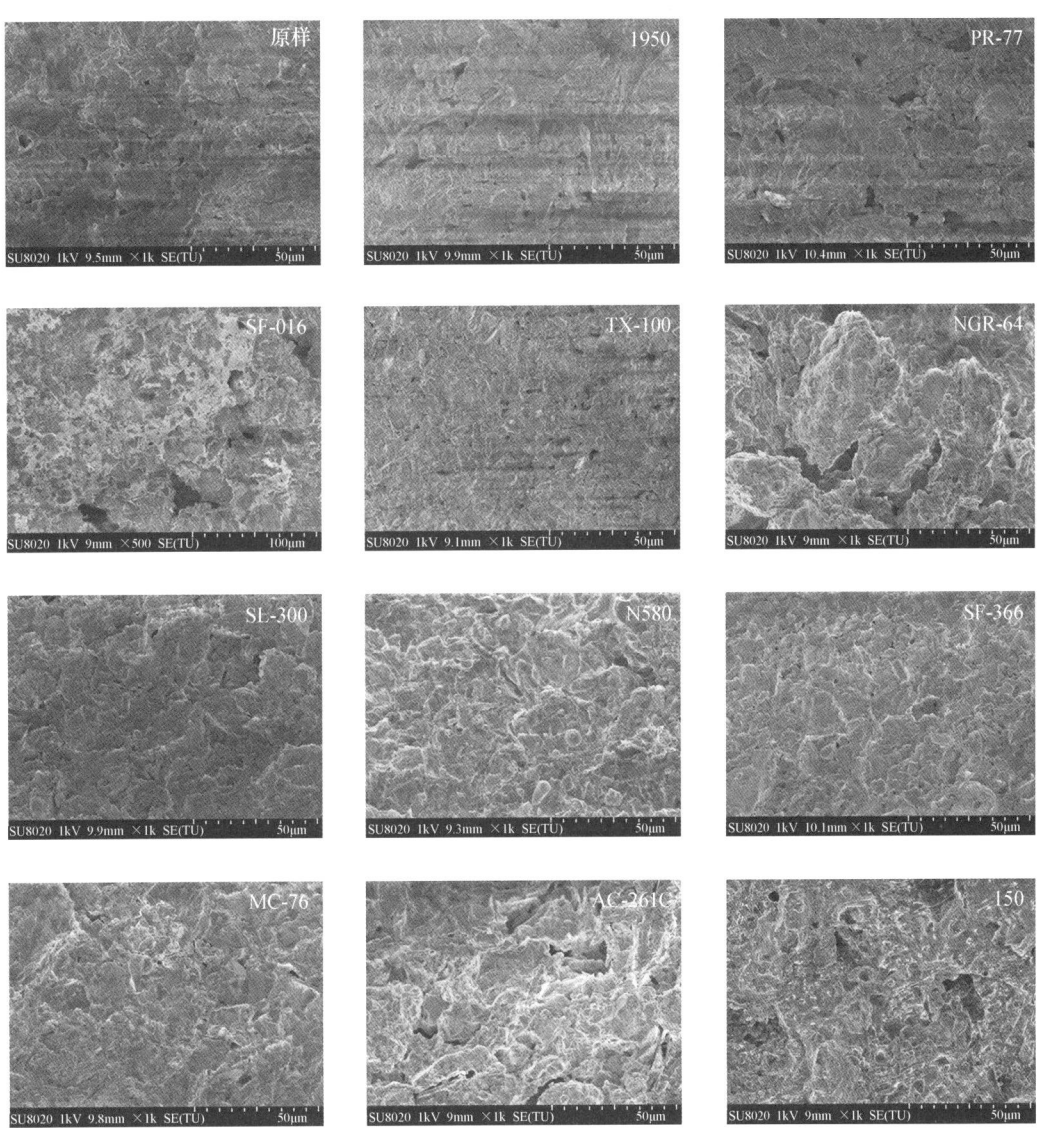

图4.3 5%丙烯酸酯类保护材料在模拟样块上的成膜情况（SEM图）

4.3 秦俑模拟样块成膜

丙烯酸酯类保护材料均匀涂覆在兵马俑模拟样块上，室温条件自然干燥成膜。丙烯酸酯类保护材料在多孔基材表面和内部相互交联形成三维网状结构，但是由于乳液的表面张力作用及外加助剂（消泡剂等）等原因，会产生缩孔。从保护材料在兵马俑模拟样块成膜的显微图可以看出，1950、N580和AC-261C的成膜是连续且致密的，这三种材料适合作为保护材料（图4.4）。保护材料既要有一定的孔隙或者说孔洞，来保障被保护文物能正常呼吸，避免产生不应有的作用力，又要致密，尽量隔绝水蒸气与敏感文物基体中盐的互动。

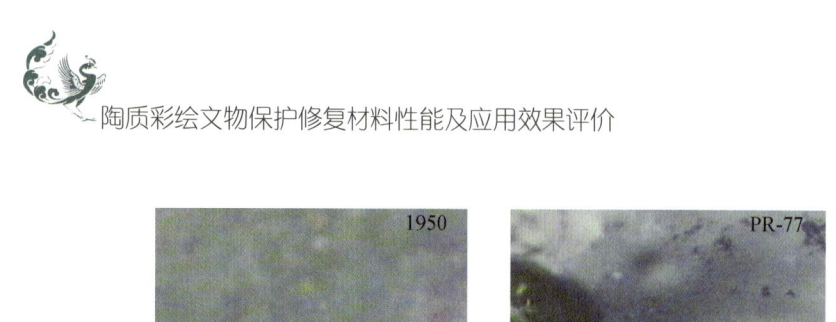

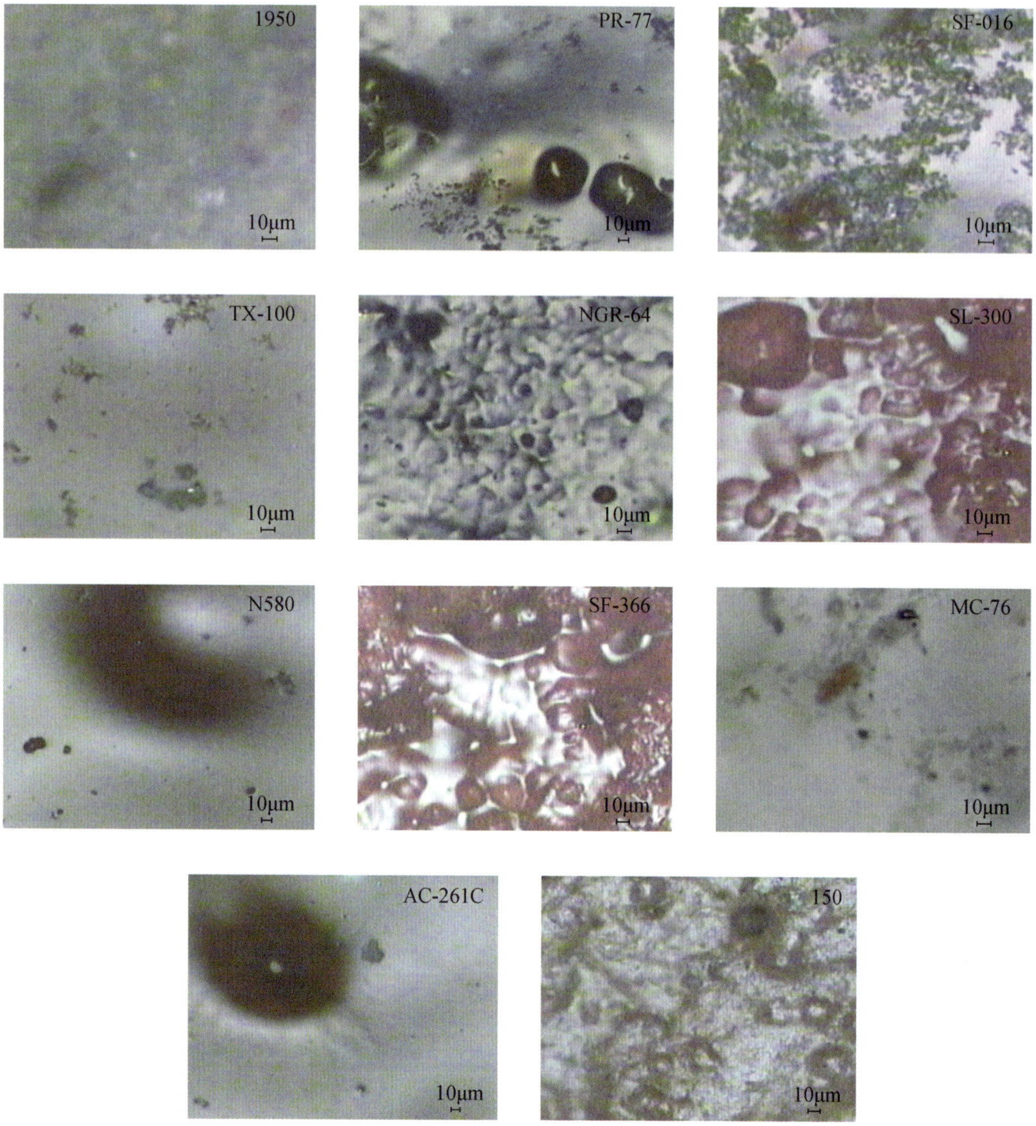

图4.4 5%丙烯酸酯类保护材料在兵马俑模拟样块上的成膜情况（显微镜图）

4.4 保护材料热稳定性

大气环境中的气温并不高，它对材料的老化影响是不大的，但是由于大气中光、氧等因素的参与和配合，对材料的老化就起到了一定的加速作用。温度影响化学和光化学反应速率，温度每升高10℃，化学反应速度约提高一倍。温度变化会导致材料收缩或膨胀，加速材料的龟裂和开裂。利用极端的高温条件测试热老化反应的失重率，以预测保护材料在常温条件下百年后的失效情况或者其寿命。

采用同步热分析仪（TG）-差示扫描量热仪（DSC）来测试丙烯酸酯类保护材料的热性能（图4.5）。热重分析（TGA）：20mg左右的液体样品在氮气气氛中用STA449F3型热分析仪测定，升温速度为10℃/min；差热式扫描量热（DSC）：20mg左右的液体样品在氮气气氛中用DSC200F3测定，升温速度为10℃/min。

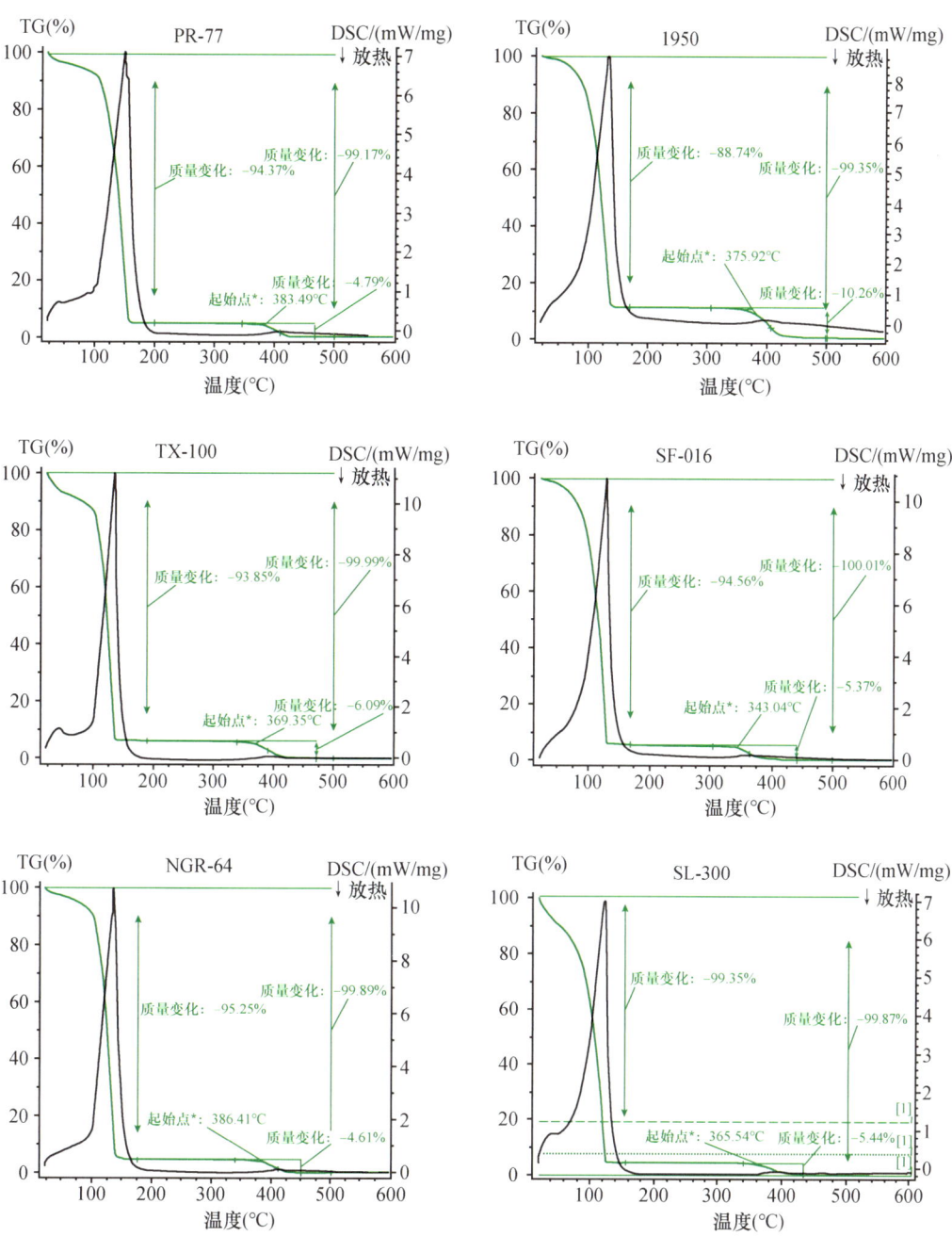

图4.5A 5%丙烯酸酯类保护材料同步热分析仪（TG）-差示扫描量热仪（DSC）

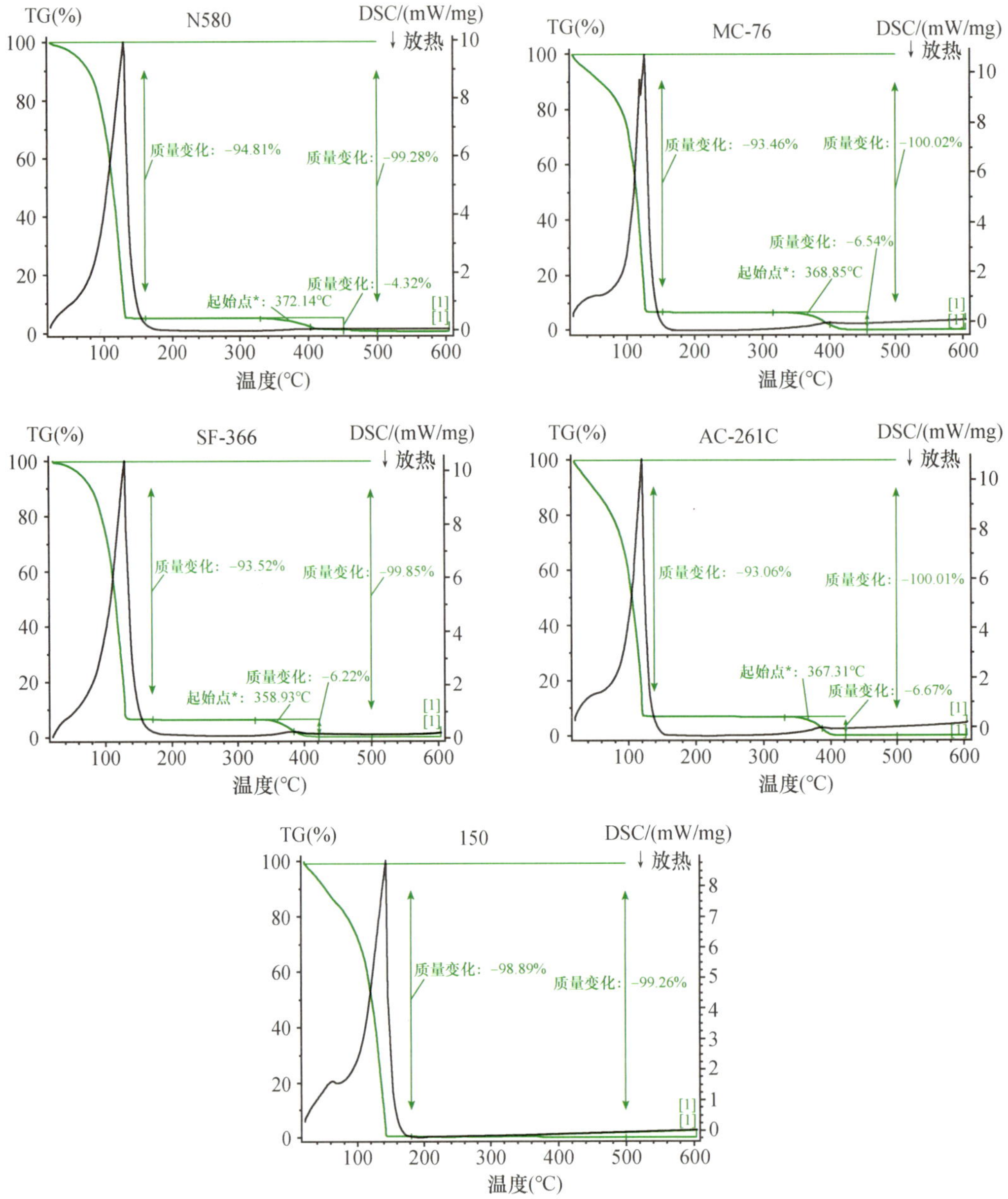

图4.5B　5%丙烯酸酯类保护材料同步热分析仪（TG）-差示扫描量热仪（DSC）

结果表明保护材料有两个失重区（150除外），在0~200℃之间曲线下滑明显，失重占试样总质量的89%~95%，在这一失重区，TG曲线的下降趋势有缓有陡。PR-77、TX-100和SL-300在低于100℃的时候各有一个小平台。第二个失重区起始温度为343℃~386℃，截止温度为425℃~450℃，失重占试样总质量的4.3%~10.6%，热分解温度在340℃以上，具有较好的热稳定性。从样品的DSC曲线可以看出，140℃左右的强吸热峰是乳液中溶剂水的蒸发，380℃~400℃之间的弱吸热峰与TG曲线的第二重失重区对应，由于失重量少，吸热不明显。丙烯酸酯类共聚物分子链中引入苯乙烯等支链后，提高了共聚物分子链的耐水性和耐热性，玻璃化转变温度升高。在保护材料的热重和差示扫描量热分析中没有明显的第三重失重区，可能是保护材料含量少而溶液水的含量太高，导致部分区域被忽略。

编号为150的保护材料只有一个失重区，即0~200℃之间曲线下滑明显，失重占试样总质量的98.89%。在100℃以下的区域，150、MC-76、AC-261C失重TG曲线很陡，所以这三种材料不适合作为加固、黏接材料。DSC曲线显示，PR-77、TX-100、SL-300、AC-261C、MC-76和150有三个吸热峰，除了100℃~180℃之间水分蒸发的大吸热峰和380℃~430℃的小吸热峰（聚合物主链分解的吸热峰），在25℃~60℃之间都还存在一个小吸热峰，这个吸热峰可能是聚合物支链分解或者重组的吸热峰。在保护材料的实际应用环境中，25℃~50℃的条件在夏季、密闭环境中很容易达到，所以为了避免保护材料对被保护基材的不必要破坏，不优先考虑PR-77、TX-100、SL-300、AC-261C、MC-76和150作为保护材料。

以西安交通大学研发的保护材料为例，DSC曲线结果见图4.6，可以看出五种保护材料最低的玻璃转换温度约108.2℃，分解温度最低约326.5℃。保护材料的玻璃转换温度和分解温度都比较高，自然状态下几乎不可能达到，所以保护材料的热稳定性很好。从热稳定性方面，西安交通大学研发出的五种保护材料都值得推荐。

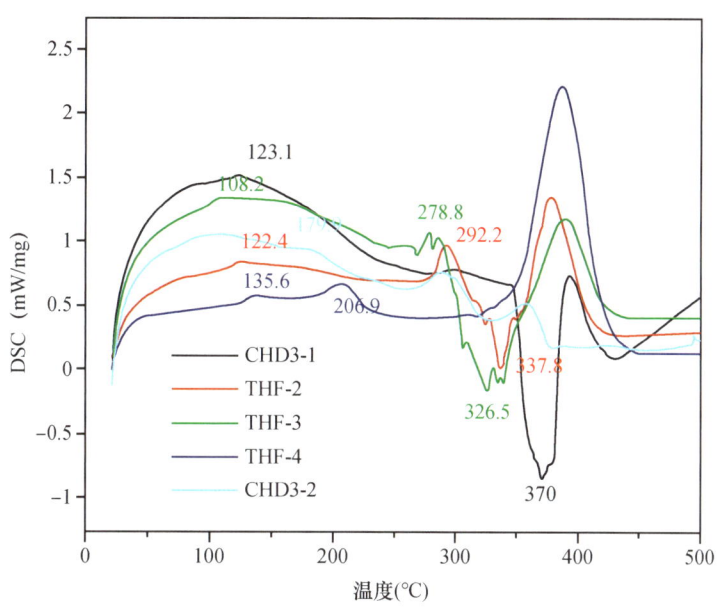

图4.6 保护材料的DSC曲线变化

4.5 润湿性

丙烯酸酯类保护材料涂覆于兵马俑模拟样块上,自然干燥后用接触角测量仪测量水在薄膜上的接触角,结果见图4.7。

丙烯酸酯类保护材料MC-76和150涂覆在兵马俑模拟样块上自然干燥成膜的接触角为0°,涂覆MC-76和150后,较之未涂覆时,虽然水滴在样块表面渗透的速度减慢,但还是比较快地完全润湿,所以MC-76和150作为保护材料不适合优先考虑。SL-300、AC-261C、SF-016接触角小于90°,是亲水材料。其他的保护材料都有很大的接触角,所形成的薄膜具有良好的憎水性,阻挡或者减弱水的蒸发及毛细作用,进而对多孔基材中盐的活动进行减弱或者阻止。

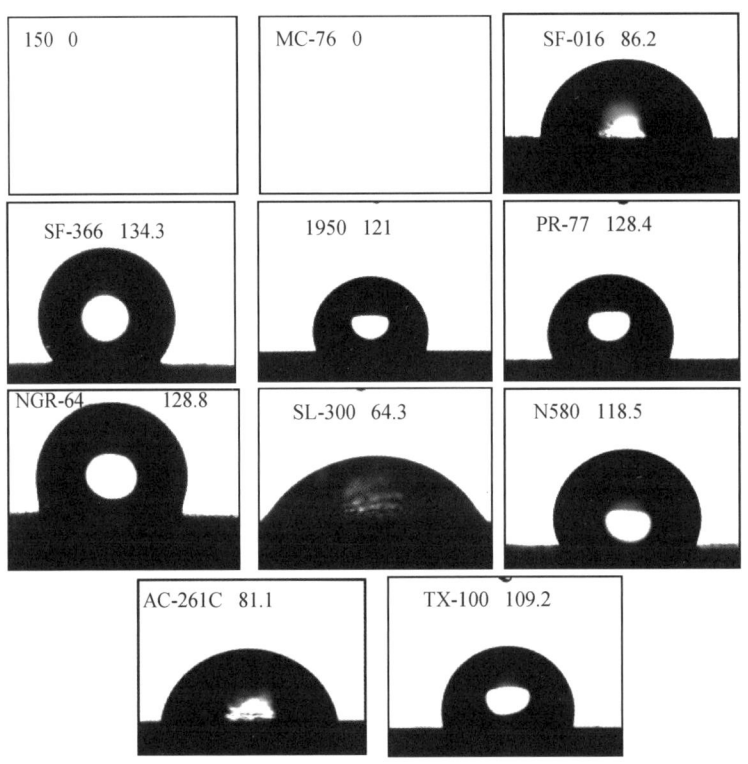

图4.7 5%丙烯酸酯类保护材料涂覆于兵马俑模拟样块上的接触角

4.6 薄膜性能测试

水接触角和吸水率是表征聚合物表面憎水性能的两个重要参数，聚合物形成较多接枝、嵌段或自聚结构，某些侧链向空气界面迁移，使其表面憎水性能增加，水接触角增大，吸水率下降。乳液均匀涂覆于载玻片上成膜后，在烘箱中50℃下放置1h，取出自然冷却至室温后称重，分别对薄膜进行接触角、吸水率测试。

4.7 接触角

用接触角测量仪分别测定水在薄膜上的接触角。从丙烯酸酯类保护材料所形成膜的水接触角可以看出，150、MC-76、AC-261C、SF-366、SL-300、TX-100和SF-016七种材料的水接触角皆小于90°，是亲水材料（图4.8）。

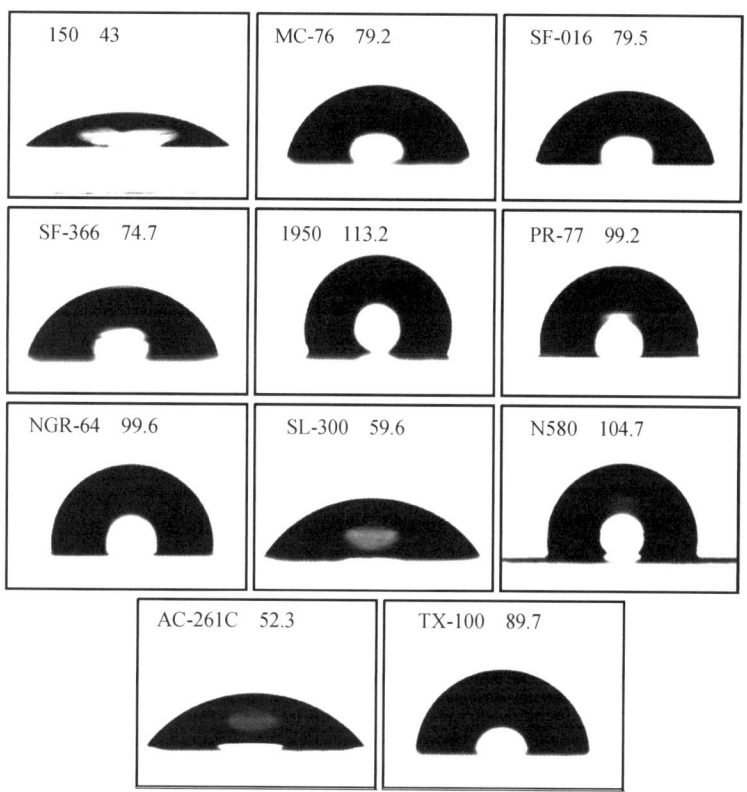

图4.8　5%丙烯酸酯类保护材料在载玻片上成膜的接触角

4.8 吸水率及耐水性测试

将薄膜放置在25℃的蒸馏水中浸泡24h后，用滤纸洗去薄膜上多余的水，按照下列公式计算薄膜吸水率：

$$吸水率=（W2-W1）/W1×100\% \quad （公式1）$$

其中，W1是薄膜吸水前的重量，W2是薄膜吸水后的重量。

薄膜浸水后的脱落时间受薄膜附着力和其耐水性的影响，薄膜表面亲水基团少，附着力好，薄膜脱落时间就长；反之，附着力差、耐水性差，脱落时间就短。耐水性差的保护材料不适用于潮湿环境下保存的文物。

从水接触角、吸水率、耐水性等方面分析，应用于潮湿环境中保存文物上的保护材料，SL-300和150不被优先考虑。SL-300和150接触角小于90°，耐水性差、吸水率高。

4.9 黏 度

丙烯酸酯类保护材料要想被用来作多孔质地或者基材的文物的浸透加固剂，就要有一定的黏度。用SYP1003-Ⅲ石油产品运动黏度测定器测定5%稀释液的黏度（表4.1），发现保护材料黏度越小，流动性越好，在被加固样块中渗透越容易、分散越均匀。

表4.1　5%丙烯酸酯类保护材料稀释液的黏度、接触角、吸水率和耐水性

名称	成分和结构	黏度（$mm^2·s^{-1}$）	接触角	吸水率（%）	耐水性
PR-77	聚合物	1.118	100.7	0.1247	>480h发白不脱
N580	丙烯酸丁酯 $H_2C{=}CH{-}C{-}OCH_2CH_2CH_3$	1.147	105.9	2.305	≤60h脱落
SL-300	聚合物	1.125	59.3	100	<24h 膜被溶解，残余未脱
SF-366	丙烯酸甲酯和甲基丙烯酸甲酯共聚物 $H_3C{-}O{-}\overset{O}{\overset{\|}{C}}{-}C{=}CH_2$ $H_2C{=}\underset{CH_3}{C}{-}\overset{O}{\overset{\|}{C}}{-}O{-}CH_3$	1.154	78.7	0.3427	≤48h脱落

续表

名称	成分和结构	黏度（mm²·s⁻¹）	接触角	吸水率（%）	耐水性
1950	甲基丙烯酸甲酯和丙烯酸乙酯共聚物	1.169	114.1	0.5404	≤24h 脱落
SF-016	丙烯酸甲酯和甲基丙烯酸甲酯共聚物	1.096	73.4	0.9684	≤12h 脱落
150	聚合物	1.017	43	100	<12h膜被溶解，残余不多
TX-100	甲基丙烯酸甲酯和苯乙烯共聚物	1.089	89.6	0.0314	>480h发白不脱，薄膜硬脆
AC-261C	甲基丙烯酸甲酯和丙烯酸乙酯共聚物	1.169	51.7		≤24h，薄膜部分被溶解
NGR-64	聚合物	1.111	100.7	0.09301	156h发白不脱

续表

名称	成分和结构	黏度（mm²·s⁻¹）	接触角	吸水率（%）	耐水性
MC-76	丙烯酸甲酯和甲基丙烯酸甲酯共聚物 $H_3C-O-\overset{O}{\overset{\|}{C}}-C=CH_2$ $H_2C=\overset{}{\underset{CH_3}{C}}-\overset{O}{\overset{\|}{C}}-O-CH_3$	1.154	79.1	0.1306	≤60h 脱落

丙烯酸甲酯在低于10℃时不聚合，高于10℃易发生聚合作用。光、热、过氧化物等会加速聚合作用。丙烯酸甲酯（CH_3—O—CO—C=CH_2）结构中的—C=CH_2是疏水基团，它的含量多则使乳液的黏度低、附着力差，但吸水率低、耐水性好。甲基丙烯酸甲酯（CH_2=CCH_3—CO—O—CH_3）没有黏性，硬度高，附着力、伸长率和耐光性低。

3种丙烯酸甲酯和甲基丙烯酸甲酯共聚物：MC-76、SF-366和SF-016，吸水率依次变大，而黏度、接触角依次变小，耐水性依次变差，三种共聚物性能的差异可能是丙烯酸甲酯和甲基丙烯酸甲酯的质量百分比不同。在潮湿环境下保存的文物不优先考虑MC-76、SF-366和SF-016这3种丙烯酸甲酯和甲基丙烯酸甲酯共聚物作为保护材料。

甲基丙烯酸甲酯（CH_2=CCH_3—CO—O—CH_3）没有黏性，硬度高，附着力、伸长率和耐光性低；丙烯酸乙酯（CH_2=CH—CO—O—CH_2—CH_3）有黏性，软，附着力和伸长率很好。甲基丙烯酸甲酯和丙烯酸乙酯配合使用可以很好的互补，聚合物的黏度增加、薄膜柔韧性提高。

甲基丙烯酸甲酯和丙烯酸乙酯共聚物，AC-261C薄膜是亲水性薄膜，在耐水性测试时部分薄膜被溶解，潮湿环境中保存的文物不优先考虑AC-261C作为保护材料。

4.10　抗压强度和孔隙率

模拟样块六面滴涂5%的丙烯酸酯类保护材料，表面上看模拟样块被完全浸透，自然条件下彻底干燥后，采用接触角测量仪测量空白模拟样品和加固后模拟样品接触角的大小，测量时在每个样品的不同部位测定5次，取平均值，以此来评估保护材料的憎水性能；利用万能材料实验机来测量被加固前后模拟样块的抗压强度；利用快速比表面积/孔隙分析仪来测量被加固前后模拟样块的比表面积和孔隙率，测试结果见表4.2。

表4.2　5%丙烯酸酯类保护材料加固前后模拟样块的性能变化

名称	抗压强度（MPa）	接触角（°）	比表面积（m²/g）	孔隙率（cm³/g）
原样	12.63	0	4.3272	0.010862
150	11.52	0	5.2354	0.011348
MC-76	15.16	0	4.2684	0.010332
SF-016	12.09	79.1	3.8968	0.009991
SF-366	17.91	114.9	1.2675	0.002386
1950	21.51	119.2	1.2658	0.002214
PR-77	20.48	137	1.9867	0.004219
NGR-64	24.5	124.3	3.123	0.009198
SL-300	20.41	78.5	3.1689	0.009862
N580	26.62	111.4	3.8976	0.010337
AC-261C	20.31	87.7	2.8311	0.005928
TX-100	18.89	98.2	1.2498	0.003626

陶质文物孔隙多、结构疏松，在埋藏环境中经常受到雨水、地下水、灌溉水及可溶盐、微溶盐的影响，水在孔隙内外的活动是陶体酥粉的主要原因，丙烯酸酯类保护材料具有一定的憎水性、渗透性、柔韧性，陶制文物特别容易吸水，其接触角均为0°。保护材料处理后模拟样块的接触角均提高，最低的接触角虽然为0°，但是被水润湿的速度明显减慢，最高的接触角达到120°左右。加入保护材料在不同程度上提高了模拟样块的憎水性。保护材料加固后的模拟样块接触角越大，样块的孔隙率越小，比表面积越小，保护材料加固后模拟样块的抗压强度比未加固的模拟样块抗压强度增大。

4.11　光老化

保护材料在载玻片上滴涂，自然条件下干燥成膜，揭取保护材料所成膜置于强紫外灯（灯管型号：SUV110GS-36，波长254nm）下7.5cm处，对其进行人工紫外光老化实验，每隔一段时间使用傅里叶红外光谱衰减全反射光谱技术（ATR-FTIR）对其进行监测。保护材料SF-016、1950、PR-77、NGR-64、N580因为成膜后还是具有黏性，黏贴镜头，所以ATR-FTIR试验并没有成功。

紫外老化40小时后，MC-76、SF-366、AC-261C和TX-100保护材料的—C—O—C—不对称伸缩（1237cm^{-1}附近）、—CH_3面内摇摆振动（989cm^{-1}附近）的峰消失，150保护材料（967cm^{-1}和767cm^{-1}左右的峰）、MC-76保护材料（1733cm^{-1}和1154cm^{-1}左右的峰）与SL-300保护材料（1733cm^{-1}、1103cm^{-1}和798cm^{-1}左右的峰）强度增加（图4.9）。

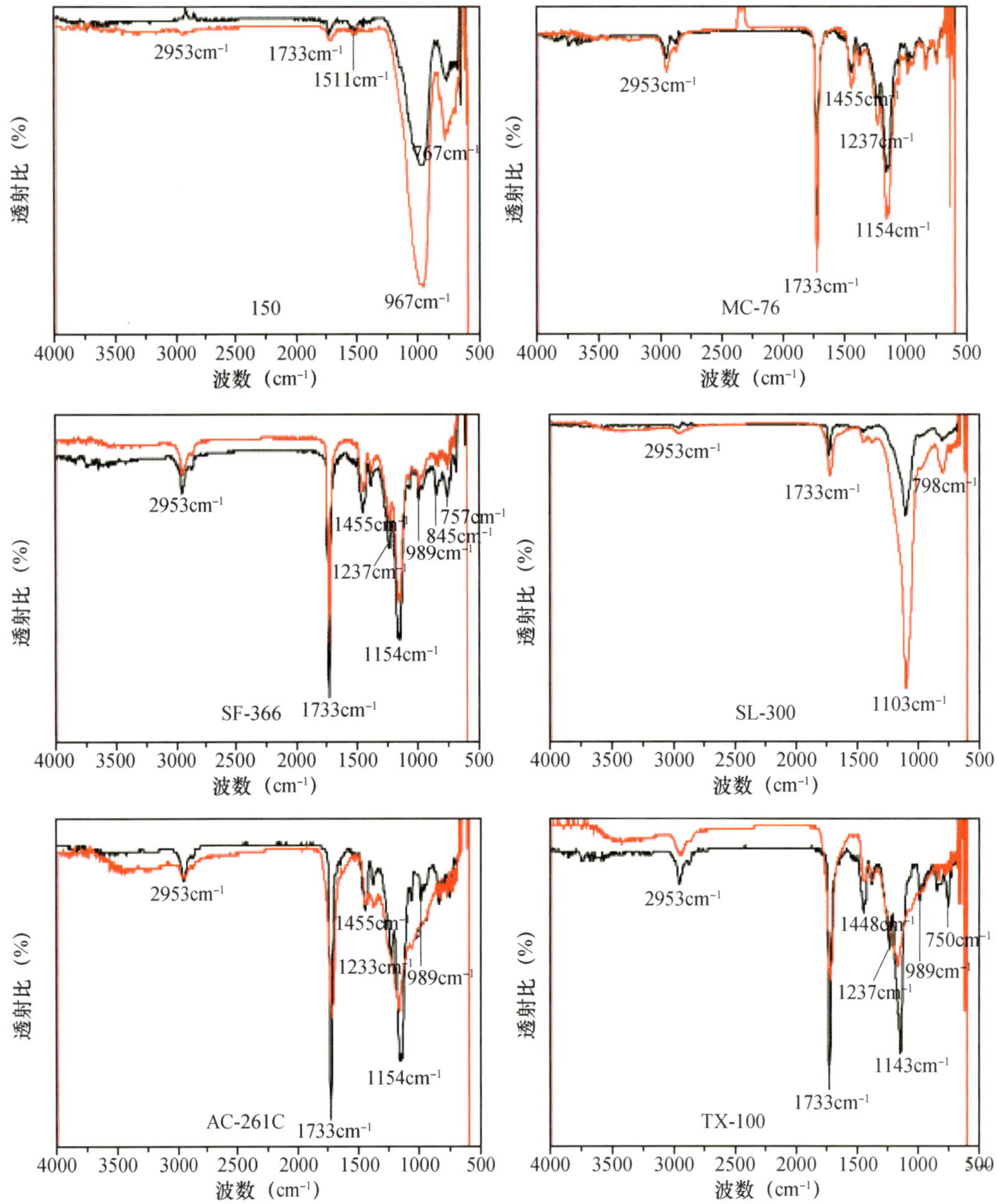

图4.9　保护材料膜（黑线）未老化和紫外老化40h（红线）后的ATR-FTIR谱图

4.12　耐　　盐

一般而言，敦煌莫高窟壁画典型病害如空鼓、起甲、酥碱，陶质彩绘文物的典型病害如陶胎酥粉、彩绘起翘、釉层剥落等的发生多数是由盐侵蚀造成的；并且盐分在文物本体中是活跃的、不断迁移的。陶质彩绘文物被盐侵蚀大多是在埋藏环境中发生的、化肥、农药、酸雨等包含的可溶盐或微溶盐随着灌溉水、雨水侵蚀埋藏的陶制彩绘文物。制作陶制彩绘文物的本体模拟样块，分别在模拟样块四周涂覆不同的保护剂，自然干燥后放置于盐溶液（5%的硫酸钠）中浸泡24h后取出，后放入恒温恒湿箱中模拟四季不同的温湿度变化，模拟样块隔一周加一次盐，共加盐8次。模拟样块盐老化600天后结果如图4.10、图4.11所示。

综合图4.10和图4.11所见模拟样块耐盐实验结果，在保护材料完全浸透模拟样块的条件下，150、MC-76、SF-016、SL-300、SF-366保护剂保护的模拟样块耐盐性不高。150、MC-76、SF-016和SL-300涂覆在载玻片上成膜的水接触角小于90°，属于亲水材料，吸水率高，耐水性差。从侧面印证保护材料吸水率、水接触角、耐水性的测验可以作为评价保护材料性能的标准。

图4.10　模拟样块耐盐实验结果图

图4.11 模拟样块耐盐实验结果图

第五章

TEOS/PDMS-OH改性材料的实验室评价研究

5.1 保护材料及其测试方法

5.1.1 保护材料与制备方法

保护材料有以下几种:

正硅酸乙酯(TEOS,化学纯,上海凌峰化学试剂有限公司);

羟基封端聚二甲基硅氧烷(PDMS-OH,上海迈瑞儿实验设备有限公司),黏度分别为300cSt、700~800cSt、3500cSt和5000cSt,所对应的分子量分别为7000~9000g/mol、15000~20000g/mol、40000~45000g/mol和45000~55000g/mol,相对密度分别为0.97g/cm^{-1}、0.97 g/cm^{-1}、0.98 g/cm^{-1}和0.98 g/cm^{-1};

1H,1H,2H,2H-全氟辛基三乙氧基硅烷(纯度为97%,上海百灵威化学技术有限公司);

二月桂酸二丁基锡(DBTL,纯度为95%,上海阿拉丁生化试剂有限公司);

明胶(化学纯,国药集团化学试剂北京有限公司);

氨水(分析纯,浓度12mol/L,国药集团化学试剂北京有限公司);

盐酸(1mol/L,上海阿拉丁生化试剂有限公司)。

(1) TEOS/PDMS-OH改性材料的制备

对于表面酥粉彩绘陶质文物的加固,要求保护材料具有一定的柔韧性、渗透性、不改变加固后文物的表面颜色、与文物兼容性好等要求,研究表明正硅酸乙酯是骨架为Si—O键、侧链为—CH$_3$基团的半有机半无机结构的一种高分子材料,兼具有机聚合物特性,且具有优异的渗透性,正硅酸乙酯溶胶凝胶法制备的材料在固化过程中溶剂挥发、液-气相界面产生内应力，导致材料易于开裂、变脆，加入金属离子可以减少材料的开裂性能，但同时降低了材料的渗透性、改变材料的透明度和颜色；加入表面活性剂正辛胺也可以降低材料的变脆，但加入的盐酸催化剂却给材料本身引入了潜在的危害；羟基封端聚二甲基硅氧烷是一种线形活性聚硅氧烷，属于直链、两端硅原子上直接连有羟基官能团的硅官能基聚硅氧烷，这种硅官能基聚硅氧烷可通过进一步与正硅酸乙酯的反应，制成高摩尔质量的线型或交联型聚硅氧烷。同时，羟基封端聚二甲基硅氧烷分子量低、黏度小、渗透性好，同时Si—与两个—CH_3相连，减小材料的伸缩性，本实验选择在TEOS中分别加入不同比例、不同黏度的羟基封端聚二甲基硅氧烷，在中性催化剂催化的条件下研究改性材料的分子结构、微观形貌等性能。

具体步骤为：在TEOS中分别加入体积分数5%、10%、20%和50%不同黏度的PDMS-OH（表5.1），在温度20℃时超声搅拌24h后，加入1%（v/v）催化剂DBTL，搅拌5min后即合成TEOS/ PDMS-OH改性材料，通过调节PDMS-OH的含量来控制改性材料的黏弹性。将配制好的改性材料置于载玻片上成膜，放置于温度25℃、湿度50%的恒温恒湿箱内干燥固化。

表5.1　TEOS改性材料的具体编号统计表

体积分数（%）	PDMS-OH黏度（cSt）			
	300	700	3500	5000
5	H1-1	H2-1	H3-1	H4-1
10	H1-2	H2-2	H3-2	H4-2
20	H1-3	H2-3	H3-3	H4-3
50	H1-4	H2-4	H3-4	H4-4

（2）改性氟硅材料

通过以上Stober方法，在5ml TEOS、酸或乙醇（会催化形成SiO_2颗粒）中加入0.5g 1H，1H，2H，2H-全氟辛基三乙氧基硅烷进行修饰，水浴反应得到氟化二氧化硅材料，其具有与荷叶表面的纳米级微小颗粒构造相类似的，主要成分为F、Si元素的溶剂型SIC-1和水性SIC-2材料。

（3）明胶改性材料

为了使正硅酸乙酯的水解得到分散性好、与明胶材料相容的纳米SiO_2，分别选择在TEOS中加入HCl的酸催化和NH_4OH的碱催化两种方式。酸催化是H^+发生亲电反应，H^+会选择性地进攻富电子的O，由于烷基的供电子作用，即作用到Si—O—C_2H_5中的O上，水解后得到Si—OH，再通过脱水缩合，易得到链状结构的凝胶。而碱催化是OH^-发生的亲核反应，进攻缺电子的、烷氧基少的Si，即Si—O—Si—O—Si中的中心Si更易受到进攻，水解后易得到三维网络结构的凝胶。水解后的溶液与不同体积比的浓度10%的明胶进行原位复合，观察水解后纳米SiO_2在明胶材料中的分布情况，以及结构和各项性能的变化。

在TEOS的酸催化水解过程中，6mL的TEOS中加入了25mL的HCl，同时采用15mL的CH_3CH_2OH调节水解的速率，而在TEOS的碱催化水解过程中，1.2mL的TEOS中加入了2mL的NH_4OH，同时采用20mL的CH_3CH_2OH调节水解的速率；将水解后的产物分别加入体积分数1%、3%、5%、10%、20%的浓度10%的明胶溶液中，具体编号见表5.2。在温度30℃、相对湿度50%的条件下均匀搅拌，搅拌时间最多不能超过6h，时间过长会逐渐出现凝胶现象，对制备好的复合材料置于75mm×25mm×1mm的载玻片上成膜，进行成膜颜色、分子结构、热稳定性等测试。

表5.2 明胶改性材料的具体编号统计表

编号	酸催化的纳米SiO_2材料（mL）	明胶材料（mL）	编号	碱催化的纳米SiO_2材料（mL）	明胶材料（mL）
G0		10	G0		10
a1	0.1	10	b1	0.1	10
a2	0.3	10	b2	0.3	10
a3	0.5	10	b3	0.5	10
a4	1	10	b4	1	10
a5	2	10	b5	2	10
a6	3	10	b6	3	10
a7	5	10	b7	5	10

5.1.2 测试条件与试验方法

红外光谱（FTIR-ATR）：利用美国Thermo Scientific Nicolet iS50傅里叶红外光谱仪（FTIR）的ATR附件测试保护材料的红外光谱曲线，测试范围为$500cm^{-1} \sim 4000cm^{-1}$，光谱分辨率优于$0.09cm^{-1}$，波数精度优于$0.01cm^{-1}$。

显微形貌：采用日本JEOL公司JSM-6700F型扫描电子显微镜/能谱仪（SEM-EDX），观察保护材料的微观形貌，同时利用能谱仪测定其相关成分分布。

超景深显微分析：景深指在固定像平面上成清晰像时对应的物方深度范围，也就是在保证得到清晰像时物体能够在物方空间前后移动的最大距离；通过阶梯式缓慢移动聚焦，获得多幅局部聚焦图像，再对这些图像进行整合获得一个景深很大的图像。超景深显微镜利用显微镜头变换焦点时采集的层状图像序列，将计算机自动提取的每幅图像信息融合成一幅超大景深的清晰图像，实验使用日本Keyeens的VHX-2000超景深显微镜，具有5400万像素，与传统光学显微镜相比，可以实现20倍以上的大景深观察，可以聚焦凹凸大的样品表面，测试出样品表面的粗糙度变化。

（1）颜色变化

采用日本的CM-700d型分光测色计、CIE $L^*a^*b^*$颜色模型测试材料在不同老化条件下的颜色变化。CIE $L^*a^*b^*$颜色模型基于人对颜色的感觉，它是用L^*、a^*、b^*一组数字数据将一种颜色表示出来，其中L值表示亮度，ΔL表示亮度差值，a值表示红绿方向颜色变化，+a表示向红色方向变化，-a表示向绿色方向变化，b值表示黄蓝方向变化，+b表示向黄色方向变化，-b表示向蓝色方向变化。

（2）疏水性

采用JC2000C1接触角测量仪（上海中晨数字技术设备有限公司）的悬滴法测试保护材料及应用于陶质彩绘文物的接触角变化，反映样品表面与外界水分的浸润能力。

（3）透气性

根据德国工业标准DIN52615，使水蒸气从湿度大的一端通过表面膜材料自然流向湿度小的一端，计算出一定时间内水蒸气的透过量，然后根据公式进行计算：

$$\mu = (P \times \delta L) / [M / (t \times S \times d)] \quad \text{（公式1）}$$

式中，t为时间（h），M为水蒸气扩散量（kg），S为面积（m²），P为测试温度下的水蒸气压力（Pa），d为膜材料厚度（mm），δL为空气中的水蒸气常数$=7.02 \times 10^{-7}$（kg/m.h.Pa），抗水蒸气扩散系数μ值越大，抗水蒸气的扩散能力越强，材料的透气性越差。具体实验方法如下：采用进口胶泥将保护后的陶质彩绘胎体与装水容器接触界面密封，水蒸气透过的样品直径为25、厚2mm，将容器置于恒温恒湿箱中，控制温度90℃，称量一定时间内容器的质量变化，即水蒸气的透过量，根据公式（1）计算抗水蒸气扩散系数μ值。

（4）耐盐腐蚀性能

为了检测保护材料保护样品后的耐盐腐蚀性能，将700℃烧制后的陶质样品切割为50mm×50mm×20mm的小样品，采用NaCl盐溶液浸泡保护后的样品，按照温度25℃，相对湿度35%→80%，每8h一循环进行样品形貌等发生变化的记录。

（5）力学强度分析

采用美国Instron 5566万能实验机分别测试尺寸为10mm×10mm×10mm和40mm×40mm×2mm陶质样品（每个样品测试5个小块）的抗压强度、抗折强度，控制速率为0.5mm/min。

（6）其他仪器

DSC 200F3差示扫描量热仪（德国耐驰公司）；Brookfield DV1黏度计（美国Brookfield公司）；JC2000C1接触角测量仪（上海中晨数字技术设备有限公司）。

5.2 保护材料和应用效果的性能评估

5.2.1 TEOS/PDMS-OH改性材料

1. 保护材料的性能分析

将配制好的改性材料置于载玻片上成膜，放置于温度25℃，湿度50%的恒温恒湿箱内干燥固化。通过调节PDMS-OH含量来控制改性材料的弹性，TEOS和加入黏度为300cSt、3% PDMS-OH的改性材料难以成膜，图5.1改性材料H1-1、H1-2、H1-3和H1-4表明随着加入PDMS-OH含量的增多，改性材料在干燥过程中施加在固体网络结构上的毛细管应力增加，膜表面出现大小不等的微小裂纹，当加入PDMS-OH的含量为50%时（图5.1d），改性材料成膜开裂并断裂。当PDMS-OH黏度增大时，图5.1中e、f改性材料凝胶后无色透明，H2和H3中材料凝胶后表面光滑且有弹性，表明黏度越高、含量越高，其凝胶材料的弹性越好。

图5.1 改性材料照片

a. H1-1 b. H1-2 c. H1-3 d. H1-4 e. H2-3 f. H2-4 g. H3-3 h. H3-4

表5.3为采用黏度计测试最为典型的H4改性材料的黏度变化，测试温度为26.6℃，改性后材料H4-4的黏度值最大，达到113.4mPa·s，剪切应力增长为4.11 dyne/cm^2。

表5.3 H4材料的黏度及相应测试数据

编号	黏度（mPa·s）	扭矩（%）	剪切应力（dyne/cm^2）	剪切率（1/s）	转速（RPM）
H4-2	19.52	32.5	2.38	12.23	10
H4-3	31.58	19.3	3.42	12.23	10
H4-4	113.4	56	4.11	3.67	3

（1）分子结构

红外光谱是定性鉴定有机化合物和测定分子结构较为有效的方法。由于化合物中不同化学基团对不同频率红外光的吸收不同，会产生不同的红外光谱谱带。测出谱带的位置、强度和形状，可以对化合物进行"定性分析"和"定量分析"。通过ATR-FTIR检测分析表明，加入不同体积分数的PDMS-OH，在DBTL催化剂的作用下，TEOS分子结构发生很大的变化。图5.2a中对比TEOS和H1-4改性材料，反应前TEOS的红外光谱中，2921cm^{-1}和2962cm^{-1}处较强的吸收峰为TEOS中—C_2H_5的C—H吸收峰，1390cm^{-1}、997cm^{-1}处为TEOS中—OC_2H_5的吸收峰，H1-4的红外光谱图中在1649cm^{-1}和1575cm^{-1}附近的吸收峰表明有很强的、较宽的Si—OH的伸缩振动吸收峰，说明PDMS的端羟基参与了反应，在2962cm^{-1}、1382cm^{-1}、1259cm^{-1}、798cm^{-1}处为Si—CH_3的伸缩振动吸收峰，随着PDMS-OH含量的增多，1095cm^{-1}和1033cm^{-1}出现明显的吸收宽峰，为Si—O—

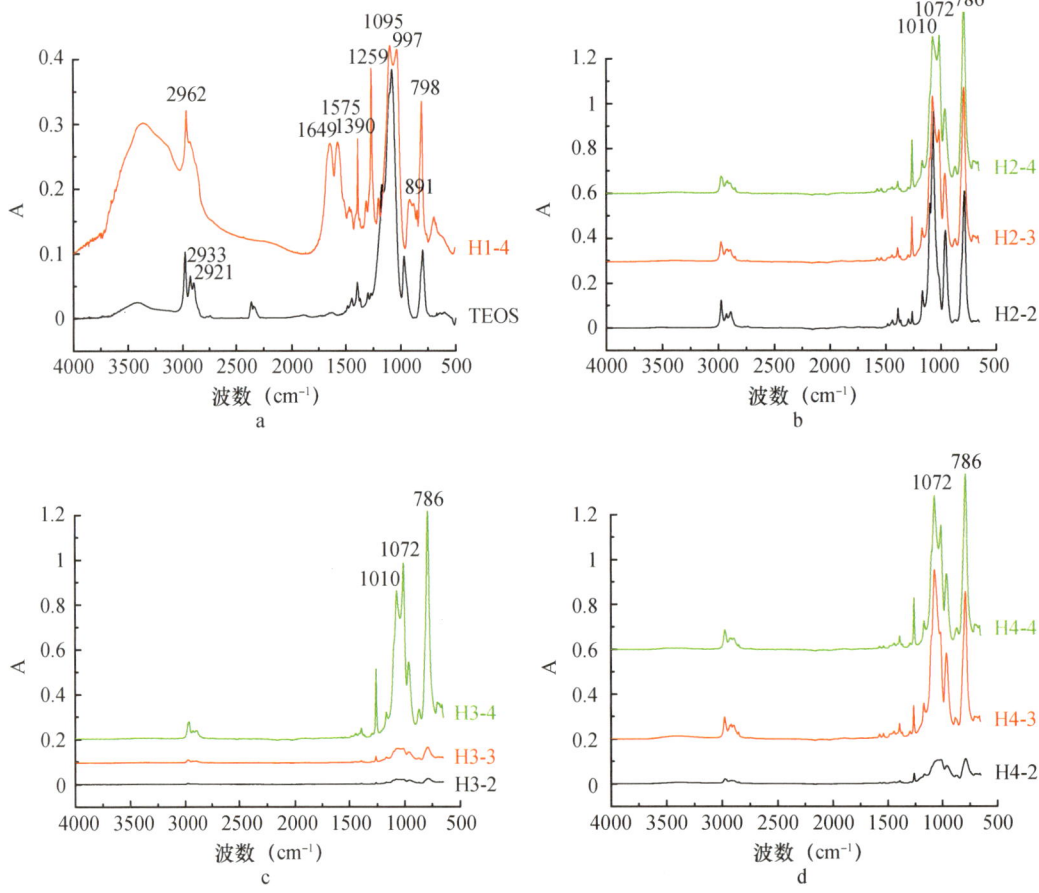

图5.2　不同配比改性材料的红外光谱图

a. 体积分数50%黏度300cSt的改性材料和TEOS红外光谱　b. 体积分数分别为10%、20%、50%黏度700cSt的改性材料红外光谱　c. 体积分数分别为10%、20%、50%黏度3500cSt的改性材料红外光谱　d. 体积分数分别为10%、20%、50%黏度5000cSt的改性材料红外光谱

Si键吸收峰，谱峰出现蓝移；改性材料2933cm^{-1}和2921cm^{-1}的C—H伸缩振动峰降低，2962cm^{-1}、1382cm^{-1}、1259cm^{-1}、798cm^{-1}的Si—CH$_3$，1649cm^{-1}和1575cm^{-1}的Si—OH，以及1033cm^{-1}、891cm^{-1}的Si—O伸缩振动峰的增加是由于PDMS-OH材料的Si—CH$_3$和Si—O键与TEOS中的化学键结合所致。

图5.2b～d是含有不同百分比、不同黏度PDMS-OH改性材料的分子结构变化，各材料的结构变化主要集中在随着PDMS-OH含量的升高，PDMS-OH中的Si—CH$_3$伸缩振动峰增加，1072cm^{-1}、1010cm^{-1}和786cm^{-1}吸收峰强度明显提高，改性后材料形成了明显的化学键合。

（2）SEM分析

扫描电子显微镜观察结果（图5.3）表明：加入不同比例PDMS-OH的TEOS改性材料的网络形成比较完整，有机物组分和无机组分镶嵌紧密，各种材料的结构相对比较均匀，仅有很小的团簇现象，没有发生有机相与无机相的相分离现象；改性材料的无机颗粒分布于有机层内部，有机材料包覆无机颗粒，颗粒大小不均；改性材料H1-4的分散性相对较好，无机颗粒尺寸在100nm左右；H2-4无机颗粒分布更加密集，有机和

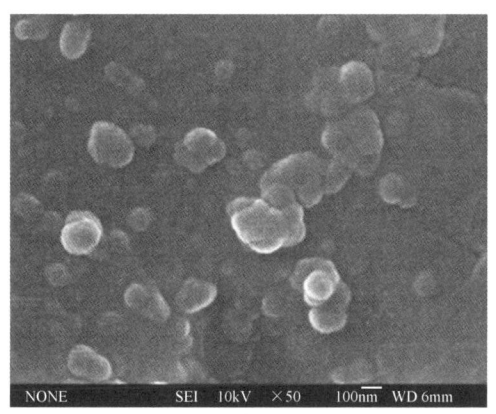

a

b

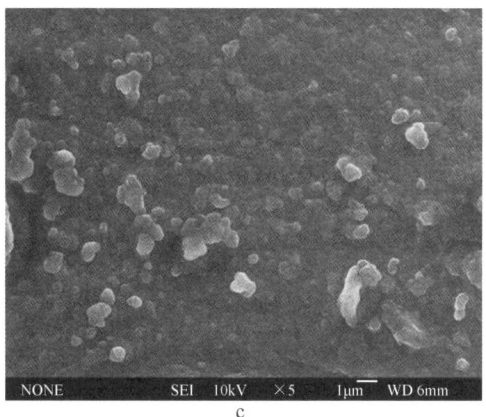

c

图5.3　改性材料的SEM分析图

a. H1-3　b. H1-4　c. H2-4

无机组分之间形成了共价键和互穿网络结构,实现了有机-无机相的紧密结合,两相之间很好地相容,在宏观上表现为良好的均匀性。

2. 改性材料应用于酥粉陶质颗粒的加固性能

(1)沉淀质量

选择典型的、性能相对较好的改性材料H2-4和H4-4,以及用于对比的目前在文物保护中常用的丙烯酸酯Primal SF和防水有机硅WD10材料,应用于模拟酥粉陶质颗粒样品的加固保护,图5.4在加固过程中有机硅WD10加固样品的质量变化率很小,材料固化后样品总质量增加了2.95%(wt%);乳液型丙烯酸酯材料Primal SF加固样品的固化时间约122h,固化后样品质量增加了4.9%,而改性材料H2-4、H4-4所需的时间为94h,固化后样品质量增加了6.18%和5.64%;相比而言,改性材料固化所需要的时间短,沉淀质量较多。

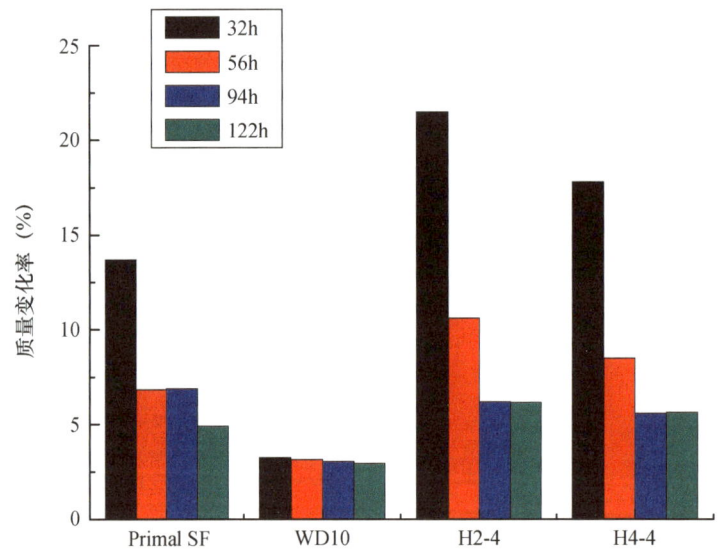

图5.4 固化不同时间后样品的质量变化占总样品质量的百分比

(2)外观形貌和反射光谱特性

不同材料加固样品后的外观形貌见图5.5,防水性的WD10材料对酥粉陶质颗粒样品不具有加固性能,处理后的样品无法从模具中取出,依然为散乱颗粒分布;Primal SF和改性材料加固样品表面比较致密,最内层孔隙较大,采用分光光度计测试Primal SF和改性材料加固样品前后最表层的反射光谱特性,从图5.6看出,未处理空白样品的最高反射率可达40%以上,不同保护材料处理后样品的反射率均比空白样品低,其中,改性材料H4-4加固后样品的反射率降低程度最大,计算555nm的反射率变化,Priaml SF和H2-4、H4-4加固样品的变化率分别为30.17%、11.33%和34.17%,改性材料H2-4的变化率相对较小,颜色变化小。

a　　　　　　　　　　b　　　　　　　　　　c

图5.5　不同材料加固样品后的形貌图
a. Primal SF加固　b. H2-4加固　c. H4-4加固

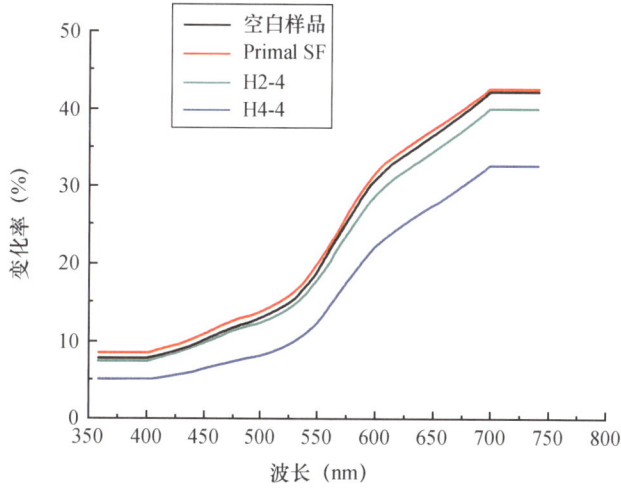

图5.6　不同材料加固后样品表层的反射率光谱曲线

（3）强度、渗透深度和接触角

不同保护材料加固样品的硬度和渗入深度不同，这与材料本身的黏性和渗透性有直接关系；同一种保护材料加固样品的最表层和最内层硬度不同，加固后样品最表层比最内层硬度高，同时，圆周的四周硬度比中间位置硬度高，这是因为保护材料渗透至样品内部后，在溶剂挥发的过程中导致溶质反迁于表面，保护材料堆积于样品表面及四周，使得加固后样品最表面强度高于内部。

Priaml SF材料渗入陶质颗粒样品深度达2mm，抗压强度为3.5MPa，样品表面的硬度提高程度较大，最表层硬度比最内层提高的程度大，表现在最表层和最内层的接触角分别为79.57°和70.91°。改性材料H2-4和H4-4加固样品可渗透至少3mm，样品最表层四周硬度和中心硬度相差不大，抗压强度分别为3.3MPa和4.62MPa，接触角分别为100.91°和107.65°（图5.7）。有机硅WD10材料无加固性能，样品依然呈散乱颗粒状。

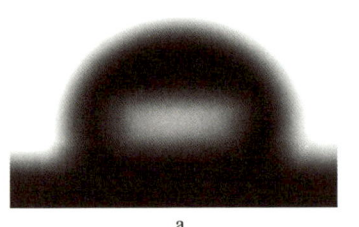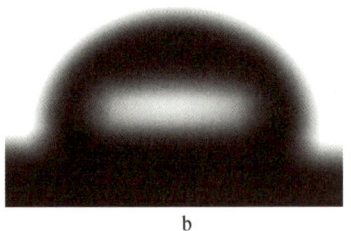

图5.7 改性材料加固陶质颗粒后的接触角
a. H2-4　b. H4-4

（4）透气性

图5.8中可以看出，各条曲线的运动轨迹相似，在环境温度25℃，相对湿度65%的条件下放置26天后，样品的抗水蒸气扩散系数值趋于恒定，容器内外水蒸气相对湿度平衡。在前26天水蒸气扩散的运动过程中，抗水蒸气扩散能力的三条运动曲线基本呈线性关系，图中抗水蒸气系数越大，样品的透气性相对越差，空白样品、Primal SF加固后样品和改性材料H2-4、H4-4加固后样品的抗水蒸气扩散系数（y）与时间（x，单位：天）的相互关系为：$y=0.07x+1.33$、$y=0.057x+2.7$、$y=0.052x+2.7$和$y=0.052x+2.72$，判定系数R^2分别为0.9833、0.9906、0.992和0.9916，回归曲线截距分别为1.33、2.7、2.6和2.72，表明空白样品的孔隙分布相对比较疏松，水蒸气扩散能力最强，Primal SF和改性材料加入样品后样品变得致密，水蒸气扩散能力减弱，在放置的26天内，加固后样品的抗水蒸气扩散系数分别以0.07、0.057、0.052和0.052的速率变化；根据回归曲线方程，可以预测在前26天内各样品的抗水蒸气扩散系数的变化。

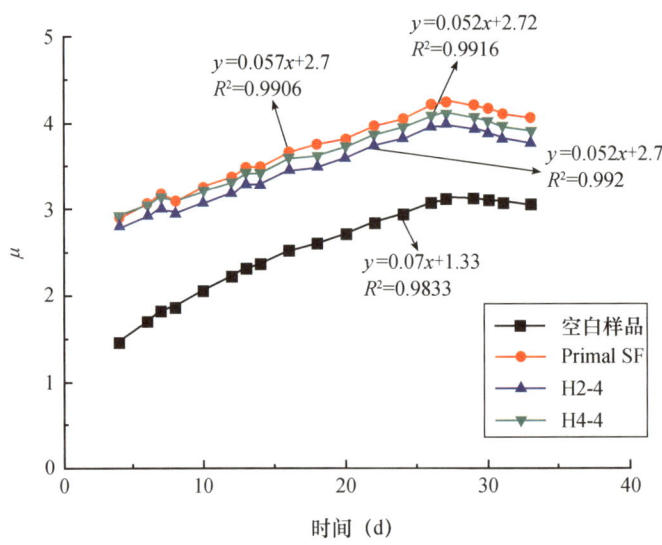

图5.8 不同材料加固后样品抗水蒸气扩散能力的变化

（5）显微结构

图5.9a表现为酥粉陶质样品加固前散乱分布，颗粒大小不均一。Primal SF材料加固样品表面（图5.9b）和最内层（图5.9c）分布不均匀，明显可见糊状的膜状物填充于孔隙较大处，部分较多颗粒呈堆积状，样品最内层的膜状物面积少于最表层，颗粒排布较为散乱，由于网状成膜材料的分布不均匀，形成了样品最表层和最内层硬度的差别。H4-4材料加固样品后样品颗粒相互黏接，成膜物质没有Primal SF材料明显，颗粒之间具有一定孔隙，最内层（图5.9e）孔隙较多。保护材料进入酥粉陶质颗粒在溶剂不断挥发的过程中向表面迁移，容易形成表面致密、内部孔隙较大的状况，但改性材料并未像丙烯酸酯Primal SF材料在表面形成致密的一层膜，整体加固后样品颗粒之间具有孔隙，能够确保陶质内部与环境之间的温湿交换。

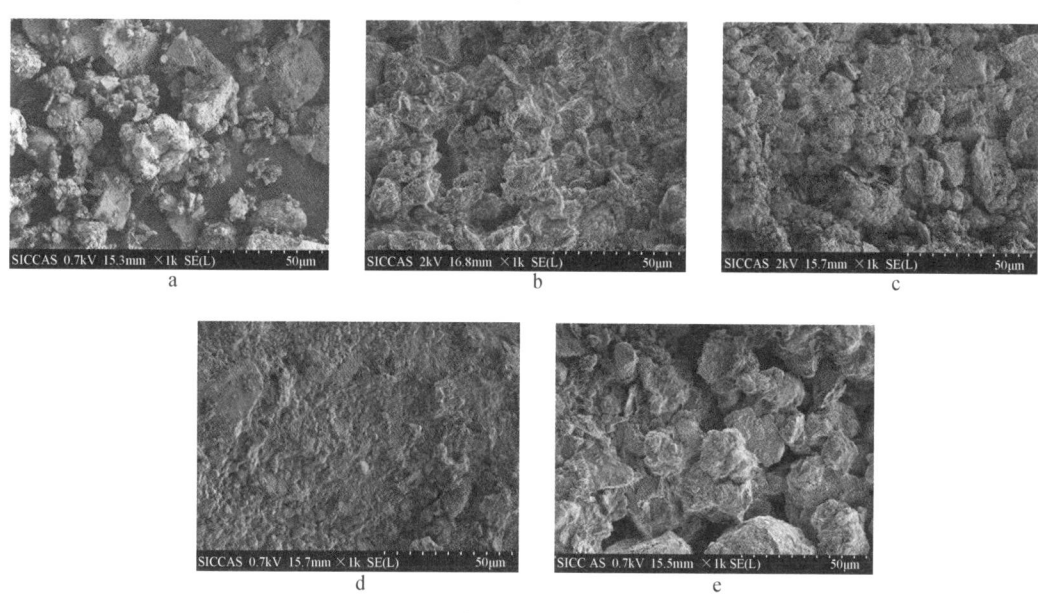

图5.9　陶粉样品加固显微图
a. 空白样品　b. Priaml SF加固样品表层　c. Priaml SF加固样品最内层　d. H4-4加固样品表层
e. H4-4加固样品最内层

（6）耐盐腐蚀性

图5.10a为经过28个循环后空白样品、Primal SF加固样品和H4-4加固样品的变化，样品表面均出现结晶的盐颗粒，空白样品和Primal SF加固的样品表面出现少量的陶粉颗粒，H2-4加固样品表面无明显变化；78个循环后（图5.10b），H2-4加固样品表面依然无明显变化，空白样品表面的酥粉陶质颗粒增多，手触即可掉落。图5.11微观显微照片中，空白样品1个循环后表面形成板层结构，在板层结构上出现析出的NaCl可溶盐晶体，有曲状、镰刀状、层状等不同形态；78个循环后，空白样品颗粒之间的裂隙增大，样品层与层之间产生裂隙。Primal SF加固样品在78个循环后表面开裂，表面网状

| 空白样品 | Primal SF加固样品 | H2-4加固样品 |

a

| 空白样品 | Primal SF加固样品 | H2-4加固样品 |

b

图5.10 样品耐盐循环后的外观变化

a. 28个循环 b. 78个循环

膜与基体也产生分离，与宏观表现一致。Primal SF加固的样品表面层状物脱落，层状物主要是呈网络结构的Primal SF材料，推测在外界环境湿度减少的条件下，盐颗粒逐渐结晶析出，同时，该网状结构致密的膜材料阻碍内部水分从样品表面的蒸发，使得这层膜结构与样品结合的界面处产生应力，随着环境湿度的交替变化，水分蒸发和可溶盐结晶的应力处于产生和消失的交替变化中，使得在循环过程中致密的膜材料逐渐在应力集中的样品棱边出现开裂，进而发生起翘并导致脱落；采用Primal SF加固样品产生了保护性破坏，加速了样品的酥粉。

与Primal SF材料相比，H2-4材料中的Si—CH_3具有一定的柔韧性，可以起到黏接、加固样品的作用，Si—O键具有优异的疏水性，能够减少外界水的进入，同时，加固后样品表面未形成明显的成膜物质，表面具有一定的透气性，使样品内部水分可以自由出入，减少了表面应力的集中，保护样品的耐盐腐蚀性能良好。

3. 小结

针对含有一定量可溶盐的酥粉陶质文物，TEOS材料中加入黏度高于700cSt的PDMS-OH后，形成的改性材料成膜性好，无色透明且具有一定弹性，PDMS-OH材料的Si—CH_3和Si—O键与TEOS中的化学键相互结合，改性材料实现了有机-无机相的紧密结合，两相之间很好地相容。应用于陶粉样品的加固保护中，改性材料H2-4所需的固化时间比乳液型丙烯酸酯材料Primal SF所需的时间短，加固酥粉陶质颗粒样品强度

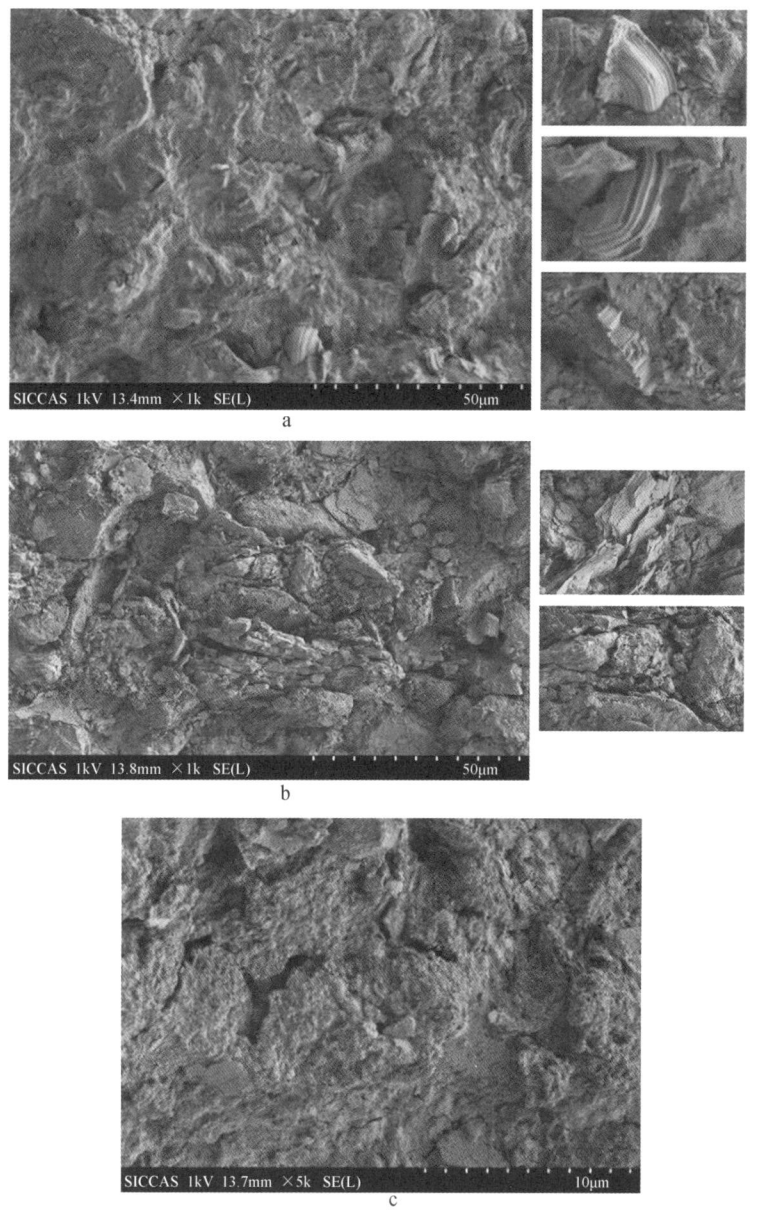

图5.11　耐盐腐蚀样品显微图
a. 空白样品1个循环　b. 空白样品78个循环　c. Primal SF加固样品78个循环

较大，渗透性高、憎水性能较好。

制备的改性材料中的Si—CH$_3$的柔韧性起到黏接、加固样品的作用，Si—O键具有优异的疏水性，能够减少外界水的进入，同时，加固后样品表面未形成明显的成膜物质，表面具有一定的透气性，使样品内部水分可以自由出入，减少了表面应力的集中，保护样品的耐盐腐蚀性能良好。

有机硅WD10材料无加固性能，样品依然呈散乱颗粒状。

5.2.2 改性氟硅材料

1. 保护材料的性能分析

采用FTIR-ATR、SEM-EDX等检测所选取保护材料的分析结构、显微形貌等性能。对保护材料的分子结构进行测试，从图5.12可以看出SIC-1在1050cm^{-1}出现明显的Si—O—Si吸收峰，SIC-2在1140cm^{-1}和1200cm^{-1}出现C—F的典型伸缩振动特征峰，其中SIC-2出现的C—F伸缩振动峰强度更高。观察图5.13中SIC-1材料固化后表面存在颗粒状分布的纳米岛，颗粒直径分布为50~200μm，其中含量较多的为150μm，凸起颗粒成分主要为F、Si元素，凸起高度约70μm，这种凸起结构与荷叶表面的纳米级微小颗粒构造相似，水在这些微小颗粒上不会向材料表面其他方向蔓延，而是容易形成一个个球体（图5.13a）。SIC-2固化后材料表面存在颗粒状分布，颗粒直径分布为10~80μm，凸起颗粒成分主要为F、Si元素（图5.14），高度约38μm，相比于SIC-1，SIC-2凸起颗粒的直径和高度较小，单位面积内含有颗粒的数量更多，疏水性能更为优异（图5.13b）。

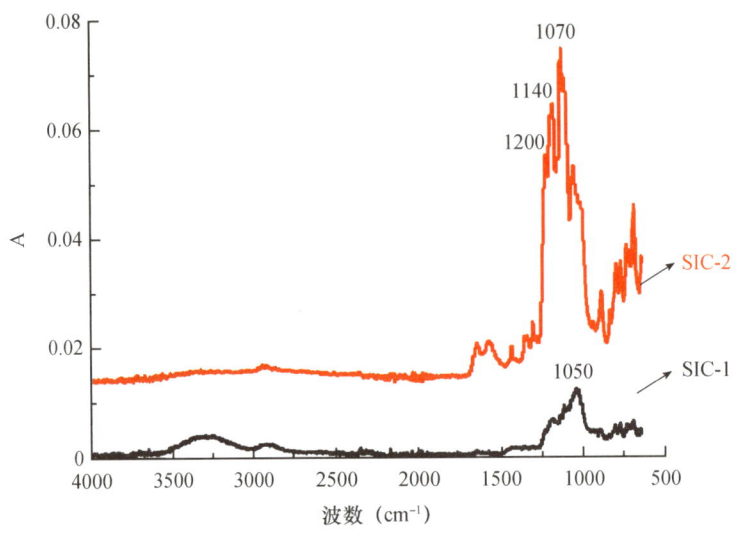

图5.12 SIC-1和SIC-2的红外光谱曲线

2. 保护材料应用于陶质样品的性能分析

采用喷涂的方式，将不同保护材料应用于模拟陶质胎体表面，发现保护材料均与样品具有优异的相容性，SIC-1和SIC-2的固化时间非常短，3~5min完全固化。待材料完全固化后，观察陶质胎体的颜色、疏水性、显微形貌、透气性等性能。

第五章 TEOS/PDMS-OH改性材料的实验室评价研究

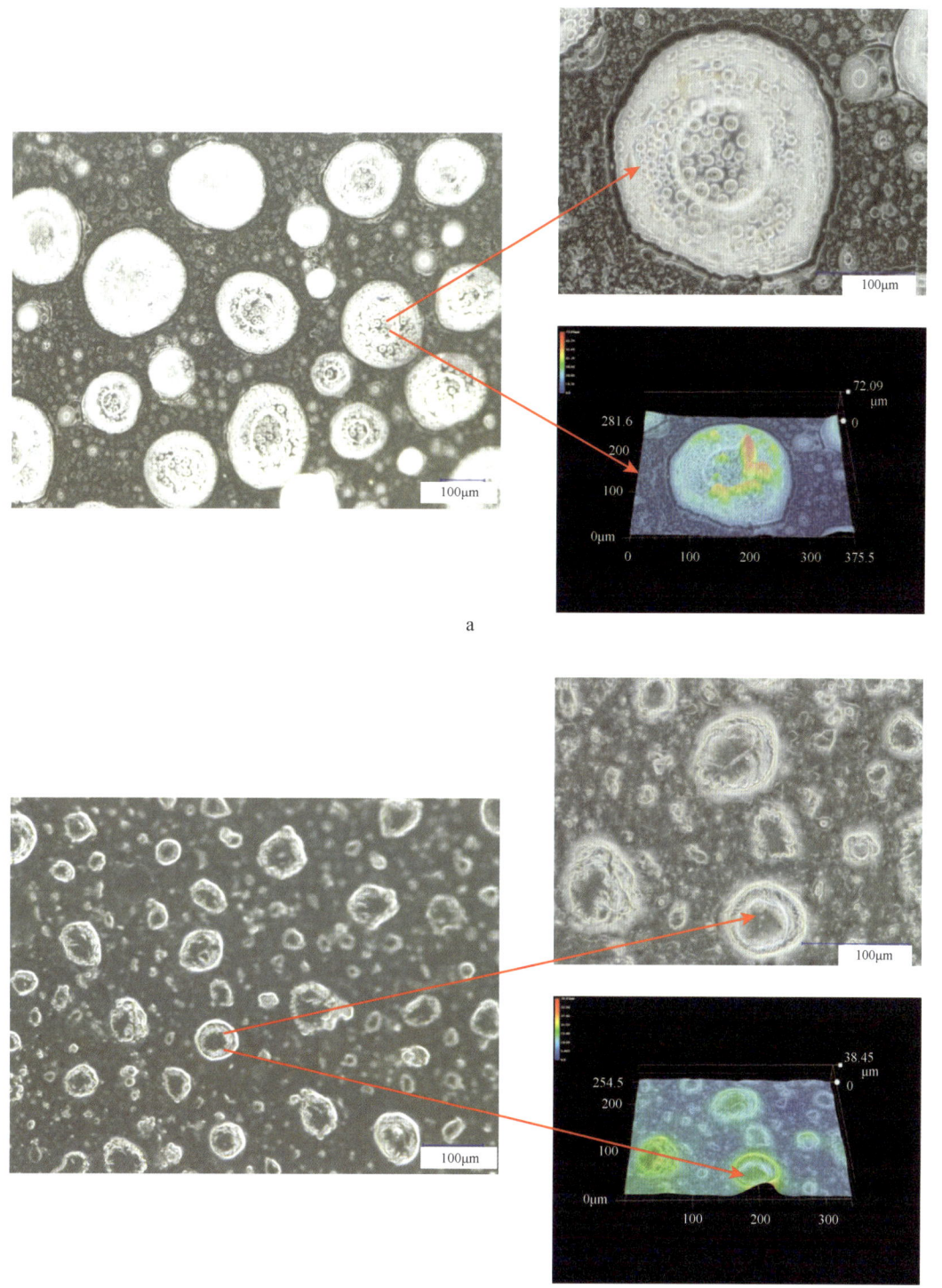

图5.13 具有与荷叶表面纳米级微小颗粒构造相似的SIC-1和SIC-2显微图
a. SIC-1 b. SIC-2

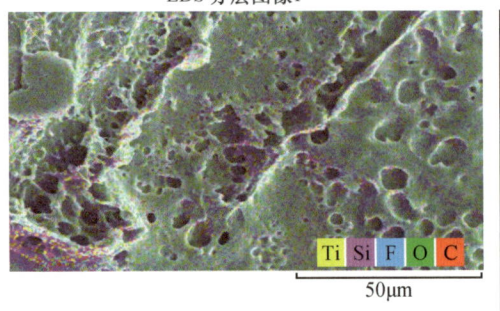
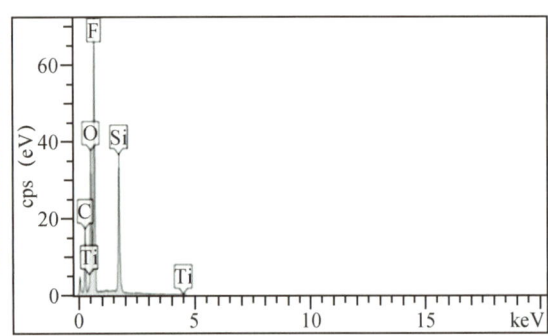
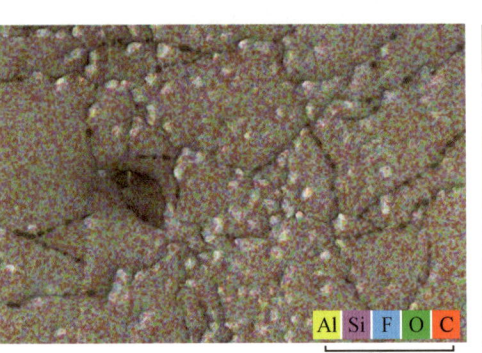
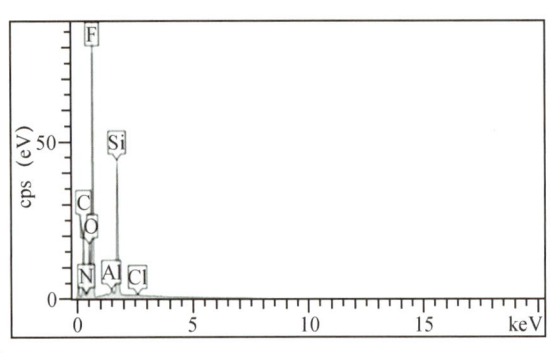

图5.14　保护材料的SEM显微形貌及成分分布

a. SIC-1　b. SIC-2

（1）颜色变化

用CIE $L^*a^*b^*$（D65）中L^*、a^*、b^*值的变化表示加入保护材料前后陶质胎体的颜色改变程度，通过色差公式$\Delta E=\sqrt{(\Delta L)^2+(\Delta a)^2+(\Delta b)^2}$计算出加入保护材料SIC-1和SIC-2改变陶质胎体的颜色色差，分别为1.76和3.11，颜色变化主要表现在表示亮度的ΔL和表示黄蓝方向的Δb值的变化，b值越大，颜色越趋向于黄色方向。

（2）疏水性

当保护材料涂施到具有高表面能的陶质胎体表面后，保护材料要尽可能润湿所接触的表面，在此涉及自固液界面经液体内部到气液界面的夹角，即保护材料与陶质胎体表面的接触角，这个接触角能够体现保护材料与陶质胎体样品的浸润结合能力。保护材料涂刷在陶质胎体的变化过程中，均和陶质胎体样品产生良好的相容性，能够确保保护材料的浸入。

对于化学组分不均匀的保护材料处理的固体表面，液滴在其表面的接触角满足Cassie方程：$\cos\theta=f_1\cos\theta_1+f_2\cos\theta_2$，式中$\theta_1$和$\theta_2$分别为化学组成1和化学组成2理想表面的接触角，$f_1$和$f_2$分别为这两种组分在整个表面中各自所占的面积分数。材料固化前后在陶质表面的接触角分别由亲水性变为81.33°和90.24°，保护材料的加入均提高了陶质胎体的疏水性能（图5.15），对外界水分可以起到很好的阻隔作用。

（3）透气性和显微形貌

采用计算抗水蒸气扩散系数μ值的方法检测保护材料施加后陶质样品的透气性。在放置52h的水蒸气扩散运动过程中，材料处理前后抗水蒸气扩散能力的运动曲线基本呈线性关系（图5.16），其中，空白样品的抗水蒸气系数相对最大，而加入材料后的抗水蒸气系数降低，SIC-1和SIC-2降低的程度较大。经过对比分析空白和加入SIC-1、SIC-2材料的样品抗水蒸气扩散系数（y）与时间（x，单位：小时）的曲线拟合回归方程，分别为：$y=0.2165x+0.8322$、$y=0.0429x+0.0813$和$y=0.057x+0.278$，判定系数R^2为0.9987、0.9981和0.9912，这些曲线方程的斜率为0.2165、0.0429和0.057，说明加入材料后陶质胎体的抗水蒸气扩散速率较小、样品的透气性增强。

分析加入保护材料后陶质表面透气性增强的原因，推测与材料和陶质胎体颗粒之间的结合分布有关，如图5.13b加入SIC-2材料后陶质胎体表面形成外观形貌的纳米岛，

图5.15 陶质表面处理后的疏水状况

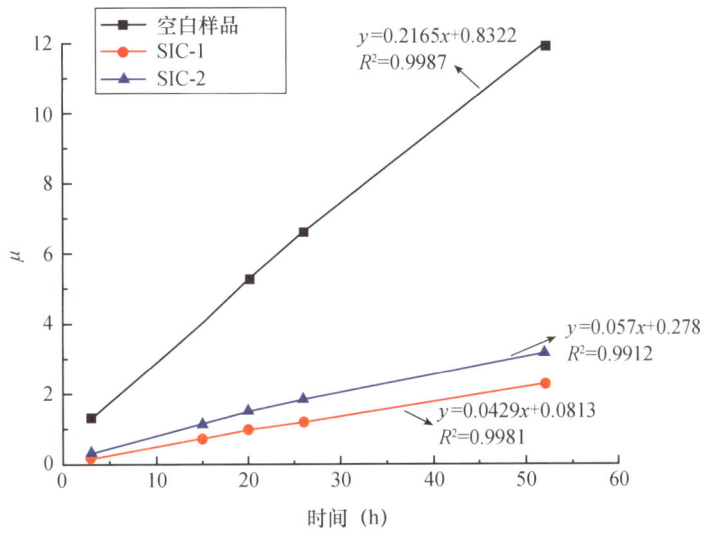

图5.16 样品的抗水蒸气扩散变化曲线

经过3万高倍（图5.17e）分析，发现这些纳米岛结构的材料并没有改变陶质胎体原先的颗粒结合方式，颗粒之间的孔隙明显可见；由于纳米岛结构存在的优异疏水性，减少了加入的材料颗粒之间对于水蒸气的吸附，使得水蒸气透过颗粒孔隙的变化速率进一步增强，宏观变化表现为加入保护材料后样品的水蒸气透过速率升高。

为了更清晰地展示材料的透气性能，实验将SIC-1、SIC-2及H2-4材料喷涂在多孔

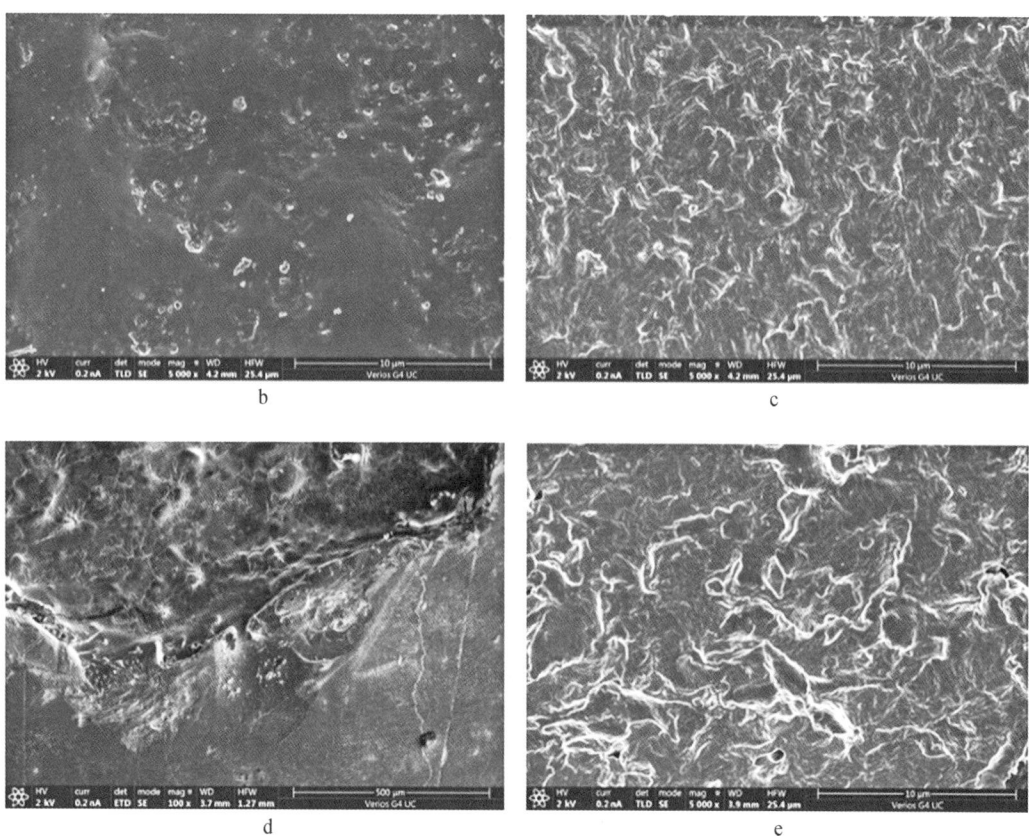

图5.17 样品保护前后的显微图

a. 空白样品　b. SIC-1处理后表面　c. SIC-3处理后表面　d、e. SIC-2处理后表面及高倍显微图

纳米纤维布表面，观察材料固化后纳米纤维布的显微形貌。如图5.18所示，空白样品及SIC-1、SIC-2处理样品的孔隙明显可见，孔直径为50~100μm，而H2-4材料具有一定的黏固性，固化后的材料填充于部分小孔中，对孔的影响较大。

图5.18　纳米纤维布的保护效果
a. 空白样品　b. SIC-1　c. SIC-2　d. H2-4

3. 小结

采用具有与荷叶表面的纳米级微小颗粒构造相类似的含氟硅材料，分析材料的分子结构、显微形貌，以及加入保护材料后陶质胎体表面的疏水性能、显微形貌和透气性能等，研究结果表明，加入的保护材料在提高陶质样品透气性的基础上，还提高了样品表面的疏水性能，可作为陶质样品的表面防护材料。

5.2.3　改性明胶材料

对于酥粉引起彩绘陶表面的彩绘层开裂、起翘、脱落现象，在安全除盐的基础上选择有效的彩绘加固保护材料十分必要。本研究考虑到彩绘陶的彩绘胶结层中多采用动物胶进行黏合，在"不改变文物原貌"的基础原则上，有针对性地选择天然材料明胶进行分析及改性研究。

明胶是由动物的结缔或表皮组织中的胶原部分水解而获得的，呈无色或淡黄色透明、半透明的薄片或微粒，是一种来源丰富的天然高分子材料，具有亲水性强、成膜性好、侧链基团反应活性高、呈典型的两性电介质特征等诸多优良的物理与化学性质。

明胶组成主要为L-谷氨酰基-3-羧基-4-硝基苯胺，水分和无机盐约占16%，蛋白含量占82%以上，主要由18种氨基酸组成，凝胶中的类三螺旋结构主要通过分子内氢键和氢键水合形成，其中含量较高，且对明胶结构、性能具有重要作用的亚氨基酸Pro的—NH、Hyp的—OH，与其他氨基酸侧链基团及水分子均可形成氢键，利于类三螺旋结构的稳定；能溶于热水，冷却后冻成凝胶状物，溶于甘油和乙酸，干燥情况下能长期储存。

1. 改性明胶材料性能

（1）黏度和透光率

采用Brookfield DV2TLV黏度计测试不同材料的黏度变化。测试温度为26.6℃，对比表5.4不同材料的黏度数据可以看出：经过改性后的明胶材料黏度和凝胶时间均有所增加，其中a6和b6的黏度值大于200mPa·s，二者的凝胶时间分别为40min和30min，而a7和b7凝胶时间分别由明胶的60min延长至120min。采用UV-3600紫外可见分光光度计测试溶液的透光率变化，从图5.19中可以看出，改性材料的透过率在350～1000nm均有所降低，在240～350nm处的紫外UVB区透过率有所增加。

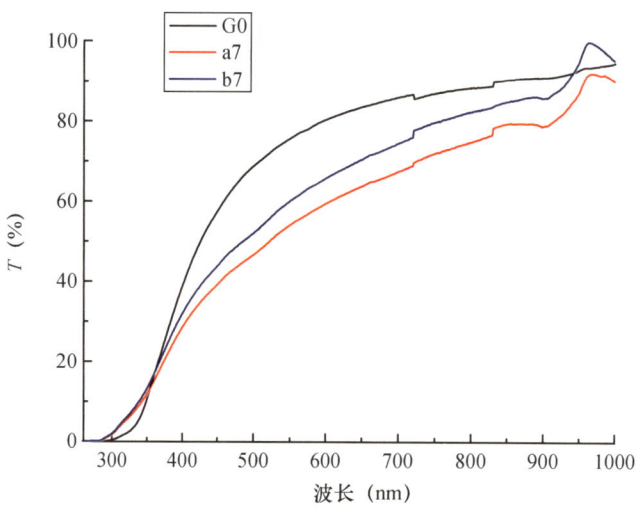

图5.19 材料的紫外可见分光曲线

表5.4 不同材料的黏度及相应测试数据

材料编号	黏度 （mPa·s）	扭矩 （%）	剪切应力 （dyne/cm²）	剪切率 （1/s）	转速 （RPM）	凝胶时间 （min）
G0	38.82	64.7	4.75	12.23	10	
a6	211.2	35.2	2.58	1.223	1	40
a7	75.42	25.7	1.89	12.23	10	120
b6	243	40.5	2.97	1.223	1	30
b7	171.6	28.6	2.1	1.223	1	120

（2）FTIR-ATR

实验检测酸/碱催化制备纳米SiO_2的红外光谱曲线及应用于明胶材料改性的分子结构变化。图5.20a中，酸催化的纳米SiO_2在1040cm^{-1}出现典型的Si—O—Si峰，碱催化的Si—O—Si峰出现在1080cm^{-1}处，当酸/碱催化制备纳米SiO_2应用于明胶材料的改性时，明胶的红外光谱曲线发生不同程度的变化。

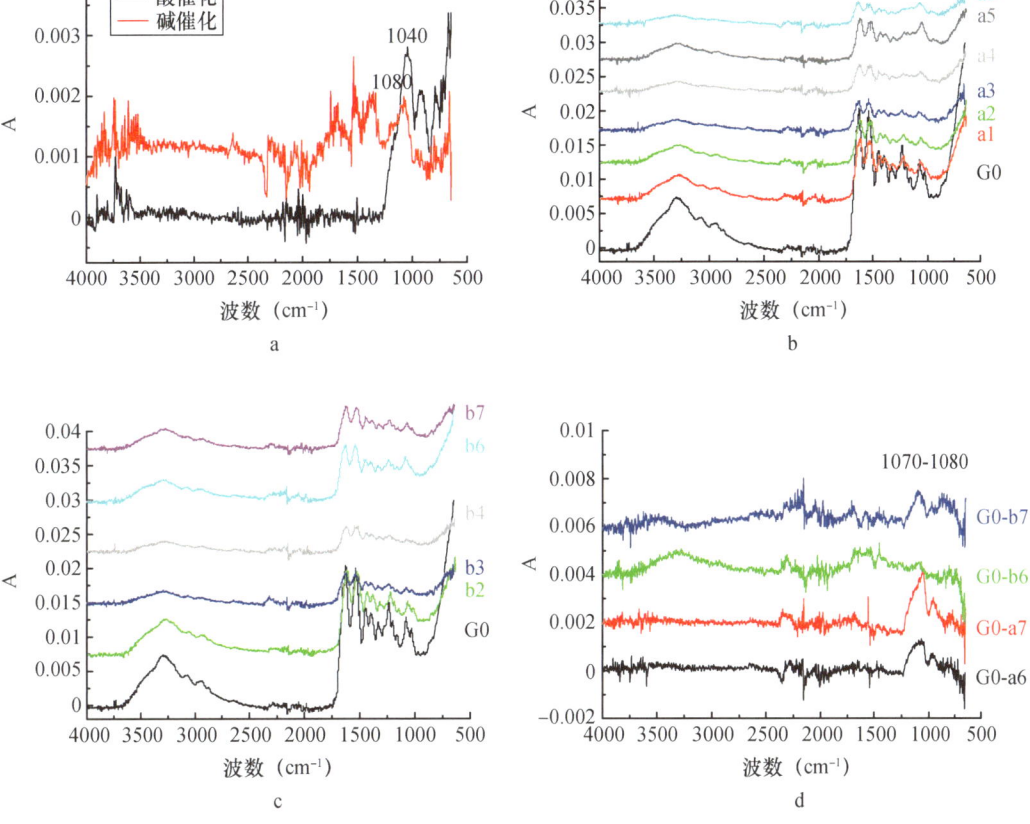

图5.20 不同材料的红外光谱曲线
a. 酸/碱催化制备纳米SiO_2 b. a1~a7 c. b1~b7 d. 明胶与改性材料差谱图

明胶的红外光谱主要反映具有蛋白质特征的酰胺特征吸收峰，以及侧链基团吸收峰。未处理的明胶样品谱峰中，波数3295cm^{-1}处的酰胺A带与N—H伸缩振动或氢键的O—H伸缩振动有关，3067cm^{-1}处为酰胺Ⅱ带的倍频吸收峰，2949cm^{-1}和1449cm^{-1}分别为C—H键的伸缩振动和弯曲振动所引起的，1647cm^{-1}处的酰胺Ⅰ带是C=O伸缩振动引起的，1541cm^{-1}的酰胺Ⅱ带吸收峰是N—H面内的弯曲振动和C—N的伸缩振动，1235cm^{-1}处的酰胺Ⅴ带吸收峰是来自酰胺键的C—N—C或骨架C—O的伸缩振动。图5.20b酸催化的改性明胶a1~a7的红外光谱曲线中，酸催化材料与明胶材料的体积比高于1∶10（即a4~a7）时，改性材料的谱峰在1070cm^{-1}处出现明显区别于明胶原材料的Si—O—Si尖峰，改性复合材料中酸催化的水解产物体积含量越高，改性材料谱峰中出现的Si—O—Si峰强度越明显。图5.20c碱催化的改性明胶b1~b7的红外光谱曲线中，1080cm^{-1}谱峰处也出现水解后的Si—O—Si峰；进一步对明胶及改性后材料进行差谱分析，结果表明（图5.20d），改性后材料的Si—O—Si峰非常明显，且谱峰面积随着催化水解产物的体积含量升高而增加。

在材料的热老化过程中，60℃老化不同时间后，明胶谱峰发生着不同程度的变化，整体谱峰强度逐渐降低（图5.21）。具体分析：在老化50天后，3295cm^{-1}处的酰胺A带逐渐变宽，1541cm^{-1}的酰胺Ⅱ带的位置向低谱峰波数移动20cm^{-1}；老化100天后，1400cm^{-1}处的羧基对称振动峰和1235cm^{-1}处的酰胺Ⅴ带吸收峰强度逐渐降低，各峰强度发生明显降低。针对酸催化和碱催化改性材料，最为典型的a7（图5.21b）和b7（图5.21c）经过200天热老化，没有发生任何分子结构的变化，尤其是1070cm^{-1}和1080cm^{-1}的Si—O—Si峰，谱峰强度甚至有所增强，Si—O—Si结构更加致密与稳定。

1647cm^{-1}处的酰胺Ⅰ带强度及吸收峰的位置改变能够反映明胶螺旋肽链间氢键作用的变化，从图5.21d热老化过程中不同材料在1647cm^{-1}处的酰胺Ⅰ带谱峰强度变化可以看出，明胶材料的酰胺Ⅰ带谱峰强度下降明显，吸收峰位置向1629cm^{-1}短波长移动，说明明胶中胶原蛋白的天然构象逐渐被破坏，而改性后材料的酰胺Ⅰ带谱峰强度呈稳定、增强的状态，水解后产生的纳米SiO$_2$材料有效抑制了明胶材料各酰胺Ⅰ带、酰胺Ⅱ带等谱峰强度的降低，明胶材料中肽链间的氢键作用未受到破坏，增强了原材料的稳定性。

在环境温度25℃，相对湿度80%的恒温恒湿箱内进行材料的湿老化实验，图5.22表明在老化33天后，明胶样品的3295cm^{-1}处的酰胺A带变宽，谱峰强度增加，其他谱峰相对减弱；老化72天后整体谱峰强度明显降低，而针对酸催化和碱催化改性材料，最为典型的a7和b7经过200天老化也没有发生明显的分子结构变化。

对比明胶最为典型的1647cm^{-1}处的酰胺Ⅰ带谱峰在热老化、湿老化及自然老化（图5.23）条件下的强度变化，图5.24中热老化和自然老化不同时间的谱峰强度以每天6×10^{-5}和9×10^{-5}的速率降低，而在湿老化过程中，明胶的谱峰强度均为先升高、100天后逐渐降低，酰胺Ⅰ带吸收峰的增强反映了C=O伸缩振动加强，明胶分子间的距离缩

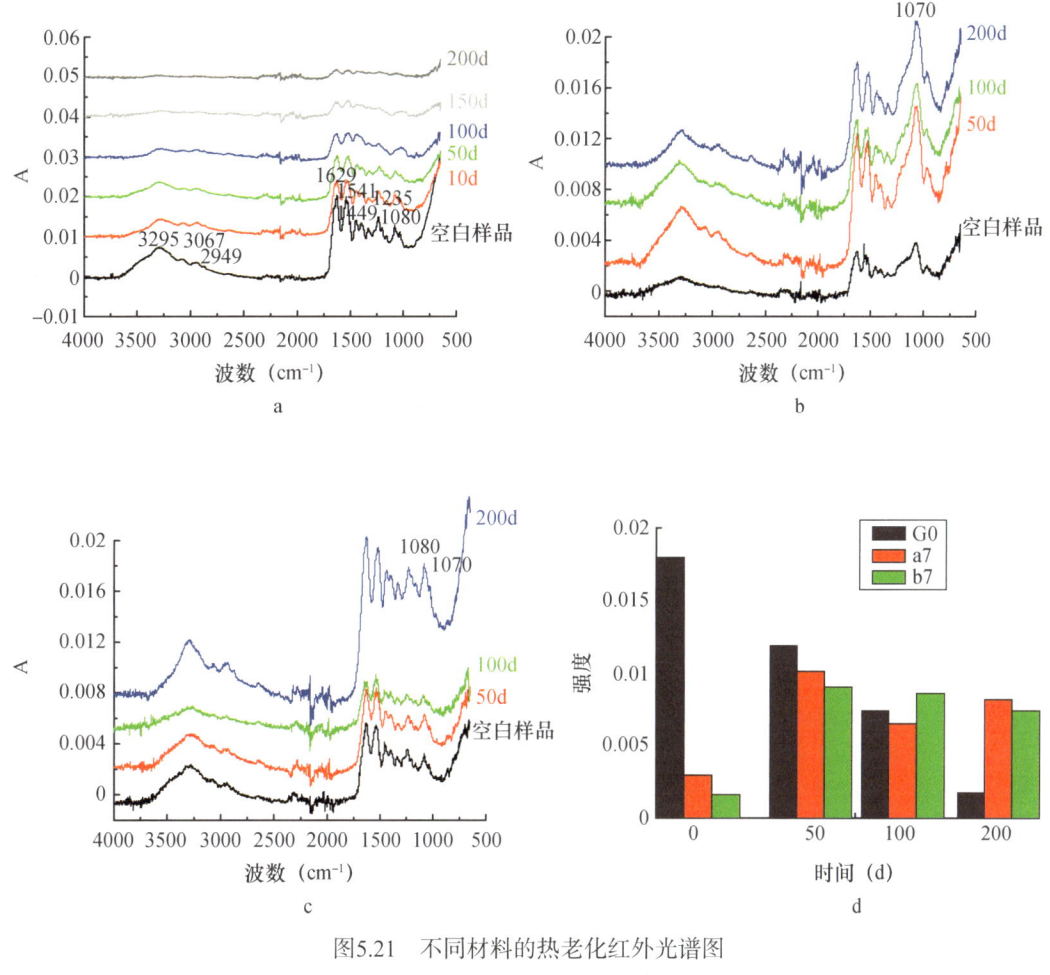

图5.21 不同材料的热老化红外光谱图
a. G0 b. a7 c. b7 d. 不同材料1647cm⁻¹处的谱峰强度

短,分子间产生了较强的相互作用,3295cm⁻¹处的N—H伸缩振动或氢键的O—H伸缩振动反映了氢键的变化情况,大量氢键的形成使得分子链接触更为紧密,在环境湿度较大时,水的作用使明胶凝胶后网络排列紧密;放置100天后,明胶的凝胶网络结构受到影响,酰胺Ⅰ带吸收峰强度逐渐降低,材料表面也出现颜色泛黄的现象。

（3）DSC分析

图5.25a明胶材料改性后的玻璃化转变温度和软化温度明显提高,玻璃化转变温度由最初的88℃变为101℃和99℃,软化温度分别由173℃变为195℃和176℃,酸催化的纳米材料改性明胶的软化温度提高程度更高。

经过60℃热老化,材料发生不同的降解变化,玻璃化转变温度和软化温度相应改变,如图5.25b为老化24个月后的变化曲线图,老化后明胶材料的玻璃化转变温度（T_g）和软化温度分别变为58℃和154℃,改性后a3、a6和b3、b6的T_g和软化温度分别为60℃、61℃、62℃、62℃,以及164℃、179℃、162℃和162℃,改性后材料的热稳

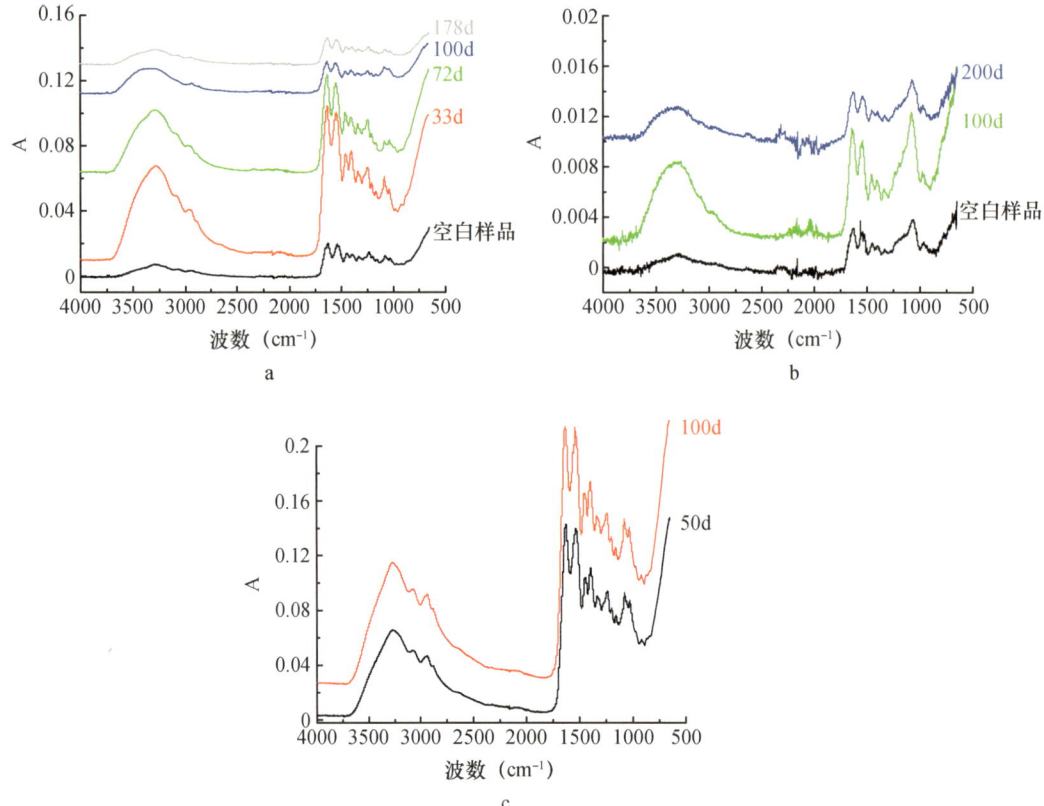

图5.22 湿老化条件下不同材料的红外光谱图
a. 明胶　b. a7　c. b7

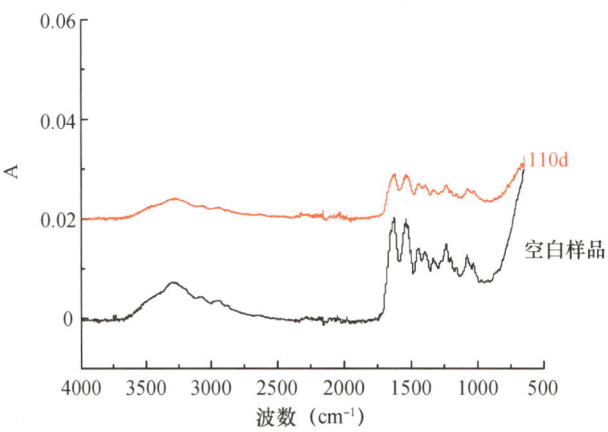

图5.23 明胶自然老化的红外光谱图

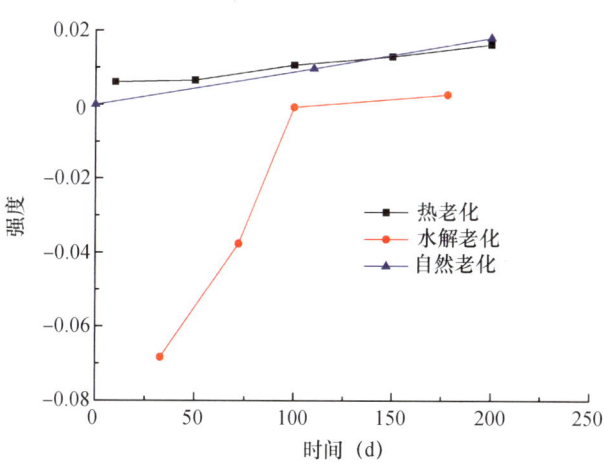

图5.24　明胶在1647cm^{-1}处的谱峰强度变化

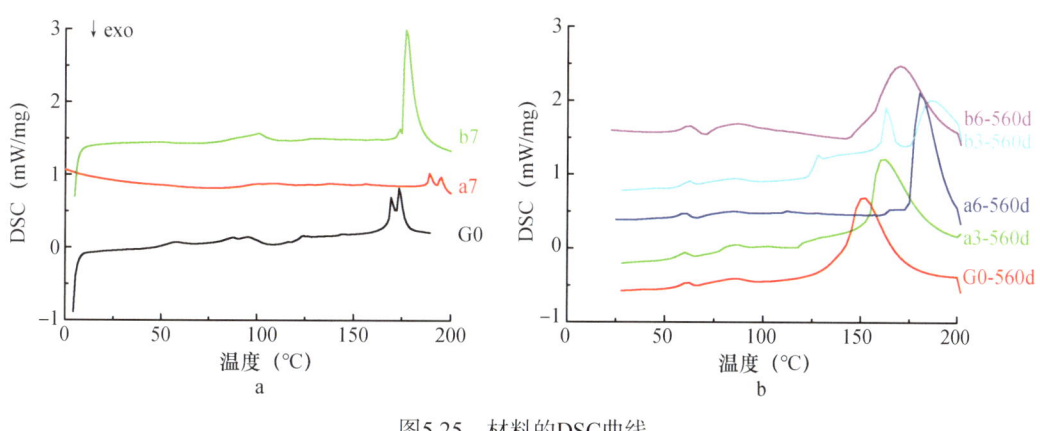

图5.25　材料的DSC曲线
a. 改性前后　b. 热老化前后

定性能稍高于明胶材料。

（4）颜色变化

采用色度空间测试老化前后不同材料的颜色变化，CIE L*a*b*颜色模型基于人对颜色的感觉，它是用L*、a*、b*一组数字将一种颜色表示出来，L值表示亮度，ΔL表示亮度差值，a值表示红绿方向颜色变化，+a表示向红色方向变化，-a表示向绿色方向变化，b值表示黄蓝方向变化，+b表示向黄色方向变化，-b表示向蓝色方向变化。从图5.26材料老化前后颜色的变化可以看出：老化前的明胶材料亮度较高，表示色坐标a、b的点位于坐标原点附近；随着老化时间的延长，明胶材料的亮度降低，表示色坐标a、b的点向黄绿方向变化，其中+b值变化较大；对于改性材料，其颜色也随着老化时间的延长不断变化，b值的变化相对于明胶的变化幅度较小，而变化规律与明胶的变化相同。

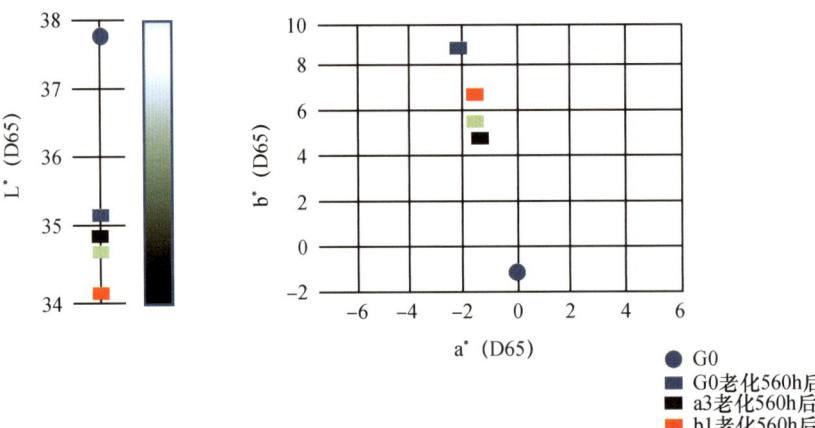

图5.26 老化前后材料的颜色变化

（5）微观形貌变化

采用场发射扫描电子显微镜和超景深显微分析方法，观察明胶及改性材料的表面形貌变化，由图5.27材料的SEM照片中可以看出：明胶材料表面光滑，C、N、O元素的含量分别为49.94%、15.88%和34.18%（表5.5），经过改性处理后的a6和a7材料，出现含量分别为10.18%和25.04%的纳米SiO_2，均包裹在明胶有机膜内部，尺寸不均匀，分布在20~60nm；经过碱催化的b6和b7材料中的SiO_2尺寸相对较小，均小于10nm，其中PDMS-OH含量越小，水解的纳米SiO_2颗粒尺寸越小，含量也越低（图5.28）。

表5.5 明胶改性材料的各元素含量统计表（wt%）

元素	G0	a6	a7	b6	b7
C	49.94	37.7	25.48	51.56	47.24
N	15.88	11.32	7.24	16.3	15.25
O	34.18	40.8	42.24	30.63	34.14
Si	0	10.18	25.04	1.5	3.37

经过60℃热老化560天后，明胶材料颜色变黄，平整光滑的膜表面出现纤维的高级网络的松散分布，推测高分子量的三螺旋结构及交联聚集体逐渐解旋成独立的肽链，肽链逐渐降解成小分子短肽；与之不同的改性a7和b7材料表面（图5.29），分布着密密麻麻、大小不均的SiO_2颗粒，表面并未出现明显的松散网状结构。

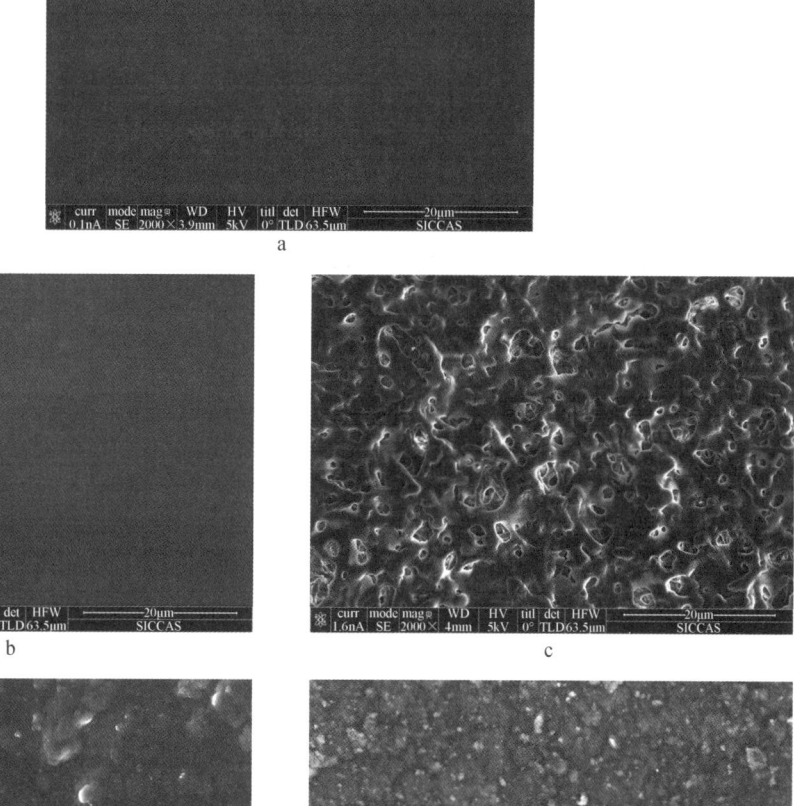

图5.27 明胶改性材料的微观显微图
a. G0 b. a6 c. a7 d. b6 e. b7

2. 加固酥粉陶质颗粒

为了对比不同材料处理酥粉陶质颗粒的加固强度，选择粒径150μm以内的陶质颗粒进行加固保护，图5.30是陶质颗粒加固前后的表面形貌，未加固样品呈松散状堆积，颗粒之间不存在任何结合力，a7材料加固后（图5.30c）颗粒之间相互黏接，样品呈一个整体。

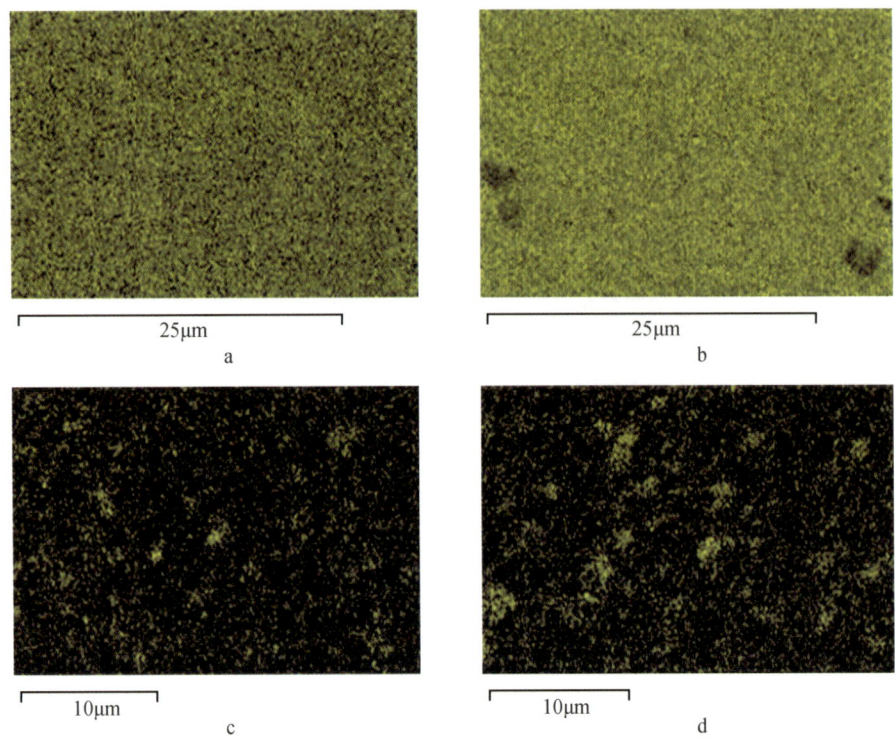

图5.28 明胶改性材料的超景深显微图
a. a6　b. a7　c. b6　d. b7

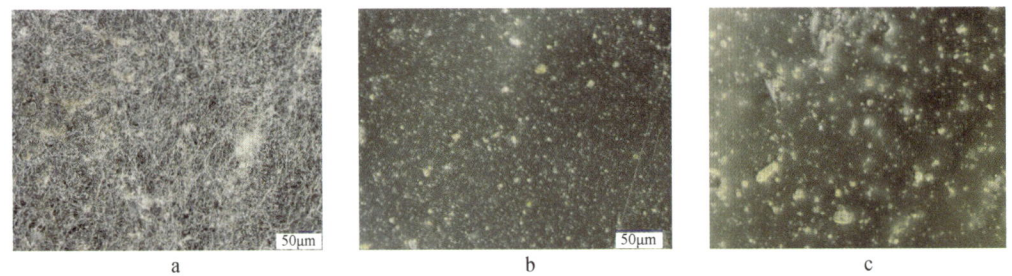

图5.29 不同改性材料的超景深显微图
a. G0　b. a7　c. b7

对比酥粉陶质颗粒加固前后的颜色变化（图5.31），相比未处理的陶质颗粒，加固后样品表面的反射率光谱曲线均降低，其中a7、b7材料加固后的反射率光谱曲线下降程度较大，引起陶质颗粒表面颜色发生一定程度的改变。从图5.32采用超景深显微镜分析样品的微观孔隙中进一步看出：加入明胶G0及改性材料的陶质颗粒之间相互连接，颗粒孔隙边缘布满了透明的胶结物，a7和b7加固样品的表面分布着大小不均的白色颗粒，经过EDX检测主要为SiO_2。

 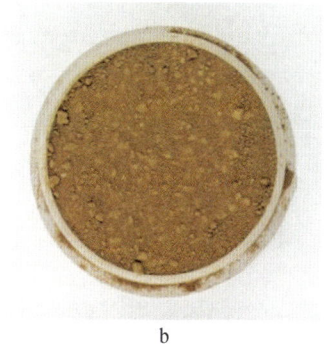 

a　　　　　　　　　　　　b　　　　　　　　　　　　c

图5.30　陶质颗粒加固前后照片
a. 松散颗粒　b. 加固前　c. a7加固后

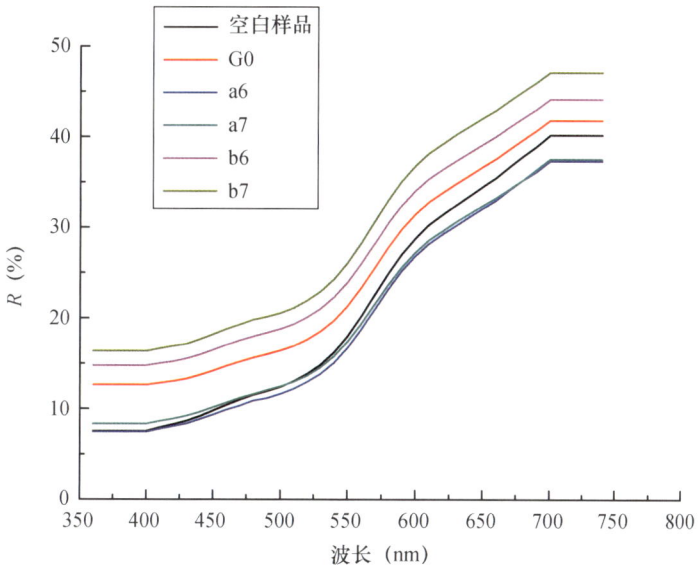

图5.31　加固陶质颗粒的反射率光谱曲线

采用JC2000C1接触角测量仪测试样品加固前后表面的憎水性能，图5.33中未加固处理的陶质颗粒样品表面憎水性为0°，施加保护材料后样品表面的憎水性能提高，具体见图5.33b所示，各接触角数值分别达40°以上。

采用万能实验机测试加固后的直径23、高4.5mm的陶质样块，图5.34应变为30%时样品的抗压强度测试结果表明：明胶加固后的陶质颗粒样品在应变前期抗压强度较大，应变为15%时的抗压强度约3MPa，之后处于稳定并下降的状态，而经过改性后a7和b7材料的加固，样品在应变为30%时的抗压强度均高于4MPa，甚至可达到6MPa。

检测保护材料应用于颜料层/釉层与陶质基体之间的黏接强度。在黏接强度的测试中，需要考虑胶接接头的结构组成，主要包括被胶接物、胶粘剂与被胶接物的界面

图5.32 陶质颗粒加固前后的显微形貌变化
a. 空白样品 b. G0 c. a6 d. a7 e. b6 f. b7

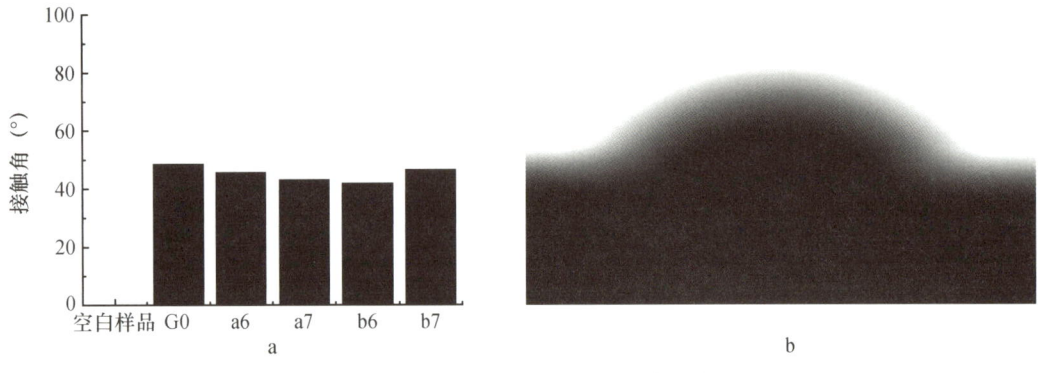

图5.33 陶质颗粒加固前后的憎水性能
a. 接触角变化 b. G0的接触角表面

层、胶粘剂、被胶粘物的表面层等。经典的吸附理论认为,胶结作用是胶粘剂分子与被胶结物分子在界面层上相互吸附产生的,是物理吸附与化学吸附共同作用的结果,胶结过程分为两个阶段,首先,胶粘剂分子通过布朗运动向被胶结物体表面移动扩散,使二者的极性基团或分子链段相互靠近,之后通过吸附引力,当胶粘剂和被胶接物体的分子间距达到10Å以下时,便产生分子间吸引的范德华力。

所以当保护材料涂施到具有高表面能的陶质胎体表面后,保护材料要尽可能地润湿陶质胎体,在此涉及自固液界面经液体内部到气液界面的夹角,即保护材料与陶质胎体的接触角 θ,平衡接触角与三个界面吉布斯自由能之间存在杨氏方程的关系:

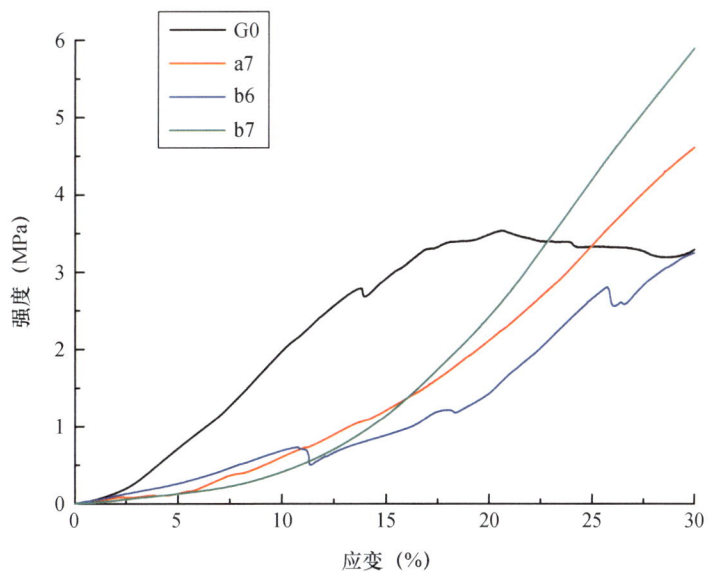

图5.34 应变为30%时样品的抗压强度变化

$$\gamma_S = \gamma_L \cos\theta + \gamma_{SL} \quad \text{（公式2）}$$

其中，γ_S表示固体表面张力，γ_L表示液体表面张力，γ_{SL}表示固体和液体的界面张力。将杨氏方程与三个润湿过程定义相结合，得到判断润湿过程的三个公式：

沾湿 $\quad W_a = \gamma_S + \gamma_L - \gamma_{SL} = \gamma_L(\cos\theta + 1)$ （公式3）

浸湿 $\quad W_i = \gamma_S - \gamma_{SL} = \gamma_L \cos\theta$ （公式4）

铺展 $\quad S = \gamma_S - \gamma_L - \gamma_{SL} = \gamma_L(\cos\theta - 1)$ （公式5）

式中，W_a、W_i和S分别为黏附功、浸润功和铺展系数，其中θ越小，$\cos\theta$值越大，相应的W_a、W_i和S就会越大，润湿性越好。

不同物体组成结构不同，作为物体主要表面性能之一的表面张力也各不相同，从分子间的作用力来看，相互作用力大，则表面张力高，相互作用力小，则表面张力低。那么对于胶粘剂和被胶粘物两相物质，如胶粘剂相1和被胶粘物相2接触时，相1的吉布斯自由能γ_1裸露部分与相2的γ_2裸露部分黏附，通过相邻分子间的力使其稳定而失去各自的吉布斯自由能（$\gamma_1 + \gamma_2$），存在着两相之间的吉布斯自由能即界面张力γ_{12}（$N \cdot m^{-1}$）。考虑同一种固体和液体，由于其表面和界面性质不变，在$\theta \leq 90°$无限固体平面系统中，固体表面张力和固液界面张力的表达式为：

$$\gamma_S = \frac{\gamma_L}{2} \cdot (\sqrt{1+\sin\theta^2} + \cos\theta) \quad \text{（公式6）}$$

$$\gamma_{SL} = \frac{\gamma_L}{2} \cdot (\sqrt{1+\sin\theta^2} - \cos\theta) \quad \text{（公式7）}$$

实验采用悬滴法测量液体在陶质胎体的表面张力和接触角，根据公式计算求出γ_{SL}的值。对比未加砂和夹砂两类陶质样品（图5.35；表5.6），夹砂陶的固体表面张力明

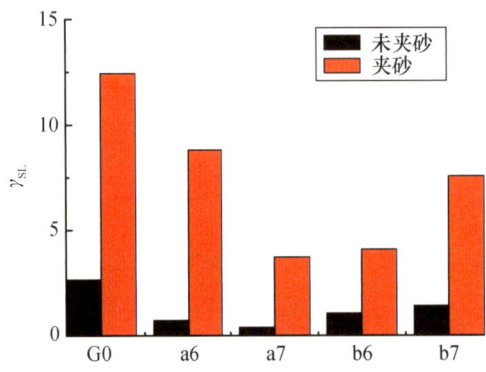

图5.35 保护材料与陶质样品间的界面张力

显高于未加砂的样品，对比保护材料在陶质样品表面的 γ_{SL} 值进一步可以看出，保护材料与夹砂陶质样品间的界面张力比未加砂的明显增大，根据"同一种液体，θ 越大固体表面能越小"的理论，夹砂陶的接触角 θ 相对于未加砂的稍高，其表面能相对较低；改性后的保护材料在陶质表面形成的液滴 θ 越小，液体表面张力越小，与陶质样品的界面张力也比未改性的有所降低。

固体表面张力受到气体吸附、接触角迟滞及线张力等的影响。首先，由于固体表面原子或分子受力的不对称性，陶质表面会自发地将气体富集在其表面，降低其表面张力；其次，保护材料在陶质表面的前进角和后退角明显不同，受到陶质表面粗糙度、表面物理和化学不均一性的影响；再次，根据目前界面物理化学研究的深入，保护材料的液滴与陶质表面相接触的半径趋于无穷大时，杨氏方程形式变为 $\gamma_S = \gamma_L \cos\theta + \gamma_{SL} + \sigma_R$，σ 为线张力，表示单位长度三相接触线的自由能，R 表示接触圆半径，固相表面张力 γ_S 受到线张力的影响。

表5.6 保护材料与陶质样品间的表面张力等数值

编号		γ_L（mJ/m²）	接触角 θ（°）	γ_S	γ_{SL}
G0	未加砂	14.01	37.46	13.74	2.67
	夹砂	44	47.43	42.19	12.44
a6	未加砂	3.64	38.55	3.56	0.72
	夹砂	39.36	41.18	38.32	8.8
a7	未加砂	5.25	22.59	5.23	0.4
	夹砂	35.21	27.36	35	3.74
b6	未加砂	7.56	27.14	7.48	1.05
	夹砂	38.25	31.59	38.09	4.09
b7	未加砂	14.87	25.64	14.79	1.41
	夹砂	35.29	37.88	34.63	7.55

除了保护材料与陶质样品之间的接触角、表面张力等因素，保护材料与陶质样品黏接面的内应力也是影响黏接强度和耐久性的重要因素之一，其中，内应力主要来源于保护材料固化时的体积收缩应力、保护材料与陶质样品在环境温湿度变化时热膨胀、湿膨胀所引起的应力等，明胶材料及改性材料在溶液固化成膜的分析中（图5.36），材料的体积收缩率约15%，在高温150℃中放置5天后的体积收缩率约20%。

在老化过程中，热氧的作用和挥发性物质的逸出、保护材料分子结构变化会引起保护材料黏接性能等物理机械性能的进一步降低。参考中华人民共和国黑色冶金行业标准《耐火泥浆冷态抗折粘结强度试验方法》，对模拟陶质样品进行黏接，测试其强度的变化，具体实验包括：将样品分别切割为若干块20mm×20mm×40mm和50mm×15mm×50mm的立方体，将试块放置于干燥箱110℃保温8h以上，冷却；采用旋涂法将10%的明胶材料均匀涂刷于样品表

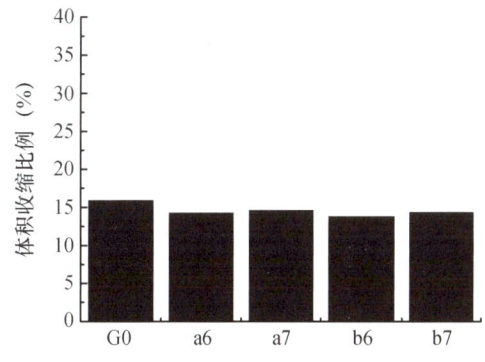

图5.36 溶液固化成膜过程中的体积变化

面，记录不同样品所使用明胶材料等保护材料的用量，黏接面为20mm×20mm×40mm陶质样品，表面打磨后黏接所需要浓度10%明胶材料的用量约0.1mL，而黏接面为50mm×15mm×50mm的样品，所需要材料的用量为0.3~0.36mL；黏接固化后，保护材料的厚度为15~20μm。

待完全干燥固化后采用Intron 5566万能实验机，通过三点式辅具，控制加载荷速度0.5mm/min进行黏接面的位移-载荷变化实验，具体见图5.37。同时，根据黏接强度公式计算不同材料应用于陶质样品表面的黏接强度变化。

在黏接面的断裂测试过程中，黏接面的断裂位置极其重要。如图5.38所示，当保护材料的黏接强度高于陶质胎体本体间的强度时，样品的断裂出现在非黏接位置，所测试的数据就不能够真实地反映保护材料与陶质胎体之间的结合程度，故此实验选取的断裂位置在黏接面处，包括被黏接物表面和黏接材料处同时存在的断裂（图5.39）及黏接材料处的断裂（图5.40），对这两部分的样品进行对比，以典型的明胶材料老化前后的黏接强度变化为例具体分析。

从图5.41和图5.42黏接夹砂/未加砂陶质样品在110℃的热老化过程中应力-应变曲线及最大黏接强度的变化图可以看出：110℃的热老化初期，G0黏接夹砂/未加砂陶质

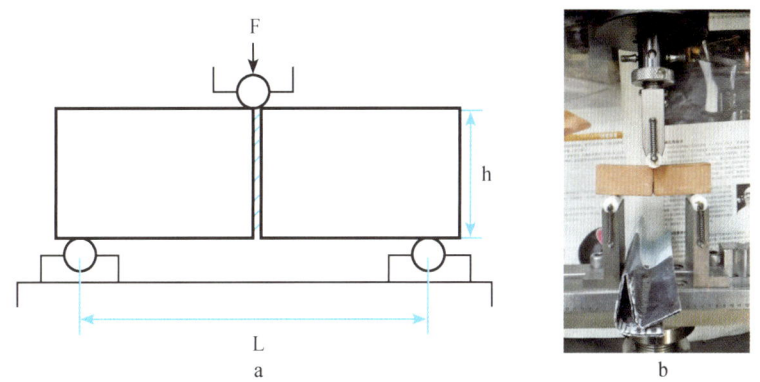

图5.37 保护材料应用于陶质样品表面的黏接强度测试
a. 示意图　b. 现场测试

样品的强度发生一定程度的提高，温度提高提升了保护材料和陶质样品表面的结合程度；保护材料本身的分子结构变化及热膨胀体积的变化会引起材料强度的改变，60天后的强度下降达50%以上；对于接触角和表面张力等不同的陶质样品，未加砂陶比夹砂陶孔隙大而多，强度较低，胶结后的强度也相对较小，7天后下降达到40%，胶结强度快速下降。

潮湿环境中保护材料的吸湿也使胶层发生膨胀，在相对湿度98%，放置15天后的G0、a6、b6溶液固化成膜体积伸长率约15.38%、6.55%和9.09%，改性后材料的黏接强度在热老化、湿老化过程中的变化率降低。

 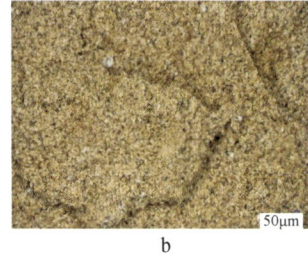 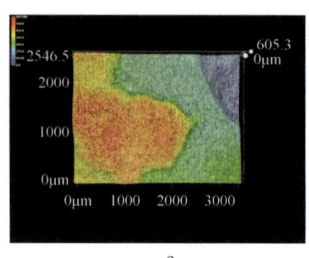

a　　　　　　　　　　　b　　　　　　　　　　　c

图5.38　被黏接物表面的断裂

a. 表面形貌　b. 显微形貌　c. 不同状态分布

  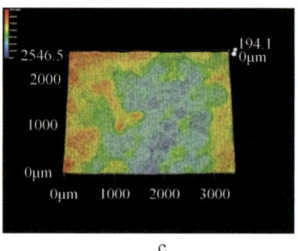

a　　　　　　　　　　　b　　　　　　　　　　　c

图5.39　被黏接物表面、黏接材料处同时存在的断裂

a. 表面形貌　b. 显微形貌　c. 不同状态分布

a　　　　　　　　　　　b

图5.40　黏接材料处的断裂

a. 表面形貌　b. 显微形貌

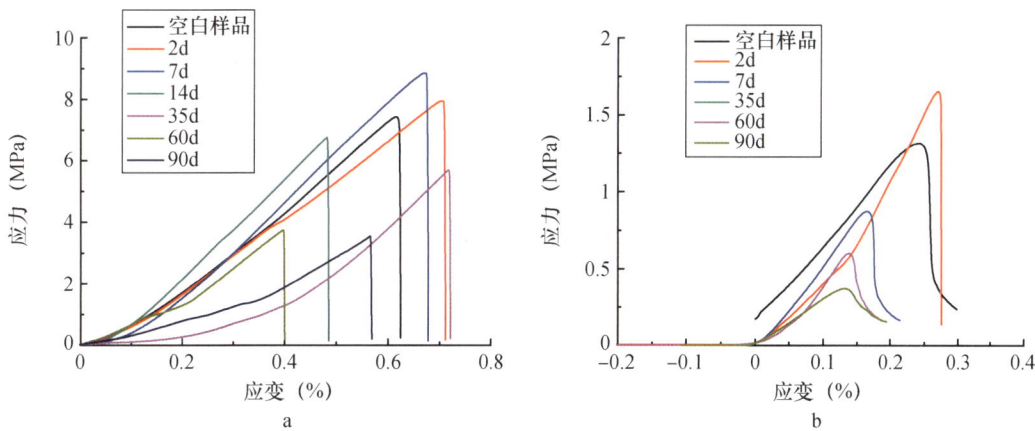

图5.41　G0黏接陶质样品老化应力-应变曲线变化

a. 夹砂　b. 未夹砂

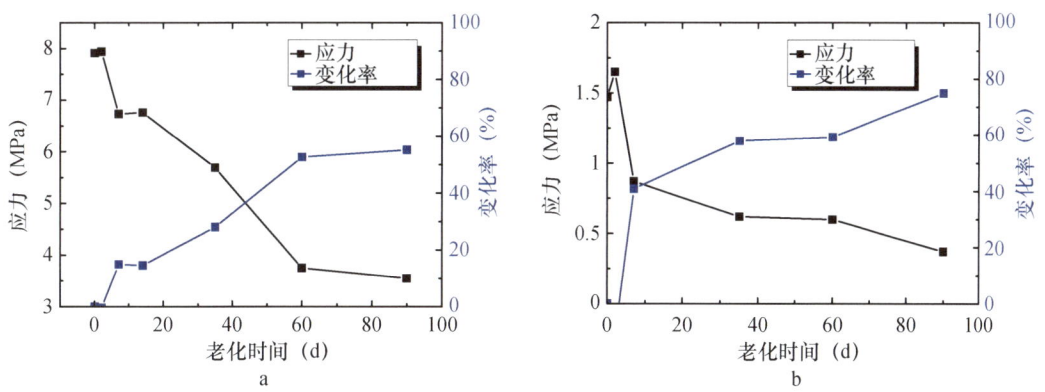

图5.42　G0黏接陶质样品的黏接强度变化

a. 夹砂　b. 未夹砂

3. 结果

水解后的纳米SiO_2溶液与不同体积比的浓度10%明胶进行原位复合，复合后材料分子结构的热稳定和湿稳定性能提高，纳米SiO_2均包裹在明胶有机膜内部，尺寸不均匀，酸解的纳米SiO_2尺寸和含量均大于碱性条件下的纳米SiO_2。

加固为松散状堆积、颗粒之间不存在任何结合力的酥粉陶质颗粒后，强度和憎水性能均有所增加，纳米SiO_2含量较高的a7和b7材料加固后，样品的表面颜色会发生一定程度的改变。

同时，研究保护材料涂施到具有高表面能的夹砂和未加砂陶质胎体表面后的黏接强度，分析了保护材料与陶质样品之间的接触角、表面张力、保护材料与陶质样品黏接面的内应力，以及热老化、湿老化条件下的变化等影响材料黏接强度和耐久性的重要因素，结果表明保护材料与孔隙大而多、强度较低的未加砂陶胶结后的强度相对较小；热老化初期提升了保护材料和陶质样品表面的结合程度，之后保护材料本身分子结构的变化及热膨胀体积的变化引起材料强度的降低。

5.3 小　　结

设计并研发适用的保护材料并检测应用于脆弱陶质文物，以及酥粉陶质颗粒的保护效果。具体包括：

1）TEOS材料中加入PDMS-OH后，PDMS-OH材料的Si—CH$_3$和Si—O键与TEOS中的化学键相互结合，改性材料实现了有机-无机相的紧密结合，二相之间很好地相容；应用于酥粉陶质颗粒的加固保护中，其所需的固化时间短，渗透性高、憎水性能好。

2）采用具有与荷叶表面的纳米级微小颗粒构造相类似的含氟硅材料，加入的材料由于纳米岛结构存在的优异疏水性，减少了颗粒之间对于水蒸气的吸附，使得水蒸气透过颗粒孔隙的变化速率进一步增强，即在提高陶质样品透气性的基础上，又提高了样品表面的疏水性能，可作为陶质样品的表面防护材料。

3）通过正硅酸乙酯水解的硅溶胶对文物保护胶结用明胶材料进行原位复合改性，复合后材料分子结构稳定、耐老化性能提高，纳米SiO$_2$均包裹在有机膜内部，对酥粉陶质颗粒起到一定的加固作用。改性明胶材料的加固强度相对较低，更加适用于表面颜料层酥粉脱落等的加固保护。

第六章

陶质彩绘文物陶胎加固材料研究

6.1 常见文物加固材料

随着科学技术的快速发展，文物保护中应用的化学材料的发展日新月异，由无机材料发展到有机材料及复合材料。

6.1.1 无机材料

无机保护材料在19世纪前就曾广泛使用，主要是利用溶液中的盐在文物本体孔隙中凝结，或与本体发生化学反应而填塞孔隙以形成阻挡层或替代层。国际上常用的无机加固材料主要集中在石灰水、氢氧化钡、碱土硅酸盐及氟硅酸盐等材料。用无机加固剂替代风化的胶结物质是比较自然和合理的方法。加固机理是通过材料中某些矿物与CO_2反应或水合作用，形成新物质而实现的。由于形成的新物质与矿物的连接力比较弱，所以其黏接的裂缝宽度不可能大于10~50μm。

无机材料耐老化性能优良，与无机文物之间的相容性良好、价格低、对文物外观的影响不大，但弹性差、脆性大、收缩性大、耐水性差。另外，无机材料加固过程伴随必要的材料与基体间的化学反应，通过化学反应来实现加固，渗透深度不佳，因为一旦反应开始，反应物会阻塞表面孔隙，从而抑制加固剂的进一步渗透。事实也表明，无机保护材料的应用效果并不太成功，有的反而加剧了文化遗产的损坏：比如易形成与文物本体不相容的硬壳，有的还会造成可溶性盐结晶膨胀，加剧文物的损坏；碱土硅酸盐曾在欧洲广泛使用，但由于反应产生的有害副产物给将来的保护处理带来困难，因此已不再使用；水泥也曾被人作为石质文物保护材料使用，但因会产生对文物有害的盐分，现已被淘汰。

6.1.2 有机材料

文物有机高分子材料是20世纪60年代早期发展起来的，与无机材料相比，其具有较好的黏接性和柔韧性，因此具有良好的抗张应力等特性。随着高分子材料科学的发展和人们对文化遗产保护的逐渐重视，越来越多的高分子材料被应用到文物保护中。但有机材料常常由于其分子长链的影响而很难获得良好的渗透深度，且易受环境影响而老化。随着高分子材料的不断更新，有些材料如聚乙烯、聚氯乙烯等已经不再使用或很少使用。

（1）水溶性合成树脂

聚乙烯醇、聚乙二醇等均为水溶性合成树脂，敦煌研究院曾采用2.5%聚乙烯醇水溶液和1%聚丙烯乳液用于壁画内部的注射修复。这类材料的防水性较差，曾使用于气候干燥的中国西北地区，效果较好。

（2）溶剂型合成树脂

丙烯酸树脂、聚乙烯醇缩醛等均为溶剂型合成树脂。一般有机高分子合成树脂分子量大，高达十几万至几十万，因此常不溶于水、易溶于有机溶剂，如丙酮、乙醇、甲苯等。Paraloid B72是目前在文物保护中应用最广、研究最多的一种丙烯酸树脂，为丙烯酸甲酯和甲基丙烯酸乙酯的共聚物，其外观为白色玻璃状，它能在多种溶剂中溶解，溶剂挥发后成膜，从而起到加固作用，可溶于丙酮、甲苯。Brugnara M提出了Paraloid B72的光稳定性不足的现象，杨璐等利用红外漫反射和衰减全反射技术研究了Paraloid B72的光稳定性，发现光老化后有较为明显的涂膜变硬、重量损失及可逆性降低的现象，表明其耐光老化性能并不十分理想，光稳定性有待进一步提高。对里斯本的Belem石塔进行保护时发现B72的最大缺点是形成的膜非常脆，不抵抗碱性的侵蚀和UV光的照射，有时也使文物表面颜色变深。Lazzari M等研究了石质文物保护用丙烯酸树脂的热老化，发现其氧化分解容易发生在长链酯基上。

（3）反应型树脂

常见的有机硅树脂（有机硅单体、低聚体）、环氧树脂等都属于反应型树脂。这类树脂通常是通过主剂和固化剂反应形成的。以有机硅树脂为例，保护材料主要有硅酸乙酯、烷氧基硅烷等。烷氧基硅烷对文物加固的反应过程包括水解、缩聚和凝胶化3个步骤。在水解步骤中，与硅原子直接相连的原子或原子团被水攻击，化学键断裂形成脂肪醇和硅醇；形成的硅烷醇与烷氧基硅烷进行缩聚反应，失去水形成Si—O—Si键；随着进一步缩聚，聚合物会形成凝胶，同时，烷氧基硅烷的硅原子可与基底材料中的羟基发生反应，形成Si—O键，同时失去水分子，直至所有烷氧基水解生成烷基聚硅氧烷或硅胶。硅酸酯类产生硅胶，具有加固作用，而其他类型的硅氧基硅烷形成烷基聚硅氧烷，有加固、疏水的作用。

有机硅化合物中的一些小分子常用于石质文物保护，如硅氧烷、硅酸酯等，是目前研究使用较多的一种有机保护材料，这些小分子材料具有渗透性好、与基材黏附性牢固、防水透气性好、耐候性良好等优点。如武汉大学有机硅新材料股份有限公司生产的WD-10，即十二烷基三甲氧基硅烷用于陕西乾陵石刻保护、西安大雁塔顶防渗透工程表面封护等处理，均取得较好的结果；近年来，国内外常采用正硅酸乙酯来加固砂岩、砖瓦和黏土类文化遗产，如新加坡外交大厦、陕西西安大雁塔、重庆大足北山136窟的五百罗汉等。然而，Mosquera等的研究发现正硅酸乙酯加固文物后有明显的收缩现象，生成物的质地过硬，容易产生微收缩裂纹和堵塞文物的微孔，从而加速文物的损坏。George研究了有机硅树脂加固石质文物的过程，发现有机硅树脂固化时，其结构发生了变化。树脂内部应力的存在导致其在交联反应过程中发生卷曲，当卷曲力大于黏附力时，不会形成连续的硅树脂膜，从而在岩石等多孔介质中形成的加固体的功效较差。通过添加表面活性剂、偶联剂等可以有效地改变TEOS的脆性。Wendler等通过在TEOS中引入线性、亲水的链段，改善了裂纹及TEOS的脆性，得到的保护材料发展成目前较多使用的Remmers系列产品。有人使用弹性链段化学改性方法也得到了抑制开裂的TEOS基石质文物保护材料，Wendler、Zarraga等使用PDMS-OH，Mosquera等使用辛胺，效果较好，都得到了不开裂的有机硅保护材料。

（4）树脂乳液类

丙烯酸树脂乳液、聚氨酯乳液、聚醋酸乙烯酯乳液等属于树脂乳液类。这类树脂以水作溶剂，从而消除有机溶剂带来的许多弊端，比如有毒有机溶剂挥发导致的污染问题、操作施工不便等。如Primal AC33，是一种可以分散在水中的丙烯酸树脂乳液，常用于陶器的加固保护，效果较好。

6.1.3 复合材料

对文物加固保护新材料的实验与有益尝试是文物保护学界永远的课题，现常选择适用于其他材质的复合材料推广应用于文物保护中。有机氟聚合物材料由于其中的氟碳键键能在所有化学键中最大，因而具有稳定的化学结构，不仅具有防水、抗氧、耐酸碱、耐紫外线、耐粘污等优良性能，而且最大特点是具有超耐候性。近年来，有机氟复合材料在文物保护中的重要性逐渐受到重视。90年代初期，报道了含氟聚醚和含氟弹性体用于砂岩的保护。最近国外已用含氟的丙烯酸材料对砂岩和大理石文物进行保护处理，并取得良好的加固效果；国内和玲等的研究表明有机氟聚合物在加固保护砂岩文物上是可行的，并且取得良好的保护效果。大多数报道是在丙烯酸树脂中引入侧链的含氟基团，融合了丙烯酸与有机氟的特性，但丙烯酸的脆性使其成膜后的柔韧性能达不到要求，如Poli等人将两种含氟的丙烯酸共聚物用于三种意大利石材上，测试了使用前后石材的色彩、水渗透性、表面状况等，结论是使用高分子材料作为保护涂覆剂，必须要考虑受体文物自身的物理和化学性质，否则会改变文物原貌并造成潜在危害。

6.1.4 小　　结

随着材料科学的不断发展，人们对保护材料的要求也越来越高，虽然无机材料是一类强度较高、与本体匹配性（兼容性）较好、耐老化性能优异的保护材料，但因渗透性和耐水性及随湿度变化的结晶力对本体的影响而受到一定的限制。有机高分子材料具有良好的基体渗透性、形态可塑性、耐水性、渗透性，然而实际使用却受到耐老化性能及其与基体材料之间的匹配性（兼容性）等问题的限制。因此，有机和无机材料的本质特征决定了单一有机或单一无机材料都很难满足脆弱陶质文物保护的特殊要求。若将有机材料和无机材料进行优化组合，协同构筑兼具二者优点的有机/无机复合材料作为多功能的保护材料，则更具有科学研究意义及良好的应用前景。协同构筑兼具有机和无机材料优点的有机/无机复合材料，预示这类材料将在文化遗产保护领域具有极大的发展潜力，同时研究保护材料的实施工艺是其功能实现的关键，也是本领域重要的发展方向。对文物加固保护新材料的实验与有益尝试是文物保护学界永远的课题。其一是对原材料进行改性；其二是将适用于其他材质的复合材料推广应用于文物保护中；其三是新材料的研制，这是一项耗时长、难度大的工作。本实验采用第一种方法进行脆弱陶质文物加固材料的研究。

本实验在进行脆弱陶质文物性能及病害分析的基础上，对秦俑提供的现在常用的乳液型丙烯酸酯用于陶胎加固保护的性能进行表征及筛选；根据脆弱陶胎加固材料的要求，进一步对所筛选材料进行有机/无机复合改性研究；同时对加固保护工艺中常压渗透法及低压渗透法进行研究，以提供无污染、无伤害，并能使脆弱陶胎在可控工艺下有效提高自身强度、延长寿命的保护材料及保护工艺。

6.2　传统保护材料及保护性能研究

对现有、传统陶质彩绘文物胎体保护材料进行调查研究，并在此基础上提出保护材料性能要求。筛选目前常用的丙烯酸类、聚氨酯类、有机硅类、硅丙乳液、氟碳乳液和古代传统材料等进行研究，表6.1为保护材料及使用情况。

表6.1　保护材料及其主要成分统计表

编号		保护材料名	主要成分	固含量（%）	使用浓度（%）	溶剂
A丙烯酸	A1	Primal AC33	丙烯酸甲酯和甲基丙烯酸甲酯共聚物	40	5	去离子水
	A2	Primal SF016	丙烯酸甲酯和甲基丙烯酸甲酯共聚物	50	5	去离子水
	A3	Phoplex 1950	甲基丙烯酸甲酯和丙烯酸乙酯共聚物	48	5	去离子水
	A4	Rhoplex MC76	丙烯酸甲酯和甲基丙烯酸甲酯共聚物	47	5	去离子水
	A5	Rhoplex N580	丙烯酸酯乳液	55	5	去离子水
	A6	Phextol D498	甲基聚丙烯甲酯和丙烯酸丁酯共聚物	50	5	去离子水
	A7	Phextol D360	甲基聚丙烯甲酯和丙烯酸丁酯共聚物	60	5	去离子水
B聚氨酯	B1	聚氨酯乳液	脂肪族聚氨酯	40	5	去离子水
C有机硅	C1	WD-10	长链烷基三甲氧基硅烷		5	乙醇
	C2	WD-20	乙烯基三乙氧基硅烷		10	乙醇
D硅丙乳液	D1	HS	有机硅改性丙烯酸聚合物	46	5	去离子水
	D2	Prisol	硅丙乳液	45	5	去离子水
	D3	硅丙纳米微乳液	硅丙纳米微乳液	40	10	去离子水
E聚乙烯醇	E1	聚乙烯醇			10	去离子水
	E2	聚乙烯醇缩丁醛			5	乙醇
F氟碳乳液	F1	S3	有机氟和丙烯酸乳液共聚物	44	10	丙酮
	F2	氟碳乳液	有机氟和丙烯酸改性共聚物	35	10	去离子水
G古代传统材料	G1	明胶	高分子水溶性蛋白质的混合物		5	去离子水
W去离子水	W1	去离子水				

1. 成膜性和颜色

考虑加固材料进入文物胎体后，保证在环境温湿度变化时，保护材料能够根据文物胎体的应力变化发生一定的弹性形变，所以要求保护材料具有一定的柔韧性。将保护材料在室温20℃时置于载玻片上成膜，观察成膜性能（表6.2）。保护材料C1、C2不成膜，A1、A4、D1、D3、F2成膜严重开裂，E2膜成皱缩状；在自然放置6个月后，A4、G1肉眼可见颜色变黄，A1、D1、D3、F2开裂变硬，手触即脆，B1、E1、E2成塑料状，无黏弹性。

不同保护材料膜的反射率随自然老化时间的延长产生不同的变化。图6.1、图6.2分别为E2和G1老化不同时间的反射率光谱图，图中可以看出老化前E2膜的反射率高于G1，老化不同时间后E2的变化相对较小，而G1的变化相对较大。

表6.2 保护材料成膜性

保护材料	未经处理的样品	6个月后
A1		
A4		
B1		
D1		

续表

保护材料	未经处理的样品	6个月后
D3		
E1		
E2		
F2		

续表

保护材料	未经处理的样品	6个月后
G1	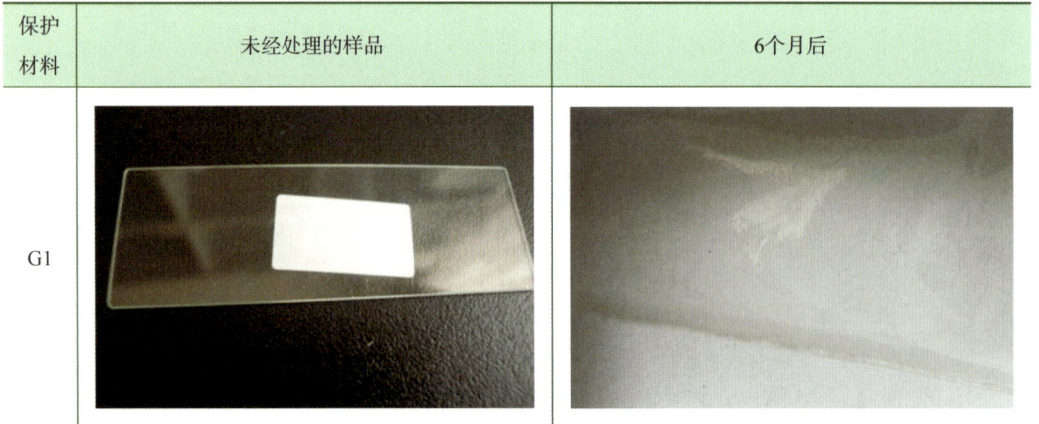	

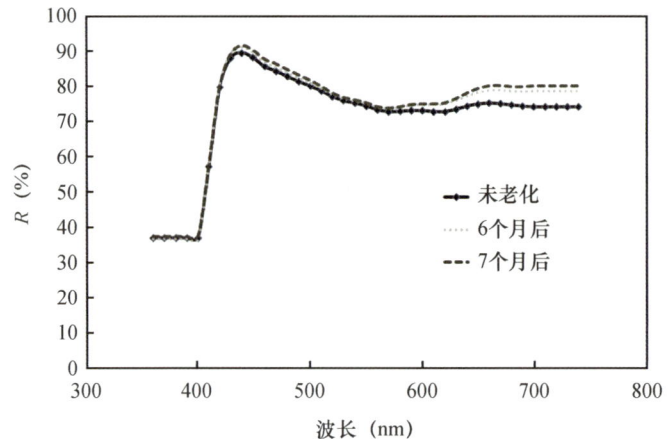

图6.1 E2老化不同时间的反射率光谱图

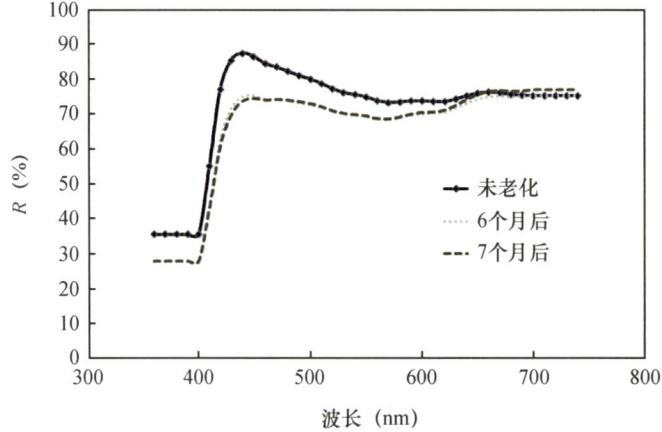

图6.2 G1老化不同时间的反射率光谱图

通过计算反射率光谱在440nm处老化6个月的变化率，对比图6.3可以看出：A4、G1、A2和A5的变化率相对较大，E1、E2和F1的变化率相对较小，总体看来，丙烯酸聚合物材料（A类）和天然的高分子蛋白质混合物（G）颜色变化相对较大。

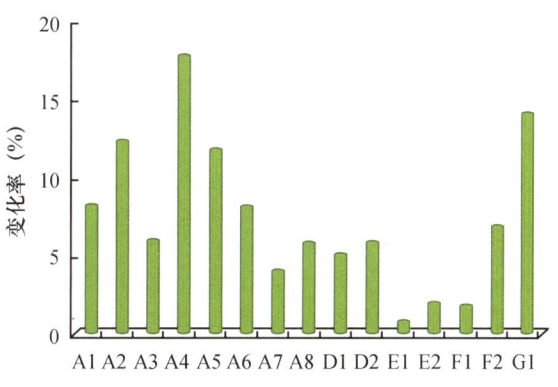

图6.3　440nm处不同材料老化6个月的反射率光谱图

2. 保护材料黏度

保护材料要求在文物胎体中渗透性好，在文物孔隙率一定的情况下，考虑减小保护材料的黏度及表面张力。采用德国Physica MCR501高级旋转流变仪，控制温度25℃，剪切速率$0.1s^{-1}$测量稀释5%溶液的黏度。从表6.3中看出：与去离子水的黏度值相比，保护材料的黏度值相对较大，这是因为保护材料中存在的溶质需要具有一定的黏性，才能保证加入至文物本体后具有一定的黏接强度；B1黏度大于1000mPa·s，其余黏度值较小。保护材料的黏度测量，为寻找与文物本体相适应的保护材料及浓度控制提供依据。

表6.3　保护材料的黏度测试统计表

编号	黏度（mPa·s）	编号	黏度（mPa·s）
A1	535	D1	24
A2	73	D2	24
A3	23	D3	27
A5	952	E1	45
A6	78	F1	26
A7	26	F2	28
B1	2470	水	0.893
C2	26		

3. 保护材料分子结构变化

测试不同材料自然放置老化6个月后的分子结构变化，各材料的红外谱峰均有所下降，但未出现结构变化。以颜色变黄的A4（图6.4）和G1老化图谱为例，可以看出其下降情况。

4. 保护材料物理性能

采用万能材料实验机以10mm/min的速率，测量厚度0.25、宽15mm的样品材料老化6个月后的断裂伸长率。由于A1、D1、D3、F2开裂变硬，手触即脆，而A7样品黏度太大，超出仪器测试范围，图6.5和图6.6分别为B1和E1的应力-应变关系图，经计算得出：A2、A4、B1、E1、E2、F1材料的断裂伸长率分别为151%、67%、41%、37%、42%、185%，可知丙烯酸类材料和含氟丙烯酸聚合物的柔韧性相对较好。

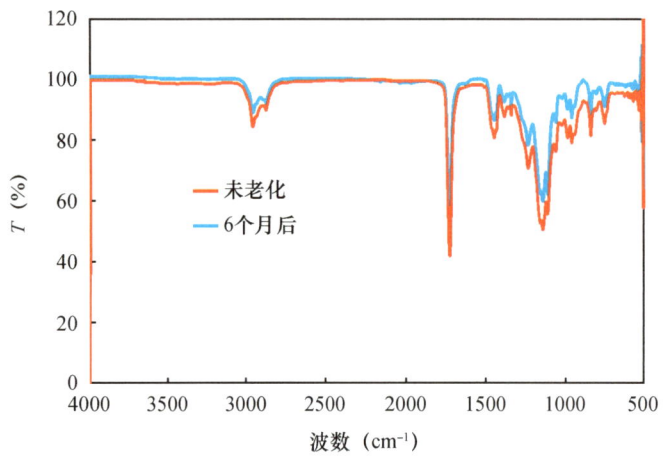

图6.4　A4和G1老化红外光谱图

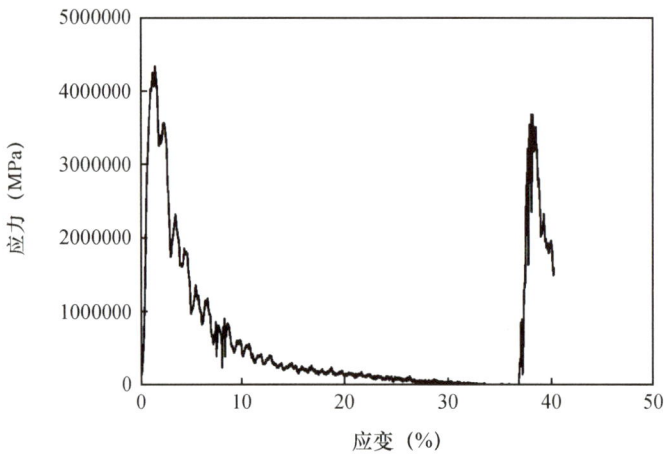

图6.5　B1的应力-应变关系

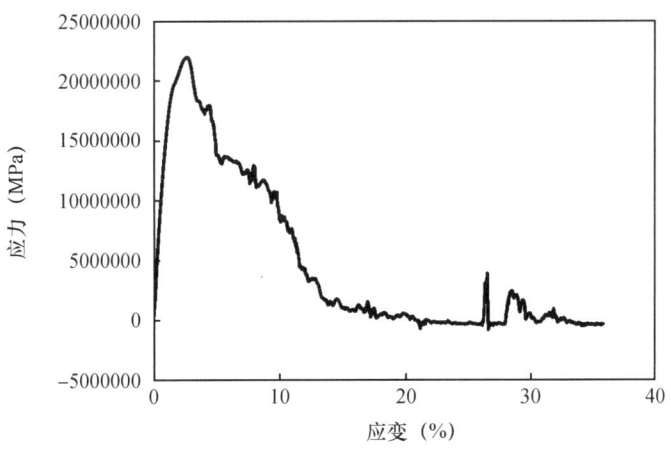

图6.6　E1的应力-应变关系

分析不同材料自然老化和人工老化条件下的外观、颜色、黏性、分子结构和抗拉强度等变化，可以看出：

自然放置6个月后保护材料膜均发生不同程度的变化，A1、D1、D3、F2开裂变硬、手触即脆，B1、E1、E2成塑料状，无黏弹性；烯酸聚合物材料（A类）和天然的高分子蛋白质混合物（G）颜色变化相对较大；相同浓度的保护材料中，B2的黏度相对较大，黏度的测量为文物施加保护材料的浓度选择提供依据。测试不同材料自然放置老化6个月后的分子结构变化，各材料的红外谱峰均有所下降，但未出现结构的变化。保护材料老化6个月后的抗拉强度测试表明：丙烯酸类材料和含氟丙烯酸聚合物的柔韧性相对较好。文物的保护性能除保护材料本身性能测试外，还与保护材料和文物本体的适配性、产生的相互应力等因素有关。

6.3　保护材料加固后性能分析

6.3.1　模拟样品烧制

考虑在测试保护性能中对样品的破坏及文物样品的不可再生，采用与其组成、结构相似的来自秦始皇陵园北侧附近的土质，经过过筛、干燥后，实验选择低温700℃烧制样品，从图6.7烧制前后样品的SEM照片对比看出：秦俑土质分散，颗粒不均匀，烧后颗粒互相黏接，经XRD测试分析表明烧制样品的矿物成分主要包括α-石英、长石、方解石、高岭石和伊利石等，体积密度约1.84g/cm^3、吸水率17.1%、显气孔率32%、平均抗压强度16.34 MPa。将模拟样品切成40mm×40mm×15mm、10mm×10mm×10mm、100mm×100mm×1mm的样块，分别进行渗透性、颜色和抗压强度、显微结构、透气性等性能测试。

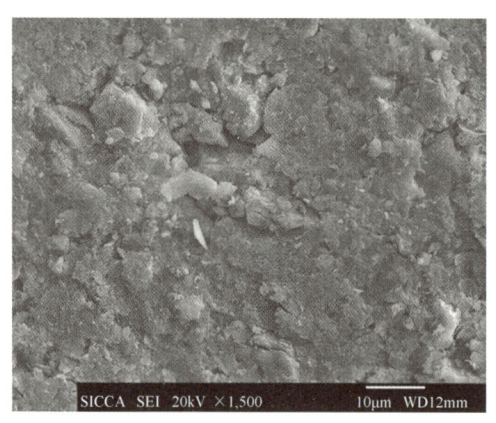 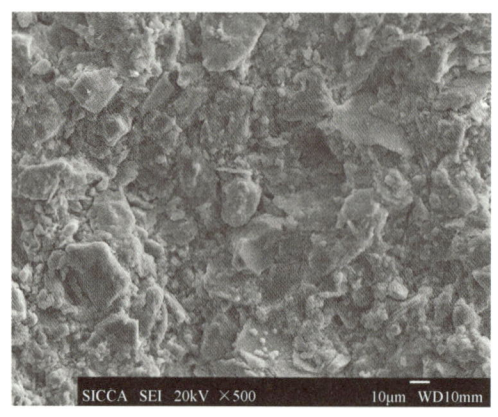

图6.7 样品烧制前后照片
a. 未烧制的样品　b. 700℃烧制的样品

6.3.2 保护性能测试

图6.8 部分渗透深度实验样品照片

（1）渗透深度检测

在室温约30℃的自然环境中，将同一批模拟样品底部浸泡于相同浓度（10%）和体积的溶液中，考虑在相同浓度的条件下B1黏度较大，故将B1浓度减小至5%，根据毛细渗透作用原理，溶液将不断上升至样品顶部，具体实验见图6.8。从图6.9不同保护材料在样品中的渗透深度变化中可以看出：

1）水的渗透速度最快，30min即可达到样品顶部。

2）保护材料的渗透速度比水的渗透速度慢，说明保护材料中的溶质分子具有黏接作用，降低了其扩散速度。

3）保护材料中A2渗透速度较快，其次为D2、A4、A5、A6，再次为C1、D1、B1、A1，最后为A3、A7、C2、D3。

4）保护材料F1、E1、F2、G1、E2渗透不到样品顶部。尽管测量数据表明，浓度较小的材料黏度较低，但因其溶剂易于挥发，溶液还未渗至内层，在次表面层已形成网状结构，阻碍溶液进一步渗透。

5）溶液在模拟样品中的渗透深度不能直接表明溶质在样品中的存在状态，但若溶液不能渗透至样品内部，溶质肯定是不存在的。

6）10%浓度的部分保护材料不能渗透至样品内部，可通过降低浓度、采用浸泡法

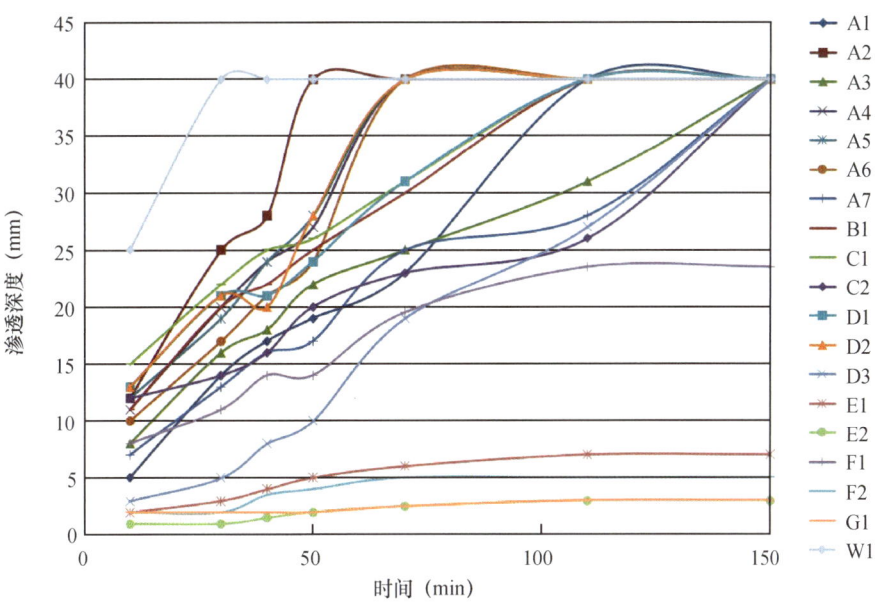

图6.9 不同保护材料在样品中的渗透深度变化

等不同工艺对样品进行保护。

根据测试数据，求得拟合曲线方程，如表6.4。根据拟合曲线方程，可以大致算出每种材料在相关时间的渗透深度，为不同时间保护材料在模拟样品中的渗透深度提供佐证。

表6.4 不同保护材料渗透深度的拟合曲线方程及相关系数统计表

编号	拟合曲线方程	R^2
A1	$y=-0.001x^2+0.458x+0.258$	0.968
A2	$y=-0.003x^2+0.709x+6.788$	0.908
A3	$y=-0.000x^2+0.314x+6.279$	0.983
A4	$y=-0.002x^2+0.639x+3.884$	0.961
A5	$y=-0.002x^2+0.628x+4.404$	0.958
A6	$y=-0.002x^2+0.645x+1.513$	0.935
A7	$y=-0.000x^2+0.265x+5.141$	0.973
B1	$y=-0.001x^2+0.459x+6.536$	0.991
C1	$y=-0.001x^2+0.386x+11.09$	0.988
C2	$y=0.107x+11.28$	0.962
D1	$y=-0.001x^2+0.412x+8.355$	0.978
D2	$y=-0.002x^2+0.585x+5.476$	0.923
D3	$y=0.000x^2+0.212x-0.383$	0.988

（2）质量变化

将样品浸泡加固24h后测试其质量变化。从表6.5中看出：

1）保护材料C1和F1加固的样品质量变化最小，C2次之，其余材料加固的质量变化率均大于15%。

2）加固放置24后，保护材料C1、C2和F1样品的质量变化最小。作为溶剂型的这三种材料，溶剂挥发快，加固样品的质量变化也最小。

3）乳液型材料在放置336h后质量趋于稳定。保护材料是否深入样品内部，需对样品内部的抗压强度进行深入分析，见下表。

表6.5 模拟样块渗透加固后的质量变化率统计表（%）

样品编号	0	24h	48h	168h	312h	336h	360h
A1	16.53	17	16.4	15.44	4.83	1.82	1.61
A2	15.68	16.18	15.81	15.24	4.64	1.63	1.25
A3	16.32	16.75	16.49	15.77	4.07	1.31	1.16
A4	17.89	18.4	18.12	17.06	3.52	1.32	1.26
A5	18.4	18.82	18.47	17.57	4.46	1.13	1.16
A6	17.35	17.53	17.22	16.28	4.51	1.71	1.32
A7	18.59	18.64	18.17	16.79	3.99	1.61	1.26
B1	17.03	17.27	16.32	14.72	2.14	1.13	1.13
C1	7.91	2.96	2.96	3.20	2.31	2.14	2.12
C2	13.04	0.03	0.03	0.06	—	—	—
D1	16.84	17.19	16.63	15.42	2.01	1.39	1.43
D2	17.66	18.01	17.57	16.51	2.14	1.22	1.23
D3	17.87	17.72	16.92	15	1.81	1.25	1.25
F1	5.93	2.28	2.75	3.96	2.1	1.77	1.75

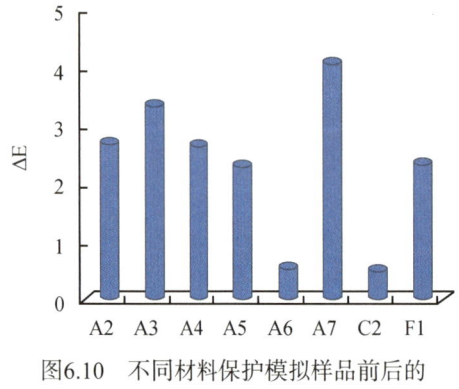

图6.10 不同材料保护模拟样品前后的颜色变化

采用1976年CIE $L^*a^*b^*$色空间法无损监测不同材料保护模拟样品前后的颜色变化。色差数字表达式为：

$$\Delta E=\sqrt{(\Delta L)^2+(\Delta a)^2+(\Delta b)^2}$$

其中，L^*为亮度，a^*是红绿对比度，b^*是黄蓝对比度，ΔE为色差值，值越大，颜色变化越明显。从图6.10中看出，不同保护材料加固模拟样品的颜色色差值均为$\Delta E<5$，符合文物保护要求，A3、A7引起样品颜色改变相对较大，A6和C2的变化相对较小。

（3）抗压强度分析

采用德国Instron-5592万能材料实验机测试样品的抗压强度，速率为0.5 mm/min，测试结果如图6.11。抗压强度C2最大，A1、A2、A4、A6、D1、D2、F1次之。由于样品的不均匀性，其余保护材料加固后的测试数据均小于空白样品，保护材料的加固作用不明显。

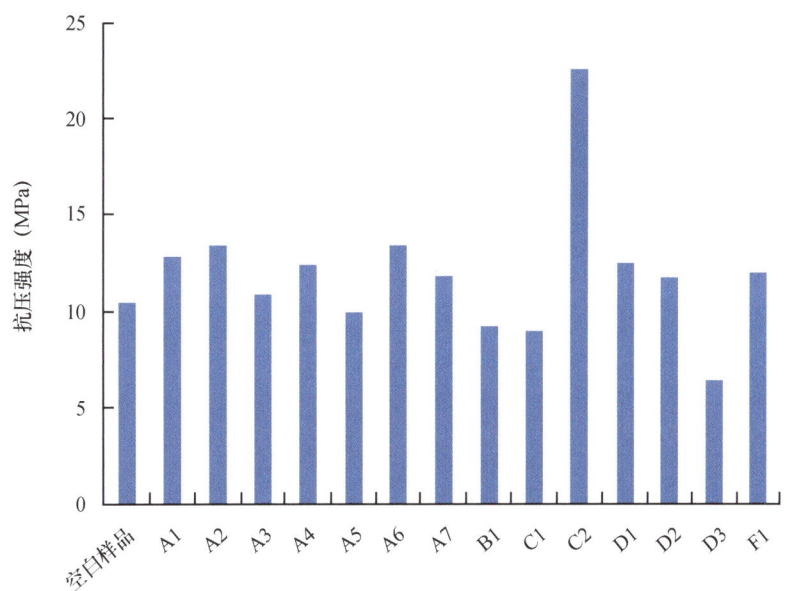

图6.11　不同保护材料加固样品后的抗压强度测试

（4）接触角

采用上海JC2000C接触角测量仪测试样品表面的接触角。液滴滴入样品表面，静待30s后测试接触角数据。图6.12可以看出：空白样品接触角为零，样品表面不憎水；C1、F1加固的样品憎水性最好，其余次之，C2、D2加固的样品憎水性较差，A5和D1加固的样品不憎水。

（5）微观形貌

为了研究保护材料与文物颗粒的相互作用，沿胎体厚度方向对样品切割后进行扫描电镜分析，图6.13以未加固保护的样品和A2处理的模拟样品为例进行具体说明。经A2材料保护后的模拟样品的孔隙减少，部分孔隙被保护材料填充，致密度提高。

（6）减压渗透加固技术

自行设计的减压渗透加固装备见图6.14，将需要加固的酥粉硅酸盐质文物模拟样品置于容器中，并放入减压干燥系统1的干燥箱2中，采用真空泵3对干燥箱2进行抽真空减压，使干燥箱2内的压力缓慢降至规定的低压状态，以确保酥粉陶制文物本体在低压状态下的安全性。抽真空减压处理可以缓慢持续2~4h，规定的低压状态的压力不小于-0.1MPa。在将文物样品放入干燥箱前，可对干燥箱进行清洗处理，防止对文

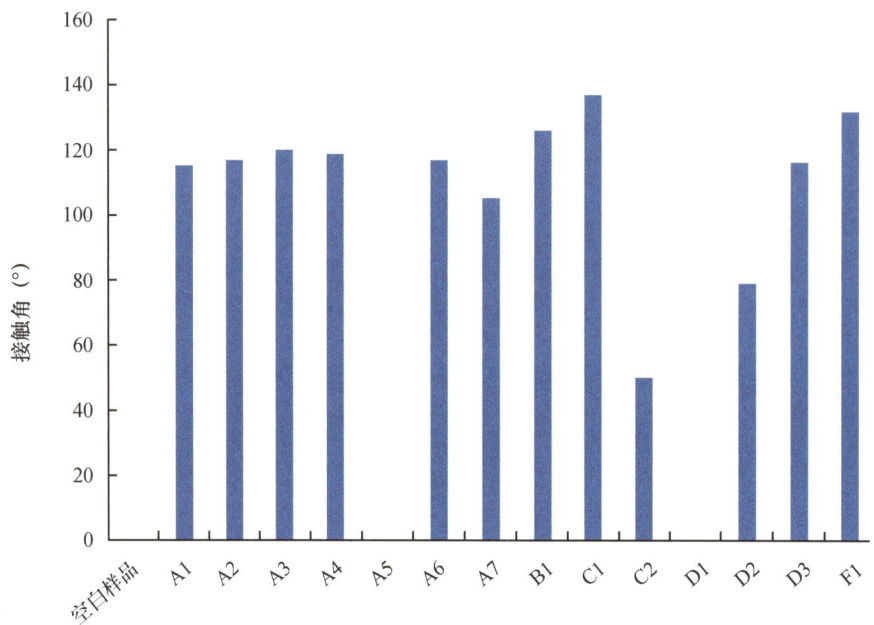

图6.12 不同保护材料加固样品后的接触角变化

图6.13 模拟样品的微观显微照片
a. 空白样品　b. A2处理的样品

物造成污染。

采用针管滴注等外压方式将保护性材料4注入盛放文物样品的容器内，保护性材料注入量的最小量以浸没文物样品为限。浸没文物样品的保护性材料利用毛细管作用渗入文物样品本体。在整个渗透过程中利用真空泵维持干燥箱2稳定的减压状态。渗透过程优选12~36h，确保保护性材料渗入文物样品内部。

渗透处理12~36h后将多余的保护性材料抽出，继续在稳定的减压状态下保存5~10天进行加固。然后将文物样品从干燥箱2中取出，采用纱布将加固后的文物包覆，干燥保存，称重直至恒重后将纱布去除。

经减压渗透加固方法处理的样品,其抗压能力有了一定程度的提高,结果见图6.15,可以看出:配制浓度10%溶液低压渗透加固后,样品本体的抗压强度分别提高了23.56%、17.16%和6.55%,乳液型保护材料加固样品的抗压强度提高程度比溶液型的高,说明减压渗透加固技术在实施乳液型保护材料时可以发挥材料更优越的功能,提高材料渗透深度的同时,增强了样品的抗压强度,减压渗透技术不损伤酥粉样品,对于体积较小的样品,具有应用前景,该研究已获得国家专利。

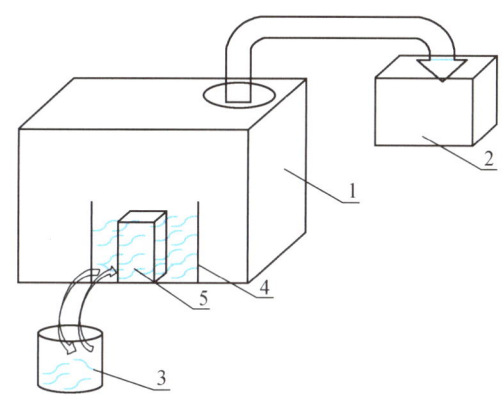

图6.14 硅酸盐质文物的减压设备图

1. 低压真空实验箱 2. 干燥箱 3. 真空泵 4. 文物样品室 5. 文物样品

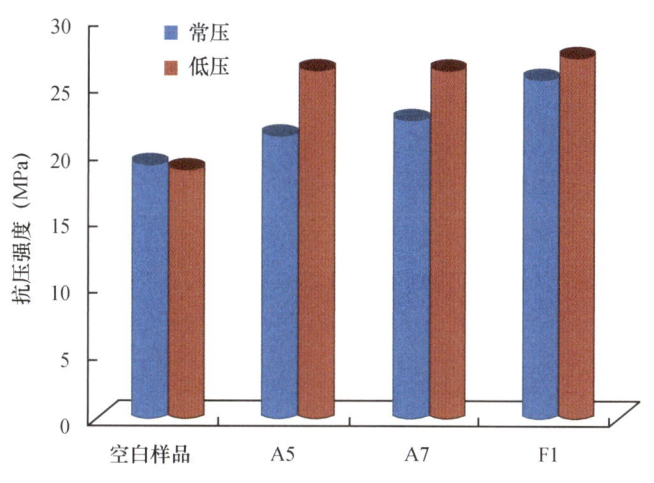

图6.15 减压渗透处理后样品的抗压加固强度变化

6.3.3 小　　结

选择常用的丙烯酸类、聚氨酯类、有机硅类、硅丙乳液、氟碳乳液和古代传统材料,用11种测试对比其物化性能,并在模拟烧制样块中进行渗透速率、颜色、抗压强度、接触角、微观形貌等不同测试,观察不同保护材料的保护性能,并根据以上分析结果，提出陶胎加固保护的性能要求：丙烯酸聚合物材料和天然的高分子蛋白质混合物在自然老化环境中的颜色变化相对较大；丙烯酸类材料和含氟丙烯酸聚合物的柔韧性相对较好。保护材料用于模拟样品中的性能测试表明：有机硅类材料提高模拟样品的抗压强度程度较大；陶胎加固保护材料满足无色、具有一定的黏接性、透气性的需求，存放在满足文物要求的保存环境中，即具有稳定状态；减压渗透加固技术在实施乳液型保护材料时可以更好地发挥材料功能，提高材料渗透深度的同时，增强了样品的抗压强度，减压渗透技术不损伤酥粉样品，对于体积较小的样品，具有一定的应用前景。

6.4 无机-有机复合材料及其保护性能研究

考虑丙烯酸聚合物材料具有广泛的应用性、较好的柔韧性，但在自然环境中易老化变色，而纳米SiO_2材料具有优异的超双亲界面特性、抗紫外性、耐老化性和耐腐蚀、抗氧化等特性，实验考虑通过纳米SiO_2材料与丙烯酸材料的无机-有机复合，以此提高材料的性能要求。研究发现，正硅酸乙酯可在酸或碱催化下进行水解和缩合产生纳米SiO_2，碱催化下水解缩合反应剧烈，所得水解液无法有效储存，而在酸催化下，所得产物具有良好的稳定性，易于储存。其水解方程式表示如下：

$$Si(OEt)_4 + 2H_2O \longrightarrow SiO_2 + 4EtOH$$

正硅酸乙酯水解后所产生的纳米SiO_2表面存在一定量的羟基，丙烯酸材料能与羟基形成氢键结构，从而形成稳定的改性复合材料。实验选择采用正硅酸乙酯水解得到的纳米SiO_2溶胶，应用于目前常用于酥粉陶器加固的丙烯酸材料A2中，使其成为无机-有机的复合材料。分析对比复合材料的成膜性、分子结构、热稳定性及微观形貌变化，选择性能优异的保护材料，应用于秦俑地区土烧制的模拟样品中进行的渗透加固保护。测试保护后模拟样品的颜色、透气性、渗透性、加固强度等性能，同时进行保护机理研究，通过以上分析，为选择适用于酥粉陶胎加固的复合保护材料提供科学依据。

6.5 复合材料性能研究

6.5.1 复合材料的制备

实验首先将去离子水与12mol/L的浓盐酸以100∶0.529的比例进行混合，得到pH为1.2的盐酸水溶液，将TEOS、乙醇和盐酸水溶液（pH=1.2）以6∶2.5∶15的体积比进行混合，室温下搅拌1h后静置7天，溶液澄清透明。

将水解的最终产物硅溶胶按1%、2.5%、3%、4%、5%、6%、7%、8%、9%和10%的体积分数，分别加入浓度为10%的A材料，溶剂为去离子水，用磁力搅拌器混合搅拌24h，具体配比见表6.6。

表6.6 加入不同比例纳米材料的复合材料

编号	A2+2	A2+5	A2+6	A2+8	A2+10	A2+12	A2+14	A2+16	A2+18	A2+20
$\phi(SiO_2)$（%）	1	2.5	3	4	5	6	7	8	9	10

6.5.2 复合材料的性能测试

采用高级旋转流变仪，控制温度25℃，剪切速率$0.1s^{-1}$测量制备好的不同体积分数复合材料溶液的黏度。

将制备好的不同体积分数复合材料的溶液置于75mm×25mm×1mm的载玻片上成膜，揭取后采用分光光度计、差式扫描量热仪（升温速度10℃/min）、傅里叶红外光谱仪（分辨率$4cm^{-1}$）、扫描电子显微镜分别进行颜色、热稳定性、分子结构、表面显微结构等分析。

将揭取的一部分膜材料置于强紫外灯（灯管型号：SUV110GS-36）下7.5cm处进行人工紫外光老化，每隔一定时间测定样品的分子结构，以考察复合材料的耐光老化性能。

（1）颜色分析

A2材料成膜透明，复合材料中TEOS水解的纳米SiO_2含量小于5%时，复合材料的反射率光谱几乎没有变化。随着纳米含量的增加，材料成膜透明性有所降低，图6.16为加入不同比例纳米SiO_2复合材料的反射率光谱图。计算A2+14、A2+16、A2+18和A2+20复合材料在440nm处的反射率光谱数值，分别降低了2.14%、5.19%、9.69%和11.31%，考虑文物保护中对保护材料颜色的相关要求，纳米SiO_2的含量应该控制在10%以内。

（2）分子结构变化分析

红外光谱是定性鉴定有机化合物和测定分子结构较有效的方法，具有高度的特征性。由于化合物中不同化学基团对不同频率红外光的吸收不同，会产生不同的红外光谱谱带。测出谱带的位置、强度和形状，可对化合物进行"定性分析"和"定量分析"。通过图6.17中的ATR-FTIR检测分析表明，加入体积分数1%的纳米SiO_2材料时，谱峰发生明显的变化，A2+14（7%）的变化最为显著。

图6.18是A2和A2+14的红外光谱图。由图中可以看出，A2和A2+14材料在$2960cm^{-1}$、$2946cm^{-1}$和$2877cm^{-1}$的$\nu(CH_3)$，$1727cm^{-1}$的$\nu(C=O)$，$1454cm^{-1}$和$1390cm^{-1}$的$\delta(CH_2)$无变化。A2的$1043cm^{-1}$处的$\nu(C-O-C)$在改性后消失，$1085cm^{-1}$峰变窄、

变大,加入的纳米SiO_2的Si—O键和丙烯酸酯的C—O键复合成1093 cm^{-1}的Si—O—C键。红外图谱说明纳米SiO_2与A2很好地参加了反应,形成了以化学键结合的SiO_2/丙烯酸酯有机-无机复合材料。

(3)DSC分析

采用差式扫描量热分析仪分别对不同比例的复合材料进行DSC测试。以A2、A2+8、A2+14为例,结果如图6.19。从图中可以看出:A2材料的玻璃化转变温度约45.5℃,分解温度为174.6℃。随着加入纳米材料含量的增加,玻璃化转变温度变化不大,但分解温度升高,A2+8和A2+14分别为198℃和207.8℃。纳米SiO_2的加入提高了材料的热分解温度,材料热稳定性提高。

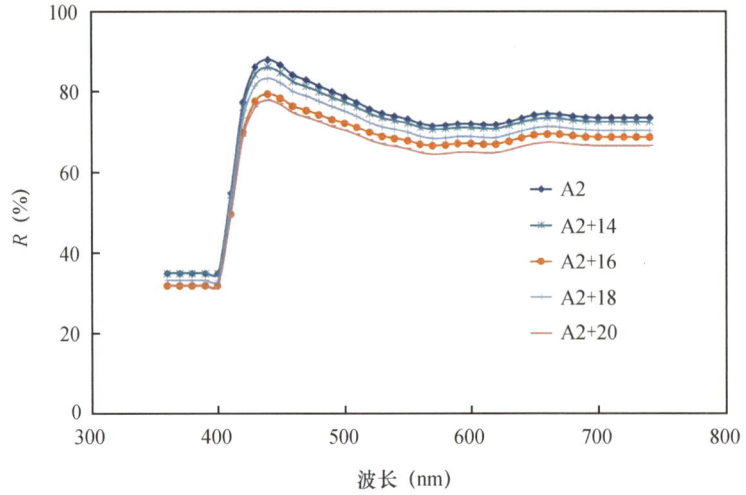

图6.16 加入不同纳米SiO_2复合材料的反射率光谱图

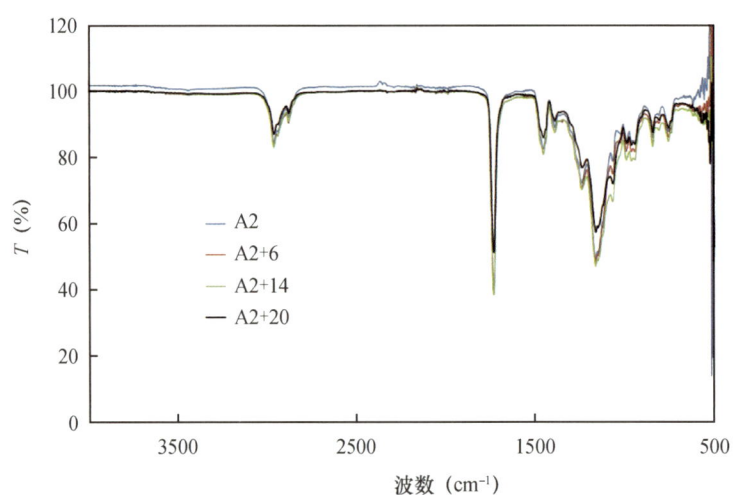

图6.17 加入不同体积分数纳米材料的复合材料红外光谱图

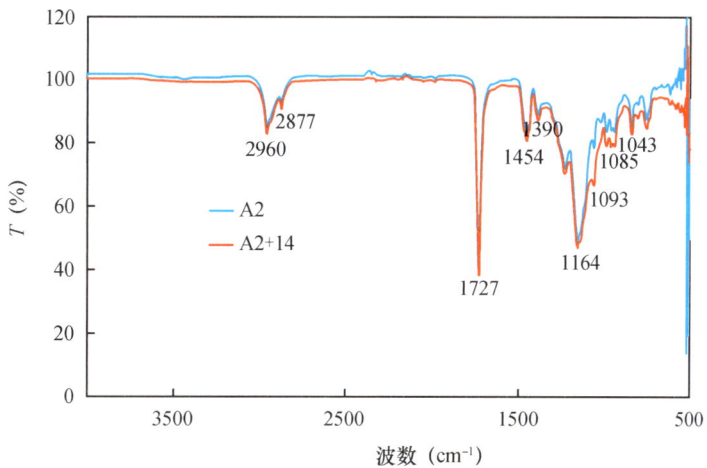

图6.18　A2和A2+14材料的红外光谱变化

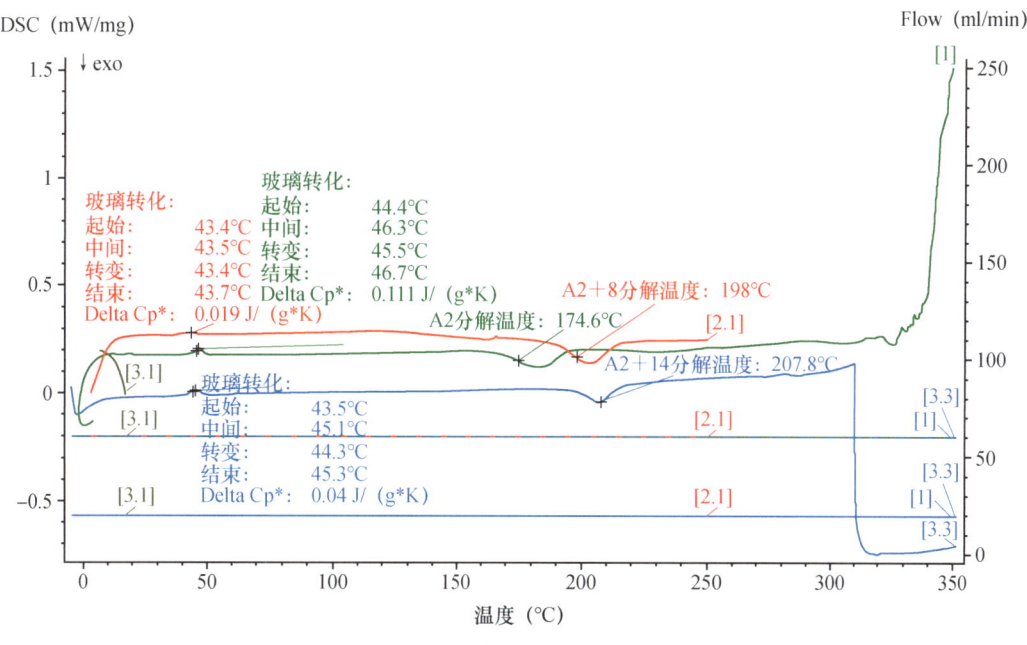

图6.19　A2和复合材料的DSC曲线变化

（4）SEM分析

采用SEM分析测试不同配比的复合材料的微观结构。A2的SEM照片见图6.20。以A2+14材料为例，其微观形貌如图6.21所示，可以看出：纳米SiO_2以大约100nm的颗粒尺寸（图6.22）在有机材料中均匀分散，复合材料具有有机体和无机纳米SiO_2两相连续均匀分布的状态。说明复合材料在形成过程中，有机大分子结构能与无机基团中的羟基形成氢键作用力，这种强的化学键使得无机基团能够较好地分散在有机物中而没有发生较大的团簇现象，复合材料具有无机有机两相较好的分散效果。

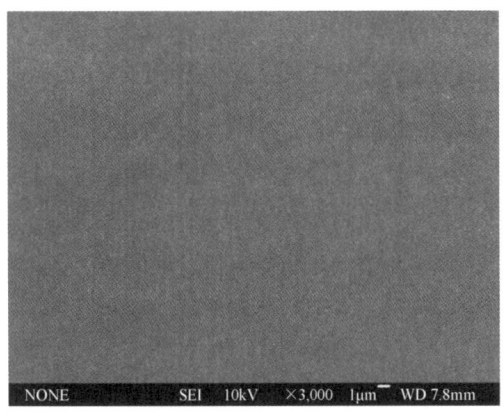

图6.20 A2的SEM照片

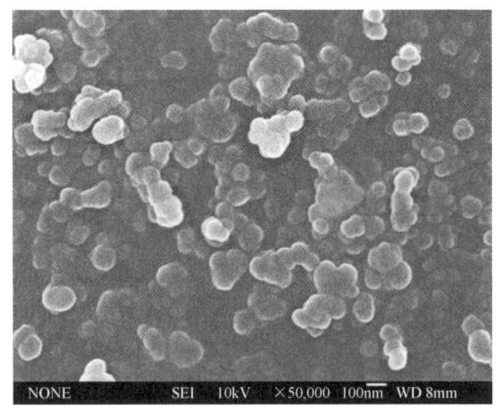

图6.21 A2+14的SEM照片

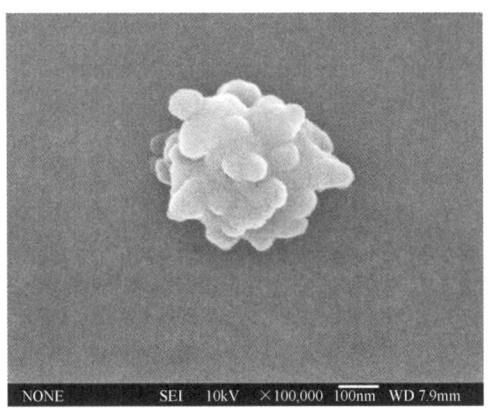

图6.22 放大的纳米颗粒

（5）耐光老化性能分析

采用FTIR测试复合材料在人工紫外光老化前后的分子结构变化，以A2和A2+14材料为例，图6.23中A2光照老化5min时红外谱图发生变化，1043cm^{-1}的ν（C—O—C）趋于消失，而光照老化相同时间的A2+14的红外谱图未发生变化。图6.24为A2的重要谱峰1043cm^{-1}的C—O—C，以及A2+14的重要谱峰1093cm^{-1}的Si—O—C老化不同时间的变化率，从中可以看出：A2和加入纳米SiO$_2$的A2+14材料在老化30min后，重要谱峰的变化率分别为14.95%和1.27%，加入的纳米材料降低了A2材料的老化速率；复合材料的光照老化分子结构变化集中于老化初期，随着老化时间延长，分子结构变化趋于稳定。

通过将正硅酸乙酯在酸性条件下的水解产物以不同体积比添加于丙烯酸甲酯和甲基丙烯酸甲酯共聚物A2材料中，进行纳米级SiO$_2$-丙烯酸酯无机有机纳米改性。采用分光光度计、差式扫描量热仪、傅里叶红外光谱仪测试改性前后保护材料的颜色、热稳定性能和分子结构变化，利用扫描电子显微镜考察不同体积比复合材料中无机相和有

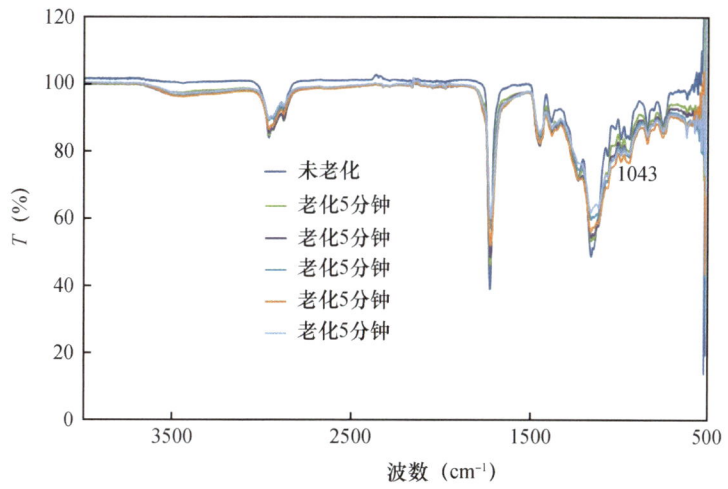

图6.23　A2老化前后红外光谱图

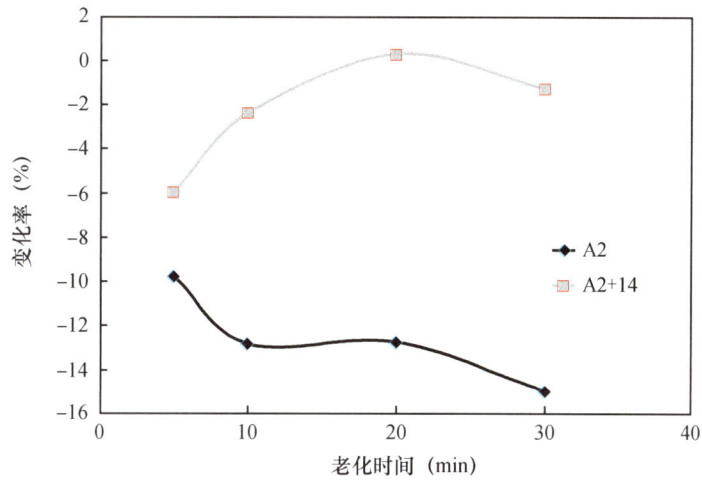

图6.24　A2、A2+14老化不同时间重要谱峰的变化率

机相的分散状况，得出以下结论：

复合材料中加入TEOS水解的纳米SiO_2含量小于5%时，复合材料的反射率光谱几乎没有变化。随着纳米含量的继续增加，材料成膜透明性有所降低，含量在10%以内均符合文物保护中对保护材料颜色的相关要求；复合材料硅溶胶的体积分数增大至7%时（A2+14），红外光谱图发生明显的变化；加入纳米SiO_2的Si—O键和丙烯酸酯的C—O键复合成Si—O—C键，形成以化学键结合的SiO_2/丙烯酸酯有机-无机复合材料；复合材料中SiO_2颗粒在有机材料中呈颗粒状分布，部分颗粒分布于有机材料内部，复合材料具有有机体和无机纳米级SiO_2两相分布的状态，其中SiO_2颗粒的粒径在100nm左右；复合材料的玻璃化转变温度变化不大，分解温度升高，纳米SiO_2的加入提高了材料的热分解温度，材料热稳定性提高；在强紫外光老化实验中，加入的纳米材料降低了A2材

料的老化速率；复合材料的光照老化分子结构变化集中于老化初期，随着老化时间的延长，主要谱峰的分子结构变化也趋于稳定。

6.5.3 复合材料保护性能研究

考虑加入纳米SiO_2体积分数为7%时的A2+14保护材料颜色变化较小，而分子结构变化显著，有机无机相分布均匀，材料热稳定性、耐光老化性能提高，因此，选择A2+14作为陶胎模拟样品的加固保护材料，选择A2材料进行保护后的性能对比。依靠毛细渗透作用加固原理的方式对模拟样品进行保护处理。检测保护后样品的渗透性、颜色变化、孔径分布、透气性及抗压强度等性能。

1. 渗透速率

渗透性能的优异与否是评价酥粉陶胎加固的一个重要指标。加固材料渗透性能差便无法渗入文物内部真正起到加固的作用，甚至在文物表面形成结壳，反而会加速文物的损坏。实验选择去离子水、A2和A2+14三种材料，在控制室温30℃时采用毛细渗透作用加固原理的方式，记录三种材料在到达模拟样品的最高高度时所使用的时间，结果见图6.25。图中可以看出，去离子水所用的时间最短，约30min，A2+14和A2所使用的时间分别约50min和70min。保护材料中溶质分子的黏度比去离子水的黏度大，才能起到一定的加固黏接作用，所以其渗透速率比去离子水小；复合材料A2+14所用的时间比A2小，说明其渗透速率大，这是由于复合材料中加入了纳米SiO_2颗粒，小分子的

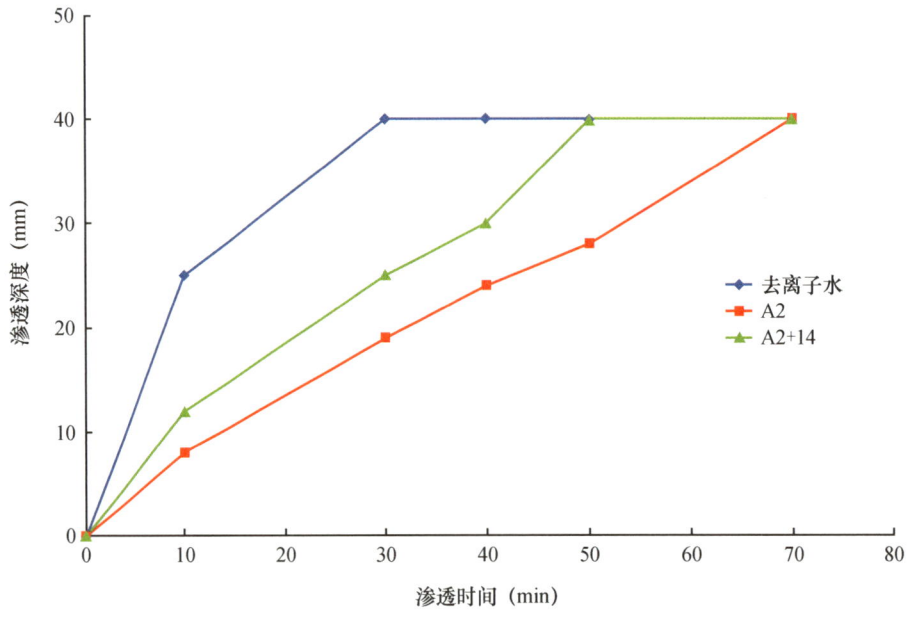

图6.25 不同材料保护的渗透速率变化

加入有利于流动性的改善，增强了其渗透能力。复合材料在模拟样品中具备良好的渗透性能。

2. 颜色

采用分光光度计检测不同材料保护模拟样品后的颜色，图6.26分别为A2和A2+14加固前后的反射率变化光谱图。不同材料加固前后模拟样品的反射率光谱曲线下降，说明样品颜色有轻微加深的现象，计算肉眼敏感的570nm处A2和A2+14不同材料对样品的改变速率，分别为4.08%和3.06%，复合材料A2+14的颜色变化较小。

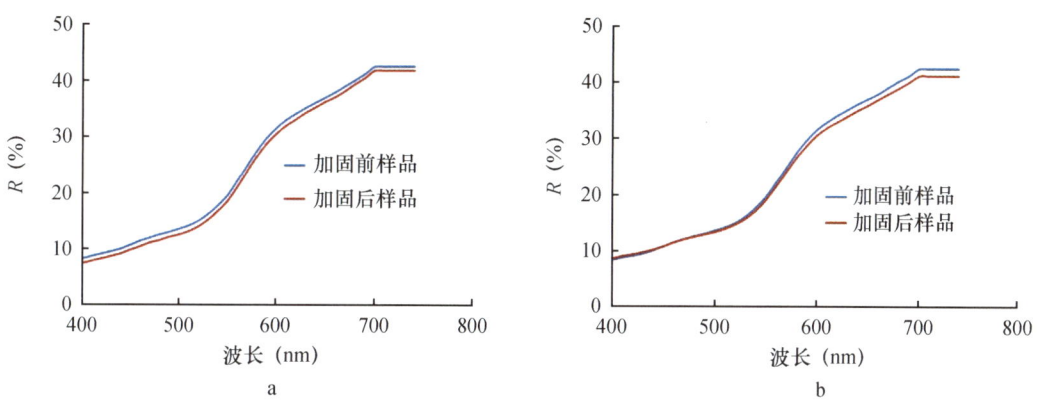

图6.26　不同材料加固前后模拟样品的反射率光谱曲线
a. A2　b. A2+14

3. 孔径变化

采用Poremaster GT-60自动压汞仪（美国Quantachrome公司）测试样品保护前后的孔径分布曲线，图6.27中可以看出：在0～0.2μm区间，保护后样品的孔径图谱整体左移；空白样品孔径分布主要集中在0.07～0.1μm、0.1～0.2μm区间；A2保护后样品的孔径分布主要集中在0.06～0.09μm、0.1～0.16μm区间；A2+14保护后样品的孔径分布主要集中在0.06～0.1μm、0.98～1.51μm区间；A2保护后孔径变化集中在60～160μm，对样品的总孔容贡献最大，A2+14保护后孔径变化集中在0.98～1.51μm。空白样品、A2和A2+14材料保护的样品总孔隙率分别由29.39%增大到29.75%和31.01%，总表面积由5.48变化至6.27和6.35，体积密度由1.83 q/cc变化至1.82 q/cc和1.82 q/cc，样品总孔隙率增大，密度减小，但变化程度不大。

4. 透气性

保护材料介入文物本体后会改变文物的孔隙结构和分布，造成文物的气孔率变化。而文物要求保护后具有一定的"呼吸性"，保护后文物的透气性检测显得尤为重要。透气性

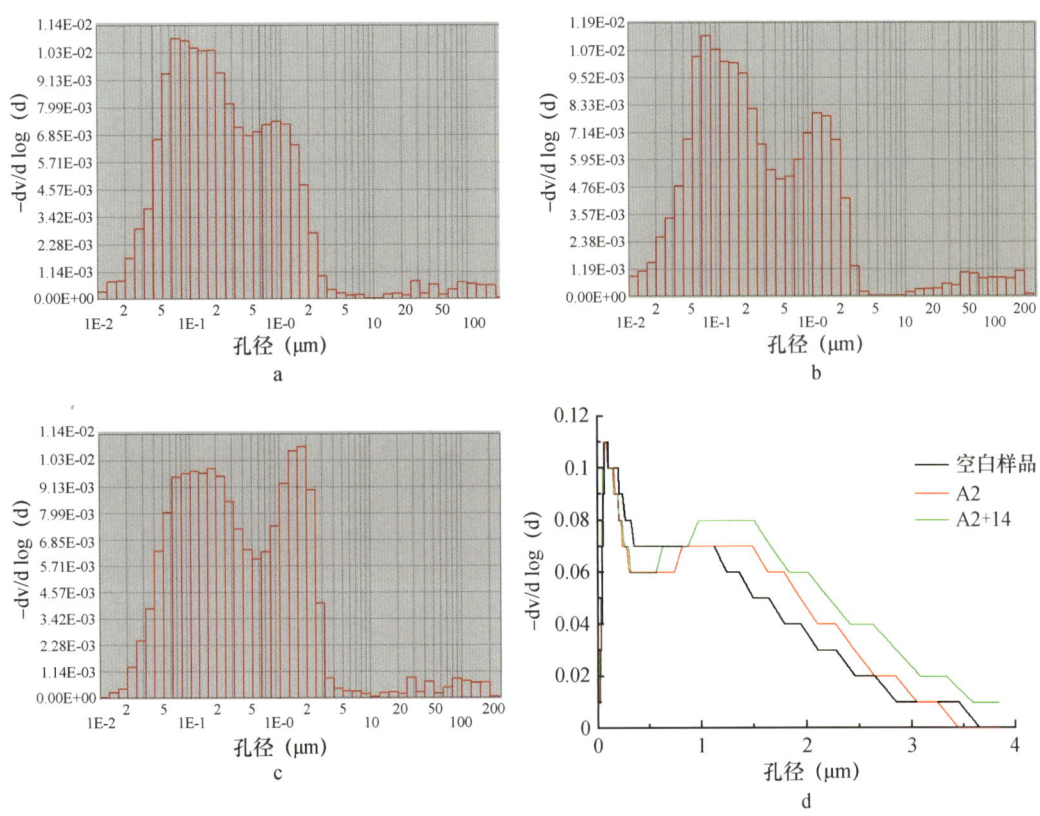

图6.27 不同保护材料保护后样品的孔径分布
a. 空白样品　b. A2保护后　c. A2+14保护后　d. 总体对比

图6.28 透气性实验装备

测试装备见图6.28。将此装备置于一定湿度的恒温恒湿箱内，水蒸气从湿度大的一端通过样品，自然流向湿度小的一端，计算一定时间内水蒸气的透过量（每平方米样品每天透过的水蒸气量），再通过公式转换求得透气性的抗水蒸气扩散系数μ值。

$$V = M / (A \times T)$$
$$Sd = T \times (A/M) \times P \times \delta L$$
$$\mu = Sd / d$$

式中，T表示时间（h），M表示水蒸气扩散量（Kg），A表示面积（m^2），V表示单位面积单位时间的水蒸气扩散量（$Kg/m^2 h$），P表示测试温度下的水蒸气压力（MPa），d表示样品厚度（mm），δL表示空气中的水蒸气常数=7.02×10^{-7}（Kg/m.h.Pa），Sd表示扩散平衡时空气层厚度（m），μ表示抗水蒸气扩散系数。

从图6.29的对比看出：没有加入保护材料的模拟样品抗水蒸气扩散系数最小，表明水蒸气的透过量最大；加入保护材料后的抗水蒸气扩散系数增大，减小了水蒸气从文物中的透过量；复合材料保护样品的抗水蒸气扩散系数比未改性材料的小。

5. 抗压强度

采用万能实验机测试不同样品的平均抗压强度。图6.30中表明：未加入保护材料的模拟样品抗压强度为16MPa，保护后增加至25MPa；保护后抗压强度增加，复合材料保护的样品抗压强度稍小。

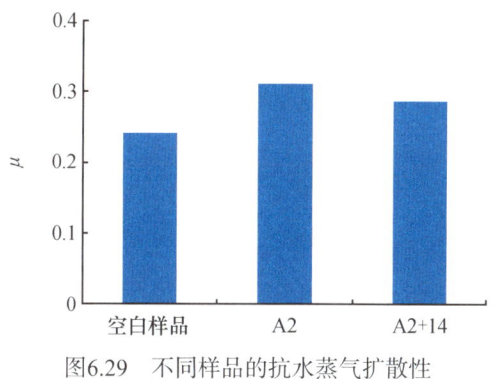
图6.29 不同样品的抗水蒸气扩散性

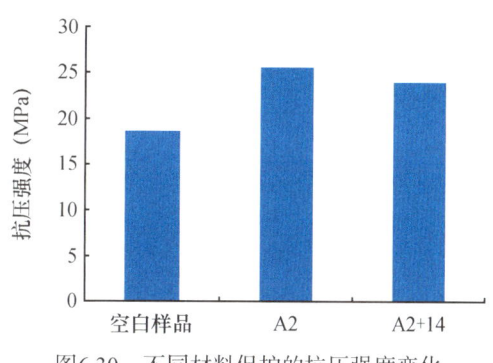
图6.30 不同材料保护的抗压强度变化

6. 显微分析

图6.31分别为未处理、A2加固、A2+14加固的模拟样品放大较小倍数的显微结构变化图。可以明显看出加固保护后的样品孔隙减小，较大孔隙消失，整体结构致密。通过放大1000倍照片（图6.32）可以看出：保护材料填充了模拟样品的较大孔隙，并形成与陶胎矿物颗粒之间相互交联的网状结构，使得矿物颗粒间形成一层膜，起到了良好的加固支撑作用。同时可以清楚地看到，加固材料保护后的样品颗粒之间存在一定的孔隙，并未完全将文物气孔填堵，确保了加固后样品具有一定的透气性能。

a

b

c

图6.31 放大100倍的样品
a. 未处理　b. A2加固　c. A2+14加固

图6.32 放大1000倍的样品
a. 未处理 b. A2加固 c. A2+14加固

7. 小结

通过将正硅酸乙酯在酸性条件下的水解产物以不同体积比添加于丙烯酸甲酯和甲基丙烯酸甲酯共聚物A2材料中，进行纳米级SiO_2-丙烯酸酯无机有机纳米改性。采用分光光度计、差式扫描量热仪、傅里叶红外光谱仪、扫描电子显微镜等测试改性前后保护材料的颜色、热稳定性能、分子结构变化及复合材料中无机相和有机相的分散状况。选择性能优异的复合材料对模拟样品进行保护加固，测试保护后样品的渗透性、颜色变化、透气性、抗压强度及显微形貌等变化。得出以下结论：

1）复合材料中加入TEOS水解的纳米SiO_2含量小于5%时，复合材料的反射率光谱几乎没有变化。随着纳米含量的继续增加，材料成膜透明性有所降低，含量在10%以内均符合文物保护中对保护材料颜色的相关要求。

2）复合材料硅溶胶的体积分数增大至7%时（A2+14），红外光谱图发生明显的变化；加入纳米SiO_2的Si—O键和丙烯酸酯的C—O键复合成Si—O—C键，形成以化学键结合的SiO_2/丙烯酸酯有机-无机复合材料，复合材料具有有机体和无机纳米级SiO_2两相分布的状态，其中A2+14的SiO_2颗粒的粒径为100nm左右。

3）复合材料的玻璃化转变温度变化不大，分解温度升高，纳米SiO_2的加入提高了材料的热分解温度，材料热稳定性能提高；在强紫外光老化实验中，加入的纳米材料降低了A2材料的老化速率；复合材料的光照老化分子结构变化集中于老化初期，随着老化时间延长，主要谱峰的分子结构变化趋于稳定。

4）选择性能优异、无色透明的A2+14复合材料和未改性的A2材料进行保护样品后性能测试表明：加入保护材料在一定程度上减小了样品的反射率，但不影响肉眼所见外观。

5）保护材料填充了模拟样品的较大孔隙，并形成与陶胎矿物颗粒之间相互交联的网状结构，起到了良好的加固支撑作用。加固材料保护后的样品颗粒之间存在一定的孔隙，并未完全将文物气孔填堵，确保加固后样品具有一定的透气性能。

6.6 无机-有机原位复合材料及其保护性能研究

考虑到丙烯酸材料的pH=7.85，偏弱碱性，为了有利于正硅酸乙酯的水解得到分散性好，与丙烯酸材料相容的纳米SiO_2，选择碱催化原位复合的方式，将TEOS与乙醇以1.2∶20的配比，与丙烯酸材料按1%、3%、5%、10%和20%的不同比例进行混合（表6.7），室温搅拌24h后静置7天，对制备好的复合材料进行成膜性、分子结构、热稳定性等测试分析。

表6.7 加入不同比例纳米材料的复合材料

编号	J1	J2	J3	J4	J5	J6
纳米体积百分含量（%）	0	1	3	5	10	20

6.6.1 复合材料性能分析

（1）分子结构变化分析

红外光谱是定性鉴定有机化合物和测定分子结构较有效的方法，具有高度的特征性。由于化合物中不同化学基团对不同频率红外光的吸收不同，会产生不同的红外光谱谱带。测出谱带的位置、强度和形状，可对化合物进行"定性分析"和"定量分析"。通过ATR-FTIR检测分析表明，加入不同体积分数的TEOS，经过原位水解聚合后丙烯酸材料谱峰发生明显的变化。图6.33、图6.34以加入3%和10%的复合材料A3和A5为例，从谱图6.33可以看出，材料复合后$3000cm^{-1}$~$3600cm^{-1}$的OH宽吸收峰，$2946cm^{-1}$和$2871cm^{-1}$的ν（CH_3），$1727cm^{-1}$的ν（C=O），$1446cm^{-1}$和$1370cm^{-1}$的δ（CH_2），$1223cm^{-1}$的ν（C—O—C），$1025cm^{-1}$的νs（C—O—C）吸收峰减小。吸收峰增加的$1080cm^{-1}$的Si—O伸缩振动峰，$794cm^{-1}$的Si—OC_2H_5中的Si—O—C伸缩振动峰随着TEOS含量增加，吸收峰强度亦增加，这是由于加入的TEOS材料在丙烯酸材料的碱性环境条件下，经过催化的水解缩合作用形成纳米级SiO_2的Si—O键和丙烯酸酯的C—O键复合成Si—O—C键所致。红外图谱说明了TEOS在丙烯酸材料的碱性条件下能够与材料发生化学反应，形成了以化学键结合的SiO_2/丙烯酸酯有机无机复合材料。

（2）DSC分析

采用差式扫描量热分析仪分别对不同比例的复合材料进行DSC测试。以A1、A2和A5为例，结果如图6.34，可以看出：随着TEOS含量的增加，复合材料的分解温度由初始的174.6℃分别升高至182.7℃和193.2℃，TEOS碱催化水解产生的纳米SiO_2的加入提高了材料的热分解温度，材料热稳定性能提高。

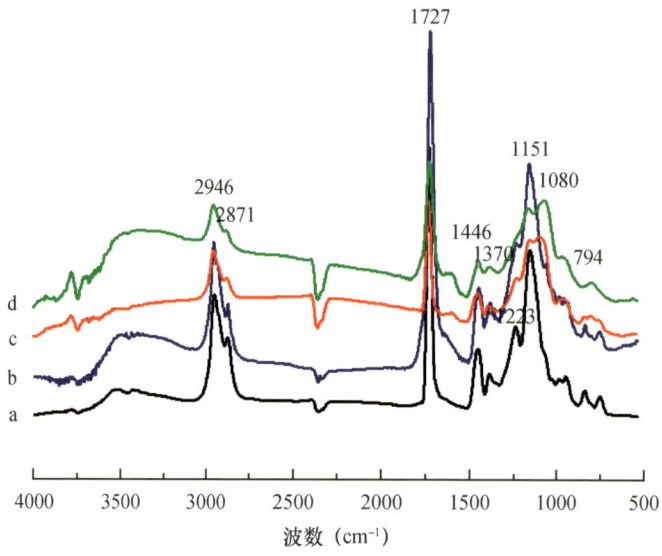

图6.33　A2和改性后材料的红外光谱变化

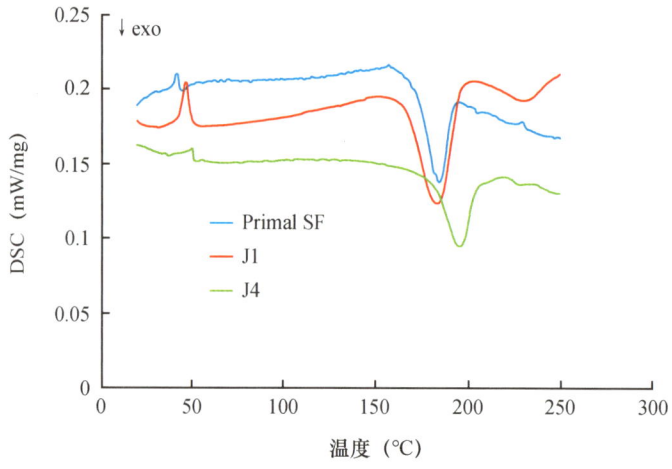

图6.34　A2和复合材料的DSC曲线变化

（3）SEM分析

采用SEM分析测试不同配比的复合材料的微观结构，其微观形貌如图6.35所示，可以看出：TEOS原位水解缩合形成的纳米SiO_2分布于丙烯酸材料内部，有机材料包覆无机纳米颗粒，颗粒大小不均一；J2的纳米颗粒尺寸在30～80nm，J4材料的纳米颗粒尺寸在50～100nm，J6材料的纳米颗粒尺寸较大，在100nm左右；随着TEOS含量的增加，所形成的纳米颗粒尺寸逐渐增大；在J2～J5的配比范围内，复合材料形成有机体和无机纳米SiO_2两相连续均匀分布的状态；复合材料在形成过程中，TEOS水解聚合形成的纳米SiO_2能与有机大分子结构形成化学键合力，这种化学键使得无机基团能够较好的分散在有机材料中，而没有发生较大的团簇现象。

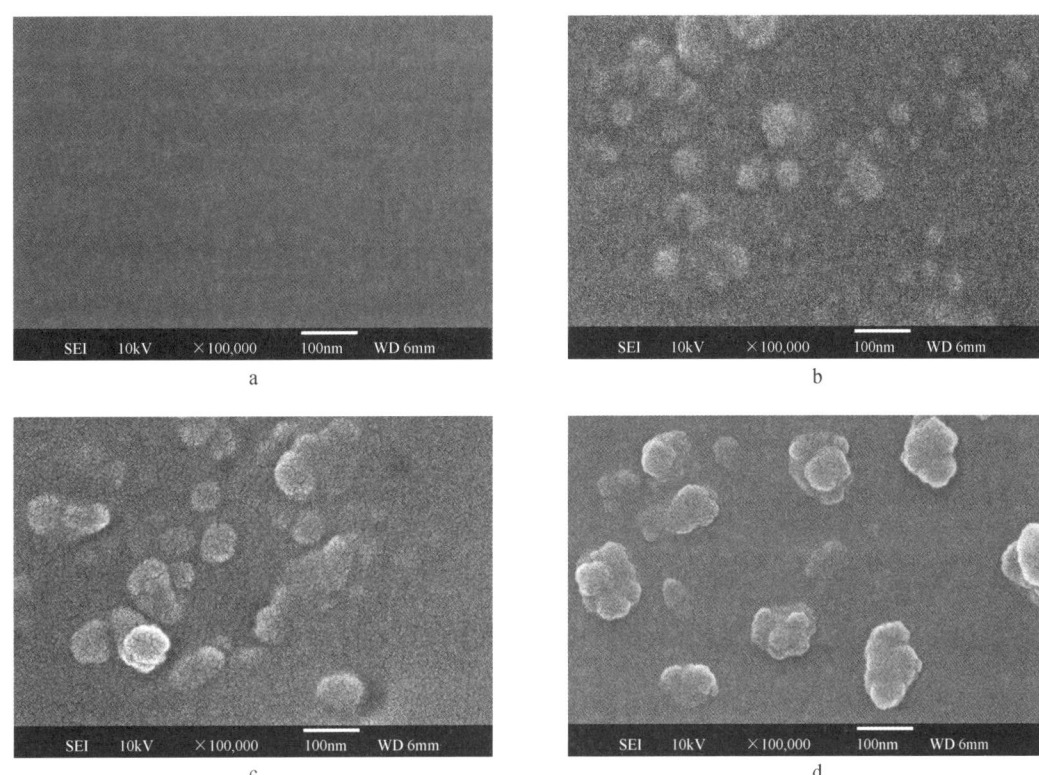

图6.35 复合材料的SEM照片
a. 空白样品　b. J2　c. J4　d. J6

（4）模拟样品的加固保护

实验选取烧成温度960℃，体积密度约1.72g/cm³，吸水率21.2%的孔隙较为疏松的样品，采用原位碱催化不同比例的复合材料进行加固保护，测试保护后性能。

（5）颜色

采用分光光度计对保护后样品的颜色变化进行测试，根据1976CIE $L^*a^*b^*$色空间法，L^*为亮度，a^*是红绿对比度，b^*是黄蓝对比度，ΔE为色差值。J5、J6保护的样品L^*和b^*值变化相对较大，样品的亮度减小，颜色加深；J2、J3、J4的变化相对较小；不同材料保护后样品的色差值分别为2.16、0.82、1.71、2.36和2.64（图6.36）。保护后样品的颜色变化相对较小，皆满足文物保护中色差值在4以内的要求。

（6）透气性

采用文中所述的测试方法对加固后样品进行透气性测试，图6.37结果表明：未改性材料和加入3%TEOS复合材料的抗水蒸气系数值最大，加入5%、10%的TEOS复合材料的抗水蒸气系数值相对较小，而未加入保护材料的样品抗水蒸气系数值最小；在测试的最初100h内，未加入保护材料的样品抗水蒸气系数值最小，随着测试时间的延长，抗水蒸气系数值逐渐增大，抗水蒸气系数的增加变化率相对较大；加入保护材料的样品随着时间的延长，抗水蒸气系数的增加变化率相对较小。

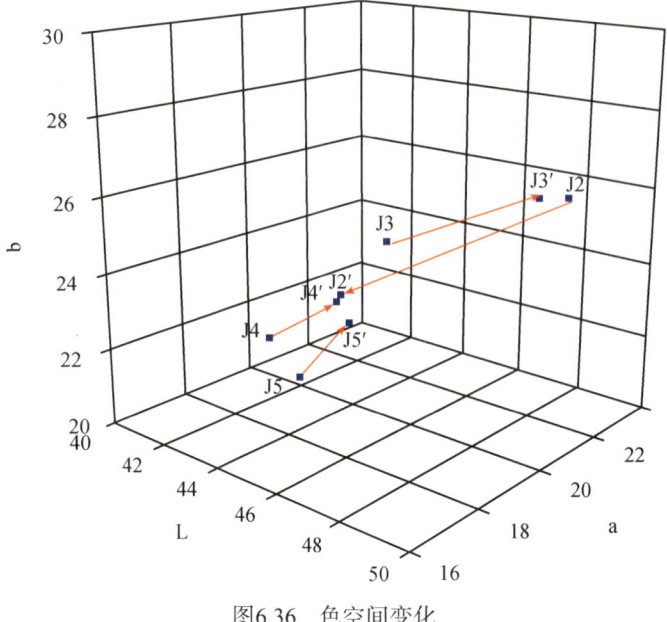

图6.36 色空间变化

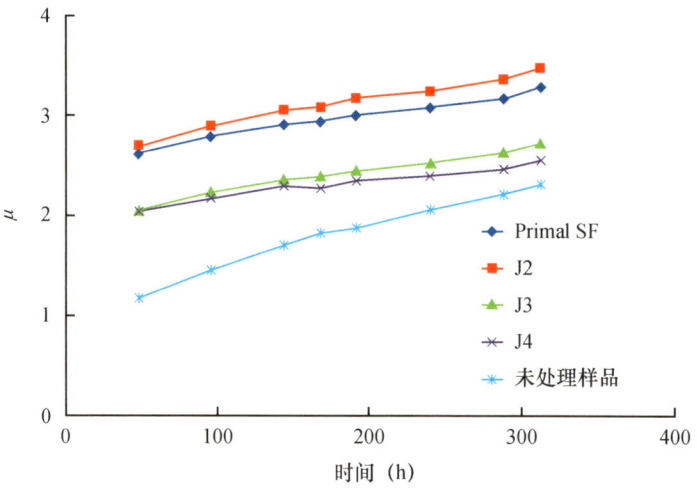

图6.37 不同材料保护样品的抗水蒸气扩散系数

(7) 抗压强度

图6.38抗压强度结果表明：随着TEOS含量的增加，保护后样品的抗压强度增加；推测与复合材料中溶剂比例增大有关，溶剂含量增大，有利于增加保护材料的渗透深度，所起保护作用的保护材料溶质含量随之增加，深度越大，抗压强度提高程度越大，但考虑与文物本体的匹配性，应选择适合的浓度范围，故J4、J5较好。

(8) 孔径分布

采用Poremaster GT-60自动压汞仪测试样品保护前后的孔径分布曲线，从图6.39中

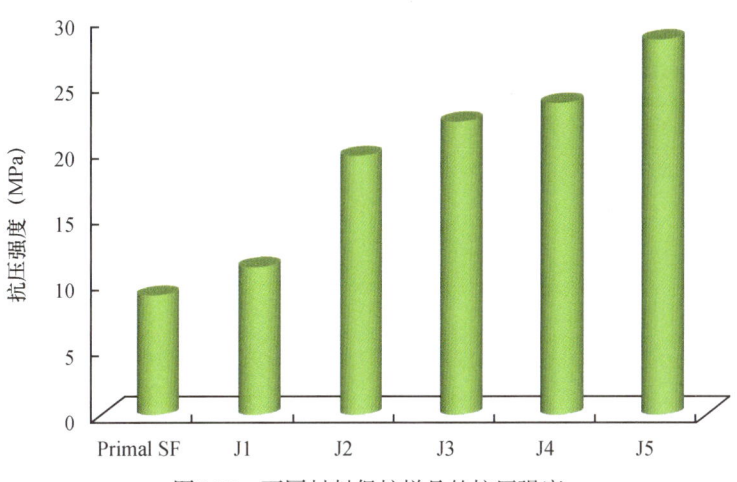

图6.38 不同材料保护样品的抗压强度

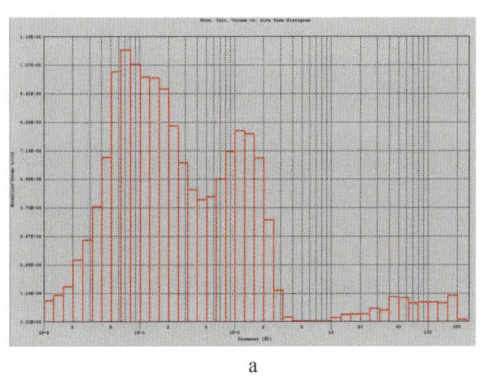
a

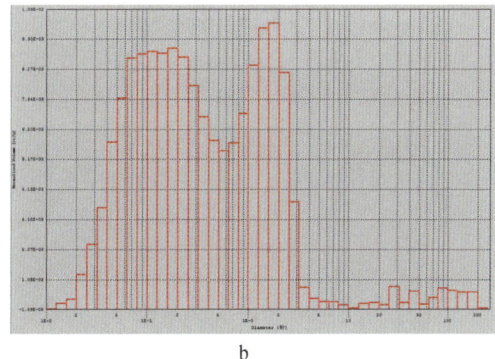
b

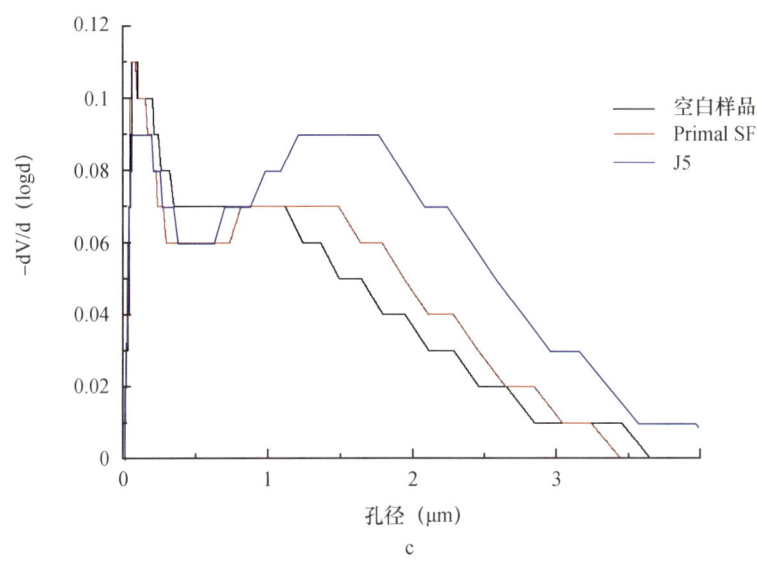
c

图6.39 不同材料保护样品的孔径分布
a. 空白　b. 保护后　c. 总体对比

可以看出，保护后样品在1~2μm区间的含量比例增加；空白样品孔径分布主要集中在0.07~0.1μm、0.1~0.2μm区间；J5的孔径分布主要集中在0.12~0.22μm、1~1.98μm；空白样品和J5材料保护的样品总孔隙率分别由29.39%变化至27.4%，总表面积由5.48变化至4.31，体积密度由1.83 q/cc变化至1.73q/cc，样品总孔隙率减小，密度减小，加入保护材料增加了未处理样品在1~2μm间的分布范围，保护材料的加入未堵塞样品孔隙，保护效果较好。

（9）显微结构分析

图6.40分别为未处理和J5加固的样品放大1000倍的显微结构变化图，明显看出加固保护后的样品孔隙减小，保护材料填充了样品的较大孔隙，并形成与陶胎矿物颗粒之间相互交联的网状结构，使得矿物颗粒间形成一层膜，起到了良好的加固支撑作用。同时可以清楚地看到，加固材料保护后的样品颗粒之间存在一定的孔隙，并未完全将文物气孔填堵，确保加固后样品具有一定的透气性能。

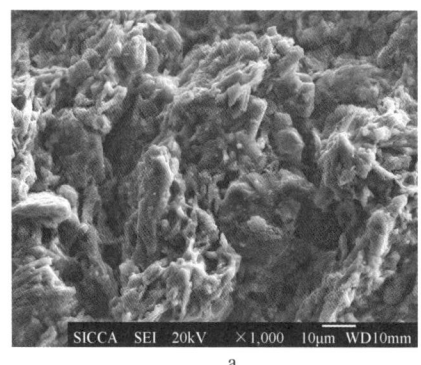 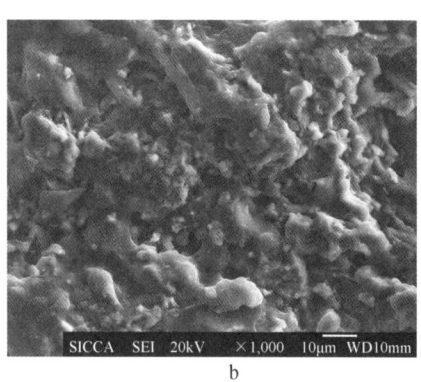

a　　　　　　　　　　　　　　　b

图6.40　保护前后样品的SEM照片

a. 未处理　b. J5加固

6.6.2　小　　结

TEOS原位水解缩合形成的纳米SiO_2分布于丙烯酸材料内部，有机材料包覆无机纳米颗粒，复合材料的纳米颗粒尺寸在30~100nm，随着TEOS含量的增加，所形成的纳米颗粒尺寸逐渐增大；TEOS催化水解产生的纳米SiO_2的加入提高了材料的热分解温度，材料热稳定性提高；保护样品性能中，加入5%、10%TEOS的复合材料的颜色改变较小，一定程度上提高了样品的抗压强度，具有一定的透气性，保护效果较好。

6.7 TEOS改性材料及其保护性能研究

加固酥粉陶胎对保护材料有高渗透性的要求，而TEOS材料则具有优异的渗透性。文献报道TEOS材料用于石质文物保护，在环境温湿度变化循环过程中易脆，导致文物表层开裂。通过添加表面活性剂、偶联剂等可以有效地改变TEOS的脆性。Ramón Zárraga等人通过添加一定比例的PDMS-OH提高了TEOS材料的伸缩率。Eun Kyung Kim采用TEOS+KH560+不同粒度（7nm、16nm、40nm）的纳米SiO_2，减小TEOS在胶化过程中毛细应力产生的开裂，KH560含量、纳米SiO_2尺寸和含量影响材料黏度，进而影响材料的渗透深度。Seunghwan Son通过TEOS：GPTMS［γ-（甲基丙烯酰氧）丙基三甲氧基硅烷］=（1：1）/（1：2），再分别加入1%、3%、5%的POSS（多面体低聚倍半硅氧烷）材料，超声搅拌凝胶后自然放置，与商用有机硅材料Wacker OH-100和Unil-100相比，TEOS材料改性后增加的GPTMS增加了材料的柔韧性，POSS增加了渗透性，保护石质文物效果较好。故实验通过TEOS改性，检测改性后材料的物化性能及保护样品后的性能。

6.7.1 改性材料的制备

制备一系列杂交改性材料，在5mlTEOS中分别加入0、1%、3%、5%、10%和20%（w/w）的羟基封端聚二甲基硅氧烷/聚二甲基硅氧烷（PDMS），在温度20℃时超声搅拌24h后加入1%（w/w）二月桂酸二丁基锡（DBTL），将改性材料分别置于载玻片上成膜并进行观察。

6.7.2 改性材料性能测试

（1）外观形貌

分别采用不同比例的PDMS-OH和PDMS，加入催化剂后对TEOS的改性材料进行成膜观察。图6.41和图6.42分别为加入10%的PDMS-OH和10%PDMS的改性照片，从中可以看出：加入PDMS-OH的TEOS改性材料成膜后表面布满裂纹，无黏弹性；加入PDMS的TEOS改性材料成凝胶状，表面无裂纹，但也无黏弹性。

（2）分子结构

红外光谱是定性鉴定有机化合物和测定分子结构较有效的方法，具有高度的特征性。由于化合物中不同化学基团对不同频率红外光的吸收不同，会产生不同的红外光谱谱带。测出谱带的位置、强度和形状，可对化合物进行"定性分析"和"定量分析"。

通过ATR-FTIR检测分析表明，加入不同体积分数的PDMS，在DBTL催化剂的作用下，TEOS分子结构发生很大的变化。图6.43以加入5%PDMS-OH的改性材料为例，从谱图中可以看出，材料改性2979cm^{-1}的ν（CH$_2$）伸缩振动峰降低，1394cm^{-1}、1295cm^{-1}的δ（CH$_3$）弯曲振动峰，1035cm^{-1}的Si—O伸缩振动峰，892cm^{-1}、879cm^{-1}、838cm^{-1}、763cm^{-1}的Si—O和Si—C吸收峰的增加，是由于PDMS材料的Si—CH$_3$和Si—O键与TEOS中的化学键结合所致。TEOS材料在DBTL催化剂的作用下，加入不同体积分数的PDMS-OH，分子结构发生很大变化。

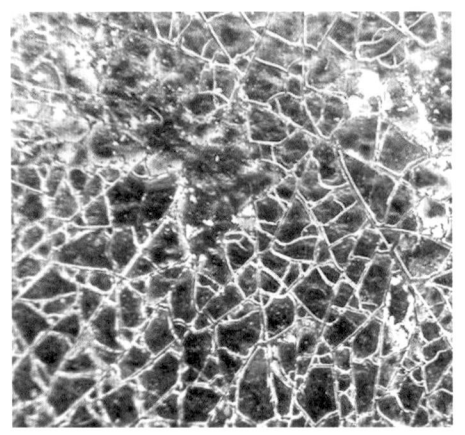

图6.41　TEOS+10%PDMS-OH照片

图6.42　TEOS+10%PDMS照片

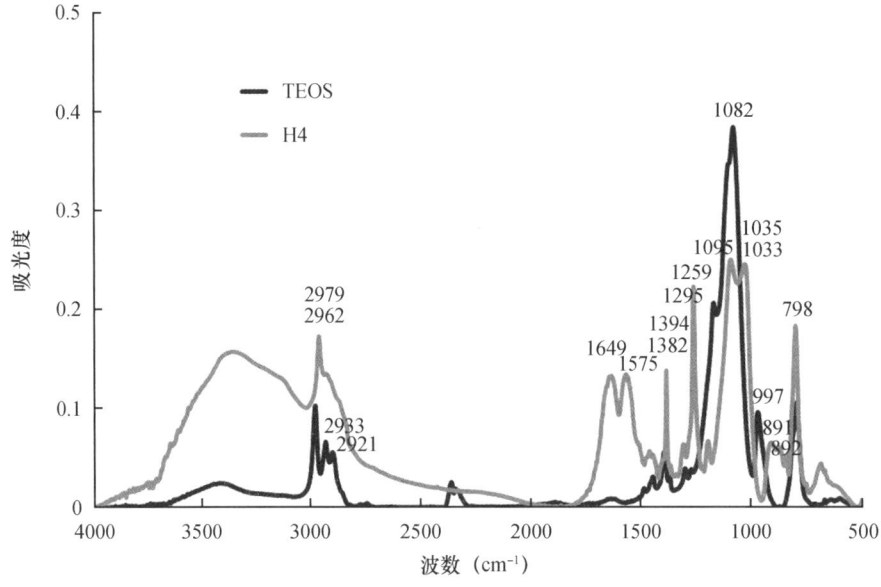

图6.43　TEOS和改性后材料的红外光谱变化

（3）SEM分析

采用扫描电子显微镜观察加入PDMS-OH的TEOS改性材料的微观形貌。图6.44中为TEOS+10%PDMS-OH的扫描图片。图中可以看出：TEOS改性材料的无机颗粒分布于有机层内部，有机材料包覆无机颗粒，颗粒大小不均一；TEOS+10%PDMS-OH改性材料的分散性相对较好，无机颗粒尺寸在100nm左右；TEOS+20%PDMS-OH改性材料的分散性较差，无机颗粒更大，尺寸约200nm。

 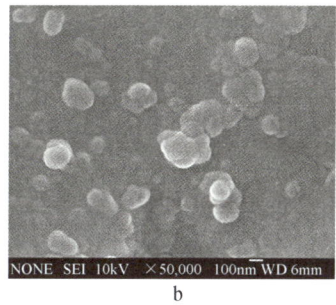 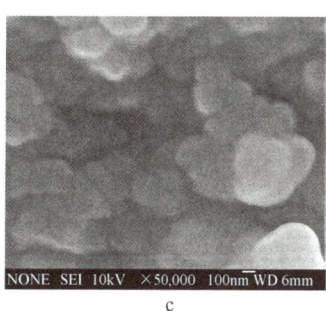

图6.44　TEOS改性的SEM图片
a. TEOS+5%PDMS-OH　b. TEOS+10%PDMS-OH　c. TEOS+20%PDMS-OH

6.7.3　样品的加固保护

分别采用不同比例的改性材料，依靠毛细渗透作用加固原理的方式对模拟样品进行保护处理。检测保护后样品的颜色变化、渗透性、透气性及抗压强度等性能。

（1）颜色、憎水性变化

文物保护材料的使用以不改变外观颜色为首要原则。颜色是由亮度和色度共同表示的，色度a、b是指颜色的性质，它反映的是颜色的色调和饱和度，即颜色深浅的变化，而亮度L则反映了样品反射能力的大小，三个变量从不同角度反映保护处理前后颜色的变化。通过色差公式得到不同材料保护前后样品的颜色变化结果，从表6.8中可以看出：由于文物样品本身不均匀，相同保护材料加固后样品的色差值变化较大；保护后样品的色差值均在5以内，满足文物保护颜色变化的范围要求。

表6.8　不同保护材料保护后的颜色变化统计表

编号		色差值
0（空白样品）	0.1	0
	0.2	0
	0.3	0
1（TEOS+1%PDMS-OH）	1.1	1.22
	1.2	2.93
	1.3	0.88

续表

编号		色差值
2（TEOS+3%PDMS-OH）	2.1	3.29
	2.2	2.49
	2.3	1.51
3（TEOS+5%PDMS-OH）	3.1	3.72
	3.2	2.24
	3.3	2
4（TEOS+10%PDMS-OH）	4.1	3.32
	4.2	3.59
	4.3	3.52

（2）渗透性

为了对比改性后材料的渗透性能，采用商用的WD-20（乙烯基三乙氧基硅烷）进行对比。实验选择不同比例的改性材料和WD-20材料，在室温10℃时采用毛细渗透作用加固原理的方式，记录不同材料在不同时间到达模拟样品的最高高度。由于室温温度较低，保护材料深入样品内部所需的时间均比在室温30℃时所需的时间长，保护材料较难渗透。图6.45和图6.46以TEOS+10%PDMS-OH和WD-20的渗透速率为例，在近90min后，TEOS+10%PDMS-OH材料的渗透深度达30mm，而WD-20材料在60min渗透至15mm后不再继续渗入。这是由于WD-20材料固化相对较快，在温度较低时溶剂挥发后，表面形成物阻碍了溶液的进一步渗透，在渗透界面形成明显的颜色改变；TEOS+10%PDMS-OH材料固化慢，保证了溶液的不断渗入。

（3）抗压强度

不同比例的改性材料进行加固保护的模拟样块抗压强度值结果如图6.47所示。图中可以看出，保护后很大程度上提高了样块的抗压强度值，TEOS+5%PDMS-OH的抗压强度值最大。

（4）加固机理分析

将保护处理后的琉璃样品沿厚度方向切割，使用扫面电镜进行分析，未经保护的样品及采用TEOS+10%PDMS-OH和TEOS+10%PDMS保护后的样品扫描电镜照片如图6.48所示。未经保护的琉璃样品胎体颗粒之间孔隙较大，经过TEOS+10%PDMS-OH保护后的样品孔隙变小，大的孔隙被填充，整体致密度增大；TEOS+10%PDMS保护后的样品表面存在一层断裂、开裂的膜并填充于样品孔隙，放大1000倍的照片中可以明显看出保护材料不具有相互连接的作用。从微观扫描电镜图中看出，加入的PDMS-OH和PDMS在样品内部产生了截然不同的两种表面变化，加入的PDMS-OH保护后效果较好。

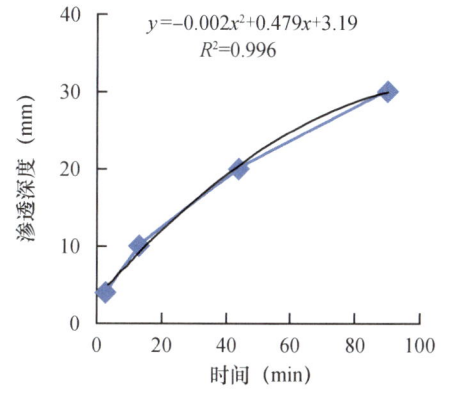

图6.45 TEOS+10%PDMS-OH材料保护样品的
渗透速率

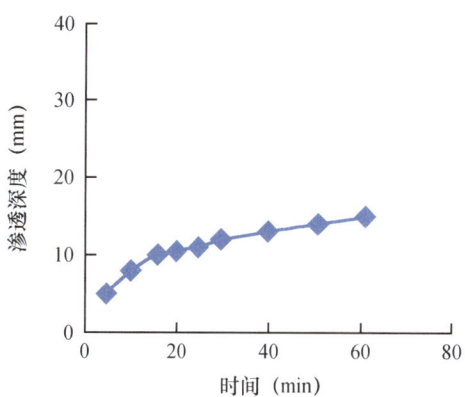

图6.46 WD-20材料保护样品的
渗透速率

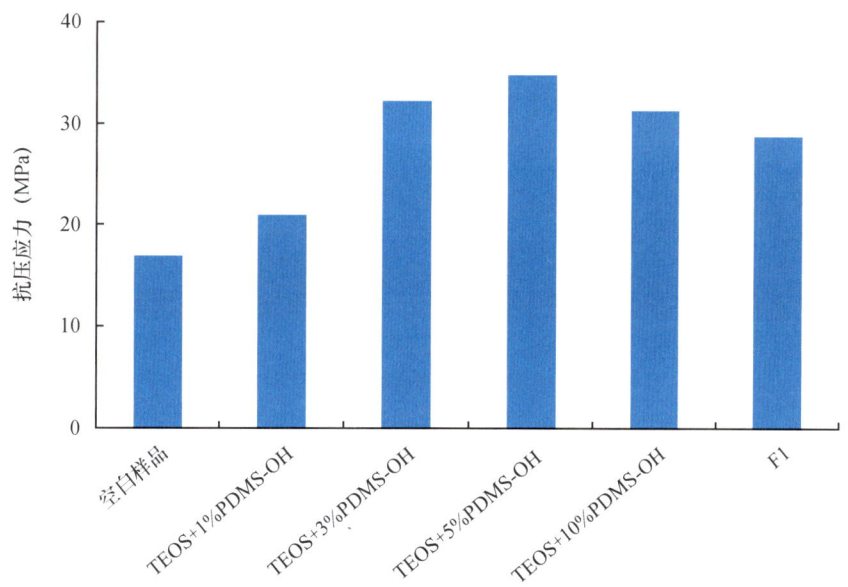

图6.47 空白样品、A2及复合材料保护处理模拟样品的抗压强度

6.7.4 小　　结

分别采用不同比例的PDMS-OH和PDMS加入催化剂后对TEOS的改性材料进行成膜观察、分子结构、SEM检测，并将其分别用于加固模拟样品中，检测保护后样品的颜色、渗透速率、抗压强度及微观结构，判断加入5%~10%的PDMS-OH效果较好。

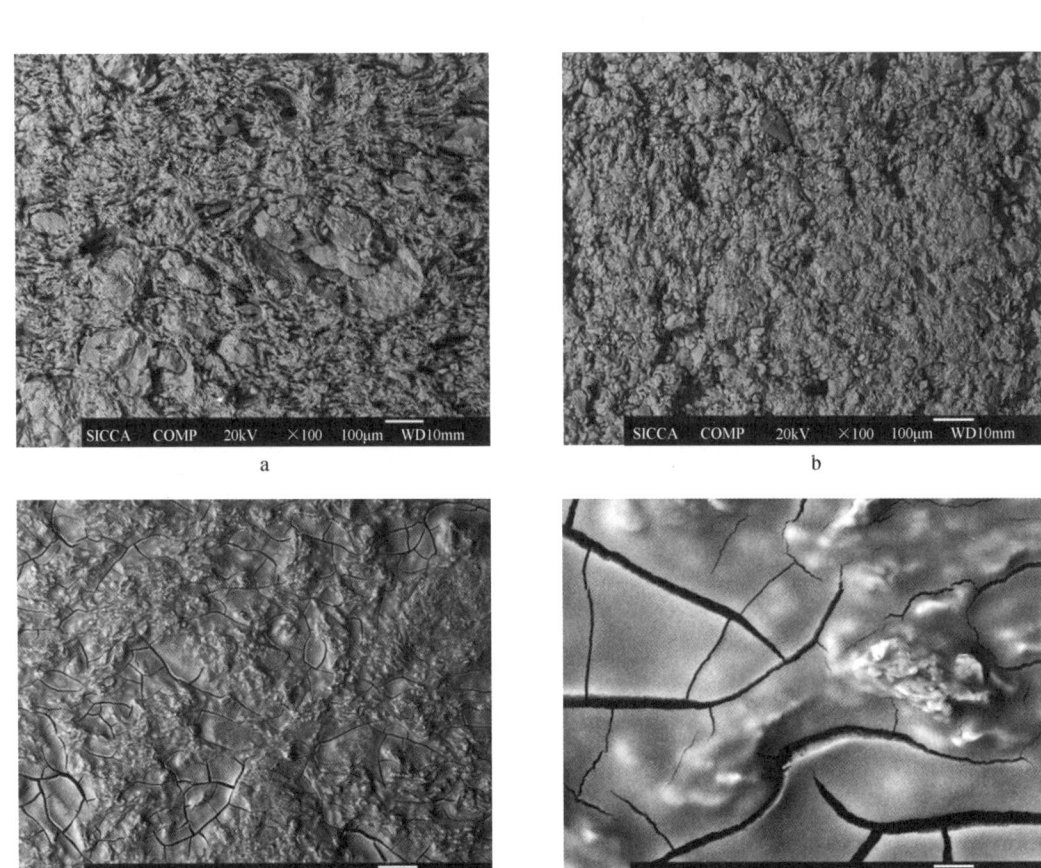

图6.48 不同材料保护后样品的SEM照片
a. 空白样品　b. TEOS+10%PDMS-OH　c、d. TEOS+10%PDMS

6.8 加固材料用于陶胎模拟样品加固保护研究

对常用的性能较好的丙烯酸酯材料A2进行有机-无机复合改性，加入纳米SiO_2体积分数为7%的A2+14保护材料改性较为成功，其成膜透明、分子结构变化显著、有机无机相分布均匀，且材料热稳定性、耐光老化性能提高。因此，选择丙烯酸酯改性材料A2+14作为陶胎加固材料，用于模拟样品的加固保护实验。

根据脆弱陶质文物的病变原因及对保护加固材料的要求，选择四种材料A2+14、WD-10、H1、F1用于脆弱陶质文物模拟样品的加固保护处理，同时，将A2对模拟样品加固的保护效果与A2+14的保护效果进行对比。对A2+14、WD-10、H1、F1这四种材料进行加固效果的评估对比，并研究常压渗透加固与减压渗透方法对加固保护效果的影响，拟提供适用于脆弱陶质文物保护的加固材料及保护技术。

6.8.1 仪器与材料

仪器：MINOLTA CM-700D分光测色仪（日本），Poremaster GT-60自动压汞仪（美国），JC2000C1接触角测量仪（上海），Instron-5592万能材料实验机（德国），NETZSCH 380傅里叶变换红外光谱仪（德国），Hitachi S-4800场发射扫描电子显微镜（日本），B4-1A磁力搅拌器（上海），DHG-9075A电热恒温鼓风干燥箱（上海），AB-140N电子天平（瑞士）。

试剂：A2（Primal SF，固含量为40%，北京贝罗修复科技有限公司），WD-10（武汉大学），F1（S3，氟树脂），TEOS（化学纯，上海凌峰化学试剂有限公司），羟基封端聚二甲基硅氧烷（美国道康宁），二丁基二月桂酸锡（梯希爱化成工业发展有限公司），乙醇（分析纯，国药集团化学试剂北京有限公司），HCl（分析纯，36%，国药集团化学试剂北京有限公司），去离子水。

复合材料的制备：H1材料的配置是将TEOS、PDMS-OH以20∶1的体积比进行混合，室温下搅拌2h，再加入1%的DBTL，混合搅拌5min；A2+14的配制如前；WD-10、F1的体积分数均为10%，溶剂为乙醇。

6.8.2 模拟样品制备

将模拟样品分别切成12块40mm×40mm×15mm的样块用来进行保护材料渗透性能测试；12块40mm×40mm×1mm的样块用来进行加固前后透气性能测试；40块10mm×10mm×10mm的样块进行抗压强度、色度测试、接触角测试及微观形貌的观察；25块10mm×10mm×10mm的样块进行耐光老化性能测试；14块10mm×10mm×10mm的样块进行加固前后耐盐腐蚀观察。模拟样品分别浸泡在配置好的各保护材料中，采用常压法进行加固。

将秦始皇陵园北侧附近的土经过过筛、干燥后，实验选择低温700℃烧制成松散的陶质颗粒。称取质量相同的陶质颗粒放入规格相同的小盒中，分别采用5种保护材料对小盒中的陶质颗粒进行加固，而后使用SEM观察加固后的结构。

6.8.3 实验结果与讨论

（1）颜色变化

5种加固材料用于陶胎模拟样品加固保护，通过色差公式求得不同加固保护材料处理前后的颜色变化结果，如表6.9所示。A2、A2+14、H1保护处理前后颜色变化分别为0.73、1.02、1.18，无色差感觉值；WD-10、F1的变化很轻微，对模拟样品外观仅有微小改变，变化在可接受范围内。A2改性后复合材料A2+14依然对文物外观颜色不产生影响，5种加固材料处理前后的色差感觉值都很小，基本对外观无影响，能够满足文物保护对颜色变化的范围要求。

表6.9　5种保护材料加固处理前后色度差ΔE值

保护材料	A2	A2+14	WD-10	H1	F1
ΔE值	0.73	1.02	2.37	1.18	2.39
变色级别	0	0	1	0	1

（2）渗透性

利用毛细渗透作用加固原理的方式，记录不同材料在不同时间到达模拟样品的最高高度。5种材料对模拟样品的渗透性各不相同，5种保护材料及去离子水在模拟样品中的渗透速率曲线如图6.49所示，保护材料A2与改性后材料A2+14在相同时间完成了40mm深度的渗透，而A2+14的渗透速率曲线的斜率略大于A2，说明改性后材料的渗透性能略有提高。各材料的渗透速率相差较多，H1、A2+14、A2的渗透速率略小于去离子水，在50min左右后毛细渗透深度达到40mm，可见H1和A2+14的渗透性能较好；WD-10渗透速率次之，100min后毛细渗透深度达40mm；F1的渗透速率最小，150min完成40mm深度的毛细渗透。F1与WD-10渗透速率较慢，可能是由于WD-10与F1的溶剂乙醇挥发速度较快，溶剂挥发后体积黏度增大导致的；而F1溶质为高分子，WD-10则为小分子，因此F1较WD-10的渗透时间长、渗透速率小。用计算机求得几种液体渗透深度的拟合曲线方程如表6.10所示，其相关系数均大于0.9，可以根据各拟合曲线方程考虑各加固材料不同渗透深度需求对象的渗透时间，对于大型器物还应考虑固化速度对渗透深度及时间的影响。

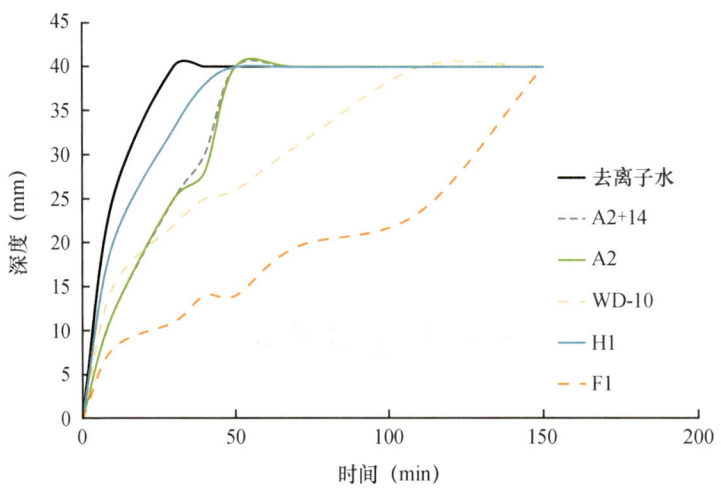

图6.49　5种保护材料及去离子水在模拟样品中的渗透速率曲线

表6.10　不同保护材料渗透深度的拟合曲线方程及相关系数统计表

材料编号	拟合曲线方程	R^2
A2+14	$y=-0.004x^2+0.797x+6.194$	0.911
WD-10	$y=-0.002x^2+0.589x+4.556$	0.938
H1	$y=-0.017x^2+1.632x+1.928$	0.98
F1	$y=0.000x^2+0.202x+3.646$	0.95

（3）抗压强度

未加入保护材料的模拟样品抗压强度为16.34Mpa，保护材料加固后的模拟样品的抗压强度均有一定程度的提高。5种加固材料保护前后模拟样品的抗压强度值见图6.50。F1、A2对模拟样品强度的提高最大，分别增加至25.4MPa和25.5MPa；A2+14和H1次之，分别增加至24MPa和22.16MPa；WD-10也对模拟样品的强度有所提高，增加至20.2MPa，提高较小。A2改性后复合材料A2+14对抗压强度的提高程度略有降低，5种材料对抗压强度均有一定的提高，能起到有效的加固作用。但对于酥粉、脱落的陶质文物而言，加固材料在提高其强度的同时，如果提高程度过大，有可能会由于渗透不完全或者不均匀而导致二次破坏，因此应选择抗压强度提高程度适中的材料最为适宜。而5种材料中A2+14和H1的抗压强度提高程度适中，能满足保护材料对于脆弱陶质文物强度的要求。

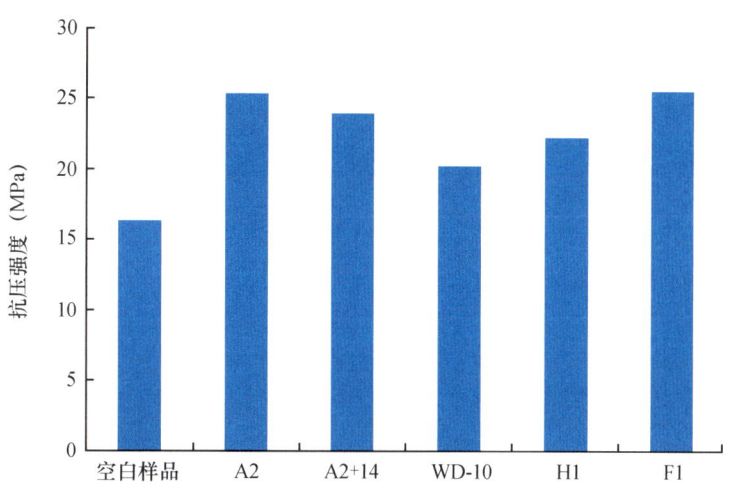

图6.50　5种保护材料加固处理模拟样品及空白样品的抗压强度

（4）透气性

5种保护材料用于模拟样品的加固，保护材料介入文物本体后会改变文物的孔隙结构和分布，造成文物的气孔率变化。而文物要求保护后具有一定的"呼吸性"，以确保保护后文物的毛细孔或细小孔隙敞开，内部水分能以水蒸气的形式与外界交流。透气性主要受到岩石加固后的孔隙度决定。对5种加固材料保护后样品及未加固样品的透气性进行分析，不同时间下材料的抗水蒸气系数结果如图6.51所示。没有加入保护材料的模拟样品抗水蒸气扩散系数最小，表明水蒸气的透过率最大；H1保护后样品的抗水蒸气扩散系数增大的程度最大，H1保护材料的抗扩散能力最大，因此，H1的透气性能最差；WD-10透气性能次之；A2+14、A2和F1材料的抗水蒸气扩散系数与空白样品最为接近，抗水蒸气扩散系数增大的程度最小，3种材料具有良好的透气性能；改性后材料A2+14的透气性能比A2材料稍好一些，说明纳米复合改性依然保持了材料原有的透气性能。A2+14、A2和F1材料具有良好的透气性能，这可能因为加固过程中使用的A2+14、A2和F1材料是浓度很小的溶液，在陶质文物内部固化后形成的网状结构没有明显阻挡岩石对水蒸气的透过能力；而H1和WD-10在内部固化成较致密的结构，阻挡了水蒸气的透过。5种材料的抗水蒸气扩散系数值随时间变化基本呈持平趋势，说明水蒸气在陶质文物内没有发生积聚现象。

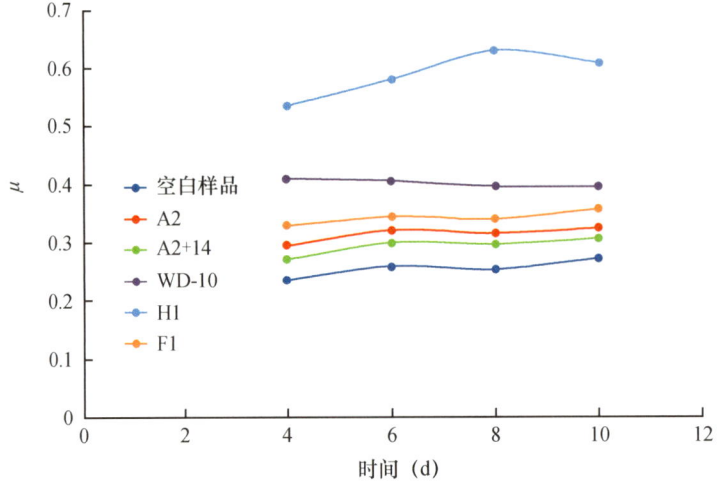

图6.51 5种保护材料处理样品及空白样品的抗水蒸气扩散能力

（5）憎水性

为了降低水对陶质文物的侵蚀，常采用憎水处理。加固材料的憎水性能及加固材料填充后毛细孔隙的变小会改变水的渗透性，从而提高陶质文物的耐水性能。具有憎水性的加固材料可以在一定程度上阻碍水在毛细孔隙中的运移，从而提高陶质文物对水的抗侵蚀能力。采用接触角仪测试5种保护加固材料处理前后样品的接触角值，图6.52为各接触角的平均值，接触角值越大憎水性能就越好。未加固陶质模拟样品的接触角为0°，无憎水性，加固后各样品的接触角均有所增大，均在一定程度上提高了样品本身的憎水性能。其中WD-10加固后样品的憎水性最优，接触角增大至137°；H1、F1憎水性次之，接触角提高至128°和125°；而改性后材料A2+14憎水性能比改性前A2略高一些，但其接触角均在100°以下，接触角的提高程度相对较低，憎水性能较差。

（6）耐光老化性

分别进行了紫外光照射前及照射10min、20min、30min后接触角的变化情况测试，5种材料保护后样品老化不同时间后的接触角呈现不同的结果，如图6.53所示。紫外光老化进行10min时，A2、A2+14、F1接触角下降较明显；老化20min时，H1保护后样品的接触角也发生较明显地下降；当老化进行30min时，A2、F1保护样品的憎水性几乎为0，H1保护样品继续呈下降趋势，而WD-10保护样品的接触角则变化较小、仅有轻微下降。可见老化30min时，加固材料A2、A2+14、F1已遭到明显破坏，这3种材料的耐光老化性较差，有机氟材料F1耐光老化性能差可能是受到材料中丙烯酸组分的影响；而WD-10保护样品接触角变化依然很小，该材料此时仅受到轻微破坏，耐光老化性能凸出；H1保护样品此时接触角有明显下降，但仍然能维持一定的憎水性，其耐光老化性能居中。

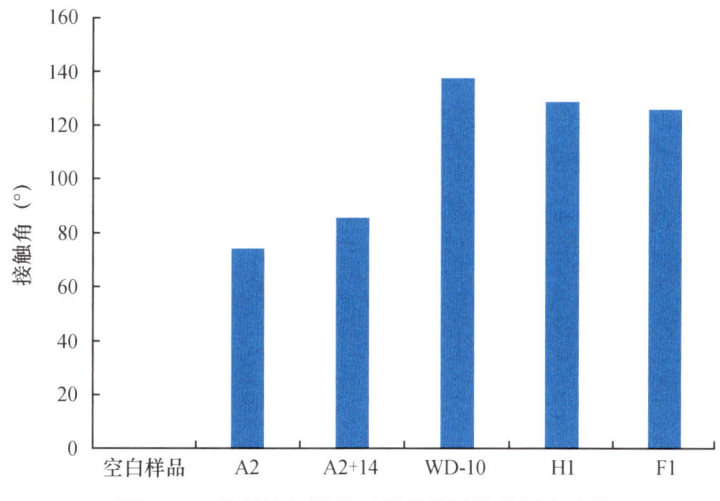

图6.52　5种保护材料处理样品的平均接触角变化

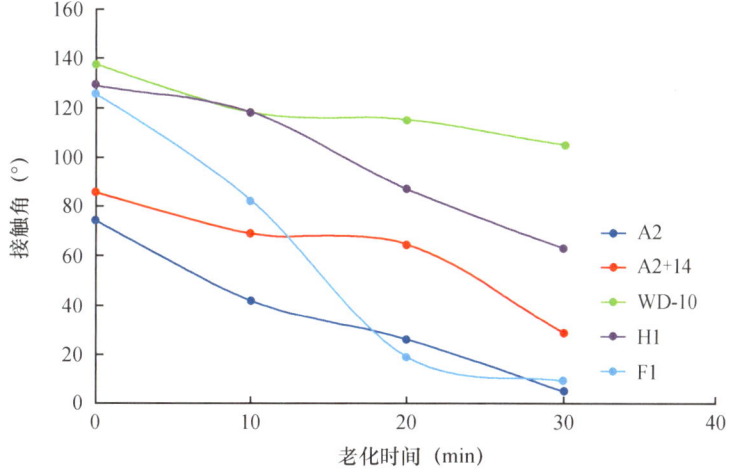

图6.53　紫外光老化不同时间后不同样品的接触角

对比A2及改性后材料A2+14的耐光老化性能，紫外光老化10min、20min时，A2+14保护样品憎水性的降低程度均略大于A2保护样品；在老化进行30min后，A2保护样品的憎水性几乎为0，此时A2在样品表面所成的膜已经被严重破坏，而A2+14保护样品仍能维持微小程度的憎水性能，可见改性后材料A2+14的耐光老化性能略有提高。

（7）耐盐性

对5种加固材料保护处理后的模拟样品及未加入保护材料的空白模拟样品进行耐盐腐蚀循环，各模拟样品的病害状况记录见表6.11。从照片中可以看出，空白样品及A2保护处理的样品在4个循环时均发生酥粉、脱落病害，空白样品和A2加固样品的耐盐腐蚀周期为4个循环；A2+14加固样品在8个循环时发生酥粉、脱落现象，其耐盐腐蚀周期为8个循环，比改性前A2的耐盐性能稍有提高；F1加固样品在8个循环时有轻微的酥粉现象，12个循环时发生较明显的酥粉、脱落，其耐盐腐蚀周期为12个循环。当盐腐蚀实验进行到第12个循环时，空白样品及A2、A2+14、F1保护处理后的样品均产生明显破坏现象，样品酥粉、脱落严重，棱角均不再分明；而WD-10、H1保护处理后的样品在耐盐腐蚀实验进行到28个循环时依然完好，可见WD-10、H1的耐盐性能最为优秀。

表6.11 实验过程中试块病害情况记录表

样品编号	4次循环后		8次循环后		12次循环后		28次循环后	
	变化	病变照片	变化	病变照片	变化	病变照片	变化	病变照片
空白样品	酥粉脱落		酥粉脱落疱疹		酥粉脱落疱疹		酥粉脱落疱疹	
A2	酥粉脱落		酥粉脱落疱疹		酥粉脱落		酥粉脱落	
A2+14	无变化		酥粉脱落		酥粉脱落疱疹		酥粉脱落疱疹	
WD-10	无变化		无变化		无变化		无变化	

续表

样品编号	4次循环后		8次循环后		12次循环后		28次循环后	
	变化	病变照片	变化	病变照片	变化	病变照片	变化	病变照片
H1	无变化		无变化		无变化		无变化	
F1	无变化		轻微酥粉		酥粉脱落		酥粉脱落	

耐盐性能主要受到样品吸水率的影响，而样品的吸水率主要受到加固材料的憎水性能及加固材料填充后毛细孔隙大小的影响。WD-10、H1材料具有良好的憎水性，且加固后的样品孔隙率小，使WD-10、H1材料加固的样品吸水率相对较低，样品中含盐量较少，大大提高了样品的耐盐性。

（8）加固机理

图6.54a～c分别为未处理、A2加固、A2+14加固的模拟样品放大较小倍数的显微结构变化图。可以看出加固保护后的样品孔隙均明显减小，较大孔隙消失，整体结构变得致密。5种保护材料均能填充较大孔隙，并能通过固化在矿物颗粒之间形成网状结构，从而起到了良好的加固支撑作用。

使用5种材料对烧过的秦俑陶质黏土颗粒进行加固，A2、A2+14、H1、F1加固后的样品均能在小圆盒中成型，而WD-10加固后样品依然为松散的颗粒（图6.55），WD-10对陶质颗粒不发挥加固效果。A2、A2+14、H1、F1加固后陶质颗粒的显微照片见图6.56，对比加固前后的样品，保护材料A2、A2+14、H1、F1填充在陶质颗粒之间，与陶质矿物颗粒之间相互交联，并在矿物颗粒之间形成一层膜，可见A2、A2+14、H1、F1加固材料在加固过程中还起到了黏接作用。而WD-10加固后的陶质矿物颗粒依然松散，是由于加固材料并未与陶质颗粒互相吸附、联结，仅在陶质矿物颗粒之间固化成网状结构。因此，加固材料WD-10在加固过程中仅起到了固化后的填充、支撑作用；而加固材料A2、A2+14、H1、F1，经固化填充在陶质样品颗粒之间，起到支撑作用的同时还具有一定的黏性，在适度聚合后通过物理吸附作用与陶质颗粒的内表面相互吸附，发挥其成膜黏接的作用，从而更好地提高陶质样品本身的抗压强度。

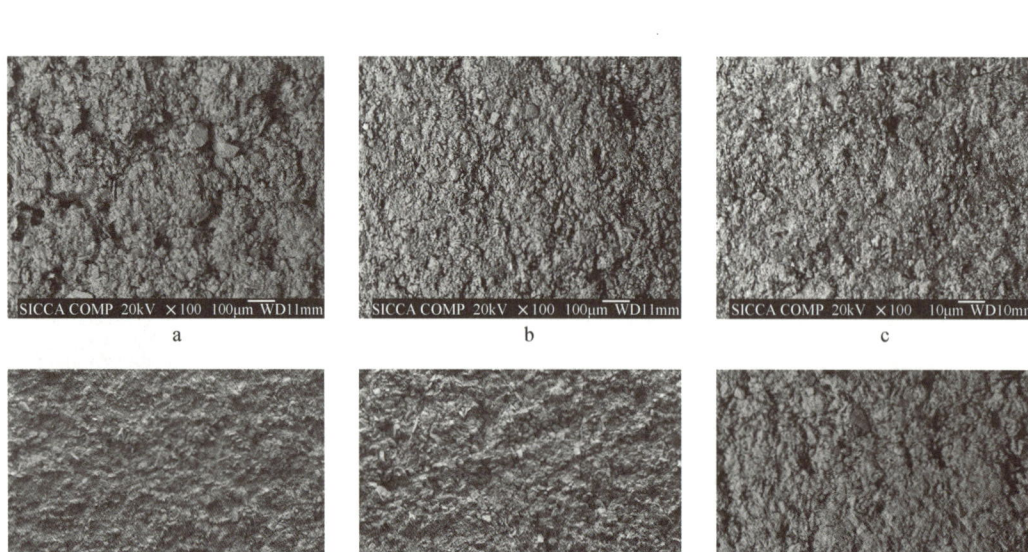

图6.54 空白样品及加固材料保护后模拟样品的微观结构图
a. 空白样品　b. A2　c. A2+14　d. WD-10　e. H1　f. F1

图6.55 WD-10加固后的陶质颗粒照片

图6.56 空白样品与加固材料保护后陶质颗粒样品的微观结构图
a. 空白样品　b. A2　c. A2+14　d. H1　e. F1

6.9 小　结

根据脆弱陶质文物的主要病变原因及保护要求，对丙烯酸酯材料A2、改性材料A2+14、WD-10、H1、F1材料用于模拟样品加固后的颜色变化、憎水性、透气性、抗压强度，以及这5种材料用于陶胎模拟样品加固保护的渗透性、耐老化性、耐盐性及加固机理进行分析；同时对加固工艺进行初步探索，得出以下结论：

1）对A2进行有机-无机复合改性后的材料A2+14，加固样品后对样品外观颜色无影响；保持了改性前良好的渗透性能、透气性能；耐水性能、耐盐性能、耐光老化性均有所提高，但相比其他几种保护材料，其耐水性、耐盐性、耐光老化性较差；对样品机械性能的提高程度略有降低，抗压强度提高值居中，依然能起到有效的加固作用。

2）保护材料WD-10加固后对样品外观颜色无影响，憎水性及耐光老化性能优良，耐盐性能好；透气性能一般，且抗压强度提高程度较小，不能与样品中的矿物颗粒相互交联，不能起到网络支撑作用。

3）保护材料H1加固后对样品外观颜色无影响，渗透性、耐盐性能好，憎水性优良，抗压强度有一定的提高。

4）小浓度的保护材料F1加固后对样品外观颜色无影响，透气性、憎水性能好，加固强度提高明显，但其耐盐性能较差。

通过选取陕西奉俑、陇县、榆林和咸阳不同地区的典型陶质文物样品，测试样品的成分、结构、烧成温度、吸水率、显气孔率和抗压强度等分析，在此基础上烧制组成、结构相似的模拟样品。通过筛选保护材料、复合材料及TEOS改性材料的性能研究，以及用于模拟样品的保护性能测试，得出以下结论：

选取的文物样品烧成温度以大于800℃为主，吸水率为15%～20%，显气孔率大于20%，抗压强度小于50MPa。样品出现酥粉病变主要是含有一定量氯离子的可溶盐所致。

筛选的材料中丙烯酸聚合物材料和天然的高分子蛋白质混合物在自然老化环境中的颜色变化相对较大；丙烯酸类材料和含氟丙烯酸聚合物的柔韧性相对较好；保护材料用于模拟样品中的性能测试表明，有机硅类材料提高模拟样品的抗压强度程度较大。

通过将正硅酸乙酯在酸性条件下的水解产物以不同体积比添加于丙烯酸甲酯和甲基丙烯酸甲酯共聚物A2材料中，进行纳米级SiO_2-丙烯酸酯无机有机纳米改性。复合材料的玻璃化转变温度变化不大，分解温度升高，加入的纳米材料降低了A2材料的老化速率；复合材料的光照老化分子结构变化集中于老化初期，随着老化时间延长，主要谱峰的分子结构变化趋于稳定。选择性能优异、无色透明的A2+14复合材料和未改性的A2材料进行保护样品后性能测试表明，加入保护材料在一定程度上减小了样品的反射率，但不影响肉眼所见外观；保护材料填充了模拟样品的较大孔隙，并形成与陶胎矿物颗粒之间相互交联的网状结构，起到了良好的加固支撑作用。加固材料保护后的样品颗粒之间存在一定的孔隙，并未完全将文物气孔填堵，确保加固后样品具有一定的透气性能。

碱催化复合材料及保护性能研究中，TEOS水解缩合形成的纳米SiO_2分布于丙烯酸材料内部，有机材料包覆无机纳米颗粒，复合材料的纳米颗粒尺寸在30～100nm，随着TEOS含量的增加，所形成的纳米颗粒尺寸逐渐增大；TEOS催化水解产生的纳米SiO_2的加入提高了材料的热分解温度，材料热稳定性提高；保护样品性能中，加入5%、10%TEOS的复合材料，其颜色改变较小，一定程度上提高了样品的抗压强度，具有一定的透气性，保护效果较好。

TEOS改性材料及其保护性能研究中，未经保护的样品胎体颗粒之间孔隙较大，经过TEOS+10%PDMS-OH保护后的样品孔隙变小，大的孔隙被填充，整体致密度增大；TEOS+10%PDMS保护后的样品表面存在一层断裂、开裂的膜并填充于样品孔隙中，放大1000倍的照片中明显可以看出保护材料不具有相互连接作用；加入的PDMS-OH和PDMS在样品内部产生截然不同的两种表面变化，加入的PDMS-OH保护后效果较好。

丙烯酸复合材料A2+14保持了改性前A2材料良好的渗透性能、透气性能，耐水性、耐盐性能和耐光老化性能均有所提高；WD-10不能与样品中矿物颗粒相互交联，不能起到网络支撑作用，但憎水性能优良；F1加固后样品强度提高明显，但其耐盐性能较差；H1加固后对样品外观颜色无影响，渗透性、耐盐性能好，憎水性优良，抗压强度有一定的提高。

减压渗透加固技术在实施乳液型保护材料时可以更优越的发挥材料功能，提高材料渗透深度的同时，增强样品的抗压强度，减压渗透技术不损伤酥粉样品，对于体积较小的样品，具有一定的应用前景。

总之，经过改性的丙烯酸材料和有机硅材料能够很好的改善原材料的耐老化等性能，在模拟酥粉陶胎样品的保护中很好地起到加固作用，而且不堵塞孔隙，使得文物具有一定的透气性；通过模拟研究保护材料与脆弱文物的相互作用机理，对用新材料保护脆弱彩绘文物胎体的性能进行综合评价，为文物胎体的长效保护提供科学基础。

第七章

秦俑彩绘保护材料实验室评价研究

在秦俑彩绘保护研究工作中，设想筛选出某种性能优良的加固剂，既可稳定生漆底层，又可恢复彩绘的黏合力，保护彩绘。进而，设想找到一种除湿方法，减缓彩绘失水速率或改变失水方式，使彩绘在干燥过程不发生形变、起翘，再与加固剂联用，以达保护之目的。

7.1 溶剂实验

在彩绘的加固保护过程中，必然要使用浸润剂、分散剂、稀释剂等溶剂，溶剂合适与否，直接影响保护效果，因而要进行溶剂对秦俑彩绘及陶体反应情况的实验。所用溶剂为彩绘类文物保护常用溶剂：水、乙醇、乙二醇、异丙醇、丙酮、乙酸乙酯、石油醚、甲苯和二甲苯等。试样为带有彩绘的残陶片。

结果表明，对于秦俑彩绘加固保护来讲，水是最合适的溶剂或稀释剂。乙二醇的水溶液（1∶1）用作浸润剂较佳。

7.2 加固剂筛选

根据文物保护用加固剂的基本原则，在秦兵马俑彩绘保护的初期实验中，选用了下列加固剂进行对比实验。

试用过的天然加固剂：明胶、鱼胶、鱼鳔胶、桃胶、阿拉伯树胶、生漆树胶质（从生漆汁的水溶性组分中提纯所得），以蒸馏水为溶剂，浓度为3%~5%。试用天然加固剂，主要考虑它们与彩绘中原始的颜料黏合剂一致或接近，易于恢复彩绘的黏合力和黏附力，且不会产生不良作用。

试用过的合成树脂：羧甲基纤维素、聚醋酸乙烯酯乳液、聚丙烯酸酯乳液（Acronal 500D）、聚乙烯醇（Moviol 4/88）、聚乙二醇、乙醚乳香-聚乙二醇共聚物、Paraloid B72、Bologna Cocktail加固剂。

实验主要对下列项目进行评估对比：①是否会减弱漆层卷曲；②是否会改变颜色；③是否产生光泽；④加固效果。

实验证明，水溶型或水基分散型加固剂，更适用于潮湿状态彩绘的保护，更适用于秦俑生漆底层的保护。有机溶剂型加固剂不适宜潮湿状态的秦俑彩绘保护。

实验结果表明，鱼鳔胶或丙烯酸酯乳液对I类彩绘（彩绘分类参见图7.1、图7.2）有一定的加固保护作用，但对II类彩绘却作用不大。因而，要解决秦俑彩绘保护问题，还需做进一步的研究工作。

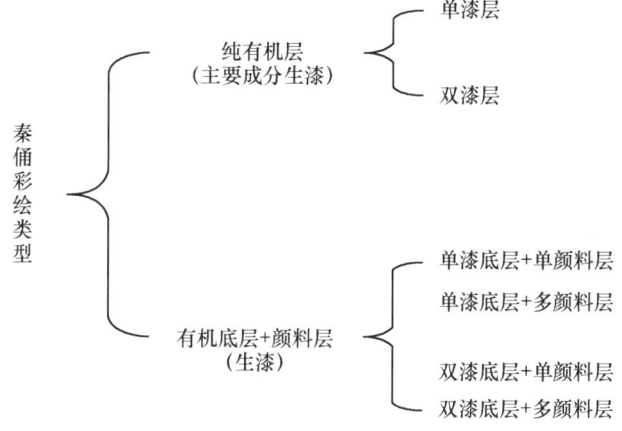

图7.1 彩绘层次结构类型

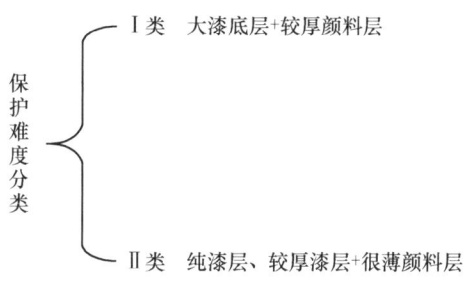

图7.2 彩绘类型（按保护难易程度分类）

7.3 彩绘脱水方法的研究

出土后彩绘脱落是生漆底层在失水时发生剧烈的形变所导致的，而仅仅加固并不能阻止这种形变。因此，需要开展除湿方法的研究，找到一种恰当的除湿方法，通过改变失水方式来阻止或减弱生漆底层在干燥过程中的收缩和卷曲现象。

（1）自然干燥法

利用饱和盐溶液控制小的环境湿度，将彩绘出土后较剧烈的失水状况改为平稳、缓慢的失水，以减弱生漆底层失水时的变形。

实验结果表明：该方法可以延迟生漆底层起翘、卷曲的发生时间，但不能有效地阻止生漆底层的起翘、卷曲。对Ⅱ类彩绘的保护能起有益作用，对Ⅰ类彩绘的保护作用不大。另外，该方法脱水过于缓慢。总之，该方法不适用于秦俑彩绘的保护。

（2）沙埋法脱水

沙埋法脱水可减缓彩绘的失水速率，同时上覆的沙子又能给彩绘表面一定压力，阻止或减弱生漆底层干燥过程的变形。该方法简便、易行，也是考虑因素之一，但结果未达到设想之目的。

（3）真空冷冻脱水法

生漆底层失水时敏感、剧烈的变形行为，与漆层本身的结构和性质有关，也与水的物相及失水方式有关。水以液态蒸发方式逸出时，会产生较大的表面张力，使多孔性材料发生体积收缩和龟裂现象。鉴于此，采用真空冷冻脱水法，改变水以液态蒸发的方式，改为以固态升华的方式逸出，从而减弱失水时的表面张力，达到阻止或减弱生漆底层在干燥过程的收缩变形。

实验结果表明：真空冷冻干燥法在减弱生漆底层干燥收缩变形方面，是此前试用过的所有方法中较好的一种。然而，仅用真空冷冻法还不能妥善地保护彩绘，脱水过程仍会发生收缩破裂现象（尽管较轻微）。冷冻脱水结束时尚处于良好状态的彩绘，再置于室内环境后，也会发生破裂或卷曲现象。因而，需要开展进一步的研究，寻找更为有效的保护方法。

7.4 新的研究思路

秦俑彩绘难以保护，这与其特殊的层次结构，所用材料的特性以及出土时的保存状况有关。由于秦俑彩绘中有这样一种质地致密、呈连续膜状的生漆底层，常用的天然及合成的高分子加固剂不能透过底层，在底层和陶体之间起加固作用。况且，一般的加固剂也不足以抵御因失水而引起的漆层的剧烈皱缩。认真思考彩绘脱落、损坏的原因，不难得出：保护彩绘的关键是稳定漆层。根据秦俑彩绘中漆层的特性，保护方案应该包含加固和抗皱缩两个方面的处理。为此，我们设想了以下技术路线，见图7.3。

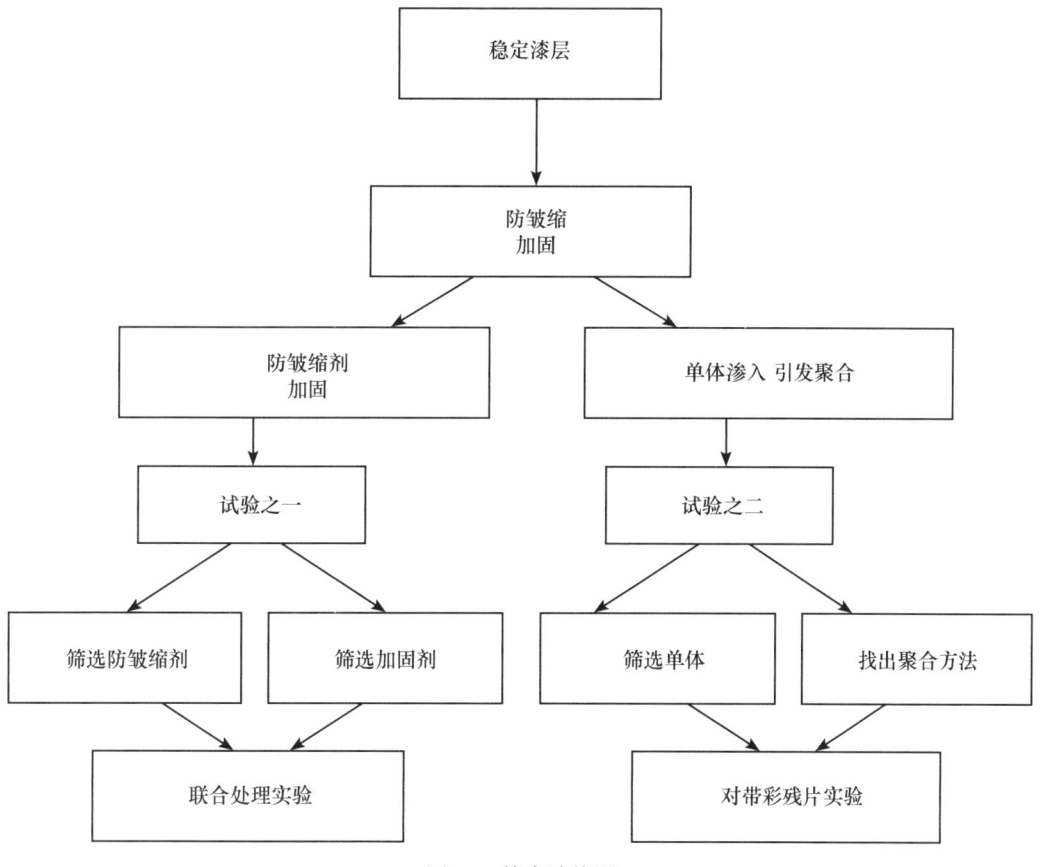

图7.3 技术路线图

该设想包括以下两个途径：①采用具有抗皱缩作用的材料置换生漆层中的水分，并将其留在生漆层中，达到抗皱缩之目的，同时采用合适的加固剂加固；②用单体浸入生漆层中置换水分，渗过生漆层到达生漆层与陶体之间，然后设法引发单体交联聚合，聚合物在生漆层中减弱皱缩，在生漆层与陶体之间起加固作用。

7.5 抗皱缩剂筛选实验

为了找到合适的抗皱缩剂和方法，开展了模拟试验，对可能有抗皱缩作用的20种试剂进行了对比实验，其中4种试剂及方法拥有很好的抗皱缩效果。

（1）试样

为了使这项模拟实验的结果尽量接近真实情况，我们选取了已经脱离陶体的原始生漆层作为试样，它们色泽、厚度相似，大小为0.5cm×0.5cm。

（2）试剂及试样处理

对所有的试样分别用相应的抗皱缩剂，采用浸润或滴加润湿的方法进行处理，处理方法和试剂见表7.1。

表7.1 所用材料及保护工艺统计表

编号	保护试剂	保护工艺
A1	丙三醇/水	溶液浸润：30%，5d；60%，7d；80%，10d；100%，10d
A2	聚乙二醇400/水	溶液浸润：30%，5d；60%，7d；80%，10d；100%，10d
A3	聚乙二醇200/水	溶液浸润：30%，5d；60%，7d；80%，10d；100%，10d
A4	D-甘露醇/水	溶液浸润：5%，9d；10%；16%
A5-1	苯酚/水（第一步）	溶液浸润：90%，5d
A5-2	甲醛（第二步）	溶解气体（30%）10d
A5-3	乙醛（第三步）	溶液浸润：10d
A6	三乙醇胺	胶头滴管滴加
A7	丙三醇/水 40%	胶头滴管滴加
A8	氯化锂吸湿盐/水	胶头滴管滴加饱和溶液
A9	聚乙二醇200/磷酸二铵（80：20）	胶头滴管滴加
A10	聚乙二醇400/磷酸二铵（80：20）	胶头滴管滴加
A11	聚乙二醇1500/磷酸二铵/水（66：17：17）	胶头滴管滴加
A12	1,3-丙基二氯化铵（PAD+HCl）	胶头滴管滴加
A13	乙二醇/水	溶液浸润：30%，7d；60%，10d；80%，10d；100%，10d
A14	聚甲基丙烯酸甲酯/丙酮（50：50）	胶头滴管滴加
A15	n-十六烷基氯化铵/丙酮（20：80）	溶液浸润
A16	松香脂/丙酮（1：2）	胶头滴管滴加
A17	四甲基氢氧化铵/水	胶头滴管滴加
A18	桐油（300℃）/乙酸乙酯	溶液浸润
A19	桐油/乙酸乙酯	溶液浸润
A20	聚乙二醇1500+丙三醇（1：1）	溶液浸润

可溶于水或常态下为液体的材料，采用浸泡法；其他的采用滴加浸润法。其中，A1、A2、A3、A4、A13采用了从低浓度至高浓度的浸润方法。

（3）抗皱缩效果评估

所有评估项目都是在体视显微镜下观察评估的。评估内容是根据彩绘保护的实际需要而定的。评估项目的主要关注点为抗皱缩效果、底层漆膜脆性变化、抗皱缩能力的持久性等。处理后的外观效果也应作为重要的评估内容之一。由于生漆层碎片为深棕色，处理后色调的变化情况难以分辨，显微镜下几乎毫无颜色差别，以后需使用色差仪对此进行定量测试。

1）抗皱缩性能评估：抗皱缩项目的评估方法是先用软纸吸干处理过的漆片表面的残余液，然后观察漆片是否平展，再给漆片表面滴加水，注意观察其形状是否发生变化。如果处理后不平展，而且滴水后的形状发生了变化，说明处理剂及其处理方法没有抗皱缩效果，这样我们便给出符号"−"；相反就说明用此处理方法和处理剂有抗皱缩效果，便是符号"+"。利用这种现象作为评估的依据，是基于彩绘生漆底层对水的反应特性。秦俑彩绘的漆层在其含水量的变化过程中会发生剧烈的形状变化，这种变化即所谓的皱缩。

2）脆性变化情况评估：将处理后的小漆片表面干燥，方法同上。用原始的潮湿小漆片作对照样，再用小镊子轻轻触压处理过的小漆片和对照样，比较其脆性。如果韧性相似或高于对照样，便是符号"+"；如果处理过的试样韧性低于对照样，则是符号"−"；其他情况则为"+−"符号。

3）长期效果的评估：处理后漆层的抗皱缩效果持久性如何，以及处理剂蒸发后曾被增强了的抗皱缩性的底层又有什么变化，也是我们所关注的问题。为此，我们也设计了这项评估，方法如下：清理处理后的小漆片表面，再给该漆片表面滴加丙酮，仔细观察小漆片的变化直至丙酮完全蒸发，然后给小漆片滴水并观察。如果漆片形状发生变化，则意味着这种试剂的耐久性不好，评估符号为"−"；反之，则为"+"。

（4）实验结果

所有的实验评估结果见表7.2。

表7.2　实验评估结果统计表

编号	收缩性	脆性	长效型	综合评估	备注
A1	++	+	+−	++	
A2	++	−	+	+	
A3	++	+−	+	++	
A4	−	+−		+−	
A5-1	+	+−			
A5-2	−	−	−	−	
A5-3					
A6	−	+−	−	+	外观发黄
A7	+	+	+		
A8		+−			
A9	+−	+	−	+−	外观发黄

续表

编号	收缩性	脆性	长效型	综合评估	备注
A10	+-	+	-	-	外观发黄
A11	-	+	-	-	外观发黄
A12	-	+-	-	+	
A13	+	+	-	+-	
A14	+	-	+		
A15	-	--			
A16	-	-			
A17	-	+			
A18	-	-	-		
A19					

（5）实验结论

综合各项评估结果，可以得出下述结论。

相应方法的A2方法，A3方法，A7方法，以及A13方法有保护效果。其中，最好的为A1和A3，其次为A2、A7、A13。

7.6 加固剂的对比实验

（1）加固剂

根据以往的实验结果，结合有关资料报道，我们选用了21种加固剂进行对比实验。试用的加固剂见表7.3。

表7.3　加固剂及溶剂统计表

编号	加固材料	溶剂	pH
C1	聚氨酯乳液（Kremer 7680）	水	5~6
C1b	C1：乙醇（1:2）	水/乙醇	7~8
C2	松香脂+丙酮（1:2）	丙酮	
C3	漆树胶+丙三醇	水	5~6
C5	乳液1:2（Primal AC33）	水	7~8
C5b	Primal AC33聚甲基丙烯酸乙醇乳液	水/乙醇	7~8
C7	聚丙烯酸酯溶液1:2（Motema Finish）	二甲苯	
C7b	Motema Finish +叔丁醇	叔丁醇	
C8	Wacker石质加固剂	乙酸乙酯	

续表

编号	加固材料	溶剂	pH
C9	BCP（博洛尼亚鸡尾酒+聚乙二醇200）	乙酸乙酯	
C10	聚丙烯酸酯乳液（四川产）	水	
C12	甲基丙烯酸丁酯乳液（Emulsion）	水	6~7
C13	BC（博洛尼亚鸡尾酒）	二甲苯/丙酮	
C14b	精制蜂蜡C14	水	7~8
C15b	生漆（C15）	叔丁醇	
C16	C14b+C13精制蜂蜡+聚氨酯乙醇溶液（1∶3）	水	7~8
C17	丙烯酸（48%）+乙醇1∶9（Kremer 360HV）	乙醇	
C18	甲基丙烯酸酯乳液（42%）+白酒（1∶2）	白酒	
C19	慕尼黑鸡尾酒（Paraloid B72 9%+MTMOS 7%）	叔丁醇	
C20	硼砂溶液中的虫胶液	水	
C21	水性环氧树脂（sikafloor 2520）	水	

（2）试样

为了使这项模拟实验的结果尽量接近真实情况，我们选取了已经脱离陶体的原始生漆层作为试样，色泽、厚度相似，大小约0.5cm×0.5cm。

（3）对比实验及评估：加固剂对漆层的实验

为了解不同加固剂对漆层的适应性及加固效果，故安排此实验。具体做法是：将漆层碎片放在载玻片上，滴加加固剂，观察反应情况，然后对下列项目进行评估对比：①是否会引起漆层卷曲；②是否会造成破碎；③是否会改变颜色；④是否产生光泽；⑤加固效果如何。

评估内容及等级符号见表7.4。

表7.4 评估内容及等级符号

卷曲	破碎	加固效果	色泽	光泽
+：没有卷曲	+：无裂纹	++：很强	+：无影响	+：无光泽
+-：轻微卷曲	+-：轻微裂纹	+-：有一定强度	+-：轻微改变	+-：轻微光泽
-：卷曲严重	-：明显碎裂	-：很弱	-：明显改变	-：有明显光泽

对比实验结果见表7.5，由表可以看出：C1、C18、C7b、C12的综合效果较好。其排序为C1＞C18＞C7b＞C2＞C12＞C19＞C16。

表7.5 加固剂实验评估结果统计表

编号	卷曲	裂缝	加固强度	外观颜色	光泽	结论
C1	+	+	++	+	+	很好
C1b	+-	+	+-	+	+-	好
C2	+	+-	+	+	-	好
C3	-	-	-	-	+	差
C5	+-	--	+	+	-	差
C5b	+-	--	+	+	+-	正常
C7	-	+	+-	+	+-	好
C7b	+-	+	+	+	+-	好
C8	+-	-	-	+-	-	很差
C9	-	+-	+-	+	+	好
C10	+	-	+-	+	-	正常
C12	+	-	+	+	-	好
C13	+-	-	-	+	-	正常
C14b	+-	-	+	+（some white）	+	好
C15b	+	+	--	-	-	很差
C16	+-	-	-	+	-	差
C17	-	+	-	+	-	差
C18	+	+	+	+	-	很好
C19	+-	+	+	+	+-	好
C20	-	-	-	+-	--	很差
C21	-	+-	+-slowly	+	-	差

注：some white：漆层表面有轻微的白色
slowly：树脂胶硬化很慢

虽然PEG 200、PEG 400、甘油对漆层都有较好的抗皱缩效果，但甘油容易在彩绘表面形成一层潮湿的物质，PEG 400黏度明显大于PEG 200，因此，选定PEG 200作为彩绘保护的抗皱缩剂。

处理方法：用敷浸方法，PEG 200浓度逐级升高（40%、60%、80%、100%），每个梯度为5天。处理过的带彩绘的残片为F-005a/96和F-003/96。

陶片F-003/96曾用PEG 200经过逐级提高浓度包敷处理，在临潼的室内环境中暴露放置4年多。连甲带上的红色颜料层与底层黏附良好。颜料层有部分损失。大多数甲片上的漆层平展，且在陶上附着良好，个别甲片上的漆层有轻微起翘。这种处理取得的抗皱缩效果较好，颜料层及漆层稳定。

陶片F-005a/96曾用PEG 200经过逐级提高浓度包敷处理，在临潼的室内环境中暴露放置4年多。连甲带上的红色颜料层与底层黏附良好。虽出现了一些很细的裂纹，但没有卷曲。甲片上的漆层大部分很平展，但与陶的黏附力较弱。这种处理所取得的抗皱缩效果显著。

用这种方法处理过的彩绘残片，取得了很好的抗皱缩效果，但生漆底层与陶表面的黏附力较弱。正如前文所述，保护过程必须包括加固和抗皱缩两个环节，于是我们又用以下方法对一些彩绘残片进行了处理，取得了较好的保护效果。

在取得初步成果的基础上，我们又通过对这种加固剂和抗皱缩剂联合敷渗的方法进行进一步优化。目的在于减少陶质对PEG 200的吸收、缩短和简化处理过程，防止加固剂在彩绘表面形成不均匀聚集等。

优化后的方法为：

第一步：使陶片处于饱水状态。

第二步：PU：PEG_{200}：H_2O=2.5：30：67.5，包敷浸渍2天

第三步：PEG_{200}：H_2O=60：40，包敷浸渍2天

第四步：纯PEG_{200}，包敷浸渍1天

用这种方法处理了一批彩绘残陶片，保护效果较佳，已经在自然室内环境中暴露放置了近3年，彩绘保存状态良好。

针对秦俑彩绘中的漆层，PEG具有良好的抗皱缩作用。在一系列实验中，我们发现若用一种纯的浸润剂与潮湿漆层接触，漆层中的水分与该种浸润剂的交换将不协调。这种情况下漆层将会皱缩和卷曲，与漆层自然干燥的现象相似。根据漆层对水的反应特征，只有运用逐级升高抗皱缩剂浓度的方法，置换过程才可以安全进行。用这种方法处理秦俑彩绘，实现了彩绘漆层中的水分与抗皱缩剂的安全交换。平均分子量为200μ的PEG 200在渗透速率和置换稳定性方面表现出了最好的效果，同时，与加固剂联用时也表现出了最好的协同效应。两种化学结构不同的聚合物乳液在联用保护处理中产生了相似的加固作用。相比之下，聚氨酯（PU）乳液（Kremer 7680）比聚丙烯酸酯乳液（Motema WPC）有更好的加固效果。

经过这套保护方法处理过的彩绘残片，在自然室内环境中暴露了多年，迄今这些残片彩绘状态良好，生漆层仍很稳定。显然彩绘加固试剂和抗皱缩试剂的选择是适宜的。

这套方法操作工艺简单、易行，无论在现场工地，还是实验室内均很适于保护彩绘俑。

7.7 单体渗透辐照聚合保护研究

7.7.1 单体渗透、电子束辐照加固原理

电子束渗透进入材料，单体可以在$10^{-8}\sim10^{-6}$秒后形成大多数的自由基，激发态分子衰减为自由基。

$$RH+e^-\longrightarrow RH^*$$
$$RH^*\longrightarrow R·+H·$$

自由基R·引发，与烯类单体CH_2=CHR`发生加成反应，得到的加成物为自由基，继续与单体分子加成，所得到的加成物仍然为自由基。依次类推，进行链式反应，直至形成稳定聚合物。

$$R·+CH_2=CCR`（单体）\longrightarrow R-CH_2-CCR`·$$
$$R-CH_2-CCR`·+CH_2=CCR`\longrightarrow R-CH_2-CCR`-CH_2-CCR`·$$
$$R-CH_2-CCR`-CH_2-CCR`·+nCH_2=CCR`\longrightarrow R-CH_2-CCR`-[CH_2-CCR`]_n-CH_2-CCR`·$$

最终，n聚体自由基也可将自由基转移到另一分子上，直至停止引发聚合。这就是单体渗透、电子束辐照聚合固化的全过程。

其中，R为$-\underset{\underset{O}{\|}}{C}-O-CH_2CH_2OH$

7.7.2 单体材料对比实验

用于单体渗透、电子束辐照加固的单体应满足以下要求：①易渗入生漆底层和陶体；②聚合物的综合性能优良；③符合文物保护剂的各种要求。

根据上述要求，结合以往的研究成果和有关资料，选用了下列单体或混合单体进行对比实验（表7.6）。有关单体的结构式见图7.4。

表7.6 单体和引发剂的选择

单体名称	主要成分	引发剂
丙烯酸（A）	丙烯酸（A）	直接引发
甲基丙烯酸（MA）	甲基丙烯酸（MA）	加热引发/氮气或氩气环境下的光照引发
甲基丙烯酸甲酯（MMA）	甲基丙烯酸甲酯（MMA）	加热引发/氮气或氩气环境下的光照引发
甲基丙烯酸乙酯（EMA）	甲基丙烯酸乙酯（EMA）	加热引发
甲基丙烯酸丁酯（BMA）	甲基丙烯酸丁酯（BMA）	加热引发

续表

单体名称	主要成分	引发剂
甲基丙烯酸2-羟基乙酯（HEMA）	2-羟乙基甲基丙烯酸酯（HEMA）	氮气或氩气环境下的电子束辐照引发
丙烯酸2-羟基乙酯（HEA）	2-羟基丙烯酸乙酯（HEA）	直接引发
Lightdon-bonding—一种用于齿科黏接的光固化型混合单体	丙烯酸+丙烯酸甲酯	高压汞灯光引发
Resulcin mono—一种用于黏接齿科聚合物的光固化型混合单体	双酚A-2-甲基丙烯酸缩水甘油酯43.5%，三甘醇二甲基丙烯酸酯48.6%，甲基丙烯酸酯类7%	引发剂（成分不详）0.9%
Plaquit—一种涂料改性的光固化型丙烯酸类单体		紫外光引发剂
Acrifix 92—一种用于黏接有机玻璃的光固化型黏接剂	甲基丙烯酸甲酯（MMA）预聚体	紫外光引发剂
PLEX 6803-0管道堵漏剂	80%HEMA、20%三乙醇氨（体积比）+4倍去离子水	引发剂（过硫酸钠）少量
Plexilith 322管道堵漏剂	HEMA/水（1∶1），活性剂（三乙醇氨/二甘醇1∶1）少量	引发剂（过硫酸钠）少量
亚苄基氨酯（TDI）	二苯基甲基氨酯（商品名：Desmodur）	自由基引发剂：过硫酸钠（$Na_2S_2O_8$），1-羟基-环己烷基苯基酮，1-［4-（2-羟乙氧基）-苯基］-2-羟基-2-甲基-1-丙酮，2-羟-2甲基-1-苯基-丙烷基酮，2,4,6-三甲基-苯甲酰基-二苯氧化膦

对潮湿的陶片和原始的生漆层进行聚合反应、模拟试验和直接试验等一系列的实验。并对反应产物的聚合程度、黏接性能、透光性、韧性、抗裂和抗皱缩性能，以及其与彩绘生漆底层的适应性进行综合考察。结论如下：

1）市售的商品化产品中，Lightdon-bonding和Resulcin mono既没有形成硬化的胶膜，也没有形成发黏的膜；Plaquit形成的胶膜太脆；Acrifix 92形成了长时间都发黏的胶膜；PLEX 6803-0和Plexilith 322的综合性能较好，形成了黏合性良好的软胶膜，该生成物具有一定的吸水性。

2）TDI和二苯基甲基氨酯（商品名：Desmodur）在聚合反应时，如果有水存在，会放出CO_2，产生大量泡沫，因此不宜使用。

在受试的丙烯酸类（A、MA、MMA、EMA、BMA、HEA、HEMA）单体中，EMA、BMA和2-羟乙基甲基丙烯酸酯（HEMA）所产生的聚合物综合性能较好，以2-羟乙基甲基丙烯酸酯（HEMA）最好。HEMA可以很好地渗透漆底层、渗入陶体。它

图7.4 所用单体的结构式

所具有的亲水性对于秦俑彩绘的加固保护非常适宜，而且也有利于置换生漆层中的水分。用2-羟乙基甲基丙烯酸酯/1-羟基-环己烷基苯基酮（引发剂，1%）处理过的原始漆层试样，牢固地黏在载玻片上，没有出现皱缩或其他负面影响，漆层表面形成了一层透明的、耐久性较好的胶膜。据报道：柔软的接触性镜片（隐形眼镜镜片）几乎都是用HEMA的聚合物制作的，表明HEMA经聚合后，有优良的透光性、柔韧性、抗裂性。另外，HEMA聚合物的重要特性之一便是亲水性，它可以吸收自身重量40%的水。这就意味着这种材料形成的胶膜具有透水性，若用于潮湿陶体表面彩绘保护，不会隔绝空气与陶体水分的交换。总之，2-羟乙基甲基丙烯酸酯（HEMA）是较为理想的单体材料。

7.7.3 引发聚合方法的筛选

前述实验当中，已经使用过一些常用的引发聚合反应的方法，虽然多数方法都能有效地引发相应的单体聚合，但是，对于秦俑彩绘来讲，无论是光照聚合法还是加热聚合法，光线和热能（可见光和紫外光）都不能或不易透过深棕色的生漆底层，这样就不能有效地引发渗入生漆底层以下的单体聚合，所起的保护作用也就不大。其只能使被保护物表面形成可见的胶膜，这显然不符合文物保护"整旧如旧"的原则。因而，在引发聚合方法的研究方面，还需要进一步深入研究。

于是，X-射线辐照聚合法、电子束（EB）辐照聚合法等方法被提了出来，设想这些方法可以引发已渗入彩绘和陶体中的单体聚合、固化，达到保护之目的。

X-射线辐照聚合实验使用了Faxitron 805，X-射线发生器，单体为甲基丙烯酸2-羟乙酯（HEMA）。分别用3mA，10kV、50kV和110kV的辐射剂量进行了试验，但没有获得预想的结果。

电子束辐照聚合实验使用了ELV-n系列电子加速器（图7.5），其工作原理见图7.6，单体仍为HEMA，电子束辐射能量和剂量分别为1MeV和10~300KGy，试样为原始生漆底层和新制的生漆漆膜。用水将漆膜展平在潮湿的陶片上，渗入单体，然后辐射固化。瞬间就完成了聚合反应，在陶体和漆层之间实现了单体的聚合、固化，漆层牢牢地黏在陶片上，表面未见胶膜和泛光。处理过的试样直接置于室内环境，几天后，没有聚合的HEMA单体挥发。数月后，陶片已干，漆层黏着良好，没有出现裂纹和卷曲，保护效果很好。

7.7.4 电子束辐射（EB）固化工艺的研究

电子束辐射固化技术出现不足30年，20世纪70年代，美国福特公司首先试用于固化汽车零部件和仪表表面涂层，我国同期进入科研阶段。20世纪80年代初，日本才引进这项技术。目前，在涂料、印刷、电子、光纤等领域仍是一项很有发展前景的高新

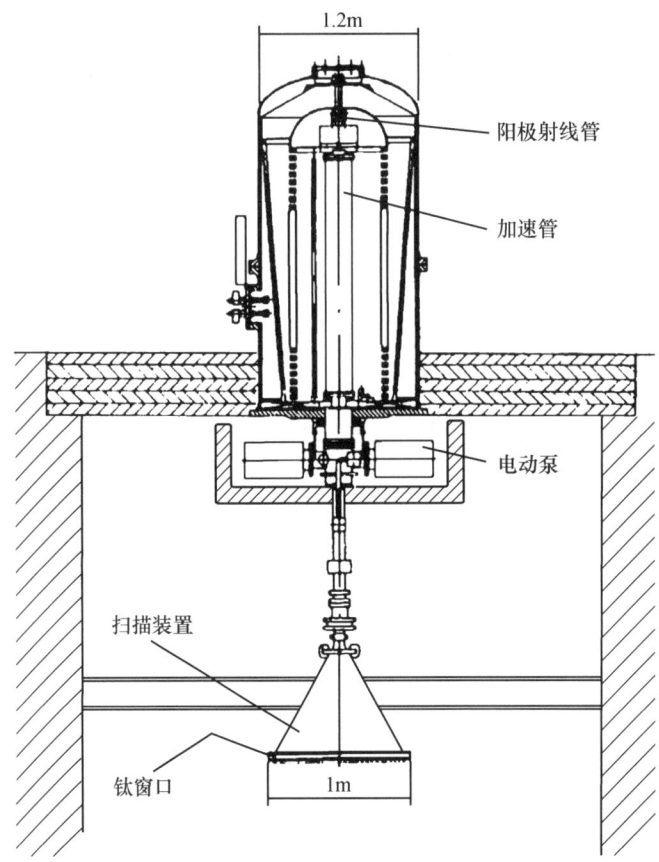

图7.5 ELV-n系列电子加速器示意图

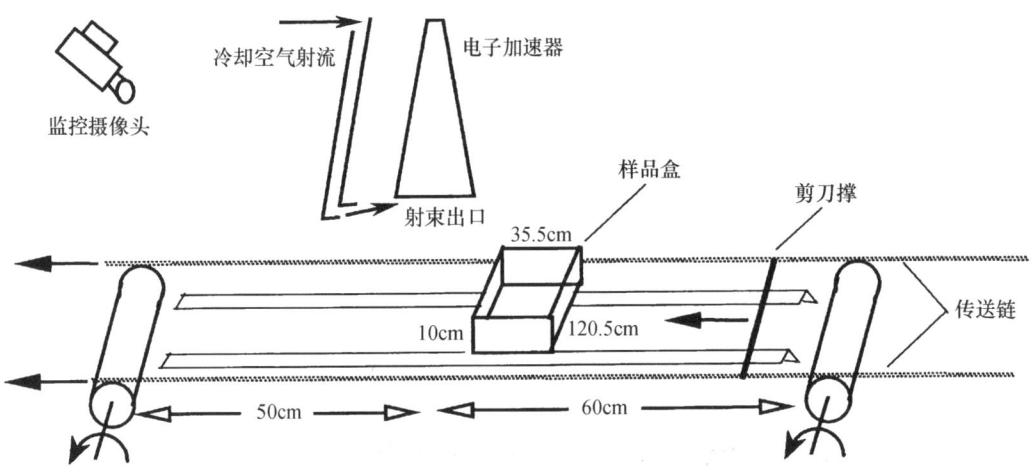

图7.6 电子扫描辐射室示意图

技术。在文物保护领域，电子束辐射固化技术的研究和应用尚未见报道，可借鉴的资料极少。鉴于文物保护及秦俑彩绘保护的特殊要求，需要研究出一套安全可行的技术工艺，EB固化技术才能用于秦俑彩绘保护中。

电子加速器的一些技术参数符合以下关系式：

D=U·I·C/v ①

D为辐射剂量（kGy），U为电子能量（MeV），I为电子束流密度（mA），C为设备特定常数，v为被辐照物在电子束释放口下的移动速度。

其中，电子能量U和辐射剂量D是影响加固效果的两项关键的技术参数。

（1）电子束电子能量（U）

电子的能量决定了电子束穿透被辐照物所到达的深度，电子能量越大，穿透得越深。另外，穿透深度还与被辐照物的密度有关。电子束穿透其他物质的深度，也可以推算出来。用该物质的密度与穿透水的深度相除，便是其近似值。

根据秦俑彩绘的实际情况，我们选定电子能量U=1MeV（1兆电子伏特），仪器的电子能量指标U=1MeV时，所发出的电子束全部可以穿透水深1.6mm，最深可达5.3mm。秦俑陶质的密度为$\rho \approx 2.5g/cm^3$，1MeV能量的电子束至少可以穿透0.6mm深，最深约2.1mm。这就意味着单体固化所形成的胶层在表面以下至少应有0.6mm，最深可达2.1mm。据测量，秦俑彩绘层（含生漆底层）的厚度大都小于0.3mm，彩绘层的密度应小于陶体，显然，单体固化形成的胶层可以从彩绘表面延伸至陶表面以下，加固深度是足够的。

（2）辐射剂量（D）

辐射剂量直接影响单体聚合反应程度，影响聚合物的性能。辐射剂量过小，聚合产物发黏或太软，都不能起到加固保护的作用。辐射剂量过大，会使聚合产物发脆、表面温度过高，还有可能引起生漆底层降解，也不利于保护。

为了确定合适的辐射剂量，进行了10~300kGy一系列不同辐射剂量的辐射固化反应实验，并对聚合产物的物理性能和聚合程度进行了定性的评估。

外观评估结果表明：在1MeV、4.2mA、辐射剂量低于50kGy时，其反应产物仍为液态，但黏稠度增大。60kGy和70kGy剂量下的反应，形成了软且表面发黏的胶膜。80kGy和90kGy的剂量下，胶膜较硬，稍具弹性并发热。辐射剂量在100kGy以上的反应，聚合产物很硬，并发烫。260kGy剂量时，产物更硬，很烫。对于秦俑彩绘保护来讲，比较适宜的辐射剂量应是80kGy~90kGy。

根据该聚合反应的原理，红外光谱（IR）在748.5cm^{-1}处的特征吸收峰，也可以用来定性地比较反应产物聚合度的情况。当高能电子束辐射时，高能电子撞击单体HEMA，使单体中的C=C双键断裂，形成自由基，自由基瞬间发生交联、聚合，形成了线性的链状聚合物—[—CH_2—CR_2—CH_2—CR_2—]—。随着聚合度升高，新产生的CH_2基团增多，红外光谱中CH_2基团748.5cm^{-1}处的特征吸收峰也会变大、变高。

经红外光谱测定，不同辐射剂量的反应产物的CH_2基团特征吸收峰如图7.7所示，可以看出，60kGy和70kGy的聚合程度几乎一致，80kGy和90kGy的聚合程度相近，100kGy的聚合程度明显升高。这与上述外观评估结果吻合。

为了减小较高辐射剂量对文物的影响，还进行了较高剂量一次性辐射和将高剂量分解为低剂量、多次辐射的对比实验。红外光谱的特征吸收峰（图7.7～图7.9）表明，两种方法反应产物的聚合度基本相同，其反应产物的外观也没有差异。

这样，就为我们提供了一种更稳妥的电子束辐射固化方法，保护对象是热敏性材料时，就可以使用这种方法，既可达到单体固化所需要的辐射剂量，又能将辐射的热

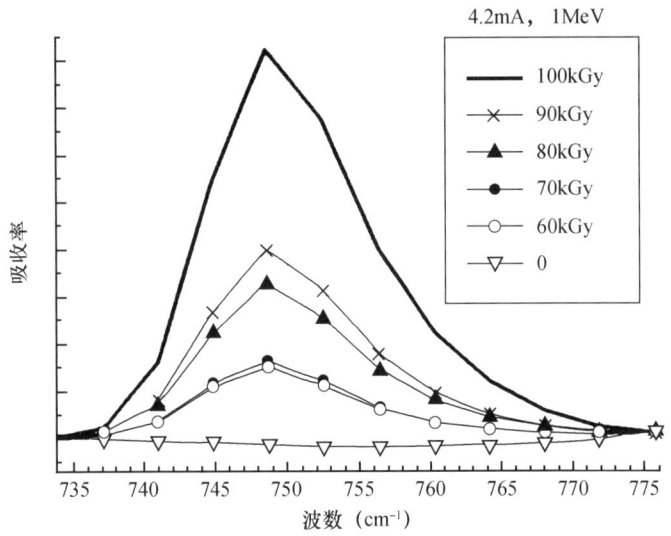

图7.7　1MeV，4.2mA，不同辐射剂量下HEMA聚合反应产物的聚合度

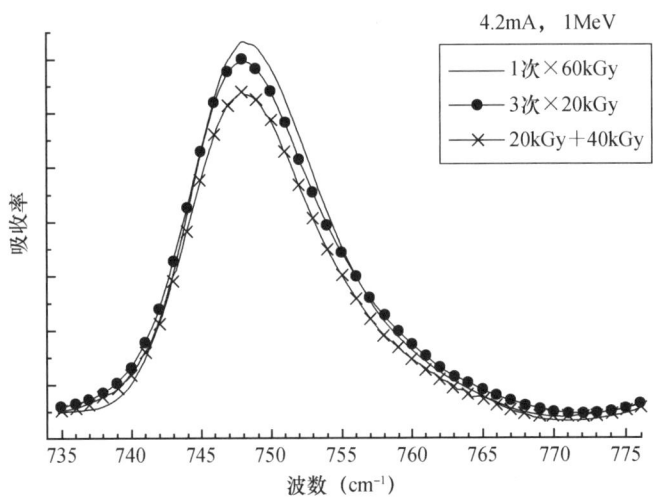

图7.8　1MeV，4.2mA，60kGy一次性辐射或降低剂量多次辐射下HEMA聚合反应产物的聚合度
（IR光谱的CH_2特征吸收峰）

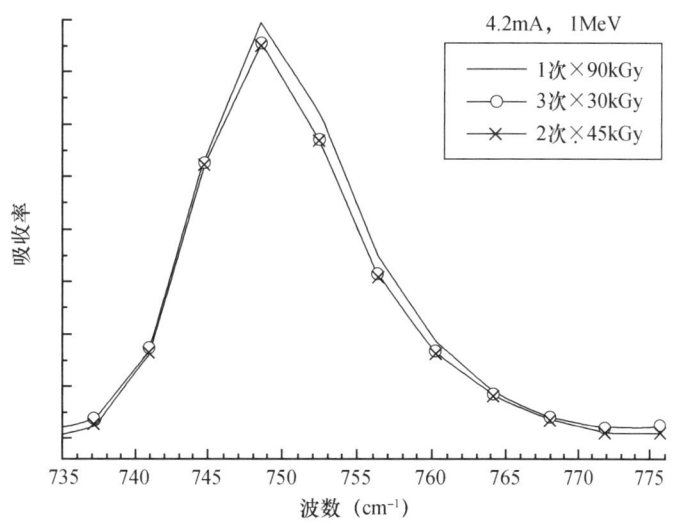

图7.9　1MeV，4.2mA，90kGy一次性辐射或降低剂量多次辐射下HEMA聚合反应产物的聚合度
（IR光谱的CH_2特征吸收峰）

效应影响降低到较低程度。

（3）彩绘的预处理——单体渗透方法

单体渗透采用了逐步升高单体浓度的多步敷渗方法：①33%的甲基丙烯酸2-羟基乙酯（HEMA）水溶液，1天；②66%HEMA水溶液，1天；③100%HEMA，1天。

但是，在模拟实验时发现，第③步用100%HEMA敷渗后，易引起生漆层破裂、起翘的现象。根据以往的经验，降低第③步的HEMA浓度，使敷渗液中含有少量水分，便可以防止破裂、起翘，但是这样是否会影响聚合反应质量？为此，也进行了含有少量水分的单体辐射聚合反应实验，并用红外光谱法进行评估。不同浓度HEMA/水溶液辐射聚合反应产物的聚合度见图7.10。显然，单体HEMA中含有少量水分并不影响电子束辐射聚合反应。因此，将第③步改为80%HEMA水溶液。

7.7.5　辐照加固彩绘陶片的科学检测

一般说来，电子束辐照会产生热量，这会导致矿物颜料颜色加深。为确保电子束辐照加固秦俑彩绘后的颜料无变化，我们进行了辐照对颜料影响的实验研究。

实验在电子束辐照剂量范围内，即上限90kGy，下限50kGy，对涂刷有相同秦俑颜料薄层的圆片进行辐照，观察辐照对颜料的影响。结果表明：对于朱砂、磷灰石、石青、石绿、铅丹及赭石均无可见影响，铅白则略有些许淡粉，排除颜料本身的特性及铅白较易在高温下分解的因素，我们可以初步认为：在选定的剂量范围内，辐照对秦俑颜料无明显影响，这项工作以后将使用色度仪继续进行更为科学的研究。

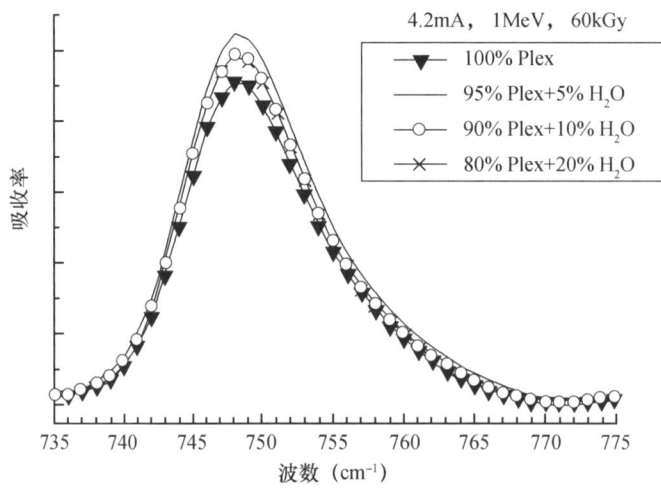

图7.10　1MeV，4.2mA，60kGy电子辐射不同浓度HEMA聚合反应产物的聚合度
（IR光谱的CH_2特征吸收峰）

7.8　加固后生漆层剖面显微观察

加固后的彩绘陶片，其剖面在光学显微镜下进行观察发现：在陶片和棕色生漆之间有一层无色的PLEX聚合物，说明该方法实现了有效的加固。

7.8.1　湿度对残片漆层的影响

利用激光全息摄影，检测强烈的湿度变化对加固后的漆层产生的影响。2块残片（F-006/98和F-011/98）经过辐照加固后，放入湿度箱内，相对湿度为35%~83%，为剧烈变化，没有发现产生新裂缝。另外，显微镜下显示：当湿度增高时，生漆通过表面自然存在的、有规律的微孔吸收水分，也造成在100μm的小单位内大约有0.3μm的更小变形。

7.8.2　聚合物耐久性测试

生产单体PLEX的公司曾进行过各种耐久性测试：

将聚合物在污水中放置2年，目的是检验污水中微生物对聚合物的影响及其耐腐蚀性，视觉观察发现聚合物无任何变化。

将聚合物在下列介质中放置2年：海水、1%苯酚溶液、10%氨水溶液、50%醋酸溶液、20%硫酸溶液、氢氧化钙饱和溶液、1%亚硫酸钠溶液、30%甲醛溶液、甲醇、乙醇、异丙醇、异丁醇、丙酮、醋酸乙酯、四氢呋喃、乙醚、三氯甲烷、环己烷、石油醚、二甲苯、汽油、柴油，凭视觉检查，并未发生溶解和分解现象。

7.8.3 对秦俑带彩陶片的实验与保护

在获得了一整套较为稳妥的保护工艺方法后，我们进行了真实彩绘的保护实验，并获得了令人惊喜的结果。用前述工艺方法处理过的F-009/98、F-011/98和F-012/98的彩陶片，彩绘的颜料层、生漆底层得到了很好的加固，经过临潼室内环境多年的考验，生漆底层仍很稳定，彩绘黏着很好。

值得一提的是，用这一方法保护过的彩绘，表面没有丝毫处理的痕迹。这是氧的阻聚作用，使得电子束辐射时与大气接触的表面较难发生聚合反应，单体聚合反应更易在表面以下进行，辐射停止后，聚合反应随即终止。HEMA具有较高的挥发性，彩绘表面和陶体内部没有聚合的HEMA单体，几天后就会全部挥发，形成了很自然的、没有聚合物痕迹的表面。这也正是我们所要追求的效果。

实验成功后，我们又用这一保护方法成功地保护了一批彩绘陶片，目前，这些彩绘保存状况良好。

7.9 结　　论

（1）单体渗透、电子束辐照成功地加固了彩绘俑，陶俑表面自然、干燥。

（2）筛选出的单体物质性能优异，属常规商品，且价格便宜。

（3）在电子束辐照中产生的高能电子可杀死微生物，免受霉菌侵害，且单体聚合构成网状结构异常稳定，这对于保护文物具有重大意义。

由于彩绘表面泥土的清理工作需要十分细心，且用时较长，而已暴露出的彩绘若不及时处理，很快就会因失水造成卷曲脱落，所以保护工作只能在现场进行。根据两种保护方法的特点，选用了聚氨酯乳液和聚乙二醇PEG 200联合处理法。

由于秦俑彩绘类型多种多样，彩绘的保存状况各异，发掘时彩绘的形态也各不相同，因而，保护方法选定后，还需根据保护的基本原理，针对保护对象的具体情况，采用相应的保护工艺，才能达到预期的保护效果。

在实验室，实验用的带彩陶片可以平放，为了达到PEG 200充分置换漆层中的水分、加固剂较好的渗透和节省加固剂的目的，用敷渗工艺较为合理。然而，在发掘现场，彩绘俑出土时的情况则要复杂得多。有的直立，有的斜躺，有的侧卧等，需要保护的彩绘面多为立面或斜面，若仍使用敷渗法进行保护，便会出现以下问题：①敷渗材料（隔离纸、脱脂棉等）难以固定；②敷渗过程中敷液因土壤吸收和水分蒸发，干燥过快,在彩绘表面形成凝胶,使敷料与彩绘粘连,损伤彩绘;③敷液流失过快造成的不良影响,一是不能充分地渗透和置换,不能有效地保护彩绘,二是加固剂流入未清理的土中,使泥土与彩绘附着得更牢固,给清理工作增加困难。

因此,敷渗法不适合于二号坑发掘现场的彩绘保护,需要寻找其他适用的工艺方法。为此,我们对多种工艺方法进行了综合考评和现场对比实验,最后选用了喷涂法、点涂法、注入法等保护工艺,对秦俑二号坑新出土的彩绘俑实施了保护。

(1)喷涂

适用于较大面积的彩绘面,尤其是纯漆层彩绘的保护处理。要求:选用雾化效果好的小型喷瓶,喷距适当、用力适当,避免形成太大冲力。喷量适当,表面以刚好形成薄薄的液膜为宜,尽量减少流淌。

(2)点涂

适用于颜料层较厚和颜料颗粒较细,且易掉粉等类彩绘的保护处理。尤为适于面部、胡须、手、眼、唇、领部、发带和红色连甲带等部位的精细处理。用柔软的小画笔轻轻点涂,避免刷涂动作。

(3)注入

适用于已出现空鼓彩绘的保护。用小号注射器、细针头将浓度较大的保护液适量注入空鼓部位。衬上防粘纸,用手指轻轻压实。最后,用脱脂棉吸净溢出的保护液。

第八章

陶质彩绘文物修复黏接剂性能及筛选研究

8.1 黏接材料及测试方法

8.1.1 黏接材料初步筛选

通过文献检索、材料的性能对比，初步选择传统环氧树脂和硅树脂材料，新型改性材料选择有机-无机杂化材料。传统环氧树脂黏接材料包括Easy-Mix S50（易混合型黏合剂 S50透明）、Easy-Mix N5000（易混合型黏合剂N5000透明）和Easy-Mix N50（易混合型黏合剂N50透明），硅树脂材料包括 Silicon A（白色、透明）、Silicon N（透明）和Silicon F（透明）。新型材料则采用有机-无机改性的POSS-PGMA和SiO_2-PVA。材料的具体性能见表8.1。

表8.1 黏接材料性能

新型材料		传统材料					
		环氧树脂			硅树脂		
POSS-PGMA	SiO_2-PVA	Easy-Mix S50	Easy-Mix N5000	Easy-Mix N50	Silicon A	Silicon N	Silicon F
成分/名称							
POSS改性聚丙烯酸酯（笼型杯半硅氧烷/聚甲基丙烯酸甲酯）	SiO_2/PVA杂化纤维	环氧树脂无填充	环氧树脂无填充	环氧树脂无填充	1K-聚硅氧烷（乙酸酯）	1K-聚硅氧烷（肟）	1K-聚硅氧烷（乙酸酯）

续表

	新型材料		传统材料					
			环氧树脂			硅树脂		
	POSS-PGMA	SiO$_2$-PVA	Easy-Mix S50	Easy-Mix N5000	Easy-Mix N50	Silicon A	Silicon N	Silicon F
特征	粒径可控且形态规则,大小均一	非晶相结构,具有可拉丝性	固化迅速,黏附力极强	固化迅速,黏附力极强	固化速度一般,黏附力强	固化速度一般,黏附力强	固化速度一般,黏附力强	固化速度一般,黏附力强
表面疏水性(°)	108.2	87.1	132.4	125.1	128.6	117.5	119.7	115.2
表面固化时间(min)	10	10	20	20	45	7	7	15
熔点(℃)	122~204.3	122~204.3	140±2	140±2	140±2	58~93	58~93	58~93
黏接强度(MPa)	748.2	712	754.3	743.5	744.8	713.2	715.8	721.7
透光率	>98%	97%	>98%	>98%	>98%	>98%	>98%	>98%
色泽	白色	无色	几乎无色	几乎无色	淡黄色	白色	几乎无色	几乎无色
光泽	透明	透明	完全透明	完全透明	透明	完全透明	完全透明	完全透明
固化温度(℃)	20~35	20~35	6~40	6~40	10~40	5~40	5~40	5~40
水溶性	不可溶	不可溶	不可溶	不可溶	不可溶	不可溶	不可溶	不可溶

8.1.2 模拟样品的烧制

为了避免实验过程中对珍贵文物样品的损毁,以及减少由于文物样品性能不均匀所造成的实验测试误差,烧制与文物成分结构等性能相近的模拟样品制备极其必要。采用含有SiO_2含量63%~65%,Al_2O_3含量14%~16%,CaO和Fe_2O_3含量约5%,Na_2O、MgO和K_2O含量1%~3%,TiO_2含量小于1%的纯质黏土,将土质原料在40目过筛后,于40℃烘箱内烘干2~3h,以确保土质颗粒和含水量的均匀。分别称取相同质量的土质,放置于初压压力2MPa、高压压力11MPa,以及初压压力1MPa、高压压力5MPa的SY35型实验室中,用数控液压压制机的样品仓进行不同压力的制样,将压制好的尺寸20mm×5mm×2mm的初始样块放置于110℃烘箱内烘5~6h,避免在之后的高温烧制中由于水分不均等造成模拟陶质样品的开裂情况。在初始样块的烧制过程中,为了

第八章 陶质彩绘文物修复黏接剂性能及筛选研究

确保与陇县陶质文物样品性能的相近性，以及确定不同烧制温度对陶质样品性能的影响，分别采用不同的烧成温度和升温方式进行烧制样品。首先，设定烧成温度分别为700℃、900℃和1100℃，在升温过程中，首先以5℃/min的升温速率升温至500℃，然后以10℃/min的升温速率分别升温至700℃、900℃和1100℃，最后保温60min，采用能量色散X荧光分析、扫描电子显微分析和万能实验仪等分别测试烧制样品的成分、微观形貌和力学强度等性能。

结果如图8.1和表8.2显示：未烧制的土质颗粒经过压制后紧密堆积，存在大量细小的粉末状微粒，在700℃烧制后未出现明显的玻璃相，显气孔率较大，抗压强度分布在11～15MPa，而在900℃和1100℃时出现明显的玻璃相，显气孔率也明显降低，抗压强度分别增加至16～20 MPa和30～35MPa。为了真实的反映可溶盐对陇县陶质文物样品的破坏状况，实验选择在700℃～900℃的温度条件下，氧化气氛烧制的抗压强度较低的模拟样品进行实验分析。

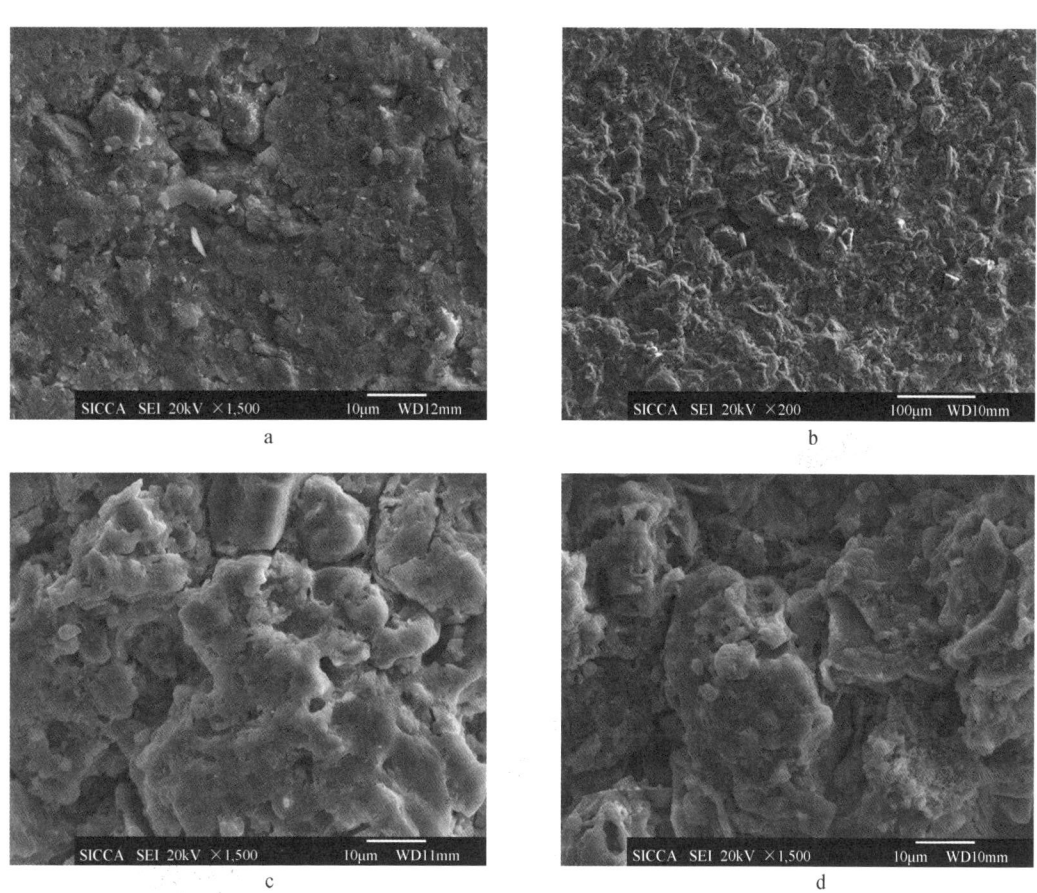

图8.1 不同温度烧制样品的显微形貌
a. 烧制前　b. 700℃　c. 900℃　d. 1100℃

表8.2 氧化气氛烧制模拟样品性能分析

烧成温度（℃）	主次量元素组成（wt%）								体积密度（g/cm³）	吸水率（%）	显气孔率（%）	抗压强度（MPa）
	Na$_2$O	MgO	Al$_2$O$_3$	SiO$_2$	K$_2$O	CaO	TiO$_2$	Fe$_2$O$_3$				
700	1.27	3.49	13.66	63.05	2.8	9.99	0.33	4.41	1.69	22	37	11~15
900	1.53	3.13	13.57	64.2	2.76	9.04	0.41	4.36	1.77	19	35	16~20
1100	1.48	3.61	13.22	64.1	2.66	9.22	0.33	4.38	1.84	17	32	30~35

8.1.3 保护材料的性能分析

1. 颜色变化

采用美能达Konica CM700d分光测色计（图8.2）测试施加保护材料前后琉璃样品表面的变化。选用CIE L*a*b*颜色模型表示其颜色，其中L*值表示亮度，ΔL表示亮度差值，a*值表示红绿方向颜色变化，+a表示向红色方向变化，-a表示向绿色方向变化，b*值表示黄蓝方向变化，+b表示向黄色方向变化，-b表示向蓝色方向变化。

2. 分子结构变化

利用美国Thermo Scientific Nicolet iS50傅里叶红外光谱仪（FTIR）的ATR附件（图8.3）测试黏接材料在不同老化时间范围内的红外光谱曲线，测试范围4000cm^{-1}~500cm^{-1}，光谱分辨率优于0.09cm^{-1}，波数精度优于0.01cm^{-1}。

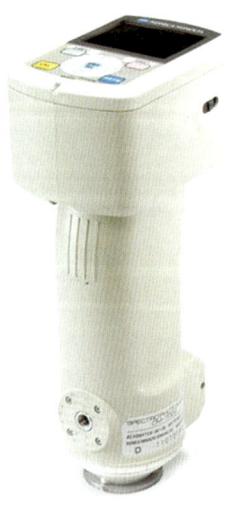

图8.2 分光测色计

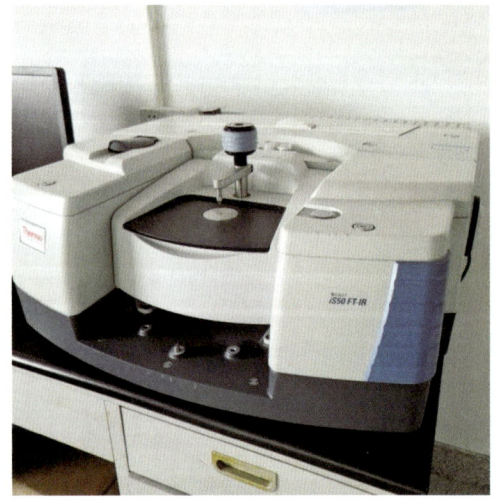

图8.3 傅里叶红外光谱仪

3. 材料应用于模拟陶质样品的黏接性能检测

为了检测不同材料的黏接性能，按照GB/T 6569-2006/ISO 14704：2000《精细陶瓷弯曲强度试验方法》，测试的原理是对矩形截面的试样施加弯曲载荷直到试样断裂，其中，假定试样材料为各向同性和线弹性，通过断裂时的临界载荷、夹具和试样的尺寸，可以计算试样的弯曲强度。实验选择弯曲强度测试中的三点弯曲法，将试样放在两支点上，然后在两支点间的试样上施加集中载荷时，试样产生变形或断裂（图8.4），根据受力分析可得抗折强度的计算公式：

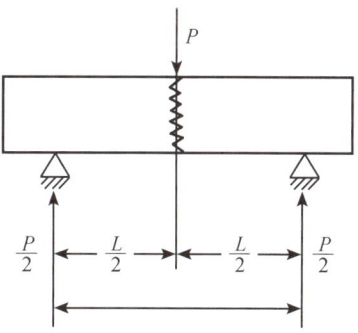

图8.4　抗折强度测试示意图

$$R_t = \frac{3PL}{2bh^2}$$

（公式1）

式中，R_t表示试样的抗折强度（MPa），P表示试样破坏负荷（N），L为支点跨距（mm），b为试样宽度（mm），h为试样厚度（mm）。

样品组成结构是否均匀一致、颗粒间结合是否牢固、气孔大小和数量等是影响陶质样品抗折强度大小的重要因素。只有当断裂面发生在两个支点之间时，才能计算抗折强度，否则视为结果无效。

Griffith认为实际材料中总存在许多细小的裂纹或缺陷，在外力作用下，这些裂纹和缺陷附近就会产生应力集中现象，当应力达到一定程度时，裂纹就开始扩展而导致断裂，那么对于用同一批材料制成的陶质样品，由于微裂纹尺寸、位向及分布的随机性，对于均匀性较差，尤其是内部夹砂等陶质样品，即使是同一块样品，断裂方向和样品结构不同，其抗折强度结果也不完全相同。同时，试样体积越大，微裂纹数量越多，陶瓷材料的抗折断裂强度具有明显的体积效应，从公式中可以看出，试样厚度对抗折强度的测试结果比宽度的影响要大，为了尽量减小不同厚度对测试结果的影响，每次测试数量均不少于10个。

具体测试如下：将烧制好的模拟陶质样品切割成20mm×20mm×45mm的小样块，分别在20mm×20mm的断面上施加黏接材料，具体黏接后的状态见图8.5。采用美国INSTRO 5566万能实验机测试固化后材料的黏接强度，以及随着不同热老化、紫外光老化和冻融老化等条件下黏接强度的变化。

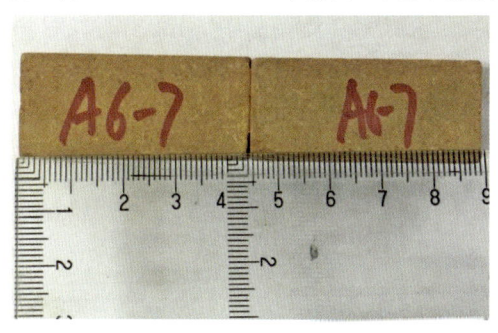

图8.5　黏接样块

分别选择50℃、80℃、100℃、120℃作为热老化的实验条件，其中，50℃老化时间为28天（672h），80℃老化时间为14天（336h），100℃老化时间为14天（336h），120℃老化时间为14天（336h），对比不同热老化温度条件下材料的黏接强度变化。

紫外老化：紫外光灯照射老化实验利用荧光紫外光灯模拟太阳光对耐久性材料的破坏性作用。紫外老化条件为$1\times10^5\mu w$，照射时间为90天（2160h）。

冻融老化是参考GB/T 3810.12-2016，对黏接样块进行老化，将黏接固化好的样块放入-20℃的冰箱中冷冻24h，取出后放入50℃烘箱中加热24h，如此为一个循环（一个循环为48h）。

8.2 测试结果与分析

8.2.1 黏接材料的性能分析

考虑黏接材料受热老化的影响较大，实验首先将在载玻片上成膜后的黏接材料分别放置于50℃、80℃、100℃、120℃的烘箱内进行热老化，采用分光光度计和傅里叶红外光谱仪检测黏接材料的色度变化和结构变化。

8.2.2 颜色变化

图8.6、图8.7和表8.3为硅树脂Silicon A热老化前后的对比照片及色度对比结果，可以看出，硅树脂Silicon A老化前后相比胶，100℃色差最大，50℃色差最小，色差从大到小依次为100℃>80℃>120℃>50℃。随着老化温度的升高，硅树脂Silicon A颜色变浅、变红、变黄，其中80℃时，材料颜色较老化前变深。

由图8.8、图8.9和表8.3可以看出，硅树脂Silicon F与老化前后相比，100℃色差最大，120℃色差最小，色差从大到小依次为100℃>50℃>80℃>120℃。随着老化温度的升高，硅树脂Silicon F颜色变深、变红、变黄。

由图8.10、图8.11和表8.3可以看出，环氧树脂Easy-Mix N50老化前后相比，120℃色差最大，80℃色差最小，色差从大到小依次为120℃>100℃>50℃>80℃。随着老化温度的升高，环氧树脂Easy-Mix N50颜色变深、变绿、变黄。其中，120℃时，材料颜色较老化前变红。

由图8.12、图8.13和表8.3可以看出，环氧树脂Easy-Mix S50老化前后相比，120℃色差最大，50℃色差最小，色差从大到小依次为120℃>100℃>80℃>50℃。随着老化温度的升高，环氧树脂Easy-Mix S50颜色变深、变绿、变黄。其中，80℃时，材料颜色较老化前变浅；120℃时，材料颜色较老化前变红。

由图8.14、图8.15和表8.3可以看出，POSS-PGMA老化前后相比，80℃色差最大，50℃色差最小，色差从大到小依次为80℃>120℃>100℃>50℃。随着老化温度的升高，POSS-PGMA颜色变深、变绿、变黄。

由图8.16、图8.17和表8.3可以看出，SiO_2-PVA老化前后相比，80℃色差最大，50℃色差最小，色差从大到小依次为80℃＞120℃＞100℃＞50℃。随着老化温度的升高，SiO_2-PVA颜色变深、变绿、变黄。其中，50℃时，材料颜色较老化前变浅、变蓝；100℃时，材料颜色较老化前变红。

表8.3 几种黏接材料的老化结果统计表

色差	Silicon A老化后				Silicon F老化后			
	50℃	80℃	100℃	120℃	50℃	80℃	100℃	120℃
ΔE	0.8448	1.6019	3.7218	0.9029	2.9639	1.797	3.7667	0.5854
色差	Easy-Mix N50老化后				Easy-Mix S50老化后			
	50℃	80℃	100℃	120℃	50℃	80℃	100℃	120℃
ΔE	2.2811	1.8539	5.1798	40.2928	1.1076	1.7858	2.8594	33.0639
色差	POSS-PGMA老化后				SiO_2-PVA老化后			
	50℃	80℃	100℃	120℃	50℃	80℃	100℃	120℃
ΔE	2.6706	7.3899	3.5872	6.2224	0.0707	2.8596	1.7454	2.1411

8.2.3 分析结构变化

采用傅里叶红外光谱仪检测随着热老化的不断进行，黏接材料分子结构的变化情况。图8.18为环氧树脂Easy-Mix N50热老化前后红外测试结果对比图，可以看出，随着老化温度的升高，材料官能团的位置没有发生变化，只有吸光度大小发生变化，说明环氧树脂Easy-Mix N50老化后官能团未遭到破坏。

从图8.19可以看出，环氧树脂Easy-Mix S50在热老化过程中官能团的位置也没有发生改变，材料的热稳定性良好。

从图8.20可以看出，随着老化温度的升高，硅树脂Silicon A官能团的位置没有发生变化，只有吸光度大小发生变化，说明硅树脂Silicon A老化后官能团未遭到破坏。

从图8.21可以看出，随着老化温度的升高，硅树脂Silicon F官能团的位置没有发生变化，只有吸光度大小发生变化，说明硅树脂Silicon F老化后官能团未遭到破坏。

从图8.22可以看出，随着老化温度的升高，POSS-PGMA官能团的位置没有发生变化，只有吸光度大小发生变化，说明POSS-PGMA老化后官能团未遭到破坏。

从图8.23可以看出，随着老化温度的升高，SiO_2-PVA官能团的位置没有发生变化，只有吸光度大小发生变化，说明SiO_2-PVA老化后官能团未遭到破坏。

随着老化温度升高，环氧树脂Easy-Mix S50色差变化大，颜色变深、变绿、变黄，其中，120℃时，材料颜色较老化前变红，容差达到33；而POSS-PGMA色差变化小，颜色变深、变绿、变黄，容差基本保持在10以内。

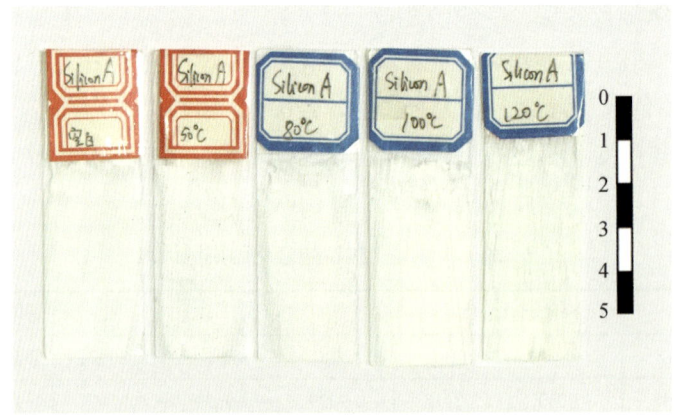

图8.6 硅树脂Silicon A热老化前后对比照片

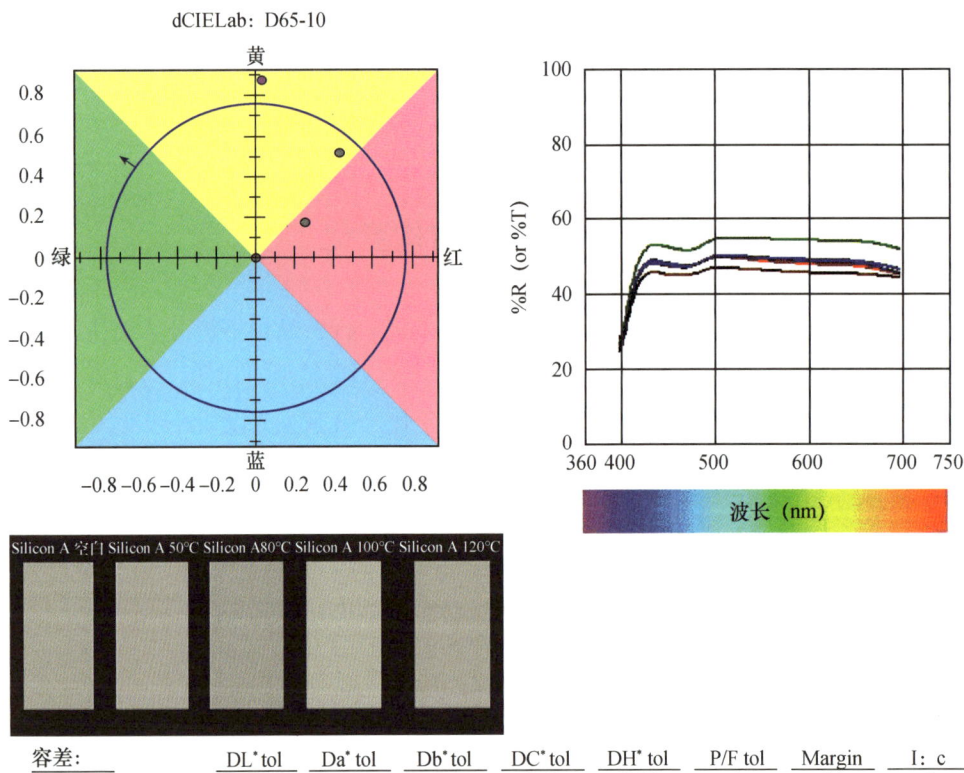

容差:	DL*tol	Da*tol	Db*tol	DC*tol	DH*tol	P/F tol	Margin	I: c
D65-10	2.35	0.68	0.67	0.68	0.67	1	0.1	2
[A-10, F02-10(CWF)]								

标准名称:	L*	a*	b*	C*	h°		
Silicon A 空白	75.24	−1.76	1.26	2.17	144.4		

比样名称	DL*	Da*	Db*	DC*	DH*	DEcmc
Silicon A 50℃	0.51 L	0.44 R	0.51 Y	0.05 B	0.67 Y	0.91
Silicon A 80℃	−1.58 D	0.26 R	0.17 Y	−0.09 D	−0.3 Y	0.72
Silicon A 100℃	3.43 L	0.54 R	1.34 Y	0.71 B	−1.26 Y	2.31
Silicon A 120℃	0.24 L	0.03 R	0.87 Y	0.58 B	−0.65 Y	1.15

图8.7 硅树脂Silicon A热老化前后色度对比结果

第八章 陶质彩绘文物修复黏接剂性能及筛选研究

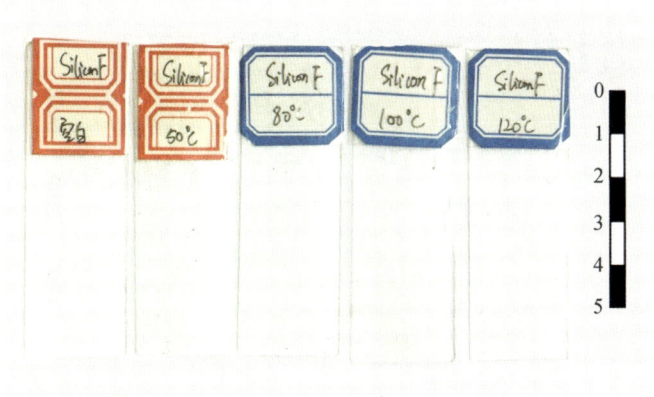

图8.8 硅树脂Silicon F热老化前后对比照片

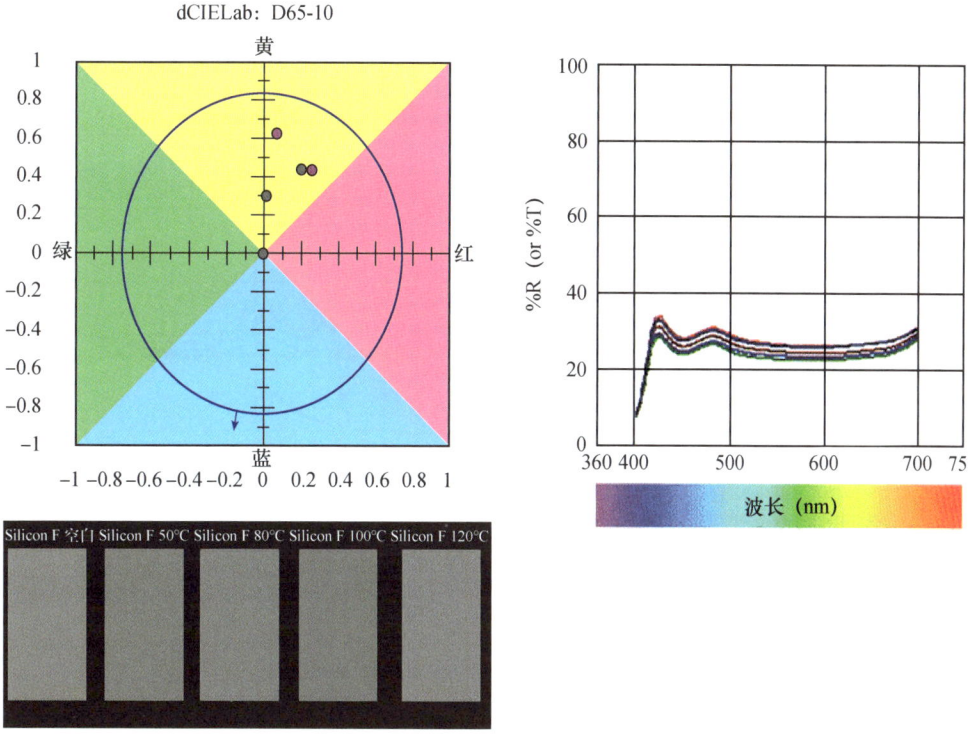

容差：	DL* tol	Da* tol	Db* tol	DC* tol	DH* tol	P/F tol	Margin	I: c
D65-10 [A-10, F02-10(CWF)]	2.1	0.69	0.76	0.77	0.68	1	0.1	2

标准名称：	L*	a*	b*	C*	h°		
Silicon F 空白	59	−0.64	−3.66	3.71	260.15		
比样名称	DL*	Da*	Db*	DC*	DH*	DEcmc
Silicon F 50℃	−2.89 D	0.07 R	0.65 Y	−0.65 D	−0.05 G	1.43
Silicon F 80℃	−1.77 D	0.02 R	0.31 Y	−0.31 D	−0.03 G	0.83
Silicon F 100℃	−3.73 D	0.27 R	0.45 Y	−0.48 D	0.2 R	1.69
Silicon F 120℃	−0.31 D	0.21 R	0.45 Y	−0.48 D	0.14 R	0.6

图8.9 硅树脂Silicon F热老化前后色度对比结果

161

陶质彩绘文物保护修复材料性能及应用效果评价

图8.10 环氧树脂Easy-Mix N50热老化前后对比照片

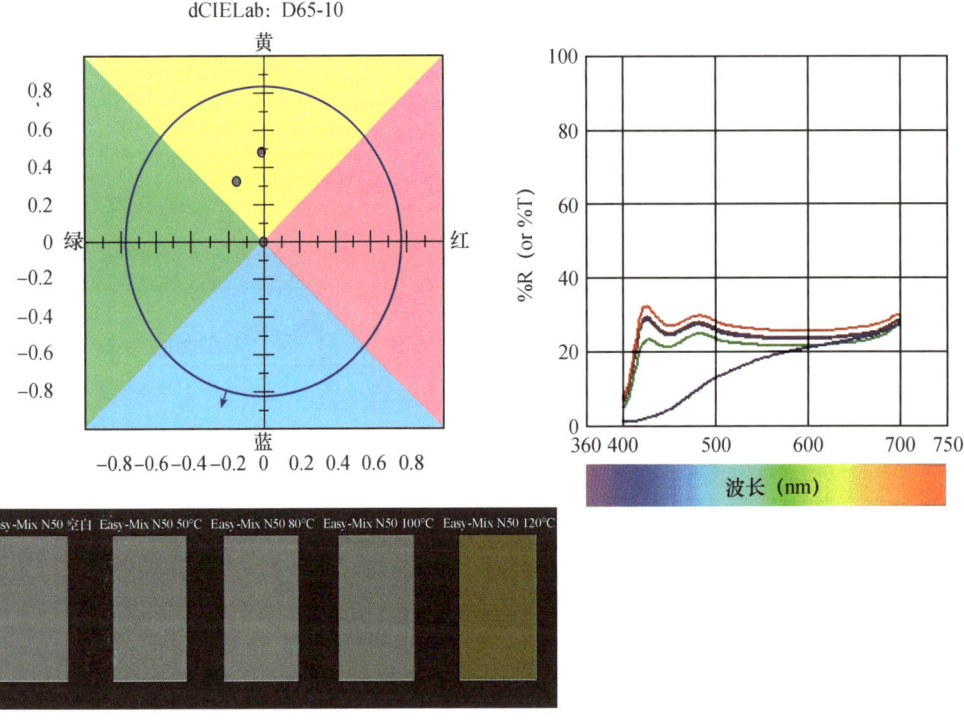

容差：	DL* tol	Da* tol	Db* tol	DC* tol	DH* tol	P/F tol	Margin	l∶c
D65-10 [A-10, F02-10(CWF)]	2.09	0.69	0.73	0.74	0.68	1	0.1	2
标准名称：	L*	a*	b*	C*	h°			
Easy-Mix N50 空白	58.24	−0.81	−3.06	3.16	255.08			
比样名称	DL*	Da*	Db*	DC*	DH*	DEcmc		
Easy-Mix N50 50℃	−2.23 D	−0.01	0.48 Y	−0.46 D	−0.14 G	1.11		
Easy-Mix N50 80℃	−1.82 D	−0.15 G	0.32 Y	−0.26 D	−0.24 G	0.89		
Easy-Mix N50 100℃	−4.21 D	−0.68 G	2.94 Y	−1.66 D	−2.52 G	4.24		
Easy-Mix N50 120℃	−9.81 D	1.26 R	39.06 Y	32.84 B	−21.18 G	48.37		

图8.11 环氧树脂Easy-Mix N50热老化前后色度对比结果

162

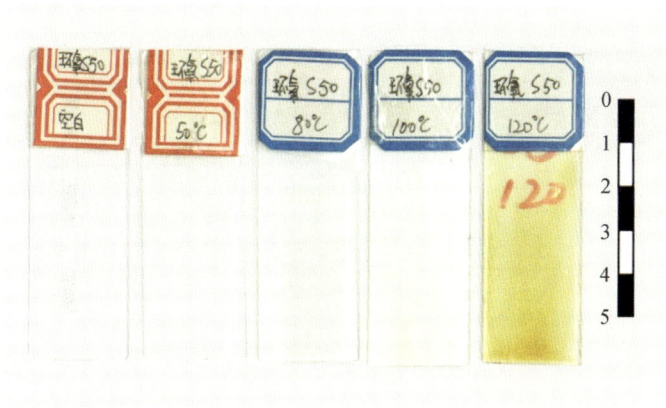

图8.12 环氧树脂Easy-Mix S50热老化前后对比照片

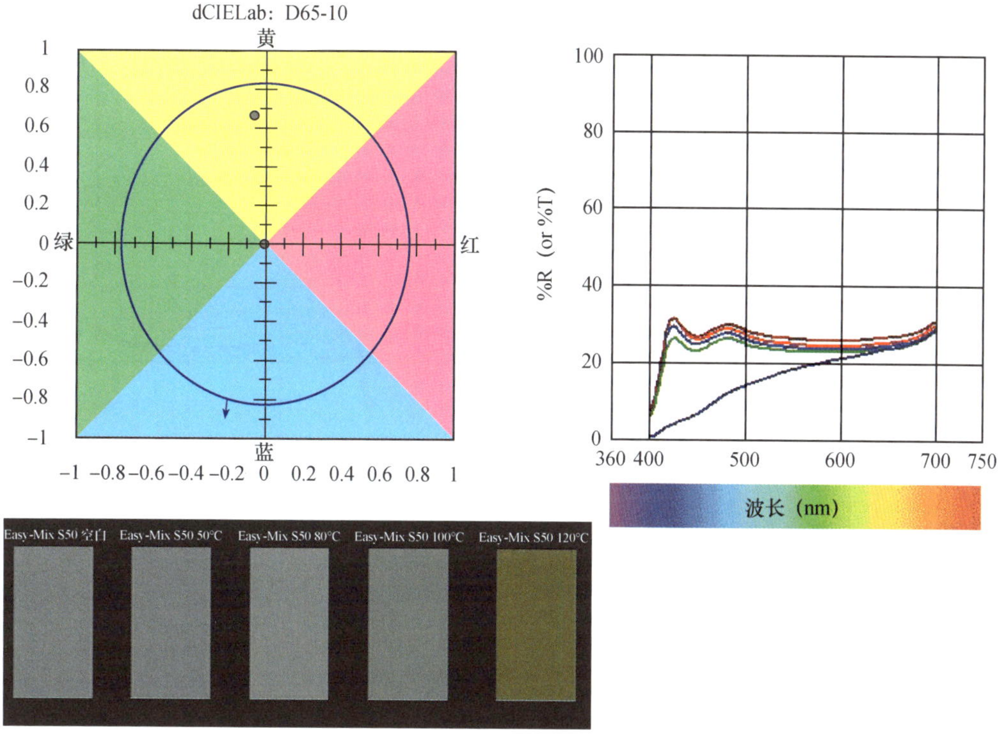

容差:	DL*tol	Da*tol	Db*tol	DC*tol	DH*tol	P/F tol	Margin	I : c
D65-10 [A-10, F02-10(CWF)]	2.07	0.69	0.74	0.75	0.68	1	0.1	2
标准名称:	L*	a*	b*	C*	h°			
Easy-Mix S50 空白	57.33	−0.78	−3.24	3.33	256.55			
比样名称	DL*	Da*	Db*	DC*	DH*	DEcmc		
Easy-Mix S50 50°C	−0.88 D	−0.06 G	0.67 Y	−0.63 D	−0.23 G	0.89		
Easy-Mix S50 80°C	1.29 L	−0.33 G	1.19 Y	−1.01 D	−0.72 G	1.61		
Easy-Mix S50 100°C	−1.86 D	−0.37 G	2.14 Y	−1.74 D	−1.3 G	2.79		
Easy-Mix S50 120°C	−8.23 D	1.46 R	31.99 Y	25.42 B	−19.47 G	39.58		

图8.13 环氧树脂Easy-Mix S50热老化前后色度对比结果

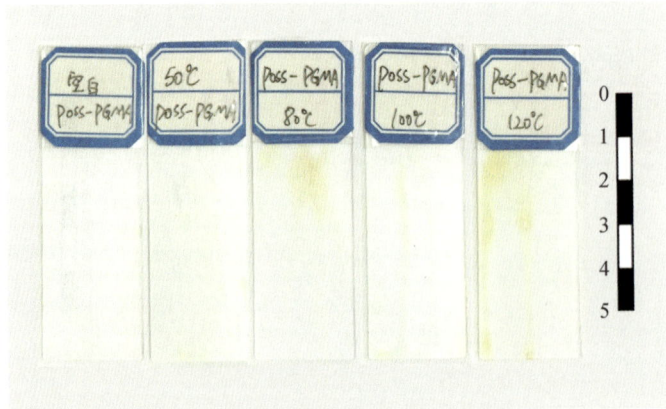

图8.14 POSS-PGMA热老化前后对比照片

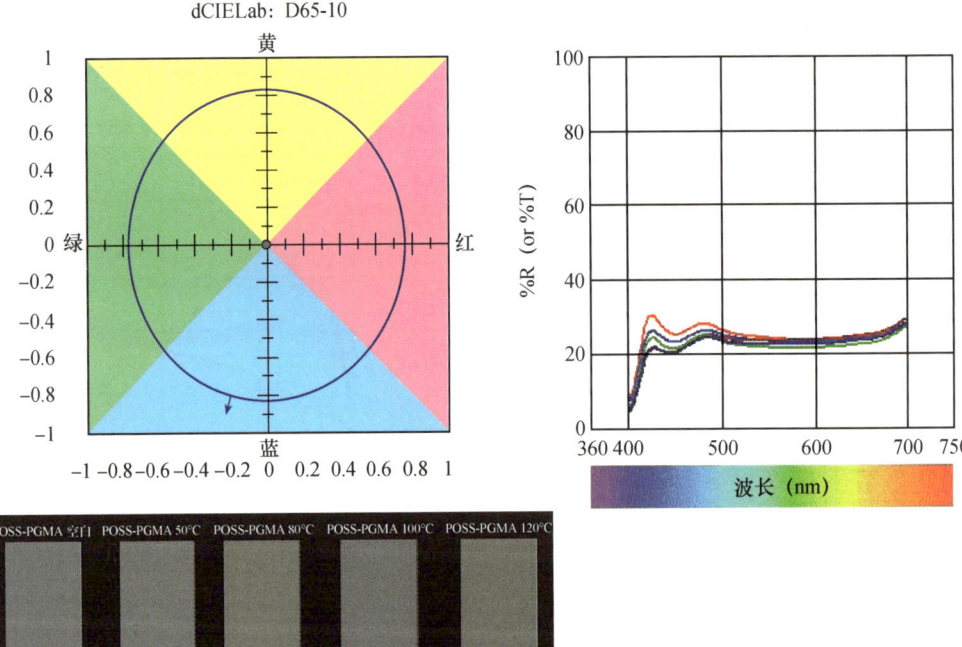

容差:	DL* tol	Da* tol	Db* tol	DC* tol	DH* tol	P/F tol	Margin	I: c
D65-10 [A-10, F02-10(CWF)]	2.06	0.69	0.74	0.75	0.68	1	0.1	2

标准名称:	L*	a*	b*	C*	h°
POSS-PGMA 空白	56.7	−0.82	−3.22	3.33	255.64

比样名称	DL*	Da*	Db*	Dc*	DH*	DEcmc
POSS-PGMA 50℃	−0.9 D	−0.52 G	2.46 Y	−1.78 D	−1.78 G	3.16
POSS-PGMA 80℃	−0.94 D	−1.01 G	7.26 Y	1.11 B	−7.25 G	9.53
POSS-PGMA 100℃	−2.61 D	−0.32 G	2.44 Y	−1.94 D	−1.52 G	3.23
POSS-PGMA 120℃	−1.95 D	−0.9 G	5.84 Y	−0.19 D	−5.91 G	7.74

图8.15 POSS-PGMA热老化前后色度对比结果

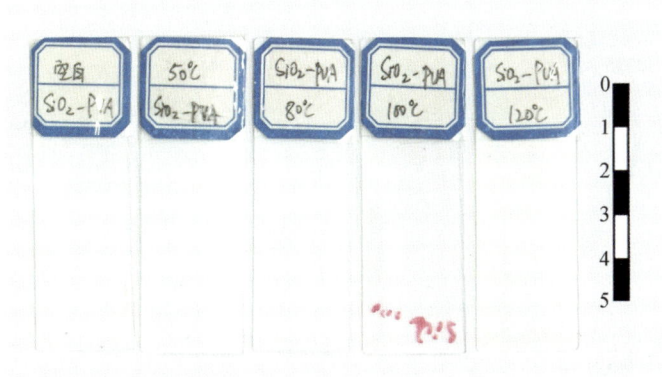

图8.16　SiO$_2$-PVA热老化前后对比照片

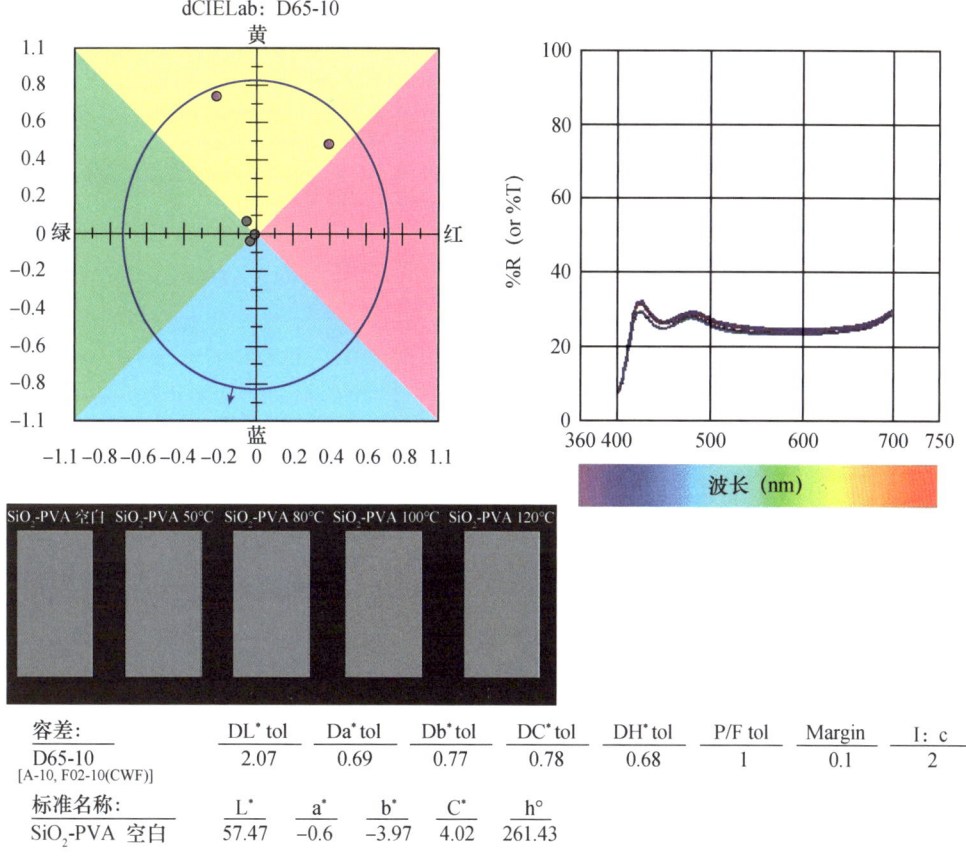

容差: D65-10 [A-10, F02-10(CWF)]	DL* tol 2.07	Da* tol 0.69	Db* tol 0.77	DC* tol 0.78	DH* tol 0.68	P/F tol 1	Margin 0.1	I: c 2
标准名称: SiO$_2$-PVA 空白	L* 57.47	a* -0.6	b* -3.97	C* 4.02	h° 261.43			
比样名称	DL*	Da*	Db*	DC*	DH*	DEcmc		
SiO$_2$-PVA 50℃	0.15 L	-0.03 G	-0.04 B	0.04 B	-0.02 G	0.09		
SiO$_2$-PVA 80℃	-0.38 D	-0.05 G	0.07 Y	-0.06 D	-0.06 G	0.2		
SiO$_2$-PVA 100℃	-1.5 D	0.42 R	0.51 Y	-0.55 D	0.37 R	1.01		
SiO$_2$-PVA 120℃	-1.21 D	-0.23 G	0.79 Y	-0.72 D	-0.38 G	1.09		

图8.17　SiO$_2$-PVA热老化前后色度对比结果

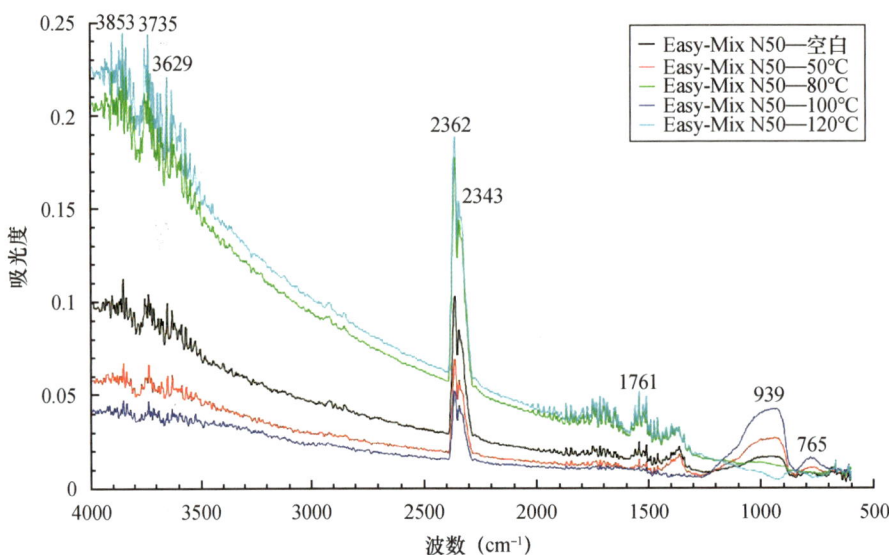

图8.18　环氧树脂Easy-Mix N50热老化前后红外测试结果对比

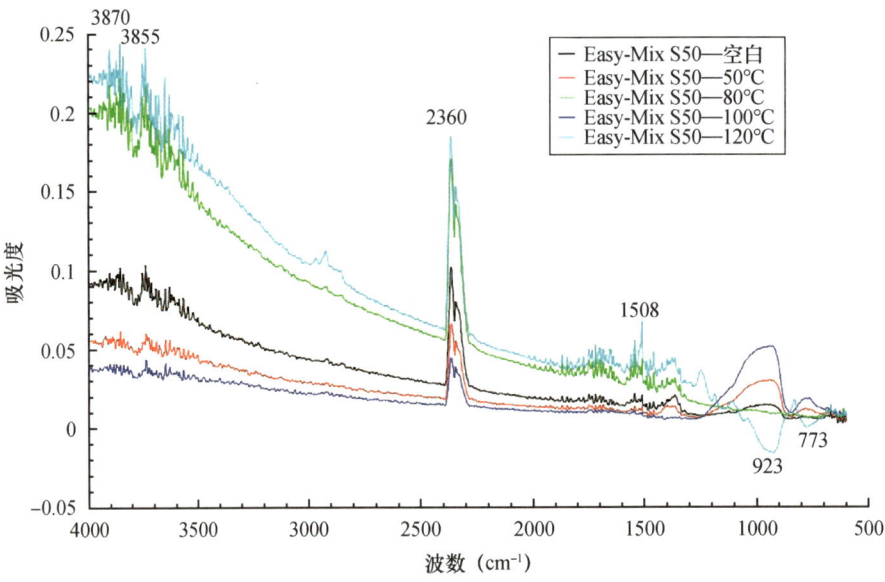

图8.19　环氧树脂Easy-Mix S50热老化前后红外测试结果对比

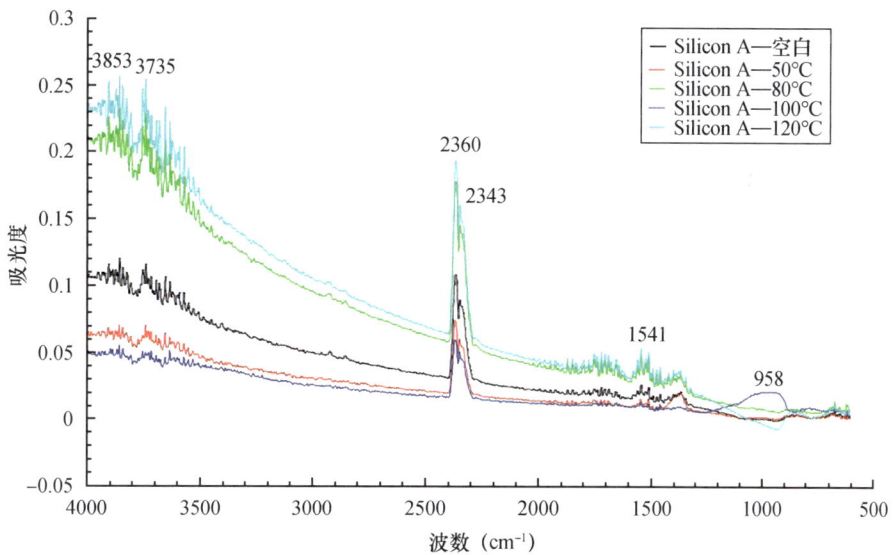

图8.20 硅树脂Silicon A热老化前后红外测试结果对比

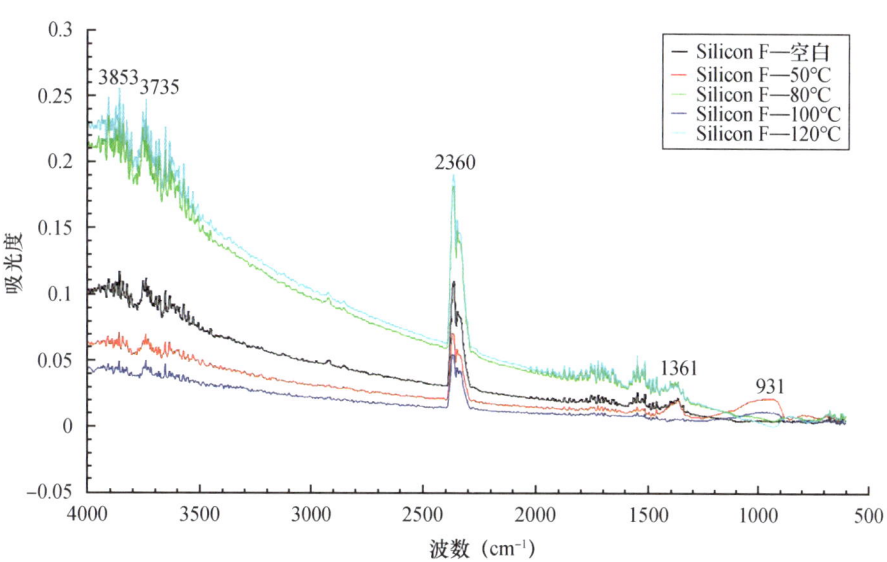

图8.21 硅树脂Silicon F热老化前后红外测试结果对比

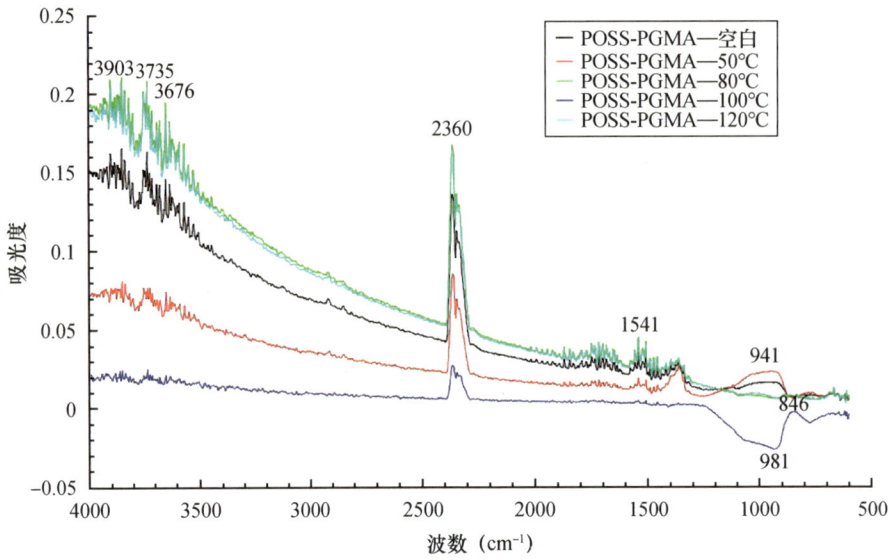

图8.22　POSS-PGMA热老化前后红外测试结果对比

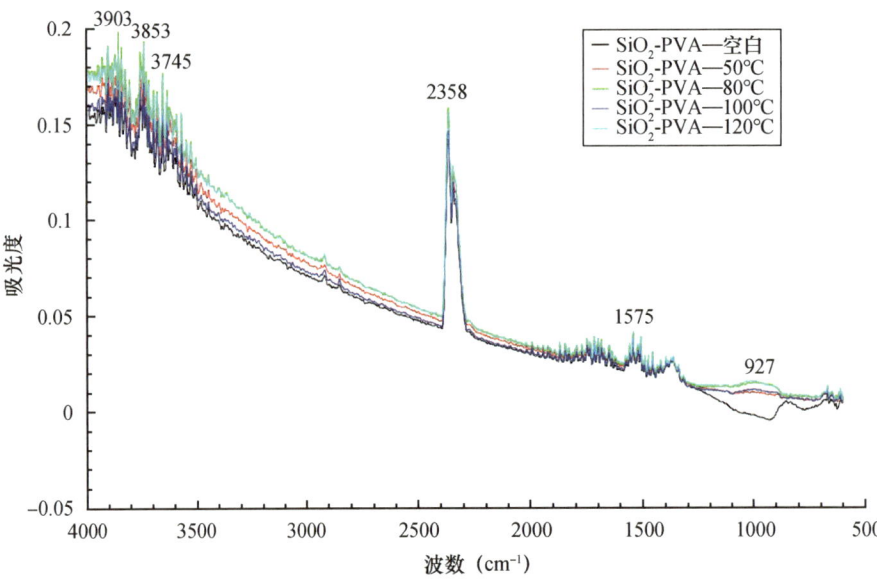

图8.23　SiO_2-PVA热老化前后红外测试结果对比

8.2.4 材料应用于模拟陶质样品的黏接强度分析

将黏接好的陶质样品放入30℃烘箱中固化48h，取出后测试样品的抗折强度，测试结果见图8.24，不同黏接材料的抗折强度由高到低依次为：Easy-Mix S50＞Easy-Mix N50＞Silicon F＞Easy-Mix N5000＞Silicon A＞SiO_2-PVA＞Silicon N。根据以上结果初步筛选黏接性能较高的Easy-Mix S50、Easy-Mix N50、Silicon A、Silicon F、SiO_2-PVA和POSS-PGMA进行下一步老化过程中材料的黏接强度变化。

50℃、80℃、100℃、120℃热老化条件下陶质样品的黏接抗折强度见表8.4，在老化条件为50℃，老化时间为28天（672h）时，由图8.25可以看出，POSS-PGMA和SiO_2-PVA的抗折强度高于其他材料，硅树脂类Silicon A和Silicon F的抗折强度低于其他材料，环氧树脂类Easy-Mix N50和Easy-Mix S50介于中间，由高到低依次排名：POSS-PGMA＞SiO_2-PVA＞Easy-Mix S50＞Easy-Mix N50＞Silicon F＞Silicon A。

老化条件为80℃，老化时间为14天（336h）时，由图8.26可以看出，POSS-PGMA的抗折强度高于其他材料，Silicon F的抗折强度低于其他材料，由高到低依次排名：POSS-PGMA＞SiO_2-PVA＞Easy-Mix S50＞Easy-Mix N50＞Silicon A＞Silicon F。

老化条件为100℃，老化时间为14天（336h）时，由图8.27可以看出，Easy-Mix S50的抗折强度高于其他材料，Silicon F的抗折强度低于其他材料，由高到低依次排名：Easy-Mix S50＞POSS-PGMA＞SiO_2-PVA＞Silicon A＞Easy-Mix N50＞Silicon F。

老化条件为120℃，老化时间为14天（336h）时，由图8.28可以看出，POSS-PGMA的抗折强度高于其他材料，由高到低依次排名：POSS-PGMA＞Easy-Mix S50＞SiO_2-PVA＞Easy-Mix N50＞Silicon A＞Silicon F（未测断开）。

在紫外灯的光老化过程中，当老化时间为90天（2160h）时，由图8.29可以看出，材料应用于陶质样品的抗折强度曲线，Silicon F的抗折强度高于其他材料，SiO_2-PVA的抗折强度低于其他材料，由高到低依次排名：Silicon F＞Easy-Mix N50＞Easy-Mix S50＞Silicon A＞POSS-PGMA＞SiO_2-PVA。

在冻融老化变化过程中，老化时间为循环40次（1920h）时，由图8.30可以看出，Silicon F的抗折强度高于其他材料，SiO_2-PVA的抗折强度低于其他材料，由高到低依次排名：Silicon F＞Easy-Mix N50＞POSS-PGMA＞Easy-Mix S50＞Silicon A＞SiO_2-PVA。

综合不同黏接材料在热老化过程中的颜色变化和材料的分子结构变化，以及黏接材料应用于模拟陶质样品的黏接抗折强度变化，发现有机-无机杂化的POSS-PGMA和环氧树脂Easy-Mix S50的黏接抗折强度较为稳定，老化后抗折强度高，性能优异。

表8.4 热老化后各黏接样块抗折强度比较

老化温度及时间	黏接材料	试样标识	弯曲应变（位移）在最大值载荷 [%（mm/mm）]	弯曲应力在最小值载荷（MPa）
50℃（28天 672h）	Silicon F	A1-7	0.552	0.94
		A1-8	0.367	0.77
	Silicon A	A2-7	0.379	0.6
		A2-8	0.257	0.65
	Easy-Mix N50	A3-7	0.242	1.26
		A3-8	0.4	0.97
	Easy-Mix S50	A4-7	0.36	1.51
		A4-8	0.46	1.26
	POSS-PGMA	A5-7	0.534	2.6
		A5-8	0.351	1.77
	SiO_2-PVA	A6-7	0.375	2.43
		A6-8	0.776	2.18
80℃（14天 336h）	Silicon F	A1-5	0.38	0.49
		A1-6	0.302	0.53
	Silicon A	A2-5	0.442	0.88
		A2-6	0.25	0.64
	Easy-Mix N50	A3-5	0.293	1.18
		A3-6	0.336	0.96
	Easy-Mix S50	A4-5	0.34	1.26
		A4-6	0.322	1.2
	POSS-PGMA	A5-5	0.443	2.03
		A5-6	0.518	1.37
	SiO_2-PVA	A6-5	0.396	0.91
		A6-6	0.336	1.31
100℃（14天 336h）	Silicon F	A1-11	0.245	0.22
		A1-12	0.44	0.78
	Silicon A	A2-11	2.889	0.89
		A2-12	0.536	0.79
	Easy-Mix N50	A3-11	0.06	0.4
		A3-12	0.488	0.55
	Easy-Mix S50	A4-11	0.376	1.45
		A4-12	0.741	3.21

续表

老化温度及时间	黏接材料	试样标识	弯曲应变（位移）在最大值载荷 [%（mm/mm）]	弯曲应力在最小值载荷（MPa）
100℃（14天 336h）	POSS-PGMA	A5-11	0.294	2.7
		A5-12	0.339	1.59
	SiO_2-PVA	A6-11	0.35	1.11
		A6-12	0.325	2.08
120℃（14天 336h）	Silicon F	A1-3	未测断开	
		A1-4	未测断开	
	Silicon A	A2-3	0.5	0.41
		A2-4	0.614	1.38
	Easy-Mix N50	A3-3	0.419	1.11
		A3-4	0.338	1.41
	Easy-Mix S50	A4-3	0.417	1.57
		A4-4	0.434	1.37
	POSS-PGMA	A5-3	0.736	3
		A5-4	0.309	1.53
	SiO_2-PVA	A6-3	0.273	0.99
		A6-4	0.295	1.49
冻融老化（循环40次）	Silicon F	A1-9	0.355	0.84
		A1-10	1.626	3.71
	Silicon A	A2-9	2.018	1.7
		A2-10	1.036	1.94
	Easy-Mix N50	A3-9	0.279	2.51
		A3-10	0.165	0.37
	Easy-Mix S50	A4-9	0.225	0.91
		A4-10	0.519	1.66
	POSS-PGMA	A5-9	0.421	1.6
		A5-10	0.367	1.93
	SiO_2-PVA	A6-9	0.115	0.06
		A6-10	0.336	1.17

续表

老化温度及时间	黏接材料	试样标识	弯曲应变（位移）在最大值载荷 [%（mm/mm）]	弯曲应力在最小值载荷（MPa）
紫外老化（90天 2160h）	Silicon F	A1-13	0.463	1.24
		A1-14	2.4	5.67
	Silicon A	A2-13	0.379	1.07
		A2-14	0.654	0.93
	Easy-Mix N50	A3-13	0.218	2.33
		A3-14	0.261	1.73
	Easy-Mix S50	A4-13	0.3	1.71
		A4-14	0.383	1.51
	POSS-PGMA	A5-13	未测断开	
		A5-14	0.35	1.26
	SiO$_2$-PVA	A6-13	未测断开	
		A6-14	0.314	0.06

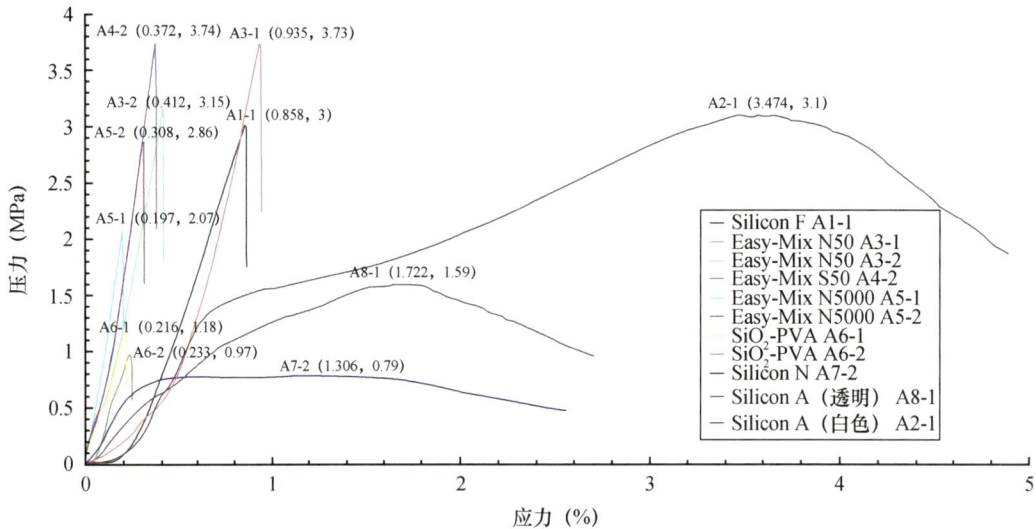

图8.24　30℃条件下各黏接样块抗折强度比较

第八章 陶质彩绘文物修复黏接剂性能及筛选研究

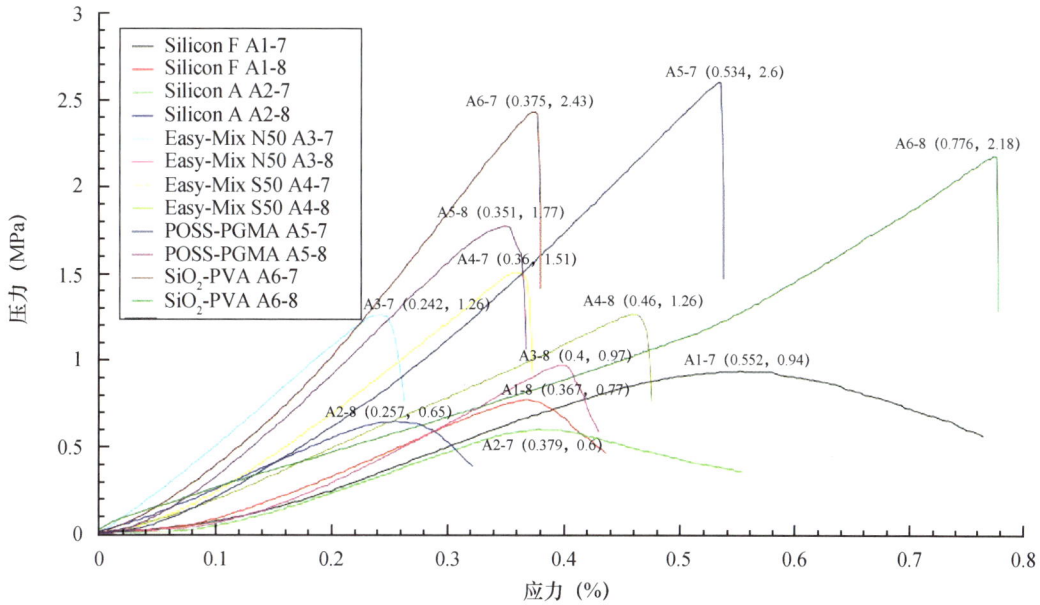

图8.25 50℃条件下各黏接样块的抗折强度比较

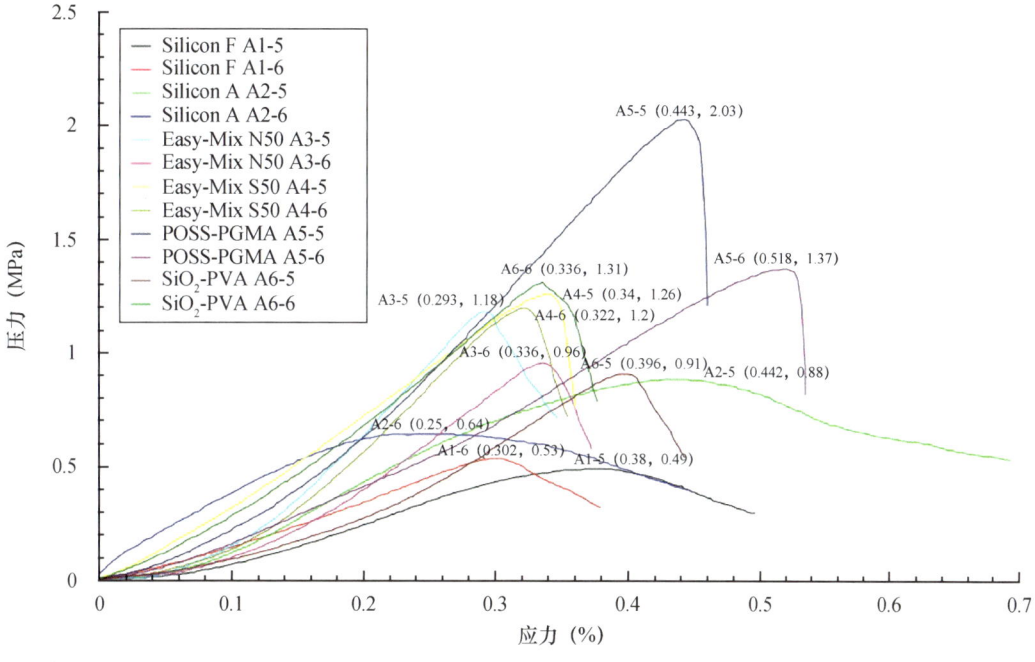

图8.26 80℃条件下各黏接样块的抗折强度比较

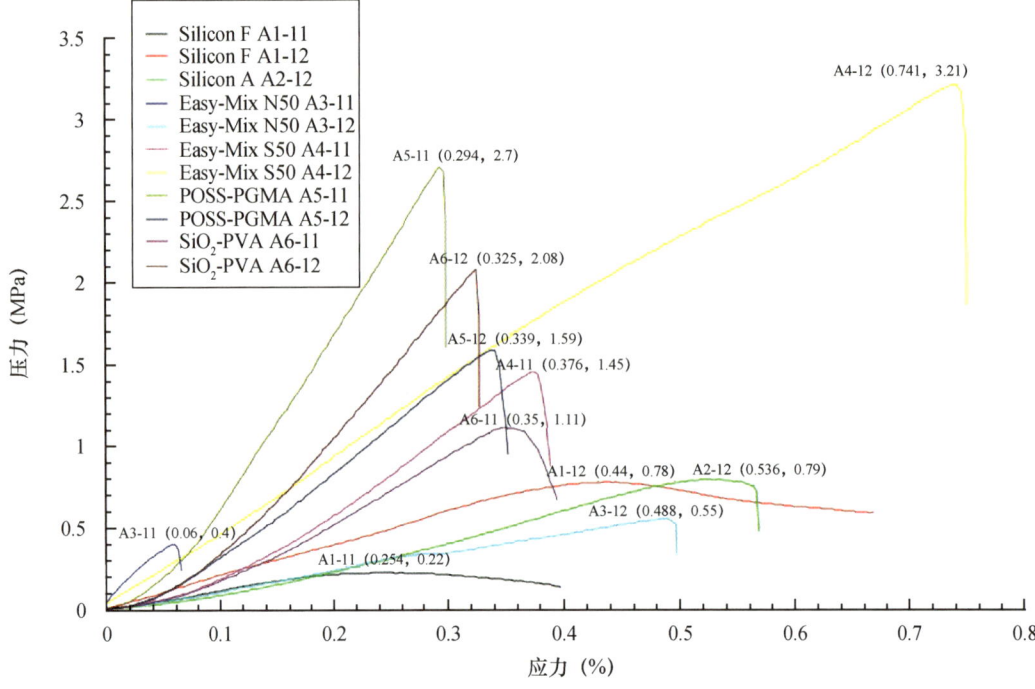

图8.27 100℃条件下各黏接样块的抗折强度比较

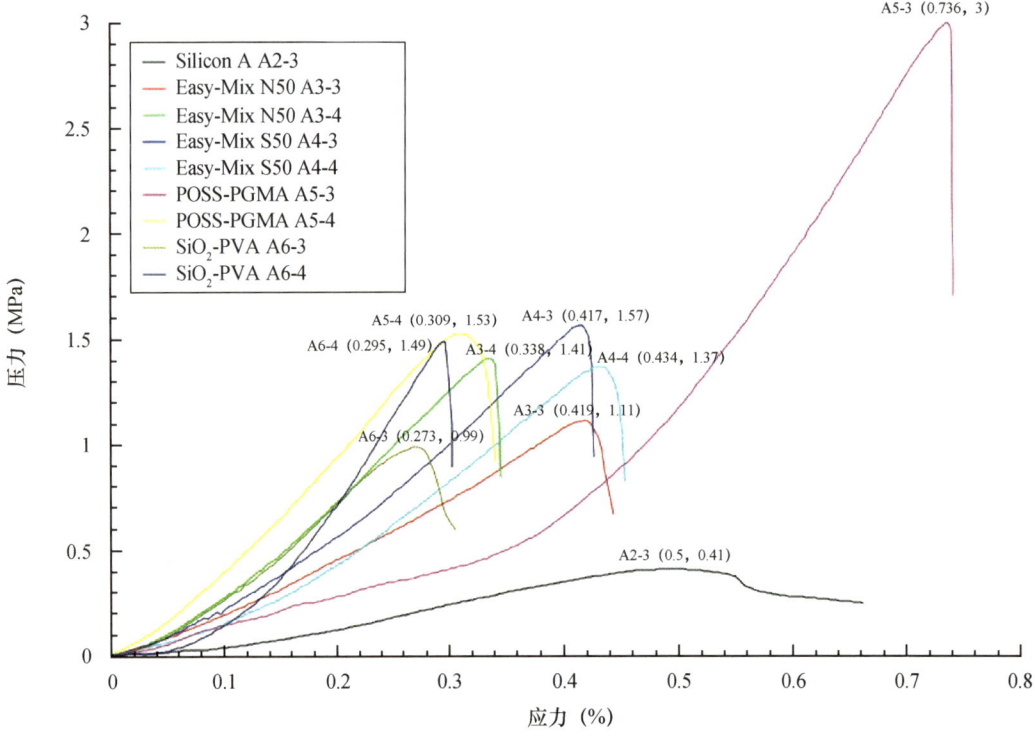

图8.28 120℃条件下各黏接样块的抗折强度比较

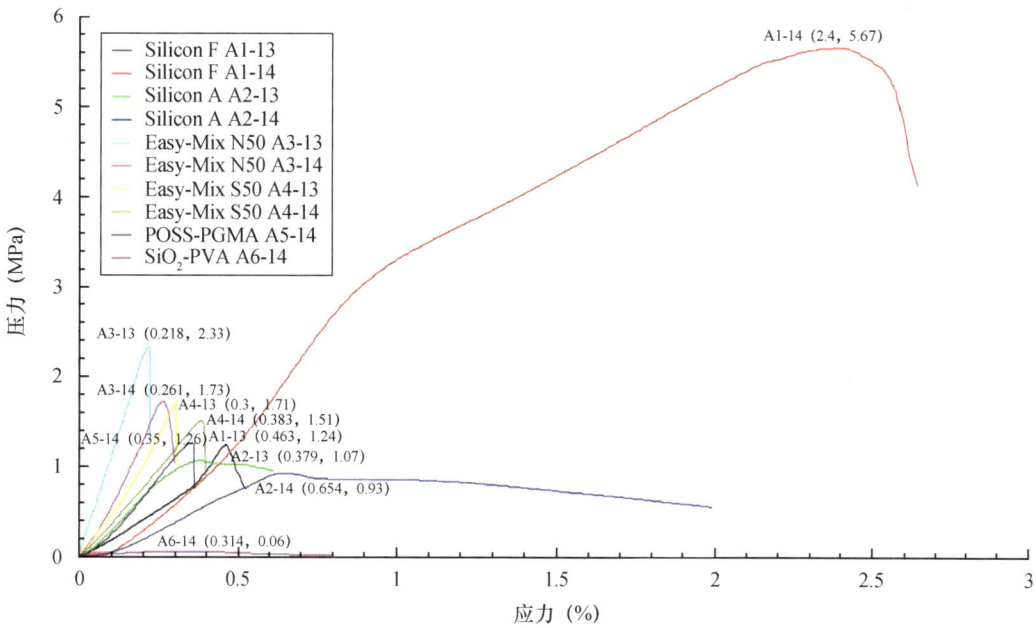

图8.29 紫外老化条件下各黏接样块的抗折强度比较

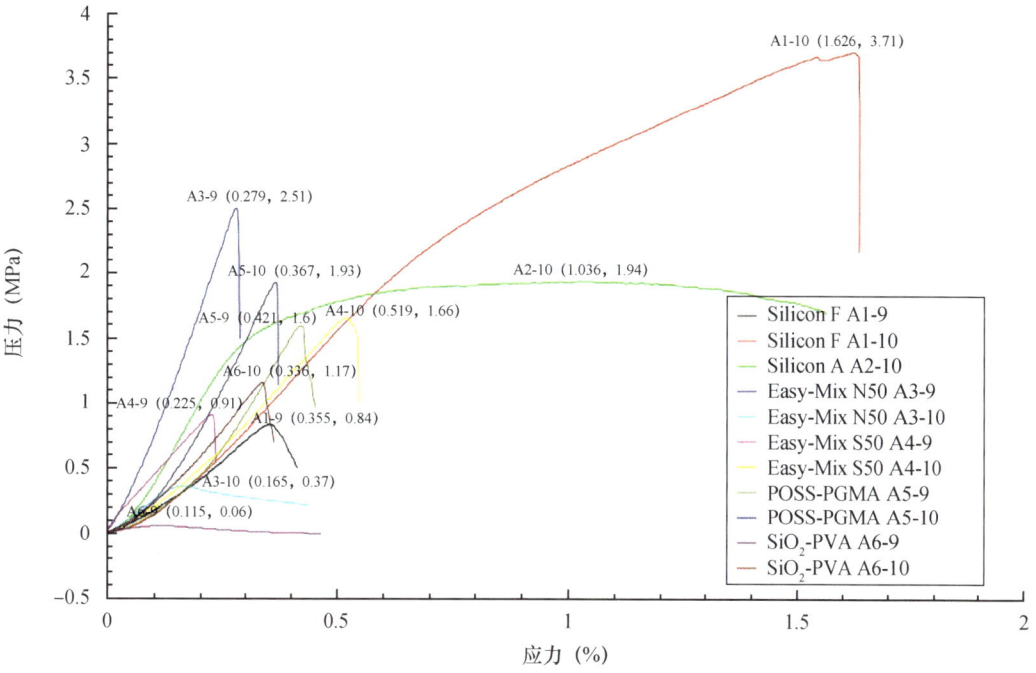

图8.30 冻融老化条件下各黏接样块的抗折强度比较

第九章

陶质彩绘文物保护材料未来研究展望

  陶质彩绘文物保护是国际性难题，虽然越来越多的高分子材料被"移植"于陶质彩绘文物保护领域中，但对保护材料稳定性缺乏系统、科学、全面的研究，选择材料仍有很大的盲目性和片面性。遵照《中国文物古迹保护准则》，要求陶质彩绘文物保护材料无色、透明、不反光、施工工艺简单，具有重复使用性；稳定性好，耐酸碱，抗污染；保护材料施用后形成的膜可代替原胶结物，不堵塞文物孔隙，因而不改变其透气性；保护修复实施过程中无有害物放出、对人体及环境无害，能方便选择固化剂、填料、表面活性剂、防霉剂等；在对表面加固保护时，不会因材料的收缩应力而产生微裂隙，其次还应有防霉、防生物风化的性能等；能够抵抗湿气或毛细水在上移时引起的破坏作用，所以保护材料应能经受水的反复侵袭影响；加固剂的聚合速度要适宜。在与表面的粒子之间形成键式网状结构后，网状结构填补了孔洞，也起到了支撑作用，要求网状结构的强度要与保护对象相匹配；若有溶剂参加作用的加固体系，溶剂的挥发与加固剂在文物内部的形成速度之间要有合适的比例，防止溶剂挥发太快后在表面形成结壳或使表面发黑；保护材料在使用前应是小分子，且有活性的低黏度液体，使其在文物内部能形成网状结构，或应是溶剂能溶解的大分子且溶剂挥发后能成膜的材料。这样就会获得足够的渗透深度和必要的加固强度，确保加固的部分与未加固的部分力学强度相当，不会由于表层结壳而引起大面积的剥落。基于以上要求，可知，陶质彩绘文物保护材料在使用初期应是便于流动的液态，具有渗透与黏合功能（液体的黏度和物体孔隙的大小），保护对象与保护材料之间应当匹配。

  因此，未来要做好陶质彩绘文物的保护，需要将现代技术与传统经验相结合，陶质彩绘文物保护材料研发要引进、吸收材料科技新成果，但在应用层面，应遵守文物保护修复原则，尊重修复传统，将新材料的实施与传统修复工艺结合，未来在陶质彩绘文物保护材料研发中应重点研究无机-有机复合文物保护加固材料；改性传统天然材料、纳米材料，作为考古发掘现场出土脆弱性陶质彩绘文物保护理念及加固材料研究；陶质彩绘文物保护材料及新工艺研发；构建陶质彩绘文物保护材料使用规范体系；同时以科学的态度，开展陶质彩绘文物保护效果评价的规范化建设工作，建立、完善陶质彩绘文物保护的研究体系，提高陶质彩绘文物保护研究和实施的水平，做好我国陶质彩绘文物的保护修复工作。

附录

附录一 河南城阳城址出土彩绘陶器黏接剂筛选研究

赵 倩[1]　王冠涛[1]　武志江[2]　刘 勇[3]　肖卫国[4]

（1.西安思源学院　2.河南省文物考古研究院　3.河南信阳市平桥区城阳城址考古遗址公园管委会　4.秦始皇帝陵博物院）

城阳城址墓葬群为战国时期楚国墓葬群[1]，目前已发掘9座战国楚墓，1~8、18号墓。其中，2015年8月因盗洞发掘的城阳城址8号墓，出土陶器主要有鼎、方座簠[2]；2017年11月发掘的城阳城址18号墓，出土彩绘陶器主要有豆、壶、簠、鼎、敦、提梁盉。为有效保护和修复这批残破严重的彩绘陶器，需要筛选合适的胶粘剂。为此，在三类胶粘材料中进行实验室对比筛选，即从有机硅树脂、环氧树脂、西安交通大学研制的新型材料POSS-PGMA[3]和SiO_2-PVA[4]等材料中筛选出适宜于城阳城出土彩绘陶器修复用的黏接剂。

1 实验条件与测试条件

采用压砖机压制砖块，在烧成温度为600℃（与城阳城址出土陶器烧成温度接近）的高温炉中烧制好后，切割成20mm×20mm×45mm的小样块，分别用三类胶粘剂黏接，见图1.1。

黏接好的样块放入30℃的烘箱中固化，固化48h后取出并测试其抗折强度，对黏接材料进行初步筛选。对初筛出来的胶粘剂进行二次筛选，黏接后分别放入50℃、80℃、100℃、120℃的烘箱中进行老化，同时进行紫外灯老化和冻融老化。老化结束后测试黏接样块的抗折强度，最终选定合适的黏接样块。

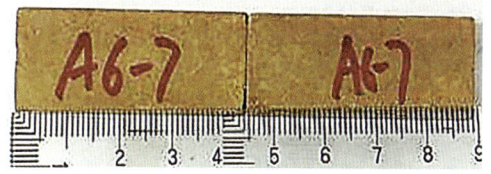

图1.1 黏接样块

采用美国INSTRO 5566万能试验机测试黏接好的样块的抗折强度。

2 实　　验

2.1 黏接材料初步筛选

黏接材料选择传统材料和新型材料。传统材料有环氧树脂和硅树脂，新型材料则采用西安交大研制的POSS-PGMA和SiO_2-PVA。

在德国WEICON公司购买了3种环氧树脂黏接材料Easy-Mix S50（易混合型黏合剂S50透明）、Easy-Mix N5000（易混合型黏合剂N5000透明）和Easy-Mix N50（易混合型黏合剂N50透明），以及3种有机硅黏接材料硅树脂 Silicon A（白色、透明）、硅树脂 Silicon N（透明）和硅树脂 Silicon F（透明）。材料的具体性能见表2.1。

表2.1 黏接材料性能

	新型材料		传统材料					
			环氧树脂			硅树脂		
	POSS-PGMA	SiO_2-PVA	Easy-Mix S50	Easy-Mix N5000	Easy-Mix N50	Silicon A	Silicon N	Silicon F
成分/名称	POSS改性聚丙烯酸酯	SiO_2/PVA杂化纤维	环氧树脂无填充	环氧树脂无填充	环氧树脂无填充	1K-聚硅氧烷（乙酸酯）	1K-聚硅氧烷（肟）	1K-聚硅氧烷（乙酸酯）
特征	粒径可控且形态规则，大小均一	非晶相结构，具有可拉丝性	固化迅速，黏附力极强	固化迅速，黏附力极强	固化速度一般，黏附力强	固化速度一般，黏附力强	固化速度一般，黏附力强	固化速度一般，黏附力强
表面疏水性（°）	108.2	87.1	132.4	125.1	128.6	117.5	119.7	115.2
表面固化时间（min）	10	10	20	20	45	7	7	15

续表

	新型材料		传统材料					
			环氧树脂			硅树脂		
	POSS-PGMA	SiO$_2$-PVA	Easy-Mix S50	Easy-Mix N5000	Easy-Mix N50	Silicon A	Silicon N	Silicon F
熔点（℃）	122～204.3	122～204.3	140±2	140±2	140±2	58～93	58～93	58～93
黏接强度（MPa）	748.2	712	754.3	743.5	744.8	713.2	715.8	721.7
透光率	>98%	97%	>98%	>98%	>98%	>98%	>98%	>98%
色泽	白色	无色	几乎无色	几乎无色	淡黄色	白色	几乎无色	几乎无色
光泽	透明	透明	完全透明	完全透明	透明	完全透明	完全透明	完全透明
固化温度（℃）	20～35	20～35	6～40	6～40	10～40	5～40	5～40	5～40
水溶性	不可溶	不可溶	不可溶	不可溶	不可溶	不可溶	不可溶	不可溶

黏接好的样块放入30℃烘箱中固化48h，取出后测试抗折强度，测试结果见表2.2。

表2.2　30℃固化后黏接样块抗折强度

黏接材料	试样标识	弯曲应变（位移）在最大值载荷[%（mm/mm）]	弯曲应力在最小值载荷（MPa）
Silicon F	A1-1	0.858	3
	A1-2	0.336	0.25
Silicon A（白色）	A2-1	3.474	3.1
	A2-2（测试时损坏）	0.774	2.12
Easy-Mix N50	A3-1	0.935	3.73
	A3-2	0.412	3.15
Easy-Mix S50	A4-1	0.233	2.06
	A4-2	0.372	3.74
Easy-Mix N5000	A5-1	0.197	2.07
	A5-2	0.308	2.86
SiO$_2$-PVA	A6-1	0.216	1.18
	A6-2	0.233	0.97
Silicon N	A7-1	3.088	1.31
	A7-2	1.306	0.79
Silicon A（透明）	A8-1	1.722	1.59
	A8-2	2.783	2.29

固化条件为50℃，固化时间为2天（48h），由图2.1可以看出，各黏接样块抗折强度由高到低依次排名：Easy-Mix S50＞Easy-Mix N50＞Silicon A（白色）＞Silicon F＞Easy-Mix N5000＞Silicon A（透明）＞SiO_2-PVA＞Silicon N。

从环氧树脂和硅树脂中各挑选2种材料，Easy-Mix S50、Easy-Mix N50、Silicon A（白色）、Silicon F，再加上和玲老师的两种新型材料，初步筛选出6种材料：Easy-Mix S50、Easy-Mix N50、Silicon A（白色）、Silicon F、SiO_2-PVA和POSS-PGMA。

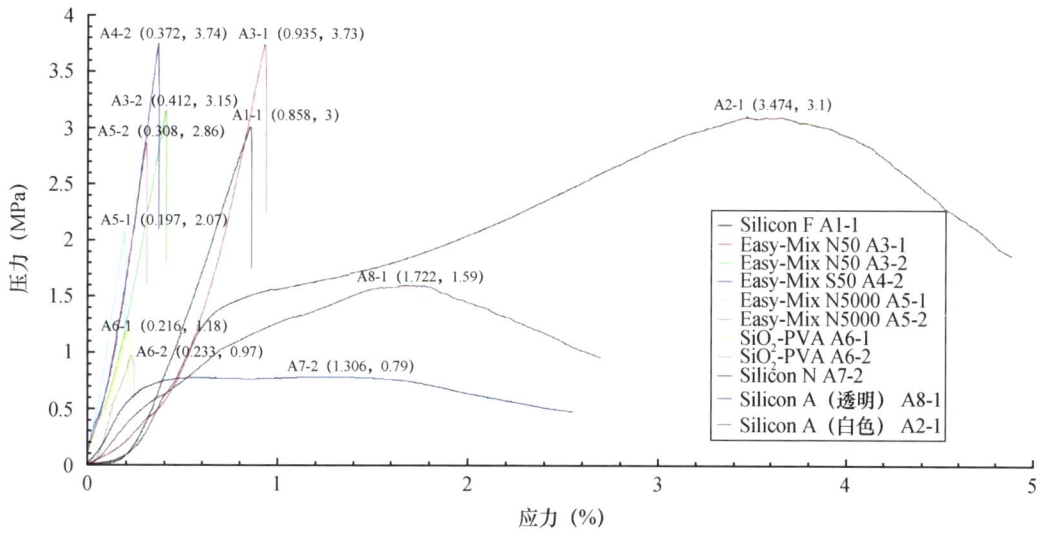

图2.1　30℃各黏接样块抗折强度比较

2.2　黏接材料二次筛选

初步筛选出6种材料后，对6种材料再次进行筛选，黏接好的样块设置6种老化条件：热老化（50℃、80℃、100℃、120℃）、紫外老化和冻融老化，其中热老化分为四个温度等级，50℃老化时间为28天（672h）、80℃老化时间为14天（336h）、100℃老化时间为14天（336h）、120℃老化时间为14天（336h）。

冻融老化：本实验参考GB/T 3810.12-2016，对黏接样块进行老化，将黏接固化好的样块放入-20℃的冰箱中冷冻24h，取出后放入50℃的烘箱中加热24h，如此为一个循环（一个循环48h）。

紫外老化：紫外光灯照射老化实验利用荧光紫外光灯模拟太阳光，对耐久性材料进行破坏性测试。紫外老化条件为$1 \times 10^5 \mu w$，照射时间为90天（2160h）。

由表2.3可以看出，老化条件为50℃，老化时间为28天（672h），POSS-PGMA和SiO_2-PVA的抗折强度高于其他材料，由高到低依次排名：POSS-PGMA＞SiO_2-PVA＞Easy-Mix S50＞Easy-Mix N50＞Silicon F＞Silicon A。

表2.3　热老化后各黏接样块抗折强度比较

老化温度及时间	黏接材料	试样标识	弯曲应变（位移）在最大值载荷[%（mm/mm）]	弯曲应力在最小值载荷（MPa）
50℃（28天672h）	Silicon F	A1-7	0.552	0.94
		A1-8	0.367	0.77
	Silicon A	A2-7	0.379	0.6
		A2-8	0.257	0.65
	Easy-Mix N50	A3-7	0.242	1.26
		A3-8	0.4	0.97
	Easy-Mix S50	A4-7	0.36	1.51
		A4-8	0.46	1.26
	POSS-PGMA	A5-7	0.534	2.6
		A5-8	0.351	1.77
	SiO_2-PVA	A6-7	0.375	2.43
		A6-8	0.776	2.18
80℃（14天336h）	Silicon F	A1-5	0.38	0.49
		A1-6	0.302	0.53
	Silicon A	A2-5	0.442	0.88
		A2-6	0.25	0.64
	Easy-Mix N50	A3-5	0.293	1.18
		A3-6	0.336	0.96
	Easy-Mix S50	A4-5	0.34	1.26
		A4-6	0.322	1.2
	POSS-PGMA	A5-5	0.443	2.03
		A5-6	0.518	1.37
	SiO_2-PVA	A6-5	0.396	0.91
		A6-6	0.336	1.31
100℃（14天336h）	Silicon F	A1-11	0.245	0.22
		A1-12	0.44	0.78
	Silicon A	A2-11	2.889	0.89
		A2-12	0.536	0.79
	Easy-Mix N50	A3-11	0.06	0.4
		A3-12	0.488	0.55
	Easy-Mix S50	A4-11	0.376	1.45
		A4-12	0.741	3.21

续表

老化温度及时间	黏接材料	试样标识	弯曲应变（位移）在最大值载荷 [%（mm/mm）]	弯曲应力在最小值载荷（MPa）
100℃（14天 336h）	POSS-PGMA	A5-11	0.294	2.7
		A5-12	0.339	1.59
	SiO_2-PVA	A6-11	0.35	1.11
		A6-12	0.325	2.08
120℃（14天 336h）	Silicon F	A1-3	未测断开	
		A1-4	未测断开	
	Silicon A	A2-3	0.5	0.41
		A2-4	0.614	1.38
	Easy-Mix N50	A3-3	0.419	1.11
		A3-4	0.338	1.41
	Easy-Mix S50	A4-3	0.417	1.57
		A4-4	0.434	1.37
	POSS-PGMA	A5-3	0.736	3
		A5-4	0.309	1.53
	SiO_2-PVA	A6-3	0.273	0.99
		A6-4	0.295	1.49
冻融老化（循环40次）	Silicon F	A1-9	0.355	0.84
		A1-10	1.626	3.71
	Silicon A	A2-9	2.018	1.7
		A2-10	1.036	1.94
	Easy-Mix N50	A3-9	0.279	2.51
		A3-10	0.165	0.37
	Easy-Mix S50	A4-9	0.225	0.91
		A4-10	0.519	1.66
	POSS-PGMA	A5-9	0.421	1.6
		A5-10	0.367	1.93
	SiO_2-PVA	A6-9	0.115	0.06
		A6-10	0.336	1.17

续表

老化温度及时间	黏接材料	试样标识	弯曲应变（位移）在最大值载荷 [%（mm/mm）]	弯曲应力在最小值载荷（MPa）
紫外老化（90天 2160h）	Silicon F	A1-13	0.463	1.24
		A1-14	2.4	5.67
	Silicon A	A2-13	0.379	1.07
		A2-14	0.654	0.93
	Easy-Mix N50	A3-13	0.218	2.33
		A3-14	0.261	1.73
	Easy-Mix S50	A4-13	0.3	1.71
		A4-14	0.383	1.51
	POSS-PGMA	A5-13	未测断开	
		A5-14	0.35	1.26
	SiO$_2$-PVA	A6-13	未测断开	
		A6-14	0.314	0.06

老化条件为80℃，老化时间为14天（336h），POSS-PGMA的抗折强度高于其他材料，由高到低依次排名：POSS-PGMA＞SiO$_2$-PVA＞Easy-Mix S50＞Easy-Mix N50＞Silicon A＞Silicon F。

老化条件为100℃，老化时间为14天（336h），Easy-Mix S50的抗折强度高于其他材料，由高到低依次排名：Easy-Mix S50＞POSS-PGMA＞SiO$_2$-PVA＞Silicon A＞Easy-Mix N50＞Silicon F。

老化条件为120℃，老化时间为14天（336h），POSS-PGMA的抗折强度高于其他材料，由高到低依次排名：POSS-PGMA＞Easy-Mix S50＞SiO$_2$-PVA＞Easy-Mix N50＞Silicon A＞Silicon F（未测断开）。

老化条件为紫外灯老化，老化时间为90天（2160h），Silicon F的抗折强度高于其他材料，由高到低依次排名：Silicon F＞Easy-Mix N50＞Easy-Mix S50＞Silicon A＞POSS-PGMA＞SiO$_2$-PVA。

老化条件为冻融老化，老化时间为循环40次（1920h），Silicon F的抗折强度高于其他材料，由高到低依次排名：Silicon F＞Easy-Mix N50＞POSS-PGMA＞Easy-Mix S50＞Silicon A＞SiO$_2$-PVA。

由以上分析可以看出，POSS-PGMA和Easy-Mix S50一直稳居前列，老化后抗折强度高，性能优异。

2.3 老化前后色度表征

采用美国的X-rite VS450色度计对老化前后胶粘剂材料色度进行测试。其中,L^*表示明度值,a^*表示红/绿值,b^*表示黄/蓝值,C^*表示饱和度值,H^*表示色调角度值的柱形坐标。颜色容差主要针对样品和已知标准颜色测量值的比较,这样可判断样品与标准的接近程度。

CIE L^*A^*B容差公式以标准为中心,然后给予个别$L^*a^*b^*$数值,正负(+/-)的误差范围。

$$\Delta L^* = L^*样品 - L^*标准 \quad (明度差异)$$
$$\Delta a^* = a^*样品 - a^*标准 \quad (红/绿差异)$$
$$\Delta b^* = b^*样品 - b^*标准 \quad (黄/蓝差异)$$

此容差公式,可以简单直接地显示颜色误差的原因。

值	+	-
ΔL^*	偏浅	偏深
Δa^*	偏红	偏绿
Δb^*	偏黄	偏蓝

$$\Delta C^* = C^*样品 - C^*标准 \quad (饱和度差异)$$
$$\Delta H^* = \sqrt{(\Delta Eab)^2 - (\Delta L^*)^2 - (\Delta C)^2} \quad (色调差异)$$

从LCH容差公式,可以清楚分析出颜色饱和度和色调误差的原因。

v	+	-
ΔL^*	偏浅	偏深
ΔC^*	偏鲜	偏暗
ΔH^*	偏逆时针方向色调	偏顺时针方向色调

Eab容差公式以一个数值代表总色差。

$$\Delta Eab = \sqrt{(\Delta L^*)^2 + (\Delta a^*)^2 + (\Delta b^*)^2}$$

ΔEab值越少代表色差越少,相反,ΔEab值越大代表色差越大。　　　　(公式1)

在进行热老化的同时,对胶粘剂也进行老化,在载玻片上均匀刷上胶粘剂,与黏接样块一起进行老化。

用老化前后红外光谱测试结果及胶粘剂色度变化来表征胶粘剂材料的优异。

由计算结果可以看出,硅树脂Silicon A老化前后相比较(图2.2),100℃色差最大,50℃色差最小,色差从大到小依次为100℃>80℃>120℃>50℃。随着老化温度的升高,硅树脂Silicon A颜色变浅、变红、变黄,其中,80℃时,材料颜色较老化前变深。

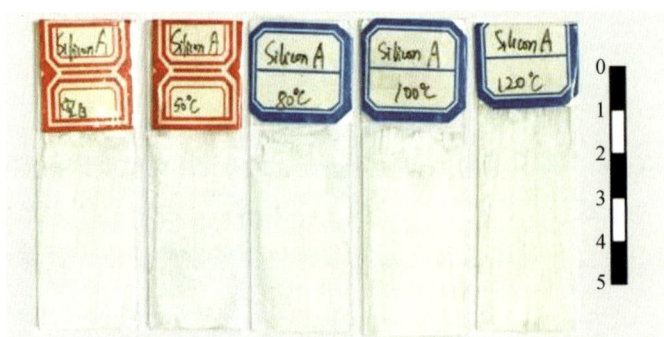

图2.2 硅树脂Silicon A热老化前后对比照片

由计算结果可以看出,硅树脂Silicon F与老化前后相比(图2.3),100℃色差最大,120℃色差最小,色差从大到小依次为100℃＞50℃＞80℃＞120℃。随着老化温度的升高,硅树脂Silicon F颜色变深、变红、变黄。

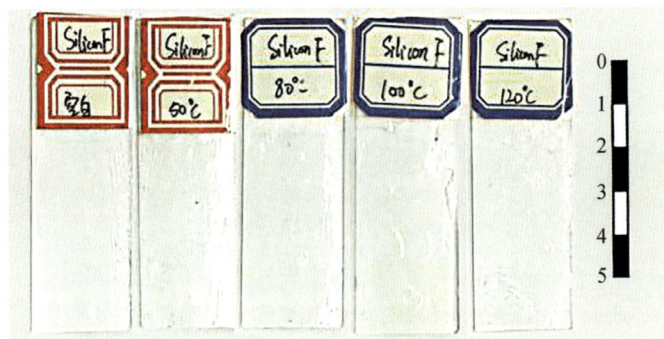

图2.3 硅树脂Silicon F热老化前后对比照片

由计算结果可以看出,环氧树脂Easy-Mix N50老化前后相比较(图2.4),120℃色差最大,80℃色差最小,色差从大到小依次为120℃＞100℃＞50℃＞80℃。随着老化温度的升高,环氧树脂Easy-Mix N50颜色变深、变绿、变黄。其中,120℃时,材料颜色较老化前变红。

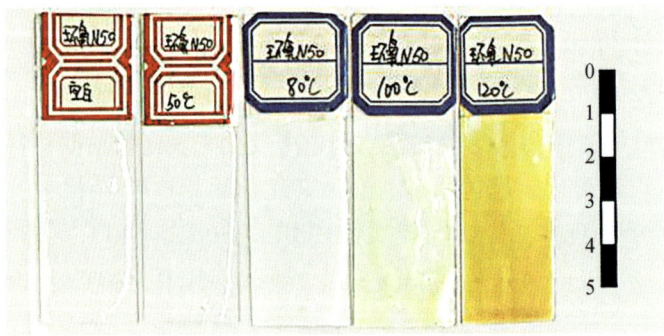

图2.4 环氧树脂Easy-Mix N50热老化前后对比照片

由计算结果可以看出,环氧树脂Easy-Mix S50老化前后相比(图2.5),120℃色差最大,50℃色差最小,色差从大到小依次为120℃＞100℃＞80℃＞50℃。随着老化温度的升高,环氧树脂Easy-Mix S50颜色变深、变绿、变黄。其中,80℃时,材料颜色较老化前变浅;120℃时,材料颜色较老化前变红。

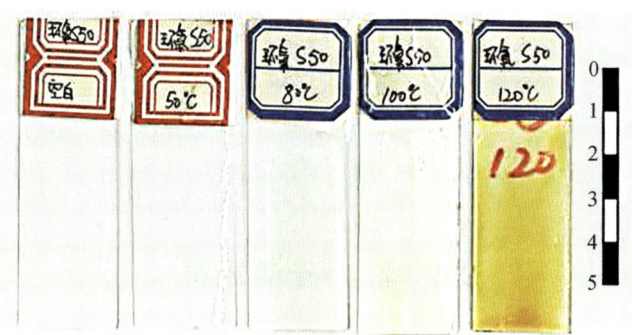

图2.5　环氧树脂Easy-Mix S50热老化前后对比照片

由计算结果可以看出,POSS-PGMA老化前后相比(图2.6),80℃色差最大,50℃色差最小,色差从大到小依次为80℃＞120℃＞100℃＞50℃。随着老化温度的升高,POSS-PGMA颜色变深、变绿、变黄。

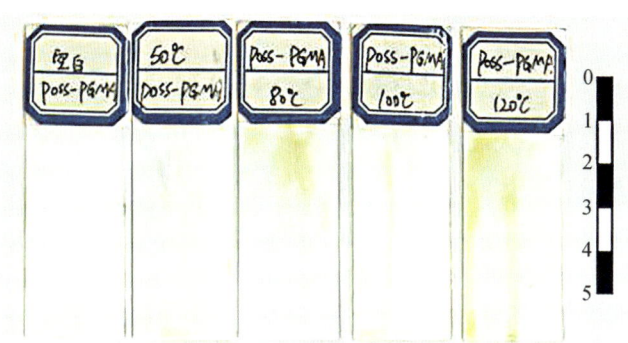

图2.6　POSS-PGMA热老化前后对比照片

由计算结果可以看出,SiO_2-PVA老化前后相比(图2.7),80℃色差最大,50℃色差最小,色差从大到小依次为80℃＞120℃＞100℃＞50℃。随着老化温度的升高,SiO_2-PVA颜色变深、变绿、变黄。其中,50℃时,材料颜色较老化前变浅、变蓝;100℃时,材料颜色较老化前变红。

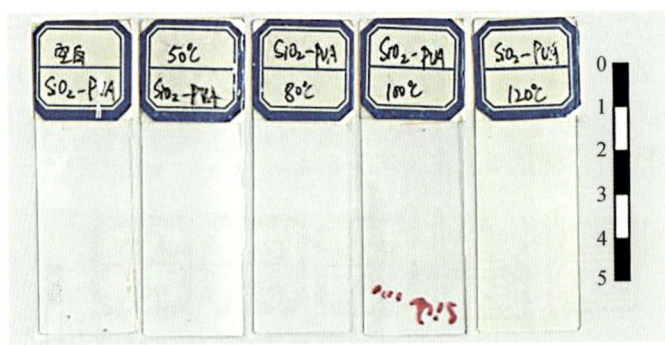

图2.7 SiO$_2$-PVA热老化前后对比照片

2.4 红外光谱表征

为了探究老化温度升高时胶粘剂材料是否受到影响，对每种材料老化前后进行红外光谱表征，观察其官能团是否发生变化。

经傅里叶红外光谱测试，6种材料老化后，主峰位置并未改变，只有吸光度发生变化，说明老化后6种材料官能团均未遭到破坏。对我们筛选黏接剂的参考意义不甚大，故可以忽略。

3 结果与讨论

（1）经过初步筛选，在30℃条件下固化48h，在9种材料中筛选出抗折强度比较高的6种材料，Easy-Mix S50、Easy-Mix N50、Silicon A（白色）、Silicon F、SiO$_2$-PVA和POSS-PGMA。

（2）二次筛选经过3种老化方式，6种老化条件：热老化（50℃、80℃、100℃、120℃）、冻融老化和紫外灯老化，筛选出抗折强度高的2种材料：环氧树脂Easy-Mix S50和POSS-PGMA。

（3）经过色度检测，随着老化温度升高，环氧树脂Easy-Mix S50 色差变化大，颜色变深、变绿、变黄，其中，120℃时，材料颜色较老化前变红，容差达到33；而POSS-PGMA色差变化小，颜色变深、变绿、变黄，容差基本保持在10以内。

（4）POSS-PGMA各方面性能优异，老化前后色差变化小，黏接样品后抗折强度高，但由于POSS-PGMA配置时所用溶剂（氯仿/四氢呋喃）有毒，对人体有伤害；而环氧树脂Easy-Mix S50同样在黏接样品后抗折强度很高，根据文物所处环境一般不高于50℃的情况，所以最终决定用环氧树脂Easy-Mix S50来作为此次信阳城阳城址文物样品的黏接剂。

致谢：感谢河南省文物考古研究院武志江研究员、秦始皇帝陵博物院容波研究员在前期采样时提供的帮助，在测试过程中感谢中国科学院上海硅酸盐研究所赵静副研究员、李强博士的协助，项目实施受到国家文物局文物科技保护优秀青年项目（项目编号：2015-297）、"信阳城阳城址彩绘锡涂陶涂锡工艺复原研究"项目（项目编号：XASYPY1-B2008）、陕西省社会科学项目（立项号：13H035）的资助，在此一并致以谢忱。

注　释

[1] 冯德君、武志江、赵泾峰等：《河南信阳城阳城址8号墓出土木材研究》，《西北林学院学报》2017年第3期。

[2] 方燕明：《2015年度河南省五大考古新发现》，《华夏考古》2016年第3期。

[3] Ma Y L, He Ling, Zhao L R, et al. POSS-based glycidyl methacrylate copolymer for transparent and permeable coatings. *Soft Materials*, 2016, 14 (4): 253-263.

[4] Hu P G, Jia M J, Zuo Y Y, et al. A silica/PVA adhesive hybrid material with high transparency, thermostability and mechanical strength. *RSC Advances*, 2017, 7 (5): 2450-2459.

附录二 汉阳陵着衣式陶俑残余物生物检测初探

王世伟[1] 孔 琳[2] 程 蓓[2] 赵 静[2]

（1. 西北大学生命科学院　2. 汉景帝阳陵博物院）

  汉阳陵是西汉第四位皇帝景帝刘启及其皇后王氏的同茔异穴合葬陵园，位于西安渭河北岸的咸阳原东端，地跨西安市高陵区与咸阳市渭城区、泾阳县，是目前考古研究成果最为丰富、保护展示体系最为完备的西汉帝陵。汉阳陵建设始于汉景帝前元四年（公元前153年），至公元前126年王皇后去世合葬阳陵告一段落，长达28年。汉阳陵遗址占地面积约20平方千米，由帝陵陵园、后陵陵园、南北区外藏坑、礼制建筑遗址、道路系统、陪葬墓区及阳陵邑等部分组成，规模宏大、布局规整、结构严谨，综合展现了西汉时期的帝王丧葬礼制、政治制度与物质文化，是汉文化、汉民族形成的关键历史时期。

  20世纪70年代，考古工作者开始对汉阳陵进行初步勘探调查。1990年，由于配合西安—咸阳国际机场专用公路建设，阳陵陵园的考古勘探、发掘与清理工作在较大范围内展开。现已探明在帝陵封土外围呈放射状分布着81座长短不一的外藏坑，对帝陵东北部的11座外藏坑进行考古发掘，出土了大量形神毕肖的汉代陪葬裸体俑群。考古学家认为，这种裸体陶俑原本"着衣、装木臂"，称为"着衣式陶俑"，为皇室独有，异常珍贵，具有最高封建等级的含义[1]。然而，对于这些西汉皇家彩绘陶俑的具体制作方法和所着外衣材质尚无具体研究数据支撑。因此，本文采用生物检测法——同位素质谱仪对汉阳陵出土的着衣式陶俑表面残留物质进行采样分析，拟为研究着衣式陶俑的具体形制和制作工艺提供基础信息。

1 稳定同位素在科技考古中的应用

  目前，稳定同位素测定法在科技考古中多用于古代人类食谱分析，利用古代人骨中的C、N稳定同位素来确定其食物结构，包括肉食情况[2]。方辉等中外学者采用C、N稳定同位素法对山东日照两城镇遗址出土人骨做了定量分析，发现在龙山时期，山东东南部居民不再以粟为主食，而更多食用其他农作物，尤其是稻米；粟可能用于家畜饲料[3]。裴德明等人也应用这一分析方法，对山西乡宁内阳垣遗址先民的食物结构进行了分析，结果表明，尽管该遗址主体文化为晋，但其食物结构分析反映的却是以畜牧业为主的经济模式，明显受到了游牧民族（戎狄）的影响[4]。张全超等人应用稳定同位素技术，对新疆巴里坤县黑沟梁早期铁器时代墓地出土人骨中的C、N同位素比值进行了测试。结果显示：黑沟梁早期铁器时代居民日常饮食习惯中，保持着相当比例的动物性食物摄入，羊肉应该是当时居民较为普遍的肉食来源，植物类食物的摄入以C_3植物为主，很可能来源于小麦[5]。唐淼等人对晋中小南庄墓地东周时期人骨进行了C、N稳定同位素分析，结果显示先民的$\delta^{13}C$值和$\delta^{15}N$值都比较集中，说明他们以C_4食物为主，也有少量C_3食物，但动物蛋白消费有所区分，并根据先民对动物蛋白占有的不同，将晋中小南庄墓地东周时期的人划分为从事农耕经济和从事畜牧经济的两个经济群体[6]。董豫等人对喇嘛洞遗址出土人骨进行C、N稳定同位素分析，人骨中骨胶原$\delta^{13}C$值和$\delta^{15}N$值分析显示，先民主要以C_4食物为食，且基本为素食，这应当与发达的糜子和粟米农业密切相关，说明喇嘛洞遗址鲜卑人的生活方式已受到汉文化的强烈影响，由游猎为生转变为农业生产为主[7]。张昕煜等人对和林格尔地区战国晚期大堡山墓地出土的41例人骨进行了C、N稳定同位素分析，表明先民的食物中包含了较多的C_4类动物蛋白，大堡山先民以粟作农业（包括粟类作物和以粟类作物副产品为食的动物）为基础，兼营牧业生产，体现了战国晚期中原农业文明对内蒙古中南部的全面影响[8]。

此外，国内有些学者将C、N稳定同位素结合，用于动物食性的分析，取得了一些有意义的成果。如管理等人对陕北靖边五庄果墚遗址出土的家猪、狗、鼠、草兔这4种动物骨骼进行了C、N稳定同位素分析，研究了这4种动物的食谱特征、营养级结构，分析了人类活动对生活在其周围动物食物结构的影响[9]。胡耀武等人对山东后李文化时期（8500~7500年前）小荆山遗址的人骨及月庄遗址的动物骨骼进行了C、N稳定同位素分析，探讨了猪群食谱的差异，通过与先民及其他动物的同位素数值比较，尝试科学地鉴别家猪与野猪[10]。陈相龙等人对王湾三期文化河南禹州瓦店遗址出土先民和动物骨骼进行了稳定同位素分析后发现，粟类食物是瓦店先民食物结构中的主体，水稻的重要性也开始显现，先民的肉食资源应该主要是粟作农业产品饲养的家畜（以家猪为主）。猪和狗主要以粟类副产品和先民的残羹冷炙为食，绵羊采食了较多的C_3植物，黄牛则食用了大量的粟类产品。从先民食物结构和家畜饲养策略，说明瓦店遗址新石器时代末期的生业经济在谷物栽培和家畜饲养方面呈现出复杂的面貌[11]。

2 实验方法与材料

2.1 稳定同位素测定

对残留物质的生物检测分析方法比较多,根据其状态不同,有不同的方式。其中,C、N同位素分析是最重要的方法之一。依据残留物质的C同位素分析可以区分植物的种类[12]。其原理为:植物是通过光合作用将空气中的CO_2转化为植物组织。到目前为止,所发现的光合作用途径主要有以下三种[13]。

2.1.1 C_3植物

通过卡尔文(Calvin)光合作用途径固碳的植物,该途径的最初产物是3-磷酸酰甘油酸(3-PGA),其分子为三碳化合物。C_3植物如稻米、小麦、豆类等,其$\delta^{13}C$值范围为-30‰~-23‰,平均值为-26‰[14]。

2.1.2 C_4植物

通过哈-斯(Hatch and Slack)光合作用途径固碳的植物,该途径的最初产物是苹果酸(Malic acid)和天冬氨酸(Aspartic acid)等,其分子为四碳化合物。C_4植物如玉米、小米、高粱、甘蔗、谷子、稷、白茅、狗尾草等,$\delta^{13}C$值范围为-14‰~-8‰,平均值为-11‰[15]。

2.1.3 CAM植物

通过CAM(Crassulacean acid metabolism,景天酸代谢)光合作用固碳途径生成的多汁类植物。CAM植物如菠萝、甜菜、藻类等,$\delta^{13}C$值范围为-23‰~-12‰,平均值为-17‰[16]。

2.2 实验部分

2.2.1 实验方法

如果汉阳陵出土彩绘陶俑表面包裹附着织物遗迹,即使因长时间掩埋于土壤中被风化侵蚀了,但是仍旧会有植物$\delta^{13}C$残留,可被稳定同位素测定法检测出,当其检测值与周围环境土壤的$\delta^{13}C$含量显示出差异时,就能印证着衣式陶俑在制作完成时俑体表面确有织物。

2.2.2 样品采集

2020年7月3日,从汉景帝阳陵博物院库房内采集了10个土壤样品(样品编号001~010),分别来自7件着衣式陶俑(图2.1~图2.7)的残腿、胸部、胳膊断裂处孔洞内部、面部和后脑部的表面(这些样品代表陶俑的不同典型部位)。

因为同位素实验需要至少2g土壤,部分样品量不能达到实验所需重量要求,根据取样的重量要求和陶俑残片的来源及性质,从中挑选出3件陶俑残片,收集表面附着的残留物质样品共5份(每份重约2g),分别检测其δ^{13}C值(见表2.1)。

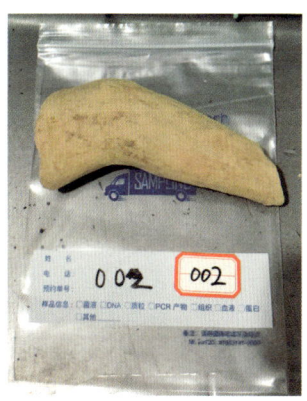

图2.1 002号陶俑腿部

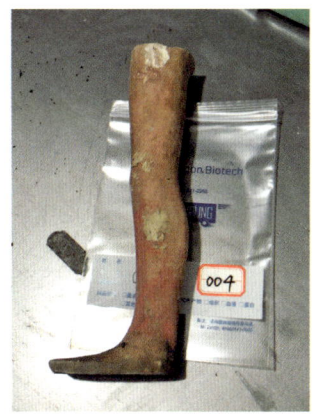

图2.2 004号陶俑残腿

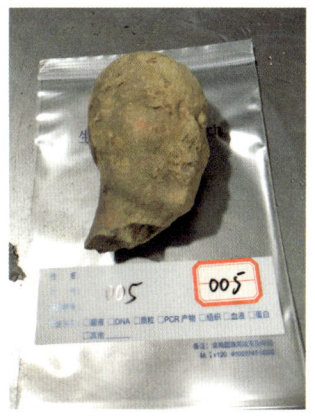

图2.3 005号陶俑头部正面

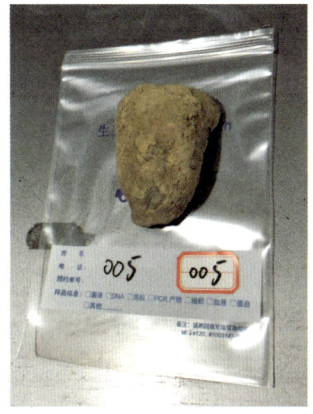

图2.4 005号陶俑头部背面

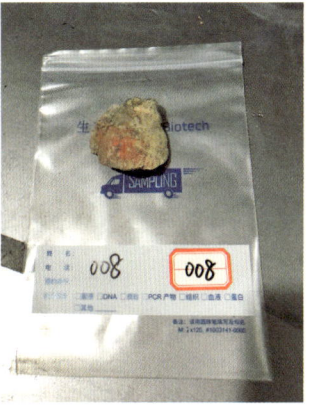

图2.5 008号陶俑残片

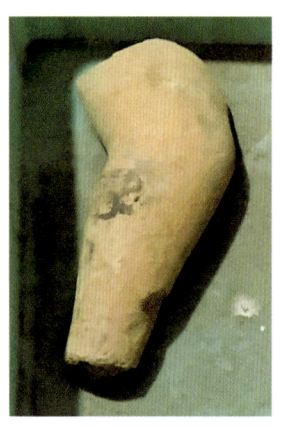 

图2.6　009号陶俑胳膊　　　　　图2.7　009号陶俑胳膊断裂处孔洞

表2.1　陶俑采样情况表

实验编号	样品编号	出土地点	出土时间	现存放地点	采样位置	选取原因
563339	002	汉阳陵东区陪葬墓M3	2005年	陈列馆库房	陶俑腿部	可能会有织物（行藤）
563340	005-1	汉阳陵东区陪葬墓M3	2005年	陈列馆库房	陶俑头面部	可能没有任何附着物，结果可用来作参照
563341	005-2	汉阳陵东区陪葬墓M3	2005年	陈列馆库房	陶俑头后部	可能会有织物（武弁）
563342	009-1	汉阳陵东区陪葬墓M3	2005年	陈列馆库房	陶俑上半身	可能会有织物（外衣）
563343	009-2	汉阳陵东区陪葬墓M3	2005年	陈列馆库房	陶俑胳膊断开处的孔洞内部	可能会有木质残留（木臂）

2.2.3　实验设备

将样品经0.1mol/L盐酸酸化去除碳酸盐之后，进行洗涤排酸。然后在BETA同位素实验室，采用IRMS稳定同位素质谱仪（Thermo Delta-Plus），测试精度$\delta^{13}C$值为±0.3‰。

2.3 实验结果与分析

2.3.1 实验结果

对5个样品分别进行检测,收集信号图如图2.8~图2.12所示。

5个样品的平均测试结果数据见表2.2。

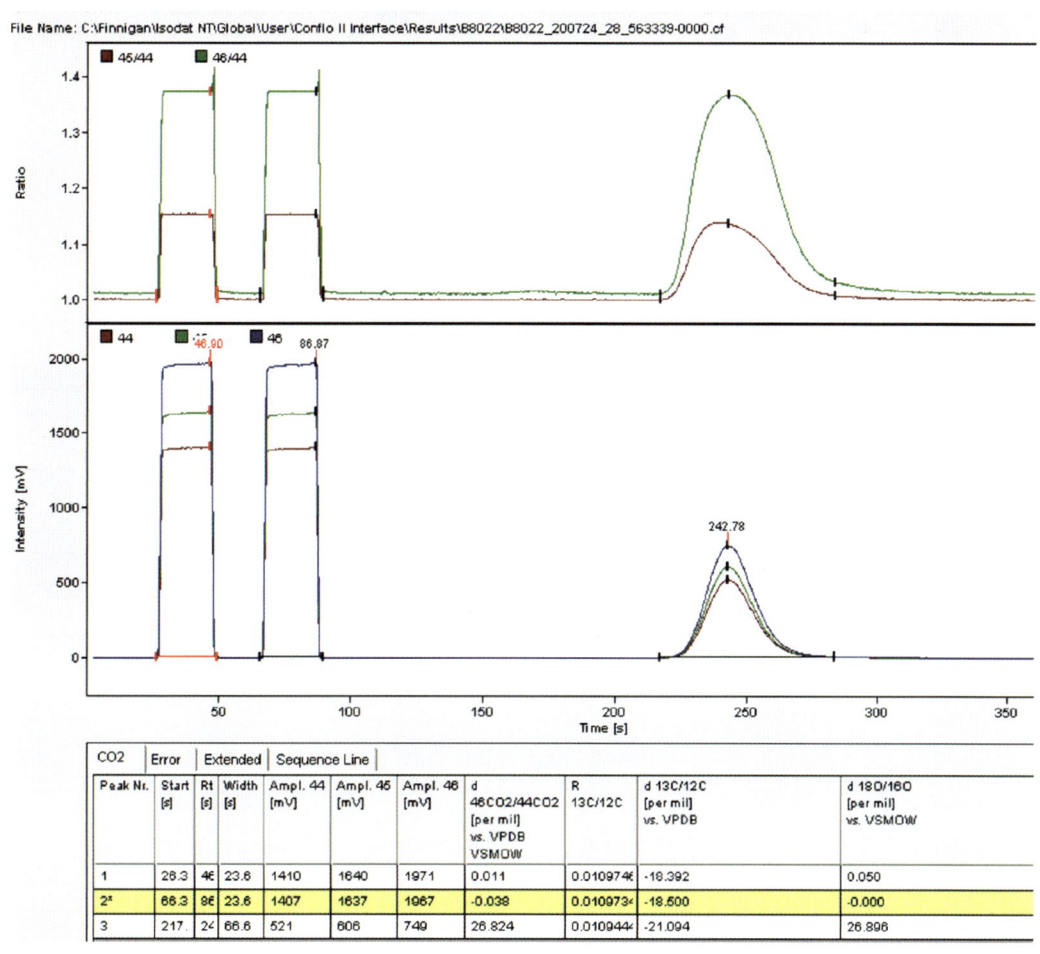

图2.8 002号样品$\delta^{13}C$值信号图

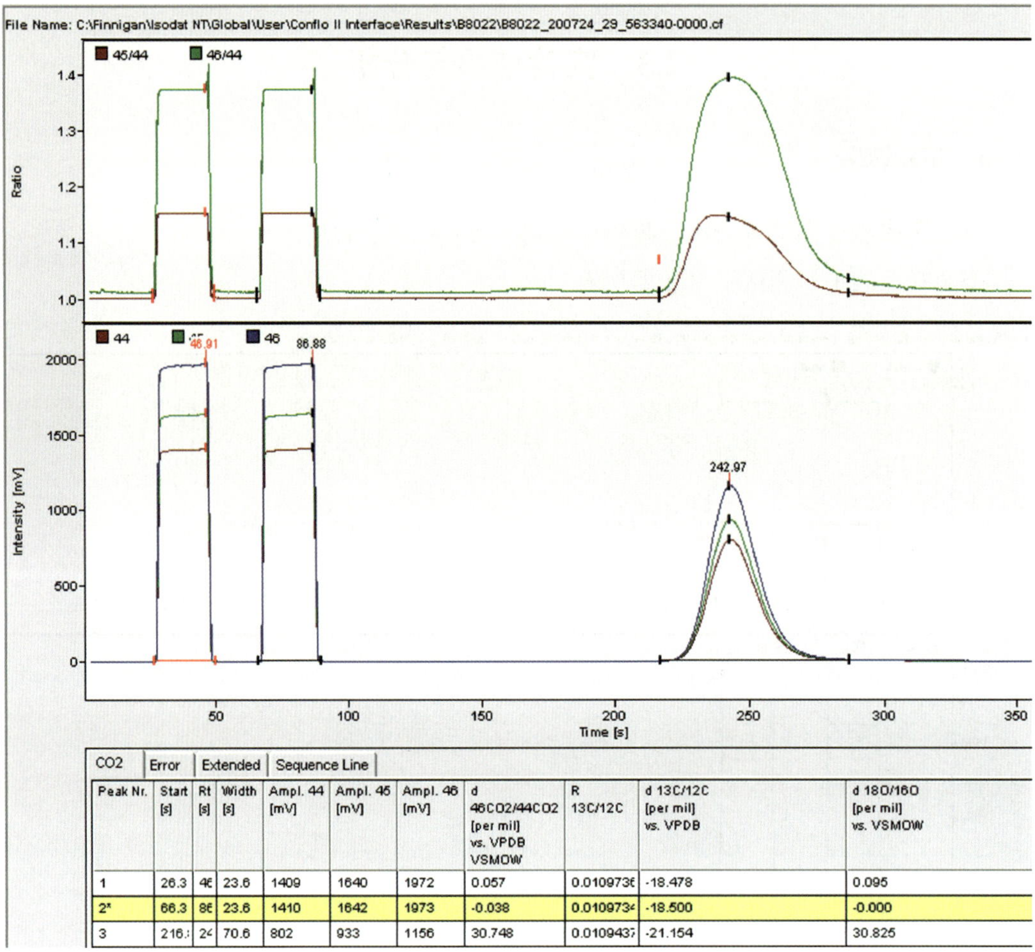

图2.9　005-1号样品$\delta^{13}C$值信号图

表2.2　样品数据采集表

实验编号	563339	563340	563341	563342	563343
样品编号	002	005-1	005-2	009-1	009-2
$\delta^{13}C$值	-21.01	-21.19	-20.12	-21.12	-21.65

2.3.2　结果分析

（1）从所采的5个样品$\delta^{13}C$值的大致范围来看，它们应该均属于景天科类植物。一般来说，古代样品测试的结果大多为C_3和C_4代谢植物（参见注释［4］~［6］、［10］），而本次样品的检测结果比较少见，可能仍需要查阅更多文献进行深入分析。

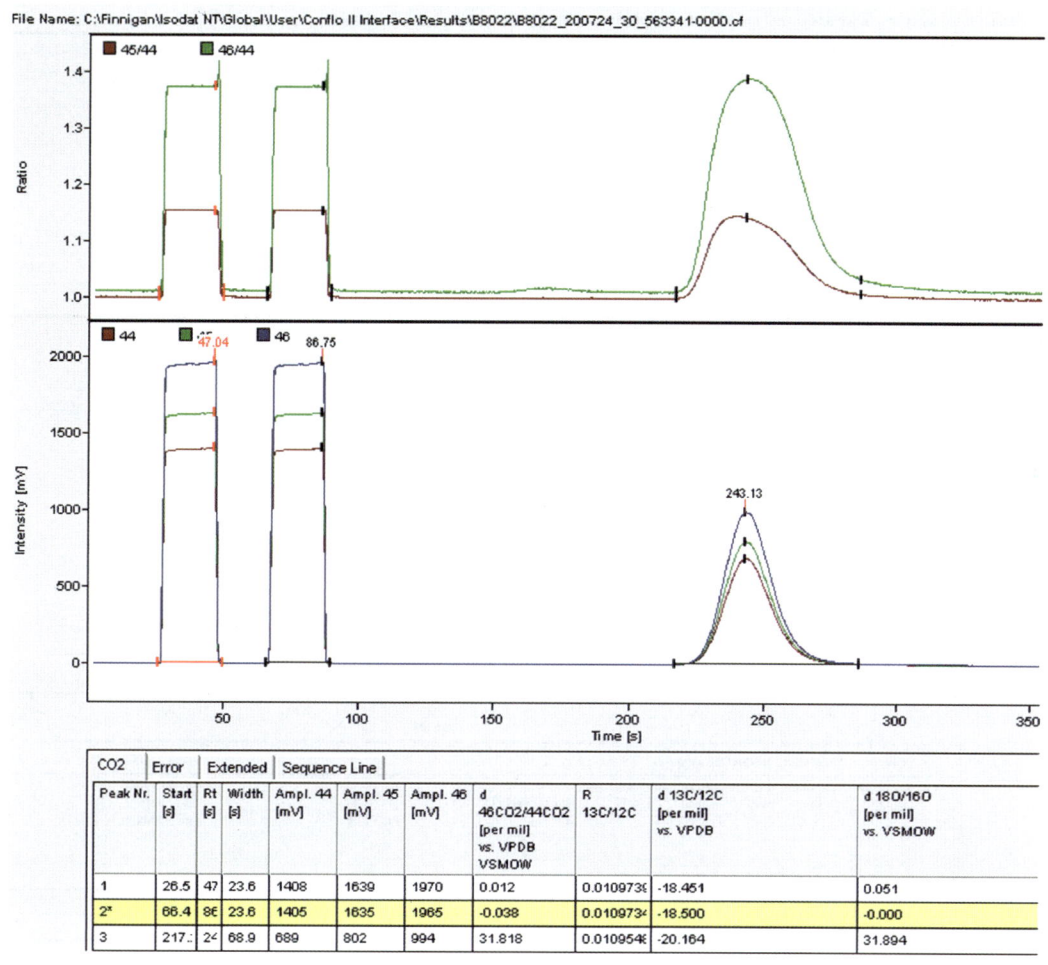

图2.10 005-2号样品δ¹³C值信号图

(2)从所采的5个样品δ¹³C值的差异来看,彩绘陶俑头后部和陶俑上半身样品的δ¹³C值比较接近,如果在这两个部位所提取的样品上都有织物遗存的话,那么很可能为同一种属的植物;彩绘陶俑胳膊样品δ¹³C值最低,可能与上述两者为不同物质;彩绘陶俑头面部所采集的样品由于没有织物遗存残留,所以与其他样品δ¹³C值相差较大;彩绘陶俑胳膊断开处孔洞样品的δ¹³C值最小,说明其材质组分与其他采样部位不一样,但是是否为木质仍需进一步检测研究。

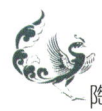

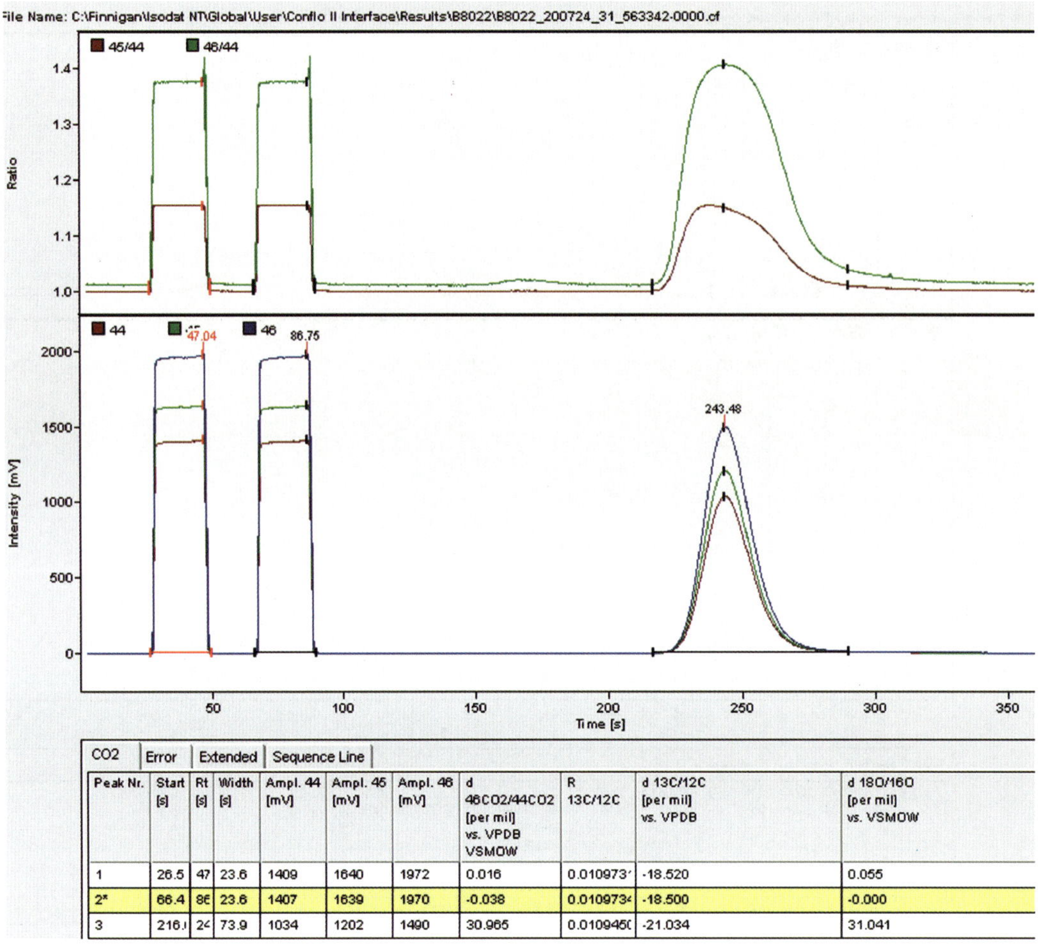

Peak Nr.	Start [s]	Rt [s]	Width [s]	Ampl. 44 [mV]	Ampl. 45 [mV]	Ampl. 46 [mV]	d 46CO2/44CO2 [per mil] vs. VPDB VSMOW	R 13C/12C	d 13C/12C [per mil] vs. VPDB	d 18O/16O [per mil] vs. VSMOW
1	26.5	47	23.6	1409	1640	1972	0.016	0.010973	-18.520	0.055
2*	66.4	86	23.6	1407	1639	1970	-0.038	0.010973	-18.500	-0.000
3	216.	24	73.9	1034	1202	1490	30.965	0.010945	-21.034	31.041

图2.11　009-1号样品$\delta^{13}C$值信号图

3 结　　语

随着研究方法或手段的不断进步，越来越多的新技术被应用到科技考古和文物科技保护当中，科技检测分析方法越来越全面，研究人员能够获得的文物信息也更加丰富，因而能以更广阔的视野、更多样的角度来分析或阐释这些信息，并有条件展开综合性的比较研究[17]。生物科学是自然科学领域中最为活跃的学科，同样可以为科技考古和文物保护工作提供多维度、多层次的分析研究。本文是生物检测技术在汉阳陵陶俑制作工艺研究上的首次应用，对汉阳陵的科技保护工作具有重要意义。

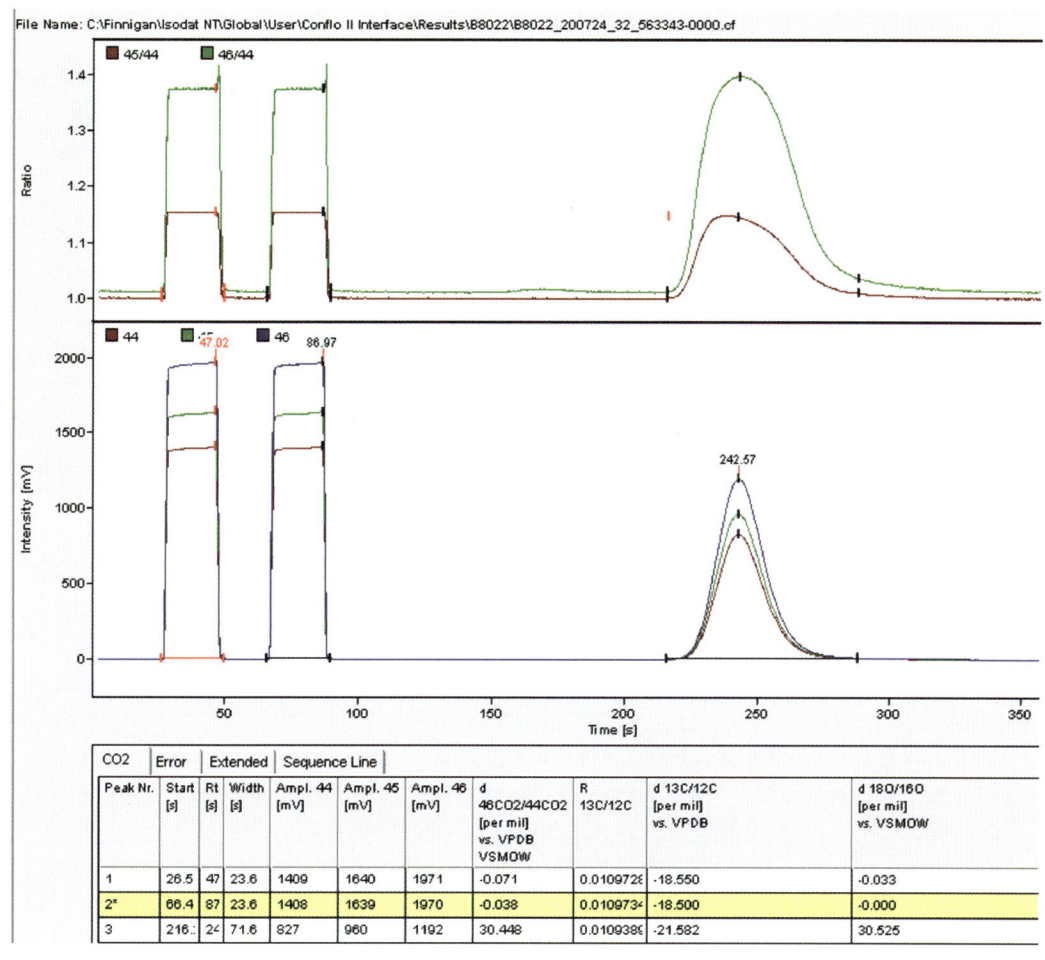

图2.12　009-2号样品δ¹³C值信号图

注　释

[1]　王学理：《着衣式木臂陶俑的时代意义》，《文博》1997年第6期。

[2]　张雪莲：《碳十三和氮十五分析与古代人类食物结构研究及其新进展》，《考古》2006年第7期。

[3]　Lanehart Rheta E、Tykot Robert H、方辉等：《山东日照市两城镇遗址龙山文化先民食谱的稳定同位素分析》，《考古》2008年第8期。

[4]　裴德明、胡耀武、杨益民等：《山西乡宁内阳垣遗址先民食物结构分析》，《人类学学报》2008年第4期。

[5]　张全超、常喜恩、刘国瑞：《新疆巴里坤县黑沟梁墓地出土人骨的食性分析》，《西域研究》2009年第3期。

[6]　唐淼、王晓毅、侯侃等：《山西晋中小南庄墓地人骨的C、N稳定同位素：试析小麦在山西

[7] 董豫、胡耀武、张全超等：《辽宁北票喇嘛洞遗址出土人骨稳定同位素分析》，《人类学学报》2007年第1期。

[8] 张昕煜、张旭、索明杰等：《东周时期内蒙古中南部人群和文化融合进程中的农业经济——以和林格尔大堡山墓地人骨C、N稳定同位素分析为例》，《中国科学：地球科学》2018年第2期。

[9] 管理、胡耀武、胡松梅等：《陕北靖边五庄果墚动物骨的C和N稳定同位素分析》，《第四纪研究》2008年第6期。

[10] 胡耀武、栾丰实、王守功等：《利用C，N稳定同位素分析法鉴别家猪与野猪的初步尝试》，《中国科学：地球科学》2008年第6期。

[11] 陈相龙、方燕明、胡耀武等：《稳定同位素分析对史前生业经济复杂化的启示：以河南禹州瓦店遗址为例》，《华夏考古》2017年第4期。

[12] 陈相龙：《碳、氮稳定同位素分析方法与农业考古研究新进展》，《农业考古》2017年第6期。

[13] 张雪莲、蔡莲珍、仇士华：《碳氮稳定同位素分析骨质样品采集及实验室操作规范》[中华人民共和国文物保护行业标准][WW/T0045-2012]，2012年。

[14] 张雪莲、蔡莲珍、仇士华：《碳氮稳定同位素分析骨质样品采集及实验室操作规范》[中华人民共和国文物保护行业标准][WW/T0045-2012]，2012年。

[15] 张雪莲、蔡莲珍、仇士华：《碳氮稳定同位素分析骨质样品采集及实验室操作规范》[中华人民共和国文物保护行业标准][WW/T0045-2012]，2012年。

[16] 张雪莲、蔡莲珍、仇士华：《碳氮稳定同位素分析骨质样品采集及实验室操作规范》[中华人民共和国文物保护行业标准][WW/T0045-2012]，2012年。

[17] 梅建军、王璞、黄兴：《近两年我国科技考古研究的新进展》，《中国科技史杂志》2010年第1期。

附录三 永昌唐代青龙佛石造像的保护修复

陈庚龄 韩鉴卿 赵亚军 张艳杰

（甘肃省博物馆文物保护修复中心）

永昌位于河西走廊东段，处于"丝绸之路"古道上，历史悠久，境内石窟、寺院文物遗存较多，如圣容寺石窟、庄严寺石窟等，且当地民间历来就有崇佛、信佛的习俗。2014年7月，受永昌县博物馆委托，甘肃省博物馆对其馆藏石质文物进行了保护修复。此次修复工作所涉及的这尊青龙佛石造像，是其馆藏残损造像中具有代表性的一身。从造像制作形制看，用材选用红砂岩，属于唐代造像风格，是该馆的"镇馆之宝"[1]。

20世纪50年代，青龙佛石造像曾遭到人为破坏，佛头与佛身分离，手臂、底座及背光局部残损、缺损严重；在入藏永昌县博物馆前，民间人士对造像头部、手臂部位实施了黏接、复原修复，由于修复操作不当，以及残留的材料痕迹对造像外观形貌造成污染、破坏，令人遗憾的是，有关不当修复的信息和资料不详。另外，在永昌县博物馆馆藏至今，期间从未对其实施保护和修复处理措施，加之馆藏环境较为恶劣，造像底座及岩层表面风化腐蚀严重，急需黏接复原和渗透加固保护。

修复工作使用传统的修复工艺、技术，对青龙佛实施了保护修复。通过运用偏光显微镜、X射线衍射仪等仪器对造像本体矿物进行鉴定和分析；在前期保护预实验的基础上，采用物理方法对不当修复及材料痕迹进行了剔除，运用打铆加契技术对造像实施了复原修复，使用贺利氏牙科用石膏粉对残损、缺损部位实施了补缺、补全修复，应用硅酸乙酯材料对风化岩层进行了渗透加固，使用与造像岩体相同的砂岩材料与PVAL胶合剂对修补部位实施了全色，使文物得到了科学保护修复，本文着重论述了青龙佛石造像保护修复工艺与方法。

1 造像保存现状

从目前青龙佛石造像保存状况看，佛头发生断裂，与佛身脱落，而且造像右手臂、左手部位表面岩层残损、破损，佛头面部、额头等部位有损伤划痕，致使表面岩层剥落而漫漶不清；加之后期不当修复及材料痕迹对造像外观形貌造成破坏。此外，馆藏后因保存环境恶劣，环境因素对造像底座长期的腐蚀、影响，造成其表面岩层风化、剥落，致使底座残损（图1.1）。

a   b

图1.1 青龙佛石造像保存现状（修复前）
a.佛头 b.佛身

1.1 佛　　头

藏品号为0036，高26、周长57cm。面部基本保存完整，因外力破坏造成面部眼、鼻、嘴、面颊等局部损伤，额头、发髻局部因岩层脱落而缺损。此外，断裂边缘后期的不当修复及修复材料也造成了器物表面污染。

1.2 佛　　身

藏品号为0025，高170、胸部宽85cm（最宽处）。佛身及表面纹饰保存基本完整，佛身背光边缘有局部破损，造像右手臂、左手因机械外力损伤而残缺，佛身岩层局部及底座表面被土垢及硬结物所覆盖。现佛身颈部、右臂及左手部位残留早期不当修复的材料痕迹，造成佛身表面形貌污染，破坏了造像整体外观。由于早期档案制度不科学、不规范，加之因档案工作需要，在器物表面遗留下了记录符号（编号），对器物表面造成了污染。

2 造像材质鉴定及矿物分析

2.1 材质结构、构造

对青龙佛石造像岩层结构构造作薄片鉴定分析，鉴定采用OLYMPUS BX-51型显微镜。分析结果表明，该砂岩属于不等粒长石砂岩，结构上为不等粒砂状结构的块状构造，其矿物成分由碎屑物和填隙物两部分组成，青龙佛石造像岩体矿物组成及成分见表2.1，造像岩体显微构造见图2.1。

表2.1 青龙佛石造像岩体矿物组成及成分含量

矿物组成	矿物分类及组成						
	碎屑物				填隙物		
含量（%）	85				15		
矿物组分	石英+石英岩	斜长石+钾长石	白云母+黑云母	粉砂岩岩屑	铁质+泥杂基	硅质	钙质
含量（%）	39	44	1	1	7	3	5

a   b

图2.1 青龙佛石造像岩体显微构造图
a.碎屑物 b.填隙物

图2.1中的造像岩体显微构造分析结果表明，碎屑物主要包括石英（Q）、斜长石（Pl）、钾长石（Kf）和岩屑石英岩（Qz）等，其中，斜长石次生蚀变强烈而为浑浊状，钙质胶结物方解石（Cal）充填在碎屑物颗粒之间。此外，填隙物泥质和铁质胶结物均为隐晶质集合体，彼此紧密伴生，分布在碎屑物周围，氧化后呈红褐色；钙质胶结物为大小在0.02~0.1mm之间的方解石亮晶；硅质胶结物则以石英碎屑的自生加大边和石英微晶的形态存在。

2.2 矿物成分

修复工作对造像岩体矿物取样作X射线衍射分析，分析仪器采用德国布鲁克D8型X射线衍射仪，测试条件为：管压40KV，管流24mA，阳极为Cu靶，铁滤窗，扫描范围（2θ）10°～120°，矿物成分XRD分析谱图见图2.2。

矿物分析结果表明：其矿物由石英（$\alpha\text{-}SiO_2$）、斜长石［$Na_{0.986}(Al_{1.005}Si_{2.995}O_8)$］、钾长石（$KAlSi_3O_8$）、白云母［$(Mg_{1.3},Fe_{0.7})Al_4O_2(SiO_4)_2(OH)_4$］、黑云母［$K(Mg,Fe^{2+})_3(Al,Fe^{3+})Si_3O_{10}(OH,F)_2$］等成分组成。

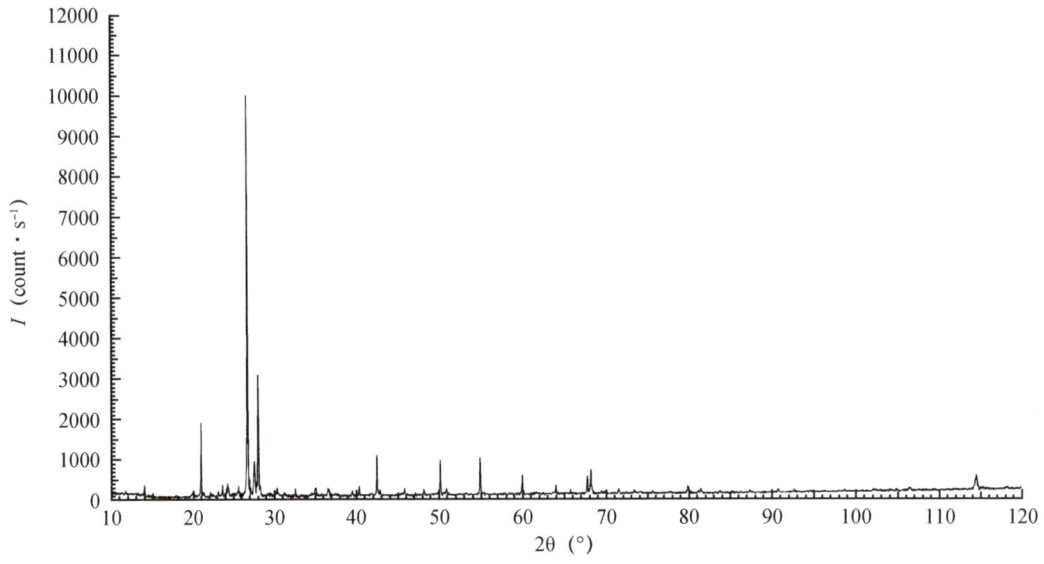

图2.2 青龙佛石造像矿物X衍射分析谱图

2.3 岩体矿物物理、水理、力学性质

分析工作对造像砂岩岩体比重、天然密度、孔隙率及吸水率等物理、水理和力学性能进行了测定，测定结果见表2.2。

表2.2 岩体矿物物理、水理、力学性质

名称	比重（g/cm³）	密度（g/cm³）	孔隙率（%）	吸水率（%）
造像砂岩岩体	2.65	2.5396	4.215	3.3708

3 修复技术与方法

3.1 修复材料

3.1.1 渗透材料

修复工作采用改性雷马士（Remmers）300E型硅酸乙酯材料作为造像岩体渗透材料。该材料目前多用于多孔性砂岩或砖石结构增强剂，而且能达到很高的渗透深度，其加固机理是通过和孔隙中的水分及潮气发生反应，形成无定型或水溶性的二氧化硅胶泥，使酥松的、风化的岩石内部得到黏接增强，同时使石材的耐候性、耐碱腐蚀的能力得到加强[2]。材料相关技术指标：硅酸乙酯含量大于40%，密度（20℃）约0.92g/ml，反应后残余二氧化硅含量约300g/L，施工最佳温度为10℃～20℃。

此外，使用硅酸乙酯渗透后的岩体表面，通常具有一定的憎水性，为增加二次渗透效果，在进行二次渗透操作时，可涂刷乙醇对渗透岩体表面进行预处理。另外，渗透后材料可能引起造像岩体表面"变色"问题，一般可使用丙酮进行处理。

3.1.2 黏接材料

修复工作选用环氧树脂E-44作为黏接剂，其分子式为：

$$O-CH_2-CH-CH_2\ \ O-CH_2-CH-CH_2\ \ O-CH_2-CH-CH_2$$

其通常具有化学稳定性好、黏合力强、收缩率小、抗电击性能优良等特点。一般适用于文物黏接修复，具有良好的化学、机械等性能。

另外，选用与环氧树脂E-44配套的650聚酰胺树脂作为固化剂。其具有毒性低、操作简便、可常温固化、黏接力强、韧性好的特点，明显优于一般的单体胺类固化剂。

3.1.3 补缺、补全材料

修复工作使用牙科医用石膏粉作为造像残损和缺失部位的补缺、补全材料，其特点是修复部位表面易于修整、处理，而且固化后强度高，目前该材料在陶质文物保护修复中已得到广泛应用。

贺利氏牙科用石膏系牙科4型（德国产，见图3.1），材料具有高强度、低膨胀性、操作容易、快速固化后膨胀系数小、强度极高的特征适合用于石质文物的修补。

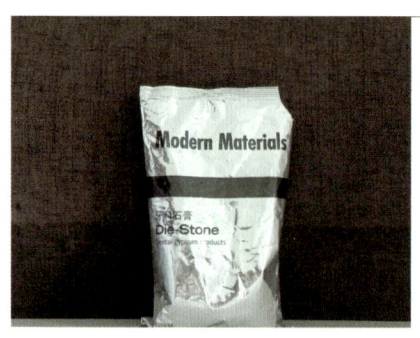 

图3.1 贺利氏牙科用石膏粉材料

3.1.4 全色材料

修复工作确定与造像岩体材质相同的砂岩材料作为全色材料。通常为使文物修补后的岩体表面与造像整体外观、颜色保持一致，需要对补全、复原后的器物表面实施全色处理；同时，为使补全、复原部位与器物整体相匹配，一般全色材料要求附着力强，可掺入使用PVAL胶合剂，而且修补表面配色要准确，符合器物外观整体效果。另外，根据可识别性原则，全色后的修补部位与岩石本体颜色应有少许色差、差异。

3.2 修复技术与方法

3.2.1 表面清理、清洗

对于造像岩体表面的泥渍、不当修复痕迹及油渍，使用竹刀、软毛刷和吸耳球等工具，先将表面浮土进行初步清理，然后使用脱脂棉蘸去离子水，对岩体表面污渍进行清洗；最后，采用物理、化学方法分别进行清理。

（1）泥垢清理

对覆盖在底座岩层表面顽固的较厚的坚硬泥垢，一般使用物理方法剔除。具体操作是：使用去离子水将坚硬泥渍润湿，用竹刀或手术刀等工具进行分层剔除；待泥渍清除完毕后，使用牙刷和去离子水将清理部位冲洗干净。

（2）不当修复痕迹剔除

由于不当修复及材料痕迹污染、破坏了造像原貌外观，为保持文物修复后期整体美观性和展陈性，依据文物保护修复"保持文物真实性"原则，需对早期不当修复痕迹进行剔除，再根据器物残损的真实情况，对残损部分有依据地进行复原。

根据不当修复材料的分析结果，确定其成分为木屑、水泥，故不当修复痕迹依然可采用物理方法进行清除。操作时可使用榔头对痕迹边缘先进行震动，降低痕迹附着的牢固度，使其结构疏松；然后使用凿子、手术刀等工具进行剔除；最后，使用去离子水将清理部位清洗干净。

（3）油渍清理

对于使用物理方法不易清除的岩体表面油渍，则可使用化学方法来进行清除。具体操作是：使用浓度为5%的碳酸铵溶液及脱脂棉外敷在油渍表面；为增加去除效果，使用保鲜膜对贴敷外部进行封护；通常贴敷时间为1~2h，待脱脂棉变色（蓝色或黑色），说明坚硬油渍层已松软、酥松，即可使用手术刀或竹刀进行剔除、清理；对于难以剔除的油渍，可重复操作2~3次；最后，使用脱脂棉和去离子水将清理部位清洗干净。

3.2.2 铆眼加楔

针对脱落佛头自身重量较重的情况，为增加其黏接回佛身后的牢固度，故在黏接复原操作环节专门设计了打铆加楔的修复方案，具体操作是：在佛头与佛身断裂黏接部位，通过打铆钻眼，加入楔子（不锈钢条）来固定、加固佛头，然后使用环氧树脂胶对脱落佛头进行黏接、复原。需要强调一点，打铆钻眼操作是决定脱落佛头能否顺利黏接复原的重要环节和前提，为确保文物的安全，操作时必须万无一失。

（1）铆眼

确认黏接部位相应的对接点尤为关键。操作前应对佛身断裂处佛头正确的黏接位置进行对接、校正，在确认对接点的位置后，以纸胶带对接点位置进行参照标记，以便后期能及时、准确地拼接回相应的黏接位置。

考虑到佛头的承受重量，加楔方式为"双楔"，楔子选用直径8mm、长12cm的不锈钢条。根据佛头在黏接位置的受力情况，确定佛身断裂部位钻眼处的合理位置和角度，深度为6cm。操作上应先对佛身实施铆眼操作，然后将钢条插入铆眼中，根据佛身铆眼中钢条的位置、倾斜角度，来确定佛头铆眼的相应位置、角度；同时使用纸胶带，在佛头两侧的相应位置对钻眼角度作参照标记；最后，根据参照标记，对佛头实施打眼操作。

此外，实施具体操作时，应采取循序渐进的方式，可随时对冲击钻的钻眼角度进行相应的调整；同时根据位置参照标记，及时调整佛头部位铆眼的角度和深度，并校正黏接部位的对接吻合度，需经反复确认直至缝隙间完全吻合。

（2）位置校正

使用纸胶带作为参照校正标记。黏接实施前，应在铆眼中放置不锈钢条，将佛头预安装回佛身，对黏接位置进行反复确认，获得最佳的黏接效果，效果示意图见图3.2。

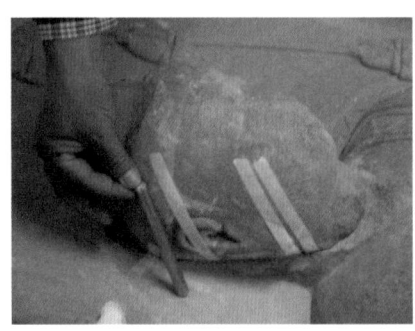

图3.2 铆眼加楔示意图

3.2.3 黏接复原

为使青龙佛造像整体保持完整性，需要对断裂、脱落佛头进行黏接、复原。

（1）边缘防护

黏接前需要对黏接部位、铆眼边缘周围进行清理及边缘防护。清洗试剂一般使用乙醇，采用脱脂棉蘸取乙醇的清洗方法。清理目的是增加黏接面积和强度。此外，使用纸胶带对佛头脱落边缘实施防护处理，目的是避免多余的黏接材料污染佛身佛头脱落边缘的岩层表面。

（2）黏接

使用环氧树脂对断裂佛头实施黏接、复原。具体操作是：使用乙醇将黏接部位、区域及钢条清理干净后，将配制好的黏接剂（环氧树脂与固化剂按1∶1比例均匀混合）均匀涂抹在铆眼、钢条及佛身与佛头的黏接接触部位，需要注意的是，涂抹时要求用量不宜太多，并且在黏接外部边缘预留出约1cm的区域；最后，将佛头固定在铆眼钢条中并安装回佛身位置，并使黏接缝隙完全对接，固化时间约24h。

（3）佛头校正

根据位置参照标记，在黏接材料未完全固化前，应对佛头进行校正，确保断裂缝隙相吻合，注意及时清理多余的黏接材料，避免污染边缘岩层表面。

3.2.4 残损、缺损部位的补缺

根据修复预实验结果，使用牙科用石膏粉对造像佛头、佛身残损、缺损部位进行补全、补缺。具体操作是：先将石膏粉与去离子水按一定比例均匀混合，放置一定时间，待混合物呈可"堆积"状时，将其涂抹在缺损部位，并对其外形进行适当修整；在修补石膏层未完全固化时，要及时对补缺部位进行整形、修整，使补缺后的修复部位与造像整体外观保持一致。

复原后的残损、缺损部位外观，必须要符合造像制作工艺和审美要求。对于较薄石膏修复层要及时进行添加，对较厚处进行"减薄"处理，使其与周围形制保持一

致。另外，对残留在岩层表面的补缺材料要进行清理、清洗，并保持干燥，补缺效果见图3.3。

 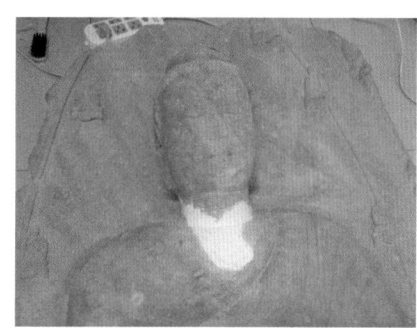

图3.3 残损、缺损部位石膏补缺效果图

3.2.5 脱落部位补全

采用与青龙佛石造像岩体相同的砂岩材质作为补全材料，对佛头额头、发髻局部脱落部位实施补全、修整。具体操作为：将制备好的砂岩粉与水溶性PVAL胶合剂按照1∶2比例均匀混合后，将混合物分层、逐层填充额头、发髻及面部局部脱落部位；修补时应参照额头、发髻形制，对补全部位表面进行外观修整。

3.2.6 渗透加固

根据渗透加固预实验结果，结合造像岩层表面风化情况，修复工作确定采用Remmers 300E型硅酸乙酯材料对造像岩层进行渗透加固，渗透用量为150ml/m^2，采用直接涂刷的方式。操作前应对造像渗透面进行清洁、干燥处理，然后使用100%的硅酸乙酯进行渗透加固；操作完成后，将事先准备好的塑料薄膜覆盖于造像渗透表面对其进行封护，封护目的是延长硅酸乙酯材料在岩体内的停留时间，使硅酸乙酯材料能更好地渗透到岩层内部。

另外，为达到预期的渗透加固效果，一般应重复上述操作2~3次为宜，渗透间隔为7天。采用日本电子JSM-6700型扫描电镜（配置Oxford EDS能谱仪）对渗透前、后岩层矿物构造进行形貌观察，显微构造见图3.4，渗透前、后岩体各元素含量分析结果见表3.1。

分析结果表明：渗透前、后岩层显微结构发生了明显改变。渗透前岩石砂粒结构清晰，层次分明且立体感强烈；渗透后砂粒颗粒表面明显被材料覆盖、包裹，由于硅酸乙酯渗透量不足以填充岩体孔隙，在孔隙处形成一些小的裂隙，呈裂缝状。此外，元素能量图谱及含量对比分析结果表明，岩体硅元素的峰值和含量增加明显，说明材料已渗入岩石结构中。

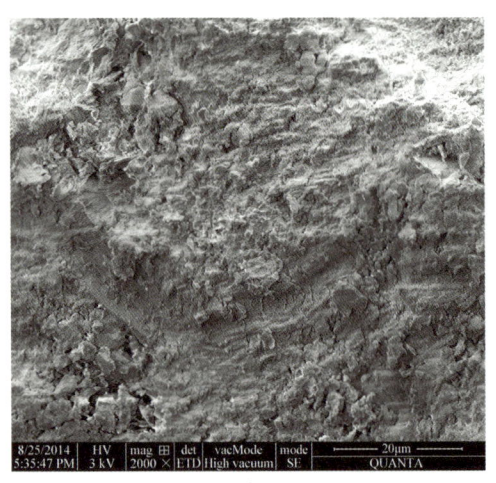 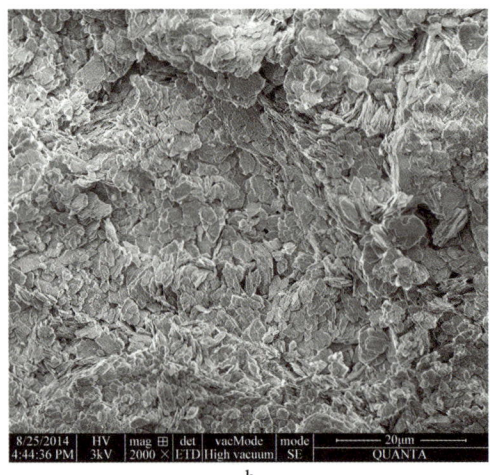

a b

图3.4 造像渗透前后岩层矿物构造结构形貌（2000X）

a. 渗透加固前　b. 渗透加固后

表3.1 材料渗透前后岩体各元素含量对比分析

渗透前				渗透后			
元素	表观浓度	wt（%）	标样标签	元素	表观浓度	wt（%）	标样标签
O	1.35	59.17	SiO_2	O	1.62	57.88	SiO_2
Na	0.02	0.87	Albite	Al	0.13	5.3	Al_2O_3
Al	0.24	11	Al_2O_3	Si	0.86	34.5	SiO_2
Si	0.46	22.79	SiO_2	K	0.04	1.67	KBr
K	0.03	1.11	KBr	Fe	0.01	0.64	Fe
Ca	0.12	5.06	Wollastonite				
总量		100%		总量		100%	

3.2.7 全色

修复使用与造像岩体相同的砂岩粉末作为全色材料，同时使用无色、透明的水溶性PVAL胶作为全色材料的胶结剂。根据操作需要，选用粗细不同的砂岩粉末，采取分层、逐层方式对佛身补缺、补全部位进行全色，使其与周围岩层颜色接近；此外，待全色部位表面干燥后，需要使用竹签等工具对表面进行技术处理，使其外观结构与造像整体外观保持一致。

另外，对于造像不当修复的部位，在剔除材料残留痕迹后，岩层表面外观较为"新鲜"，故需实施全色处理，使其与造像整体颜色、外观保持一致，修复效果见图3.5。

图3.5 青龙佛石造像修复效果
a. 全色效果（头部） b. 表面处理效果（不当修复部位） c. 渗透加固效果（底座） d. 修复效果（整体）

4 问题与讨论

4.1 文物档案及资料

早期档案制度的不健全、不规范，造成目前青龙佛石造像档案资料信息不全，尤其是有关造像早期受损资料，涉及不当修复及所使用的修复材料、方法等，致使目前无法调查、考证，无疑给修复工作增加了难度。

4.2 不当修复部位的复原

修复工作对青龙石造像不当修复及材料痕迹实施了剔除，恢复、保持其残损现状。由于缺乏与青龙佛制作形制相似、相关的档案资料，修复工作者无法对相关残损部位的形制进行考证，且不能提供可供实施修复用的参照造像相关资料，则无法对其右手臂、左手等残损部位实施复原修复。考虑到上述原因，为了避免后期一些不必要的学术争议，故修复工作未对其实施复原修复操作。

4.3 渗透加固效果评估

从此次造像渗透加固效果来看，渗透后造像表面风化岩层状况得到明显改善，岩石表面强度得到明显加强：一是渗透前岩层风化表面结构疏松，稍一触摸就会有掉砂现象，而渗透后这种现象基本消失；二是硅酸乙酯具有良好的渗透性，渗透后岩层表面颜色未发生改变，且不会影响文物的整体外观；三是渗透后的岩层结构强度、牢固度大大增强，而且渗透处理后的岩层表面具有憎水性。

4.4 修复材料、技术与方法

此次修复中所使用的材料都是经过严密的科学分析、筛选，经过多次修复预实验和现场实验论证的，而且相关操作都是在前期现场实验基础上确定具体的施工工艺；同时，修复中所采用的技术、方法，得到了多年的实践论证，都是较为成熟的修复工艺和技术。

5 结 论

针对青龙佛石造像残损、岩层风化现状，修复工作运用偏光显微镜、X射线衍射及扫描电镜仪器分析技术，对造像矿物进行了鉴定分析；采用传统的打铆加楔技术对其实施了黏接、复原修复，使用Remmers 300E型硅酸乙酯材料进行了渗透加固保护，使造像得到了科学、有效的保护。综合修复效果及实验分析结果，得出以下结论：

（1）应用硅酸乙酯材料对造像及石碑表面风化岩层实施了渗透加固，加固后风化岩层表面结构强度得到明显改善和增强，而且岩层表面颜色未发生改变，加固效果良好。

（2）采用了传统的修复技术与方法，运用打铆加楔技术，使用环氧树脂对造像断裂部件进行了黏接、复原，使用牙科用石膏粉对残损部位实施了补缺、补全，使用与造像岩体相同材质的砂岩粉末对补缺部位进行了修整和全色处理，全色后修补部位与造像整体外观颜色基本保持一致，修复效果良好。

（3）对造像早期的不当修复及材料痕迹仅进行了剔除，考虑到与造像相关的制作形制、研究资料无从考证，加之与其制作形制相类似的造像文物可供参考，故维持其现状，待后期条件容许时再实施复原。

注　释

[1]　永昌县博物馆：《河西宝藏》，兰州：甘肃文化出版社，2019年。

[2]　范敏、陈粤、崔海滨等：《有机硅材料在石质文物保护中的应用》，《广东化工》2013年第21期；王丽琴、党高潮、赵西晨等：《加固材料在石质文物保护中应用的研究进展》，《材料科学与工程学报》2004年第5期。

附录四 山东济南华阳宫古建筑砖体阻水加固保护案例

李 立[1] 李 睿[2] 刘 炜[2] 吴 鹏[1] 党小娟[1]

（1. 陕西省文物保护研究院　2. 西安市钟鼓楼博物馆）

在明清时期，由于制砖技术的提高，古建筑开始大量使用青砖，同时促进了砖石结构的发展，中国传统建筑达到了最后一个高峰。青砖是由黏土和水调和后，制成砖坯，低温烧制而成的，自身多孔易吸水。在降雨及地下水活动的影响下，极易导致靠近地面部分砖体出现泛白酥碱，甚至粉化剥落现象。这直接威胁到文物建筑本体结构安全，需要进行深入研究并加以防治。下面以山东济南华阳宫古建筑群壁画保护工程中针对支撑砖体结构阻水加固保护治理为例，对砖体结构水盐破坏研究成果、治理措施及效果评估进行介绍。

华阳宫古建筑群地处济南市东北，黄河以南、小清河以北的平原地带，是济南地区最古老、规模最大的道教宫观之一[1]，同时遗留有300余平方米的古代壁画。经调查，华阳宫壁画主要分布在四季殿、元君殿、观音殿、十王殿东殿、西殿等十二处单体建筑内，总计面积320余平方米，艺术价值较高，保存状况堪忧。壁画以颜料层粉化脱落、颜料层酥碱起泡、地仗层酥碱及大面积空鼓脱落等病害最为严重，其中造成大部分病害的直接原因和罪魁祸首就是"水"的侵害。

1　水盐病害状况调查

华阳宫古建筑背山而建，材料一般取自华山周边的砖石和沙土等。根据前期调查显示，华阳宫现存十处主体建筑的墙体结构形式主要有三种，即块石墙、青砖墙及块石+砖墙，而青砖是华阳宫古建筑最常用的墙体建筑材料之一，详见表1.1。

表1.1　华阳宫主要建筑墙体结构统计表

建筑名称	四季殿	十王殿东殿	十王殿西殿	棉花殿	元君殿	观音殿	三教堂	三皇殿	关帝庙前殿	关帝庙后殿
墙体形式	青砖墙					块石墙			块石+砖墙	

华阳宫古建筑墙体受地下水、雨水等影响严重，周围草木丛生，植被茂盛，地面和墙基长期处于潮湿环境，地衣苔藓满布（图1.1～图1.6）。四季殿是华阳宫的主体建筑，位于华阳宫轴线的后部，由于建筑四周水路疏导不畅，墙体常处于潮湿吸水状态，时间一长便造成地仗病害，进而引起壁画表面病害，危及壁画和古建筑的存亡[2]。

图1.1　四季殿西侧潮湿环境

图1.2　十王殿外墙地下水侵蚀

图1.3　棉花殿外墙水蚀风化

图1.4　棉花殿内壁画脱落

图1.5　十王殿内砖体酥粉

图1.6　四季殿内地仗层脱落

十王殿位于建筑群的西南角,是整个建筑群中地势最低的区域,墙体及壁画破坏也是最严重的。东殿内砖体受潮酥粉风化严重,壁画大面积脱落。棉花殿周边地势后高前低,紧贴墙根的植物生长茂盛,水分不易散失,墙角浸泡严重,为各种病害的产生提供了条件。华阳宫壁画大多距地面有一米多高,受地下水影响较大的是下部壁画及砖体,当地气候多雨潮湿,雨水渗入墙体内部并在毛细作用下水分不断上移,导致墙体底部壁画的酥碱、空鼓、地仗层脱落等一系列病害,加速了壁画的破坏。

调查结果显示,酥碱、起甲、空鼓是华阳宫壁画病害中较为常见的三种病害,经研究水盐运移是导致酥碱、起甲、空鼓病害的主要原因之一[3]。降雨之后四季殿东西墙出现明显的毛细现象,吸水高度可达到80~120cm,外墙砖体水蚀部分表面风化泛碱现象十分严重。壁画的酥碱、地仗脱落等病害最严重的部位基本上与下雨后壁画外墙所形成的水蚀部位是相吻合的。

2 水蚀破坏机理分析

前期研究已经充分说明造成华阳宫古建筑砖体及壁画主要病害的直接原因和罪魁祸首就是"水"的侵害,是水分不断迁移变化,并与易溶盐共同作用的结果。从形式上来讲,构成该区域水分来源主要有三种方式:大气降水、地表水和地下水。这三种形式相互联系制约和转化,形成该区域内的水循环系统[4]。

济南属暖温带大陆性季风气候区,四季分明,年降雨量较大,加之三面环山的地形,令水气和热空气回流聚集不易扩散,导致了济南的夏季闷热潮湿。济南境内泉水众多,河流也较为密集,地下水位很高,这些都不利于华阳宫古建筑及其附属文物的长期保存。

砖石文物本身孔隙率大和泥质胶结物等性质决定了其易受到自然环境中降水、地下水和泾流水的侵蚀破坏。雨水下泄对建筑外墙砖体等产生侵蚀,而裂隙是水分进入砖体最主要的通道。地下水主要通过微孔的毛细作用上升进入砖体及建筑墙体内;对于地表水而言,如不采取措施,极有可能渗入地下而通过毛细作用进入墙体内[5]。水对砖石墙体的破坏作用主要包括溶蚀、冻融和可溶盐的溶解结晶等几个方面。水会通过物理、化学和生物三方面的作用带走砖石中部分结构性物质[6];冬季气温在0℃上下变化时,砖石中的水分反复冻结融化,体积不断发生变化,对砖石的孔隙壁长期作用,释放应力产生破坏。这种融化、冻结的过程大大降低岩石的整体稳定性,是造成砖石风化的主要原因之一[7];砖石墙体长期处于干湿变化中,可溶盐随水的迁移在砖石内部迁移,含水量随外界温湿度的改变发生变化时,可溶盐反复结晶、溶解,体积变化,释放应力破坏砖石内部结构[8]。综上所述,水对砖石墙体的破坏是复杂多变的,伴随着自然环境中温湿度、光照、生物侵蚀等多种因素的影响,给古建筑砖石墙体带来不可逆转的损害。

华阳宫壁画依附于建筑墙体之上的特点，决定了对于该壁画的保护治理最主要的问题就是对建筑墙体防潮阻水及脱盐除盐的处理，所以对华阳宫古建筑墙体的防潮阻水处理成为壁画保护修复工作成败的关键一步。

3 实验综合评估

为了确保华阳宫古建筑墙体的防潮阻水处理的科学有效性，我们对拟采用的渗透加固材料和憎水材料进行了实验室评测。

3.1 渗透加固材料

本次采用的渗透加固材料为国内外常用的传统石材保护剂雷玛仕（Remmers）。雷玛仕为正硅酸乙酯类小分子化合物，根据其固含量的不同可分为KSE100、KSE300、KSE500等，渗透性能良好，耐候性、耐老化性能高，固化后形成SiO_2胶体，加固增强砖石材料。由于其渗透性好，强度增加均匀等优点，被世界各地成功应用到砖石质古迹保护中。该材料在唐陵石刻、大雁塔、三孟碑刻、圆明园遗址石刻保护中都有应用，加固效果明显，且具有一定憎水效果，安全可靠。

（1）渗透吸收实验

首先对拟采用的加固材料Remmers KSE300和KSE500进行渗透吸收实验。通过观察自然环境下砖石样品对不同型号加固材料的毛细渗透高度，了解材料的渗透性能。实验及结果具体如表3.1。

表3.1 加固材料渗透吸收实验结果

吸收时间	1min	3min	5min
Remmers KSE300			
吸液高度	4mm	6mm	7mm

续表

吸收时间	1min	3min	5min
Remmers KSE500	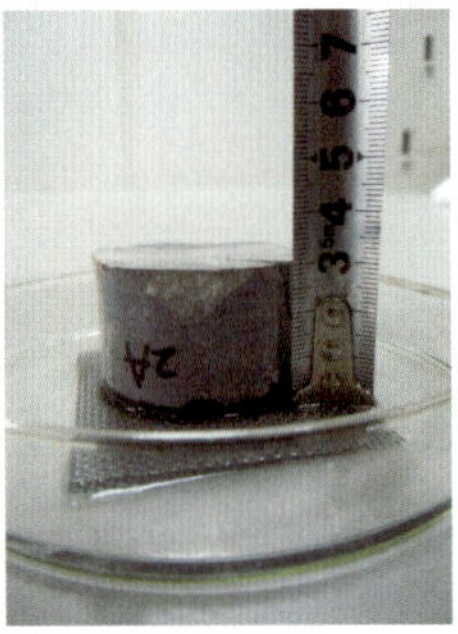	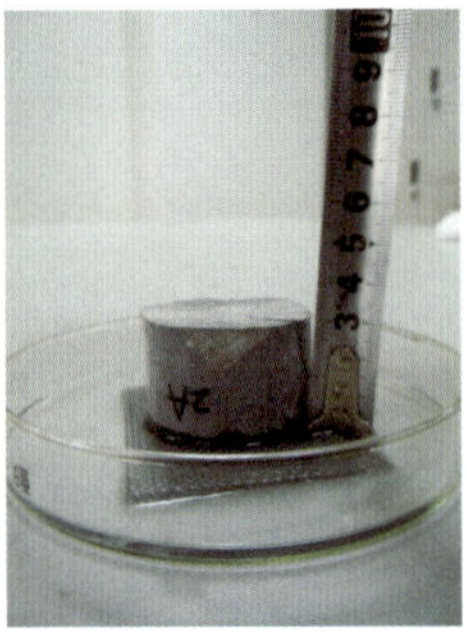	
吸液高度	1.5mm	2mm	2.5mm

通过对Remmers KSE300和Remmers KSE500的渗透实验及结果对比，进一步明确了该加固材料的分子越小，渗透深度越大，青砖样品吸收加固后表面均未发现明显晶体析出。

（2）加固强度实验

对A、B两组砖块样品分别采用Remmers KSE300和Remmers KSE500完全浸没渗透加固，再进行表面硬度测试，采用瑞士PROCEQ EQUOTIP3便携式硬度计进行检测。实验分析结果如表3.2。

表3.2 样品表面硬度结果报告

	Remmers KSE 300		Remmers KSE 500	
	加固前A0	加固后A1	加固前B0	加固后B1
n1	263	389	290	401
n2	299	389	301	444
n3	353	405	342	484
平均值	305	394	311	443
均差值	89		132	

通过对两组3对样块进行的表面硬度测试结果表明，雷玛仕加固后两组样品的表面强度均有较明显的提高，其中B组样块加固前后的表面硬度均差略大于A组，说明青砖样品加固材料的分子越大，加固后表面强度越大（图3.1、图3.2）。

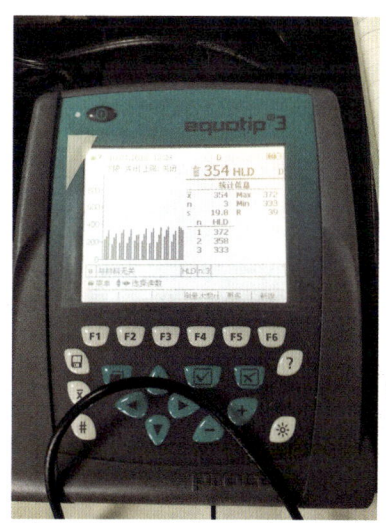

图3.1 表面硬度测试照片　　　　　　图3.2 硬度计测试结果

3.2 憎水材料实验

本次采用的憎水材料为德国进口纳米有机硅乳液憎水剂。该憎水剂是一种改性的具有反应活性的硅氧烷为基质的浸渍乳液,具有良好的防水防风化作用,不会改变墙体的外观,碱稳定性好,不影响墙体的呼吸性能,无溶剂。

实验选取A、B两组砖石样块,A组为空白样品,B组采用有机硅憎水剂乳液浸泡后进行吸水性实验。首先称量实验所用的样块质量;将样块放入烘箱内,160℃下烘干,2h后取出,静置冷却,直至室温。然后将两组样块分别放入烧杯中,倒水至样块被淹没为止。静置,每隔1h观察一次,直到水位不再下降为止。将样块取出,称量烧杯中剩余的水(图3.3、图3.4)。

图3.3 样品烘干　　　　　　　　　　图3.4 样品浸没

实验过程中,分别加入400ml蒸馏水后样块完全浸没,样块A表面不断有气泡冒出,样块B入水瞬间有少量气泡冒出。每隔1h观察一次,样块A烧杯底部有碎末颗粒,水位不断下降,样品B烧杯变化不明显,4h后基本不再变化(图3.5、图3.6)。

从实验结果对比可以看出,空白样品A的质量吸水率相比B组明显较高,憎水处理后的样品B组耐水、耐崩解性也较空白样品A组有明显提高,表明憎水处理后样块吸水性明显降低(表3.3)。

图3.5 空白样A浸没实验

图3.6 加固样B浸没实验

表3.3 样品吸水性结果报告

样品编号	吸水前质量 m0（g）	吸水后质量 m1（g）	质量增加量（g）	剩余水体积（ml）	吸水量（ml）	质量吸水率 W（%）	吸水偏差（g）	崩解性
A	192.27	215.68	23.41	368	32	12.2	8.59	0.045
B	207.35	213.72	6.37	392	8	3.1	1.63	0.008

4 防潮阻水保护处理

华阳宫防潮阻水保护工作严格按照"不改变文物原状"及最小介入、最大兼容的基本原则,在总体保护框架下制定了具有针对性的保护修复措施。结合前期现场实验和实验室模拟研究结果,制定了"堵""阻""排"相结合的综合保护治理方案[9],即对墙基墙根做防潮防渗处理;对墙体墙裙做避潮层处理;对外墙墙面做防潮憎水处理,并外设排水沟以疏导水路,强化功效。

4.1 墙基防潮防渗处理

首先,拆除原地面铺设的青砖,挖开地基使其露出全部墙根。清理泥土和杂物之后,用修复砂浆填实墙面的孔隙,并喷涂有机硅憎水防护剂。待其完全渗透后,再涂刷聚合物防水砂浆层。最后,用传统材料:灰土=3:7的比例进行墙基回填,并重新铺设青砖地面(图4.1)。

图4.1 墙基防潮防渗处理

4.2 墙体墙裙避潮层处理

在水蚀严重的墙体外部,距地面约30cm的高度处沿砖缝机械钻孔,孔径Φ=8mm,斜度30°,间距15、深40cm的孔,孔内用气枪吹净;然后预埋注浆头,根据孔径大小选择合适的注浆头,使用预先配制的天然水硬性石灰材料对灌浆区域砖缝进行封堵,养护至少24h;加压灌入有机硅憎水剂乳液,反复2~3遍,再加压灌入水硬性石灰浆至洞孔处2cm;最后,用青砖修复砂浆进行洞口修复,并进行做旧处理(图4.2)。

图4.2 避潮层的施工处理

4.3 外墙墙面防水憎水处理

首先，清除墙体表面的污染物、沉积物，清理局部表面的地衣、苔藓类植物；然后进行脱盐、除盐处理；采用硅酸乙酯加固剂对水蚀墙面进行渗透加固，特别是风化酥碱比较严重的部位进行多次加固；用杀菌止霉剂喷淋处理表面，对青砖缺棱掉角、缺失、孔洞及钻孔的表面进行修复；二次勾缝并做旧；最后，墙面用有机硅憎水剂乳液喷涂保护（图4.3）。

图4.3 墙面防水憎水处理

5 阻水加固效果评估

华阳宫古建筑壁画墙体防潮阻水保护处理完成3个月之后,我们开始对阻水防水效果进行评估性测试与效果反馈,主要对墙面吸水性和含水率进行监测,每间隔1个月进行一次,对比前期调查研究阶段,对华阳宫主要水害建筑墙体进行红外热成像监测分析[10]结果(图5.1、图5.2)。从直观的红外热成像图像上看,处理后建筑墙体内含水量大量减少;表面吸水性测试结果也表明,外墙面吸水性也大大降低,降水的侵蚀及地下水的渗入得到了较好的控制,在一定程度上抑制了水对墙体壁画的侵蚀(图5.3~图5.5;表5.1)。

图5.1 四季殿西墙外部吸水率测试

图5.2 四季殿东墙外部热红外测试

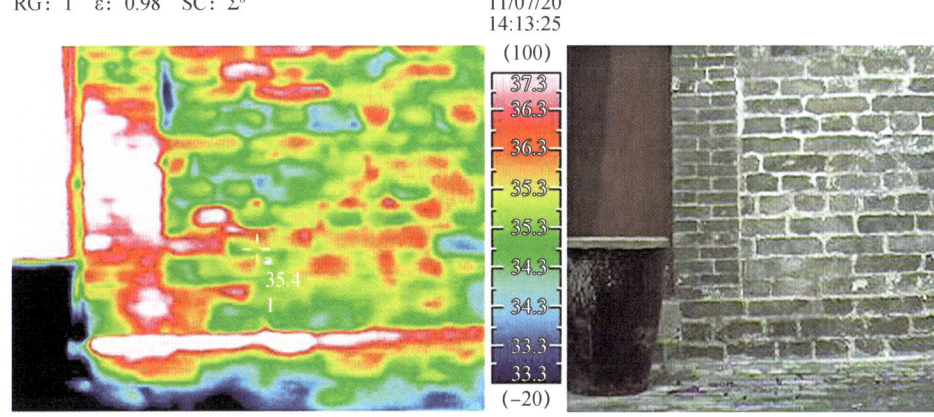

图5.3 四季殿西墙外部处理前

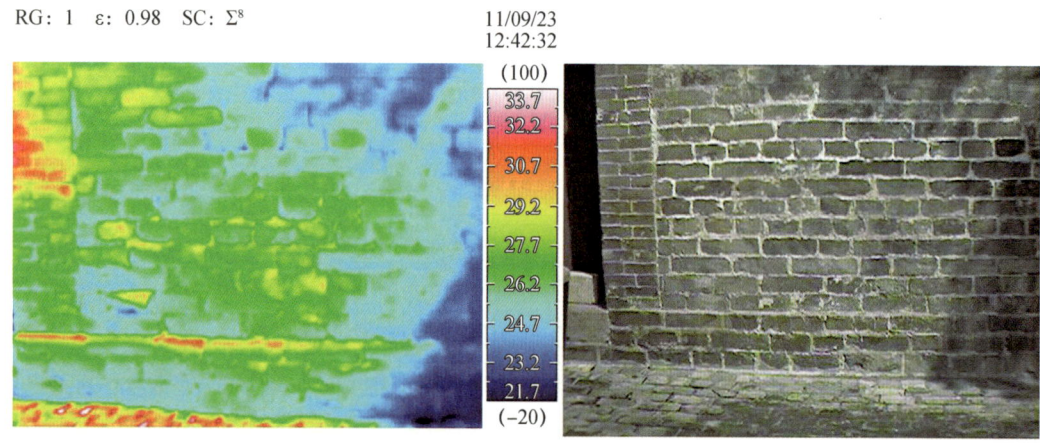

图5.4　四季殿西墙外部处理后3个月

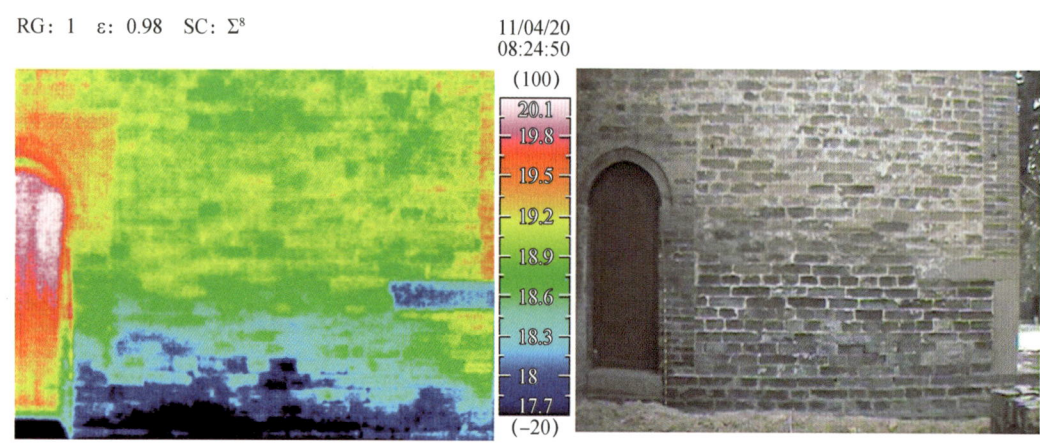

图5.5　四季殿西墙外部处理后5个月

表5.1　四季殿外部吸水率现场测试对比结果

位置	西墙中部位置		西墙下部位置		东墙中部位置	
吸水率 时间（s）	处理前吸水率 （ml）	处理后吸水率 （ml）	处理前吸水率 （ml）	处理后吸水率 （ml）	处理前吸水率 （ml）	处理后吸水率 （ml）
30	0.4	0	1.1	0	1.4	0.1
60	0.8	0	2.3	0.1	2.4	0.1
90	1.2	0	4.1	0.1	3.3	0.1
120	1.7	0	5.6	0.2	4.1	0.2
150	2	0	7.1	0.2	4.9	0.2
180	2.4	0.1	8.7	0.2	5.7	0.2
210	2.8	0.1	10	0.2	6.3	0.2
240	3.2	0.1	/	0.3	7.2	0.2
270	3.6	0.1	/	0.3	8	0.2
300	4	0.1	/	0.3	9	0.2

6 总　　结

目前，我国大多数明清砖体建筑都存在一定程度的水蚀破坏，水可以直接或间接引发文物病变，防水、治水一直是文物保护的重点及难点。砖体结构自身的多孔性、年代久远、排水不畅及露天环境变化引发的毛细水迁移等，共同造成明清古建筑及其附属文物的逐渐损坏，而主要的问题就是建筑墙体防潮阻水的处理。

华阳宫古建筑砖体阻水加固保护处理，由于工程施工的局限性、抢救性保护的特点及古建筑本身存在的复杂性问题，存在一定的限制和不足，但有效缓解了大气降水和地下水对壁画支撑体的侵蚀破坏，极大地提高了古建筑墙体的整体稳定性和抗水蚀能力，达到了壁画保护的理想效果，为后续保护修复工程的开展提供前提和保障。

采取"堵""阻""排"结合的综合保护方案，对墙基墙根做防潮防渗处理，对墙体墙群做避潮层施工处理，对外墙墙面做防潮憎水处理，并外设排水沟以疏导水路，强化功效。这样的处理简单而有效，能够从根源上减少水盐对北方明清砖体建筑的破坏，对于建筑及其附属文物保护修复和日常维护都有重要意义。

注　释

[1] 王晶、张幼辉：《和济南巨观——华阳宫》，济南：济南出版社，2008年。

[2] 全艳锋、王晶：《济南华阳宫古建筑群壁画保护修复理念研究》，《中国名城》2011年第10期。

[3] 张明泉、张虎元、曾正中等：《敦煌壁画盐害及其地质背景》，《敦煌研究文集·石窟保护篇（上）》，兰州：甘肃民族出版社，1993年。

[4] 郭青林：《敦煌莫高窟壁画病害水盐来源研究》，兰州大学博士学位论文，2009年。

[5] 郭宏、李最雄、宋大康等：《敦煌莫高窟壁画酥碱病害机理研究之一》，《敦煌研究》1998年第3期。

[6] 姜进展：《户外砖石文物的风化及保护》，《文博》1986年第4期。

[7] 王金强、林光武、钱自强：《WQ墙面清洗剂的研制与应用》，《企业技术开发》2000年第3期。

[8] 谢贵成：《关于建筑用砖的现状分析及对策研究》，《中国建材科技》2012年第2期。

[9] 张春华：《砖墙泛碱初探》，《山西建筑》2010年第7期。

[10] 吴育华、刘善军：《岩画渗水病害的红外热成像检测研究》，《工程勘察》2010年第5期。

附录五　荆门市博物馆藏东周彩绘陶方壶的保护修复

邬　涵[1]　杨新建[2]　赵永华[1]　周　伟[1]　毛小芬[3]　南雨玮[4]

（1.荆门市博物馆　2.河南省新乡市文博院　3.秦始皇帝陵博物院　4.陕西职业技术学院）

荆门市博物馆成立于1984年，位于荆门市象山大道19号，是一座集文物收藏、文物陈列和古建筑保护于一体的综合性博物馆。馆内主要建筑有文物陈列主体楼和文物精品馆。博物馆现有馆藏文物6万余件，三级以上文物700余件，文物总量和一级文物藏量在地市级博物馆中均居前列。特别是馆藏的"郭店楚简""战国女尸"等多件藏品在全国乃至海外均有重大影响。

荆门市博物馆陶质文物众多，是馆藏文物的重要组成部分。严仓墓位于湖北省荆门市沙洋县后港镇松林村，是南水北调引水济汉工程文物保护中的重要发掘项目，属于大型楚墓，是楚文化的组成部分，为我们探讨这一地区东周时期的文化面貌提供了新线索[1]。东周陶方壶就是出土于这一墓葬的陶质文物。这一文物保存状况不容乐观，有许多病害，较为严重，亟须保护修复。为使文物得到更好的保存，2015年，荆门市博物馆联合秦始皇帝陵博物院（陶质彩绘文物保护国家文物局重点科研基地）选取了其中的210件陶质文物，在实际勘查、病害认知、科学检测、实验室研究基础上，联合编制了陶质文物保护修复方案，并于2016年获批立项文物博函〔2016〕518号。2018年8月，我们对这件东周彩绘陶方壶，进行了科学保护及修复。

1　器物现状调查与评估

东周彩绘陶方壶出土于湖北省荆门市沙洋县后港镇松林村的严仓墓猴子冢，编号K1：26[2]。器物通高52.8、口径13、腹径20cm。泥质灰陶，方口，方唇，长直颈，垂腹，平底，矮圈足，上颈部两侧有立兽桥形耳，颈中部及腹中部各饰一周凸棱纹，其间四面中部各饰一道竖向扉棱，壶上有壶冠，呈圆角方形，侈口，中空，沿中部有莲瓣状花边，方壶上颈部残存朱红色变形龙纹及黑色菱形纹彩绘[3]。该器物在考古发掘时经过黏接和补全处理，后存放于荆门市博物馆库房内，库房处于地下室，未设置恒温恒湿检测设备。

器物的腹部有泥土附着物，颈部有大量其他附着物，腹部有少许裂缝；经观察器物有修复拼接痕迹，器身与器盖有大小不一的裂缝，且立兽桥形耳有一兽尾残断，器物的颈部、腹部有大量彩绘脱落，腹部、底部有陶胎剥落，器盖外沿也有陶胎剥落现象。器物现状见图1.1～图1.8。

图1.1　正面

图1.2　背面

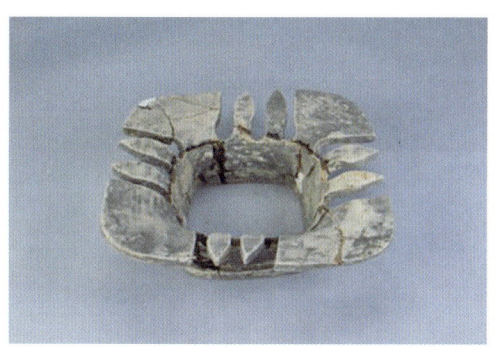

图1.3　盖顶部

图1.4　盖底部

图1.5　泥土附着物

图1.6　其他附着物

图1.7　裂缝

图1.8　陶胎残断

东周彩绘陶方壶保存于荆门市博物馆，缺少防护措施，保存状况不容乐观，荆门市博物馆库房环境调查情况见表1.1。

表1.1　保存环境调查表

保存环境具体情况	地区环境污染状况和主要污染源	荆门市空气质量良好，主要污染物为空气悬浮颗粒及酸雨					
	建筑类型	框架	楼层	三层	光源	人造光源	
	展陈、保管条件	露天	室内	■	保护棚		墓室
	陈列展示	■长期□短期□从未					
	温度控制系统	□有■无□连续□不连续					
	湿度控制系统	□有■无□连续□不连续					
	库房或陈列环境	年均温度（℃）	16.8	最高温度（℃）	38	最低温度（℃）	−5
		年均相对湿度	58%	最高相对湿度	95%	最低相对湿度	28%

2　实验室彩绘加固及黏接剂筛选研究

2.1　实验室彩绘加固材料筛选

彩绘加固材料的选择应具有以下条件：具有无色透明、不引起文物外观颜色和材料本身发生变化；黏度低，渗透性好，能够深层渗透，能将风化层和非风化层连接起来；能有效提高文物的强度；使用加固材料后不堵塞文物孔隙，不改变其透气性；具有良好的耐老化性能；具有可再处理性。

根据国内外保护材料的研究,结合陶质文物材料的特点,选取Paraloid B72或Primal AC33溶液作为加固材料[4]。Primal AC33乳液是一种可以分散在水中的丙烯酸树脂乳液,用于彩绘陶器的加固保护,效果较好。Paraloid B72能溶于多种有机溶剂,当溶剂挥发后成膜,起到加固作用,国内外使用这种加固剂对文物保护的实例很多,是目前在文物保护中应用最广、研究最多的一种加固剂[5]。

为筛选出适宜的彩绘加固剂,制作彩绘陶片样品,对所选取的两种加固剂,选择不同浓度的加固剂对比实验,检测条件为光源D65,通过柯尼卡美能达CM700d分光测色计测试加固前后色度值,对比颜色变化及加固效果,以选择适合的浓度,实验结果见表2.1、表2.2。

表2.1 Primal AC33乳液彩绘加固剂不同浓度及用量的陶片样品实验研究

类别	试剂	加固次数、用量	外观描述	ΔE色差
样品A1	1%Primal AC33乳液加固	对照组	表面光滑,有细小孔洞	0
		1次/1ml	无变化	1.53
		2次/2ml	无变化	1.67
		3次/3ml	无变化	2.14
	2%Primal AC33乳液加固	对照组	表面光滑,有细小孔洞	0
		1次/1ml	基本无变化	2.65
		2次/2ml	颜色稍有加深	2.83
		3次/3ml	颜色略加深	3.64
	5%Primal AC33乳液加固	对照组	表面光滑,有细小孔洞	0
		1次/1ml	基本无变化	2.5
		2次/2ml	颜色稍有加深	2.8
		3次/3ml	颜色略加深,微有光泽	3.24
样品A2	1%Primal AC33乳液加固	对照组	陶质细腻,表面光滑	0
		1次/1ml	无变化	1.26
		2次/2ml	无变化	1.36
		3次/3ml	微有光泽	1.88
	2%Primal AC33乳液加固	对照组	陶质细腻,表面光滑	0
		1次/1ml	基本无变化	1.51
		2次/2ml	基本无变化	1.69
		3次/3ml	颜色稍加深,微有光泽	2.06
	5%Primal AC33乳液加固	对照组	陶质细腻,表面光滑	0
		1次/1ml	无变化	2.41
		2次/2ml	基本无变化	2.59
		3次/3ml	颜色稍有加深	2.95

注:表中ΔE色差值为0时,表示对照组和参照对象无色差

表2.2　B72彩绘加固剂不同浓度及用量的陶片样品实验研究

类别	试剂	加固次数、用量	外观描述	ΔE色差
样品B1	3%B72加固	对照组	表面较光滑，但有孔洞	0
		1次/1ml	无明显变化	2.07
		2次/2ml	颜色略有加深	3.57
		3次/3ml	颜色加深，表面有光泽的膜	3.62
	5%B72加固	对照组	表面较光滑，但有孔洞	0
		1次/1ml	颜色加深	3.06
		2次/2ml	颜色加深，表面有光泽的膜	3.66
		3次/3ml	颜色加深，表面膜加厚	4.14
样品B2	3%B72加固	对照组	表面较粗糙，有明显孔洞	0
		1次/1ml	颜色略有加深	2.52
		2次/2ml	颜色加深，表面有光泽的膜	3.69
		3次/3ml	颜色加深，表面膜加厚	4.11
	5%B72加固	对照组	表面较粗糙，有明显孔洞	0
		1次/1ml	颜色加深	2.38
		2次/2ml	颜色加深，表面有光泽的膜	3.43
		3次/3ml	颜色加深，表面膜加厚	3.54
样品B3	3%B72加固	对照组	表面光滑，陶质细腻	0
		1次/1ml	颜色略有加深	2.53
		2次/2ml	颜色加深，表面有光泽的膜	3.21
		3次/3ml	颜色加深，表面膜加厚	3.82
	5%B72加固	对照组	表面非常光滑，陶质细腻	0
		1次/1ml	颜色略加深，表面有光泽的膜	3.17
		2次/2ml	颜色加深，表面膜加厚	3.93
		3次/3ml	颜色加深，表面膜加厚	7.73
样品B4	3%B72加固	对照组	表面较光滑，但有细小孔洞	0
		1次/1ml	无变化	1.54
		2次/2ml	颜色略有加深	2.43
		3次/3ml	颜色略加深，表面有光泽的膜	3.05
	5%B72加固	对照组	表面较光滑，但有细小孔洞	0
		1次/1ml	颜色略有加深	2.83
		2次/2ml	颜色加深，表面形成一层薄膜	3.15
		3次/3ml	表面膜略加厚，周边有光泽	3.86

注：表中ΔE色差值为0时，表示对照组和参照对象无色差

综合考虑色度变化及加固强度，结果显示2%Primal AC乳液和3%B72作为加固剂效果较好，色差在视觉许可范围内，又有一定的加固强度。Primal AC33乳液是水溶性的加固剂，对于纹饰颜色的加固效果比B72的效果好，而B72溶液不溶于水，对于疏松陶器的内壁加固及断面的封护具有良好的效果，因此，实际操作中用2%Primal AC乳液加固陶器彩绘，3%B72溶液加固内壁及封护断面。根据彩陶形式及保存状况的不同，可采用喷涂、点涂、包裹敷浸等保护工艺进行加固。

2.2 黏接剂的选择

黏接剂的选择，直接关系到修复效果与文物的安全性能。筛选黏接剂时，首先考虑黏接剂的老化性能、陶胎本体的强度，即黏接剂自身的强度应等于或小于陶质文物本体的强度；其是黏接剂自身的理化性能。对于黏接剂的选择及黏接剂的工艺，国内外已经进行了大量研究[6]。通过对国内外市场出现的黏接剂进行综合性能的了解、研究，结合彩绘陶方壶的病害程度及自身强度和保存环境，拟从常见的Paraloid B72、改性的环氧树脂（AAA胶）、聚乙烯醇缩丁醛筛选出适宜的黏接剂，其综合性能对比见表2.3。

表2.3 黏接剂综合性能对比

黏接剂类别	组分配方	基本特征	抗拉强度（MPa）	剪切强度（MPa）
聚乙烯醇缩丁醛	乙烯醇缩丁醛，微量增塑剂	热塑性树脂，耐水性、耐热性良好，黏度较高，渗透性较好，黏接强度低，耐老化性不强，适合黏接承重力较小的器物	26.8	17.5
Paraloid B72	50%Paraloid B72，溶剂乙酸乙酯	热塑性聚合物，可逆，无色透明，黏度低，渗透性好，耐水性、耐热性强，适合黏接陶胎疏松的小型器物，但浓度大时易于成膜，泛光	16.5	15.8
合众AAA胶	B组分 A：B=1：1	改性环氧树脂胶，全透明，无味、无刺激性，固化速度快，耐水、耐油、耐酸碱，黏接对象广泛，使用方便安全，适合黏接承重力较小的器物	26.4	≥25
凤凰（WSR 6101）	组份：A环氧树脂 B低分子650聚酰胺 A：B=3：2	改性环氧树脂胶，热固性聚合物，环氧树脂结构中具有极强的羟基和醚键，能与被粘物表面产生较强的分子间作用引力，同时，环氧基团可与某些无机物表面形成化学键，黏接力强，应用广泛	35.3	≥13
实验室模拟样品		模拟样品分为10组测试强度范围	15.2~25.8	16.5~22.5

按照自下而上的顺序黏接，底座→壶腹部→壶身→口沿；每一阶段拼对施胶后用专用工具和胶带固定，最后进行修整。黏接时先用保鲜膜将陶俑残片包裹好，露出残断面，拼对吻合后，在残断面上刷涂5% Paraloid B72溶液作可再处理层，对有裂缝、裂纹的残片用注射器进行点滴法注射加固，直到渗透陶体内部为止。在初始固化后部位残断面内侧三分之二处涂改性的环氧树脂胶进行黏接，涂抹黏接剂时应均匀、适量，防止挤压时黏接剂溢出造成污染。

3 文物保护修复实施

按照科学的保护修复流程，遵照文物保护原则、文物保护行业标准进行合理有效的保护修复。保护修复前对文物进行现状描述、病害描述及影像资料采集。将器物的名称、收藏单位、器物出土号、器物来源、器物时代、器物材质、器物级别及器物出土时间与地点、器物的历史信息等基本信息进行记录。目的是对文物有充分全面的了解，认清其历史背景、结构组成、制作工艺、埋藏环境、损害机理、保存状态等，对文物有一个全方位的认识。使文物保护修复工作者从客观上掌握器物的制作、发展、变化等情况，对开展保护修复工作提供理论基础。

利用CAD绘制器物线图、病害图，可以准确客观描绘器物的大小、尺寸形状、残缺状况、基本纹饰及彩绘分布。使保护修复工作人员对器物的病害状况有更深一步的了解，有利于保护修复工作者对器物修复方法的制定。

以物理方法为主，化学方法为辅，物理方法在清理前必须做局部实验块，在器物病害较多且不引人注目的地方进行清理实验。若该方法可用，以该方法为基准扩大修复范围直至全面清理完成。

对于泥土附着物的清理：先用去离子水或者去离子水加无水乙醇（1∶1）调配，将其利用滴管滴在泥土附着物处或利用脱脂棉敷在泥土附着物处。待泥土半湿润后，用竹签将泥土逆时针旋转或者扎至松散，然后用棉签蘸取去离子水将松散泥土去除。由于器物经过前人黏接，本身存在大量裂缝，对于裂缝中的泥土附着物用竹签直接剔除，泥土粉末则可用竹签卷脱脂棉蘸取去离子水去除，对于彩绘上残留的泥土附着物，若彩绘与泥土的黏接力大于与陶胎的黏接力，应先对彩绘进行加固处理，再利用脱脂棉蘸取去离子水对泥土附着物进行软化，见图3.1，再将其用竹签慢慢剔除或用棉签蘸取去离子水去除。

对于其他附着物：先利用物理方法进行清理实验，用竹签或手术刀对不引人注目的其他附着物进行逆时针转动清理。实验结束后，如清理效果良好，则继续利用该方法扩大清理面积，直至将器物表面其他附着物清理干净即可。

由于器物表面的彩绘脱落严重，仅颈部、耳部、下腹部残留不多的红色、黑色、白色彩绘。为了保留器物彩绘信息，必须对器物彩绘进行加固。彩绘加固分两个方法，喷涂法和点涂法。喷涂法适用于器物较大面积的彩绘保护处理，利用2%B72丙酮溶液对需要加固的彩绘区域进行喷涂加固。要求选用雾化效果好的小型喷雾器、喷距适当、用力适当，不要对彩绘区域进行正面喷涂，向彩绘需要加固区域的斜上方喷出使其均匀落在彩绘加固区域，见图3.2。不需要加固区域可用保鲜膜覆盖，以免加固剂落入表面。喷出量要适当，避免加固剂流淌。点涂法加固适用于器物颜料较厚、颗粒较细，且容易掉粉及彩绘起翘处，选用毛质较软的小毛笔，蘸取2%B72丙酮溶液对加固区域进行点涂式加固，直至保护剂不再渗入为止。

图3.1　清理泥土附着物　　　　　　　　图3.2　彩绘加固（喷涂）

在黏接前，清理茬口，用棉签蘸取适量的乙醇擦洗黏接面，使黏接面保持清洁，以保证黏接效果达到最佳。处理残断面时，注意涂刷试剂应尽量较薄，如涂刷的厚度较厚，会影响到黏接的效果，致使陶片对接处的缝隙较宽。待残断面试剂固化后，使用黏合剂黏接陶片，可根据文物的实际情况施加一定外力，使其黏接效果达到最佳。具体做法是在清洗干净的茬口断面先用3%B72/乙酸乙酯溶液涂刷，作为可再处理层，以符合文物可再处理性的原则。待可再处理层完全干燥后，选择改性环氧树脂胶作为黏接剂，涂施一层薄薄的胶黏接剂，要涂抹均匀。黏接时，在断口两边预先黏接2cm的纸胶带，防止黏接剂溢出后污染彩陶表面。拼接的方法有以下三种：一是由下至上拼；二是由上至下拼合；三是局部拼接，整体合拢。在遇到自重较大，黏接面较小的情况时，制作支撑物，予以辅助。对于病害严重，碎片较多的部位，先进行试拼接，并记录好相应的顺序号；黏接结束后在器物内、外壁用玻璃纤维布、沙箱等材料予以撑垫、固定。

由于器物考古发掘时曾实施修复，产生许多大小不一的裂缝。为了陈列展览的需要，用环氧树脂胶加砖粉或陶粉进行填充，见图3.3。补配部分进行做旧处理，见图3.4。利用丙烯颜料黏出与器物相近的颜色，用毛笔蘸取颜料将其涂抹在补配部分，材料及形式要接近文物，外观上协调，但又要有所差别。

为了加强器物本体的强度，隔绝本体与空气的接触，防止病害再生，需要对器物

图3.3 填充环氧树脂胶加砖粉或陶粉　　　　图3.4 做旧处理

整体进行封护处理。利用喷涂法将2%B72丙酮溶液对器物进行封护。封护完成后，器物表面外观可视性效果良好。

4 修复后保护环境建议

经过修复后，文物保存环境要求如下：温度14℃～24℃，相对湿度45%～60%，温湿度日变化≤5%。库房的窗户要小且少，使用磨砂厚玻璃或花纹玻璃，同时安装一面深一面浅的双色窗帘。如使用普通平板玻璃，应安装防紫外线胶片。陈列展出时，使用不辐射紫外线的光源，或在普通光源上涂一层紫外线吸收剂滤去紫外光，最好使用光导纤维照明。库房和展厅应使用空气过滤设备，减少空气中的有害气体和灰尘。定期用吸尘器清扫房屋，用软布、排笔清除文物表面灰尘。

致谢：感谢秦始皇帝陵博物院容波研究员在保护修复中提供的指导，在测试过程中感谢中国科学院上海硅酸盐研究所赵静副研究员、李强博士的协助，项目实施受到国家文物局文物科技保护优秀青年项目（项目编号：2015-297）、陕西省社会科学项目（立项号：13H035）的资助，在此一并致以谢忱。

注　释

［1］ 李天虹：《严仓1号墓墓主、墓葬年代考》，《历史研究》2014年第1期。

［2］ 宋有志：《湖北荆门严仓墓群M1发掘情况》，《江汉考古》2010年第1期。

［3］ 鲁家亮、曹方向、李天虹等：《湖北荆门严仓1号楚墓出土竹简文物》，《文物》2020年第3期。

［4］ 赵静：《高分子文物保护涂层材料的稳定性能及在彩绘文物保护中的应用研究》，西北大学硕士学位论文，2007年。

[5] 容波、周铁：《陶质文物科技保护研究现状》，《文物保护与考古科学》2011年第2期；和玲、梁国正：《聚合物在文物保护中的应用进展》，《文博》2003年第1期。

[6] 管蓉、鲁德平、杨世芳：《玻璃与陶瓷用胶黏剂及粘接技术》，北京：化学工业出版社，2004年。

附录六　荆州博物馆馆藏陶质彩绘文物彩绘加固材料实验室评估研究

江月[1]　李亮[1]　容波[2]　毛小芬[2]　赵静[3]

（1.荆州博物馆　2.秦始皇帝陵博物院　3.中国科学院上海硅酸盐研究所）

荆州是楚文化的发祥地，是楚国的政治、经济和文化中心，其文化有浓郁的地方特色。荆州博物馆是最早获得国家文物局颁发的团体考古发掘资质的地市级博物馆之一，自20世纪70年代以来，为配合国家基本建设，先后发掘了7000多座古墓和20多万平方米的古文化遗址，出土旧石器时代至清代的各类文物16万余件，为国家抢救和保护了大量珍贵的历史文化遗产。特别是发掘出土的4万余件陶质文物，三级以上文物达580余件，器物种类繁多，器形多样，表面纹饰展现了楚汉文化特有的风貌，见证了中华文明的发展历程，是考古学研究中建立器物类型学和断代发展序列最重要的实物资料之一。

为使文物得到更好的保存，2017年，荆州博物馆联合荆州文物保护中心选取了其中的140件陶质文物，在实际勘查、病害认知、科学检测、实验室保护修复局部实验的基础上，联合编制了陶质文物保护修复方案。根据国家文物局文物博函〔2016〕519号，该方案于2016年获批立项，荆州博物馆负责实施这批陶器的修复。秦始皇帝陵博物院（陶质彩绘文物保护国家文物局重点科研基地）负责技术培训指导，2017年5月—2019年10月，荆州博物馆联合湖北太岳园林古建工程股份有限公司修复师等组成工作组，遵照保护修复方案，在荆州市博物馆保护修复室具体实施这批陶器的修复。

1　陶质彩绘文物现状评估

这批陶质彩绘文物出土后保存在库房，器物表面彩绘脱落、剥落、龟裂，纹饰无法完整分辨，器物残破残断严重，病害整体情况见表1.1。

表1.1　陶质彩绘文物病害情况统计表

病害	残缺	剥落	裂缝	硬结物	裂纹	彩绘脱落	龟裂	附着物
数量	114	27	37	37	32	112	8	37
比率（%）	80	20	26	26	23	80	5	26

显然，这些弥足珍贵的陶质文物保存状况却不容乐观。文物病害不仅影响外观，更严重威胁文物本体的保存，破坏文物的价值，因此对其进行保护是非常迫切、十分必要的，而器物表面彩绘脱落又是亟待解决的严重问题。为此，我们在实验室对常用的彩绘加固材料进行了筛选评估。现有常用陶器彩绘加固材料Paraloid B72[1]、WD-10+WD-082[2]、SF016[3]、Kremer 76800[4]、改性聚氨酯[5]和糯米浆[6]等，为筛选出合适的彩绘加固材料，我们对实验室模拟陶质彩绘样品的保护效果进行评估。

2　实验室彩绘加固评估研究

2.1　模拟彩绘原料

根据荆州博物馆藏陶器制作工艺，模拟实验分为两类：一种是直接用颜料调和剂混合颜料在陶胎上绘彩；另一种是在陶胎上先刷涂生漆底层，然后在上面绘彩。为深入研究保护材料在彩绘样品中与彩绘层之间的相互作用，制备模拟陶质彩绘样品时，还制作了以载玻片为基底的彩绘样品。实验所用载玻片与陶块长、宽尺寸一致（15cm×6cm），如图2.1所示，彩绘层所用颜料及颜料调和剂见表2.1。

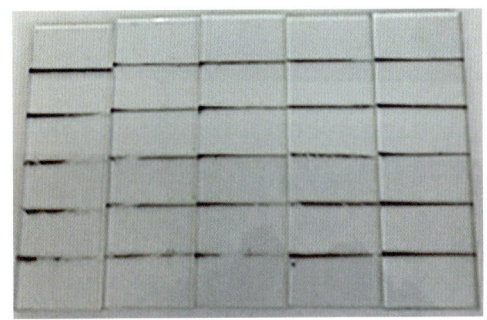

图2.1　制备模拟彩绘用陶块和载玻片（15cm×6cm）

表2.1　模拟彩绘所用颜料及调和剂

原料		来源	规格
颜料	炭黑	市购	炭黑
	赭石	北京天雅美术颜料厂	A109
	朱砂		A2
	骨白	猪骨	于800℃烧制
调和剂	大漆	西安生漆涂料研究所	安康平利漆，漆酚含量>70%
	鸡蛋清	市购	白皮土鸡蛋
	明胶		动物皮骨胶
	桃胶		—
	桐油	西安生漆涂料研究所	熟桐油

为了更好的制作模拟彩绘样品，实验首先探索了在含大漆底层彩绘样品中，大漆与鸡蛋清（蛋白质）、明胶（动物胶）、桃胶（植物胶）、桐油（干性油）等颜料调和剂的混合涂膜工艺。用毛刷涂抹，涂抹的效果差，膜上会留下明显的毛笔刷过的痕迹。表面不光滑，达不到所需的效果（图2.2a）；用玻璃板涂抹，由于玻璃棒本身比较光滑，大部分涂抹得比较均匀，但在载玻片上涂抹时力道不能保证均匀，总有部分涂抹的厚度和整体不一样（图2.2b）；在载玻片两长边边缘分别贴上一条窄的透明胶带，使中间部分低于两边缘，将混合样置于载玻片的一端，用玻璃棒将混合样从一端平推向另一端，表面涂抹平整光滑，由于透明胶带的厚度很薄，形成膜厚度也比较薄（如图2.2c）。

a　　　　　　　　　　b　　　　　　　　　　c

图2.2　不同涂膜方法所得膜的外观
a.毛刷涂抹　b.玻璃板涂抹　c.贴胶带法涂抹

2.2 混合调和剂比例的确定

研究了大漆与桐油、明胶、桃胶、桐油、鸡蛋清等混合样品。其中，桃胶和明胶固体颗粒需要先加热溶于蒸馏水中。桐油、鸡蛋清等都是液体，不需要进行前处理。

（1）桃胶和明胶水溶液的制备

在开始制备桃胶水溶液和明胶水溶液时，由于比例配置不恰当，涂出的膜效果不好，经过长期的摸索，找到了适合的比例，其中，桃胶水溶液中桃胶含量为9.85%，明胶水溶液中明胶含量为2.32%。

（2）大漆与各种样混合比例的确定

在确定了桃胶及明胶水溶液含量后，涂抹了大漆与桃胶、大漆与明胶、大漆与桐油、大漆与鸡蛋清重量比为1∶5~5∶1的各种膜。在涂膜过程中出现了膜干后有褶皱、起翘、掉皮及混合不均匀等现象（图2.3）。在涂膜干后表面平整、光滑和均匀的要求下，最终找到了能够较好符合要求的比例。

图2.3 涂膜过程中出现的问题

其中，在大漆与桃胶（含量为9.85%）混合比重里，大漆和桃胶的比重分别为1∶1、1∶2、1∶3时得到的膜效果比较好（图2.4a）。大漆与明胶（含量为2.32%）混合比重里，大漆和明胶的比重分别为2∶1、1∶1时得到的膜效果比较好（图2.4b）。大漆与蛋清的混合比重分别为4∶1、5∶1时形成的膜效果比较好（图2.4c）。

在涂抹大漆与桐油的过程中，遇到了混合膜较长时间不能干燥的问题。

图2.4　大漆+桃胶、大漆+明胶、大漆+蛋清混合物涂膜
a. 大漆+桃胶　b. 大漆+明胶　c. 大漆+蛋清

2.3　模拟陶质彩绘制备

由于实验用陶块数量有限，研究仅制备了以蛋清和明胶为黏合剂的模拟彩绘样品。制样时，在参考我国传统的陶制彩绘制法的基础上，共模拟了四种类型的彩绘：玻璃板上直接绘彩，玻璃板上髹漆再绘彩，陶块上直接绘彩，以及陶块上髹漆再绘彩。已髹漆的玻璃板、陶块如图2.5所示。

大漆层干燥后，将所有髹漆及未髹漆的玻璃板、陶块的表面分为六部分（25mm×60mm），分别以鸡蛋清和明胶为颜料调和剂，涂绘6种颜料，待其干燥后就可以获得实验室模拟彩绘样品。大漆干燥后呈黑色，模拟彩绘所用鸡蛋清未作处理，直接与颜料混合，明胶与炭黑的质量比为1∶1，与赭石比例为1∶9，与骨白、朱砂的质量比均为1∶19，以60℃的水将胶化开，混以颜料即可，水量也以混合物易刷涂且色彩表现力好为准。所制模拟彩绘样品见图2.6。

从图2.6中可以看出，虽然基材、所用颜料及刷涂工艺均相同，但最终所得两组彩

图2.5 已髹漆的玻璃板和陶块
a. 玻璃板 b. 陶块

绘外观差异较大，具体对比见图2.7。

以鸡蛋清为颜料调和剂制得的彩绘颜色偏暗，且由于鸡蛋清黏稠、滑腻，刷涂过程中难以使颜料调和剂、颜料混合物分布均匀，故而彩绘颜色不匀称。此外，在陶胎基底上，如果彩绘层涂覆较厚，干燥后会整体开裂，且连同陶胎表面一同起翘（图2.8a），需要重绘；彩绘层干燥后，在载玻片及陶胎+大漆基底上的部分色区出现了开裂或脱落的情况，主要集中在边缘区域（图2.8b、c），而在载玻片+大漆基底上，彩绘层除了开裂或脱落外，甚至部分区域连同漆层一同开裂、起翘（图2.8d）。以上各种现

图2.6 模拟彩绘样品
a. 以鸡蛋清为黏接剂 b. 以明胶为黏接剂
（从左至右基体分别为漆+玻璃板、漆+陶胎、陶胎、玻璃板）

象表明，鸡蛋清颜料调和剂在载玻片及漆层上的黏附力不强，但在干燥过程中收缩力很强，如果用量过多的话，可能会影响基底的表层。

以明胶为颜料调和剂的模拟彩绘易制作，且在绘制及干燥过程中没有出现彩绘层开裂、起翘或脱落的现象。

图2.7 两组彩绘对比图
a. 玻璃板 b. 陶胎 c. 陶胎+大漆 d. 玻璃板+大漆
（上图均用鸡蛋清黏接剂，下图为明胶黏接剂）

2.4 模拟彩绘的保护

将选出的Paraloid B72、WD-10+WD-082、SF016、Kremer 76800、改性聚氨酯和糯米浆等保护材料按照表2.1所示配成溶液。在4种模拟彩绘中，每种选取7个，其中1个作为空白样，另外6个分别用保护材料进行保护处理，施用方式为刷涂。

2.5 模拟彩绘保护前后表面色度变化测试

模拟材料保护前后，分别测量相同位置的L^*、a^*、b^*值，随后计算其色差ΔE。具体结果见表2.2。

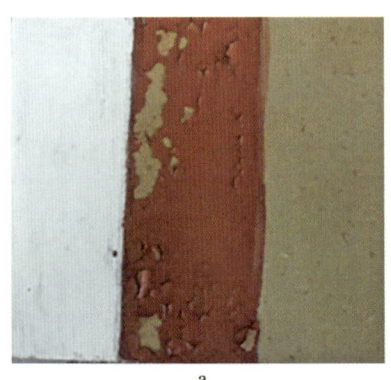 

图2.8 鸡蛋清颜料调和剂彩绘外观
a. 陶胎 b. 载玻片 c. 陶胎+大漆 d. 载玻片+大漆

表2.2 模拟彩绘保护前后色度变化

彩绘加固材料	颜料调和剂	基底	炭黑	赭石	朱砂	骨白
Paraloid B72	鸡蛋清	载玻片	2.76	2.28	1.28	2.06
		载玻片+大漆	3.14	3.77	1.77	1.95
		陶胎	1.34	2.79	1	2.17
		陶胎+大漆	2.18	2.7	2.99	2.27
	明胶	载玻片	1.61	2.76	2.78	2.88
		载玻片+大漆	2.81	2.92	2.83	2.11
		陶胎	2.39	2.7	2.03	2.69
		陶胎+大漆	2.33	2.83	2.37	2.89

续表

彩绘加固材料	颜料调和剂	基底	炭黑	赭石	朱砂	骨白
WD-10+ WD-082	鸡蛋清	载玻片	3.41	3.54	3.01	3.18
		载玻片+大漆	3.01	3.83	3.23	3.58
		陶胎	4.18	4.77	4.19	4.79
		陶胎+大漆	4.5	5.86	5.75	5.33
	明胶	载玻片	4.18	4.57	4.06	4.47
		载玻片+大漆	4.71	4.64	4.39	4.15
		陶胎	4.83	4.41	4.3	4.63
		陶胎+大漆	4.03	4.45	5.89	5.59
SF016	鸡蛋清	载玻片	0.8	1.01	1.87	1.29
		载玻片+大漆	2.8	2.41	2.29	1.97
		陶胎	0.37	1.82	0.79	1.03
		陶胎+大漆	2.08	0.96	0.93	3.68
	明胶	载玻片	0.38	1.06	2.09	1.54
		载玻片+大漆	2.35	2.43	1.63	2.58
		陶胎	1.22	1.65	1	0.9
		陶胎+大漆	2.62	2.96	2.49	2.07
Kremer 76800	鸡蛋清	载玻片	2.58	3.82	3.12	3.62
		载玻片+大漆	3.55	3.94	4.59	4.52
		陶胎	3.4	3.75	4.1	4.18
		陶胎+大漆	3.42	3.75	3.81	4.64
	明胶	载玻片	3.41	3.3	4.66	4
		载玻片+大漆	4.93	3.36	3.99	4.41
		陶胎	5.12	5.21	5.57	5.57
		陶胎+大漆	5.33	5.28	5.91	5.63
改性聚氨酯	鸡蛋清	载玻片	3.26	3.03	3.1	1.42
		载玻片+大漆	4.63	3.58	3.12	2.83
		陶胎	3.13	4.95	3.26	2.35
		陶胎+大漆	3.73	2.5	3.2	1.81
	明胶	载玻片	3.13	3.21	3.08	1.44
		载玻片+大漆	3.4	3.45	3.5	1.33
		陶胎	3.13	3.97	3.2	1.63
		陶胎+大漆	3.04	3.35	3.57	1.69

续表

彩绘加固材料	颜料调和剂	基底	炭黑	赭石	朱砂	骨白
糯米浆	鸡蛋清	载玻片	1.58	2.2	2.8	2.17
		载玻片+大漆	1.97	2.47	2.43	3
		陶胎	2.04	2.87	2.22	2.04
		陶胎+大漆	2.19	1.71	1.67	0.89
	明胶	载玻片	2.93	2.73	2.32	2.23
		载玻片+大漆	1.68	2.93	1.79	1.41
		陶胎	2.81	2.07	2.86	1.36
		陶胎+大漆	2.59	2.34	2.75	1.24

当$\Delta E>3$时，肉眼可觉察到颜色变化[7]。ΔE与基体、颜料调和剂、颜料种类、保护材料及保护工艺都密切相关。实验结果表明：WD-10+ WD-082、Kremer 76800、改性聚氨酯对彩绘色度的影响最明显，Paraloid B72、SF016影响相对较小，而糯米浆影响最小。

3 小 结

实验室选取了Paraloid B72、WD-10+WD-082、SF016、Kremer 76800、改性聚氨酯和糯米浆6种彩绘加固剂，对模拟彩绘样品进行加固保护，并测试评估样品保护前后的色度变化，结果表明Kremer 76800、WD-10+WD-082、改性聚氨酯对彩绘色度的影响最明显，Paraloid B72、SF016影响较小，糯米浆影响最小。但作为水溶性彩绘加固材料，明胶、糯米浆虽然实施彩绘加固前后外观色泽差异较小，但由于在高温高湿地区易滋生霉菌，造成微生物危害，且实验室观察发现，采用明胶、糯米浆加固彩绘样品时加固强度较弱，因此在实施保护修复时应避免选用。B72、SF016均可用于这批彩绘陶器的彩绘加固，由于SF016是水溶性彩绘加固剂，不宜用于彩绘陶器的整体封护，因此在这批陶质彩绘文物彩绘加固中，选用低浓度Paraloid B72作为加固剂。

致谢：感谢中国科学院上海硅酸盐研究所赵静副研究员、李强博士的大力支持，本文受到国家文物局文物科技保护优秀青年项目（项目编号：2015-297）、陕西省社会科学项目（立项号：13H035）的资助，在此深表谢意。

注　释

［1］　孙晓强：《对明代廖纪墓出土彩陶粉彩层的保护》，《文物保护与考古科学》1999年第11期。

［2］　甄广全：《关于长链烷基烷氧基硅烷保护砖石土质文物的应用问题》，《第三届文物保护技术协会论文集》，北京：紫禁城出版社，2004年，第288~296页。

［3］　李晓溪、王丽琴、李伟东等：《脆弱硅酸盐质文物保护用纳米级SiO_2-丙烯酸酯复合材料的性能》，《精细化工》2011年第10期。

［4］　袁传勋：《PVAc和PVB改性硅溶胶加固保护陶质文物的研究》，《文物保护与考古科学》2003年第1期。

［5］　周铁、容波：《陶质彩绘文物保护用加固剂研究进展》，《文物保护与考古科学》（增刊），2008年，第68~72页。

［6］　秦始皇帝陵博物院、中国科学院上海有机化学研究所、中国科学院上海硅酸盐研究所等：《出土陶质彩绘文物保护关键技术研究》，北京：科学出版社，2014年。

［7］　孙秀如、林志定、张家英等：《中国人眼对表色色差辨别的实验研究》，《心理学报》1996年第1期。

附录七　唐至元代耀州窑青瓷的科学研究

阳　帆[1]　李　强[2,3]　姚鹤良[2]　容　波[3,4]　罗宏杰[3]　王　芬[5]

（1. 长沙博物馆　2. 中国科学院上海硅酸盐研究所　3. 上海大学
4. 秦始皇帝陵博物院　5. 陕西科技大学）

耀州窑烧造瓷器的历史据《德应侯碑》记载可早至东晋，而目前考古发掘可以明确的创烧时间不晚于唐，且历经五代、北宋、金、元，终烧于明代中叶，前后延续800多年[1]。其古窑遗址于20世纪50年代发掘于今陕西省铜川市耀州区黄堡镇一带，此区域位于黄土高原南缘，漆水河西岸，盛产煤炭、陶瓷黏土及耐火黏土，交通便利，是烧造陶瓷的天造场所。由于其窑址所在地在唐五代时期辖属频繁更迭，以考古学窑址所在地命名的惯例，称之为"唐代黄堡窑"及"五代黄堡窑"，而自宋代起，窑址所在地归属耀州管辖，并沿袭下来，故称之为"耀州窑"，并因其巨大的规模，素有"十里窑场"之称。耀州窑自创烧之日就烧造品种繁多的瓷器，但尤以青瓷最为著名，为中国古代历史名瓷之一，"橄榄青"更是独树一帜，因其独特的风格，北宋时期曾与定、越、汝、官、哥和钧诸瓷窑并著于世。耀州窑场不仅是我国古代最大的民间窑场之一，也曾作为皇家御用贡瓷窑厂，在黄堡窑五代地层中出土了不少珍贵的"官"字款青瓷器残片[2]。而时至今日，耀州窑完善的工艺成就及高超的装饰艺术风格依然在延续，就在距古窑遗址不远的陈炉镇窑火仍然旺盛，传承前后达千余年之久，形成了以耀州（今铜川市耀州区）黄堡镇窑场为中心的北方青瓷窑业体系——耀州窑系，为国内最长之窑业体系[3]。

1　实验样品与测试分析

自从耀州窑窑址于1959年发掘以来，考古界和科技界都对其开展了多方面的研究，对其工艺成就，产品的种类和时代演变规律以及装饰技术有了一定的认识[4]。本文选取了近百片唐至元代耀州窑青瓷样品，其中唐代6片，五代时期黑胎样品26片记为五代-1，五代时期白胎样品15片记为五代-2，宋代14片，金代12片青瓷片记为金代-1，金代月白6片记为金代-2，元代8片。部分样品如图1.1所示。采用美国EDAX公司

EAGLE-Ⅲ型能量色散X射线荧光分析仪（EDXRF）对样品胎和釉的化学组成进行了测定，样品胎釉的化学组成测试结果见表1.1～表1.3，运用多元统计的分析方法[5]对测试数据进行了分析处理，采用SU 82220场发射扫描电子显微镜对釉的显微结构进行了表征，取得了一些有意义的结果。

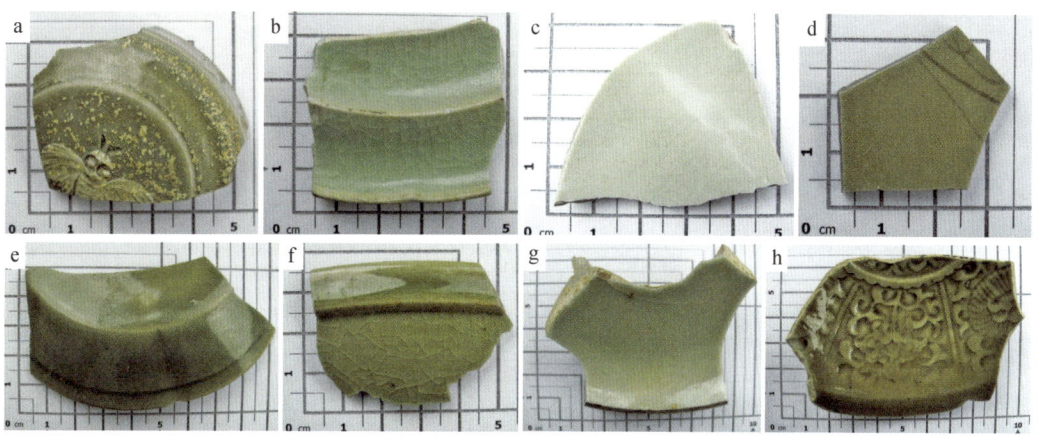

图1.1　典型耀州窑样品瓷片
a.唐代　b、c.五代　d、e.宋代　f、g.金代　h.元代

表1.1　样品胎的化学组成测试结果（EDXRF）

朝代	部位		Na_2O	MgO	Al_2O_3	SiO_2	K_2O	CaO	TiO_2	Fe_2O_3
唐代	胎体	平均值	0.32	1.06	26.41	65.07	1.78	0.46	1.01	2.25
		标准差	0.13	0.1	3.3	3.42	0.32	0.08	0.82	0.27
五代-1	胎体	平均值	0.26	1.09	27.78	66.33	1.87	0.81	1.09	2.76
		标准差	0.15	0.11	1.54	1.74	0.21	0.4	0.1	0.34
五代-2	胎体	平均值	0.29	0.56	21.47	68.92	5.06	0.65	0.26	1.79
		标准差	0.17	0.14	1.17	1.55	0.5	0.22	0.09	0.22
宋代	胎体	平均值	0.39	0.84	25.27	66.96	2.27	0.42	0.78	2.07
		标准差	0.23	0.14	2.04	2.2	0.2	0.11	0.09	0.15
金代-1	胎体	平均值	0.34	0.96	20.76	71.29	2.43	0.55	0.66	2.04
		标准差	0.16	0.11	1.64	1.82	0.19	0.28	0.03	0.18
金代-2	胎体	平均值	0.27	0.95	19.97	71.86	2.38	0.74	0.68	2.05
		标准差	0.18	0.15	1.29	1.55	0.13	0.24	0.06	0.16
元代	胎体	平均值	0.26	0.9	22.91	69.14	2.42	0.44	0.72	1.94
		标准差	0.15	0.16	2.76	2.72	0.38	0.19	0.1	0.21
唐代	贴化釉		0.35	1.27	31.06	61.06	2.31	0.48	1.04	1.44
五代-1	化妆土		0.07	1.38	31.2	60.93	1.93	0.88	1.21	1.41

表1.2 样品釉的化学组成测试结果（EDXRF）

朝代	部位		Na_2O	MgO	Al_2O_3	SiO_2	K_2O	CaO	TiO_2	Fe_2O_3	P_2O_5
唐代	釉	平均值	0.32	2.24	13.12	65.80	2.13	13.27	0.14	1.98	0.23
		标准差	0.15	0.3	0.26	2.21	0.2	2.06	0.06	0.33	0.04
五代-1	釉	平均值	0.41	1.62	13.44	69.45	2.61	9.4	0.1	2.12	0.16
		标准差	0.26	0.32	0.66	1.79	0.36	2.33	0.02	0.34	0.05
五代-2	釉	平均值	0.33	1.3	12.7	68.47	4.23	10.08	0.1	1.77	0.19
		标准差	0.18	0.22	0.8	1.42	0.89	1.63	0.02	0.32	0.04
宋代	釉	平均值	0.43	1.92	12.65	70.02	2.92	8.61	0.13	2.32	0.17
		标准差	0.33	0.6	0.84	2.25	0.3	2.07	0.02	0.48	0.07
金代-1	釉	平均值	0.24	1.9	13.1	70.2	2.67	8.5	0.12	2.26	0.15
		标准差	0.19	0.62	0.85	3.44	0.49	3.85	0.01	0.4	0.09
金代-2	釉	平均值	0.38	1.74	14.68	71.2	2.89	6.04	0.14	1.91	0.11
		标准差	0.16	0.76	1.33	3.65	0.51	4.5	0.03	0.41	0.11
元代	釉	平均值	0.45	2.73	12.85	68.06	2.5	10.17	0.17	2.06	0.24
		标准差	0.33	0.89	1.07	3.21	0.42	3.7	0.06	0.31	0.13

表1.3 耀州窑址区原料的化学组成测试结果（WDXRF）

原料	组成									
	Na_2O	MgO	Al_2O_3	SiO_2	K_2O	CaO	TiO_2	Fe_2O_3	MnO	P_2O_5	烧失
立地坡青坩	0.2	0.64	25	60.39	1.49	0.24	1.53	1.55	—	0.07	8.5
东山白坩	0.2	—	38.7	45.55	0.02	0.21		0.02	—		15
富平塔尔坡老坩	0.94	1.66	8.08	46.89	0.86	19.97	0.35	1.99	0.1	0.44	18
富平塔尔山釉石	2.68	1.39	10.56	70.8	1.94	5.95	0.11	1.08	0.03	0.03	5

2 结果与要论

2.1 耀州窑青瓷胎的化学组成特点

图2.1是耀州窑历代青瓷样品胎中8种主次量化学组成（Na_2O、MgO、Al_2O_3、SiO_2、K_2O、CaO、TiO_2、Fe_2O_3）的二维对应分析结果。首先，由表1.1中胎的组成测试数据可以看出，耀州窑青瓷所有时代的瓷胎化学组成都具有北方瓷的特点，即相对较高的Al_2O_3（均值24.24%），以及相对较低的SiO_2（均值67.28%）。如图2.1，胎的统计结果分析表明耀州窑青瓷的胎化学组成有着清晰的时代演变特征，以K_2O及TiO_2含量的变化可分为Ⅰ和Ⅱ两个大类，而在第Ⅰ大类中又以Al_2O_3和SiO_2含量的变化划分为

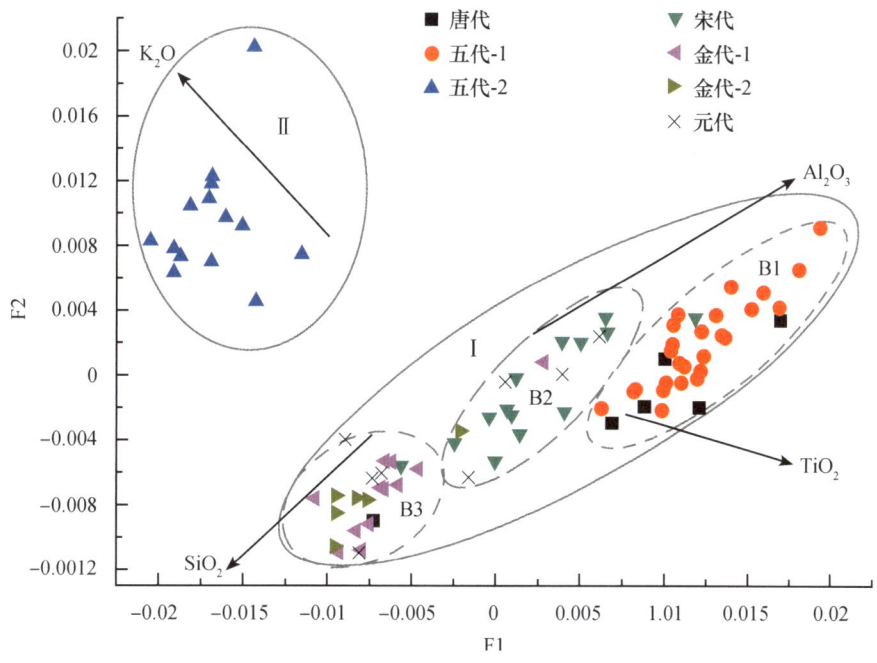

图2.1 耀州窑样品胎的二维对应分析结果

B1、B2和B3三个小类，这三个界限鲜明的小类完整地展现了耀州窑青瓷胎化学组成随着时代变迁发展的脉络。

第一个小类（B1），包括所有的唐代和五代的黑胎青瓷样品及一个宋代样品，唐五代是耀州窑烧造历程中的创烧和探索时期。此类样品的主要特征是多数样品胎质较为粗糙，含有肉眼可见的黑色高铁颗粒。组成上含有相对较高的 Al_2O_3（均值27.88%）及低 SiO_2（均值63.36%），且 TiO_2 和 Fe_2O_3 含量相对耀州窑其他时代青瓷也较高，均值为3.7%，部分高达4.7%，其他时代样品 TiO_2 和 Fe_2O_3 含量低于3%，如表1.1所示，但是这也高于北方其他地区的青瓷，导致这种结果的主要原因是耀州窑所处的黄土高原盛产高铝低硅的黏土，这种黏土含有较高的铁和钛杂质[6]。这也证明了耀州窑制瓷原料取自其窑场附近的说法是比较可靠的[7]。因此，虽然在唐代黄堡窑址中也发掘出一定数量的粗白瓷，但是要利用耀州地区的原料大规模生产高质量的白瓷基本是不可能的，而且许多学者也怀疑唐代窑址出土的白瓷是否为唐代黄堡窑场所烧造[8]。

第二个小类（B2），包括所有的宋代样品，以及部分元代样品，少量金代样品。这些样品胎质致密细腻，呈深青灰色，这种胎色也是最适合烧造青瓷的，与透明釉搭配使青瓷颜色更加幽深碧绿[9]。宋代是耀州窑烧造历史上的鼎盛时期，已经基本见不到唐五代时期的粗颗粒，显示出了这时期高超的制瓷技艺。相对于B1类，B2类样品中所有的化学组成均处于耀州窑烧造历史的平均值范围，如高 Al_2O_3（均值25.27%）及低 SiO_2（均值66.96%），或许正是由于这个范围及恰当的烧成工艺、气氛控制和以高热量的煤作为燃料的条件，才成就了耀州窑独具特色的橄榄青色[10]。

第三个小类（B3），包括几乎所有的金代样品，多数元代样品，一个唐代样品。金代是耀州窑由繁荣开始转向衰败的转折期，胎质出现了多种类型。呈现出高SiO_2（均值71.8%）及低Al_2O_3（均值19.9%）的特征，多数样品的胎化学组成开始偏离北方瓷胎的特点，而接近南方瓷石类瓷胎的组成，这与以往的研究也吻合[11]，而且极有可能是一种黏土和石英的"二元配方"[12]。因此，虽然仍使用煤作为燃料，但是胎质却不如宋代致密。

第Ⅱ大类只有五代的白胎青瓷样品。这是一类组成较为特殊且孤立的样品，也未见详细的研究报道，组成如表1.1所示，含有较高的K_2O，均值为5.06%，并且由于TiO_2的含量为0.26%，小于所有青瓷样品均值0.5%，Fe_2O_3的含量是耀州窑青瓷样品中最低者，其均值为1.79%，所以这批样品的胎色为灰白，显然不可能为传统意义上的白瓷，考古学家称之为"白胎"瓷，这一类产品的存在说明在五代时期或许受北方传统瓷窑的影响，耀州窑场的窑工在唐代粗白瓷的基础上依然对烧造精细白瓷进行探索[13]。

2.2　耀州窑青瓷釉的化学组成特点

图2.2为耀州窑历代青瓷样品釉中8种主次量化学组成（Na_2O、MgO、Al_2O_3、SiO_2、K_2O、CaO、TiO_2、Fe_2O_3）的二维对应分析结果。结果表明不同时期的耀州窑青瓷釉大致可分为四类：高CaO和MgO的G1类，如表1.2所示，CaO和MgO总和大于14%；各化学组成均处于所有样品中间值范围的G2类；高SiO_2的G3类，SiO_2大于71%；高K_2O的G4类，K_2O含量大于3.2%。

如图2.2所示，唐代的样品全部集中在G1类中，说明耀州窑初创时期，延续了越窑青瓷系的钙釉。而五代时期的黑胎青瓷样品集中于G2，少数分布在G1与G3中，这种分散说明耀州窑五代时期的窑工不只是继承了唐代的配方，也在探索新的配方及开发新的产品[14]，尤为特别的是集中于G4中的五代时期白胎青瓷样品，由于高K_2O含量而单独形成一个类型，其中，部分样品釉中K_2O含量已经达到钙-碱类釉的范围，即R_0系数b值为0.73，小于0.76，这也是目前为止最早的钙-碱类青瓷釉，早于之前报道的宋代[15]，而且钾含量的提高使釉呈青蓝色[16]，所以这批样品多呈现"青如天、薄如纸、明如镜"的粉青或天青色[17]，至于这一探索是否借鉴了北方白瓷的组成不得而知。虽然这一类型的釉在耀州窑历史上也只是昙花一现，也并没有引领耀州窑五代之后青瓷的发展方向，却为青瓷釉中添加高钾开创了先河，也为汝、钧等瓷釉奠定了基础[18]。宋代的样品基本集中于G2中，五代及金代的橄榄青样品也分布在这个区域，宋代是耀州窑的成熟期，说明此区域的组成及配合恰当的烧成制度是橄榄青釉的基础。金代的样品在G1、G2和G3都有分布，其中多数集中在的G3区域，由于SiO_2的大幅度增加势必要求更高的烧成温度，因此出现了大量半透釉，被称为"青白玉釉"瓷[19]，说明此时耀州窑瓷用釉原料的选取已经不如之前科学，由此也开启了耀州窑场由盛转

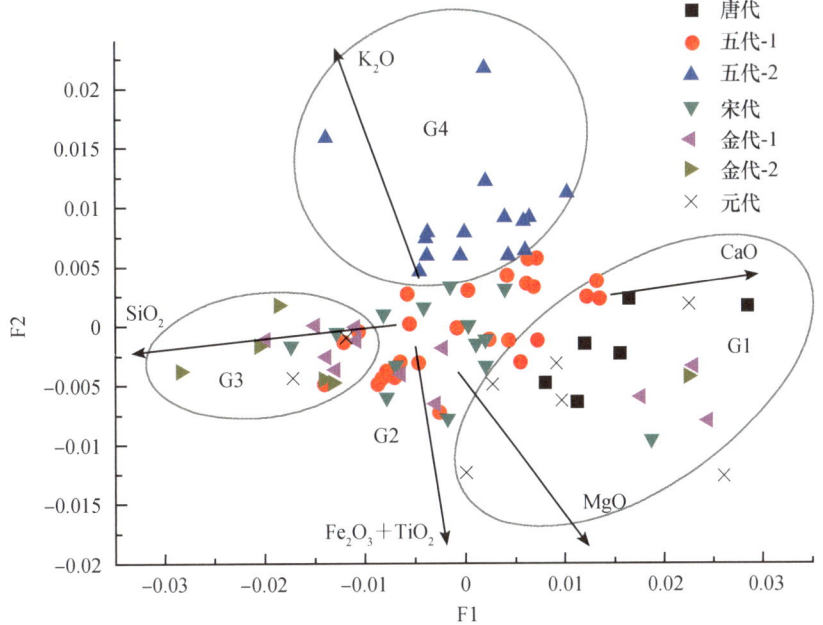

图2.2 耀州窑样品釉的二维对应分析结果

衰的局面。元代样品G1和G3都有分布,相对多数集中于G1,原料的选取不再那么合理,又回到了创烧时的水平,而且由于气氛控制技术的问题,元代釉色多偏姜黄色,此时期以黄堡镇为中心的古窑场进入了全面的衰落,并最终停止了瓷器的烧造,但是在陈炉镇等地,耀州窑系青瓷的技艺依然在延续[20]。

2.3 五代耀州窑青瓷的特点

由耀州窑历代青瓷胎釉化学组成统计分析,可以看出五代时期白胎青瓷在耀州窑烧造历史上是一个完全孤立的产品。窑址发掘及传世样品都显示了其极为成熟的工艺水准,它并没有承接耀州窑唐代青瓷的技术成就,也没有引领耀州窑后期的发展方向,但是却创造了一个在瓷釉历史上举足轻重的青瓷釉新品种——天青色釉。其对宋代天青色青瓷的影响也一直是争论的焦点,许多研究者认为耀州窑五代青瓷与汝窑存在某些联系[21]。考古器型学研究也表明耀州窑初创时期与北方邢窑、定窑及巩县窑等窑存在着极为广泛的技术交流[22]。

为了从科技角度进一步考证其传承渊源,我们将耀州窑五代白胎青瓷(Y-C)、邢窑隋代透影白瓷(X-W)、定窑晚唐五代细白瓷(D-W)、巩县窑唐代白瓷(G-W)及汝窑宋代青瓷(R-C)样品胎釉化学组成做统计分析,结果如图2.3和图2.4所示。由图2.3可以看出,耀州窑五代白胎青瓷与邢窑隋代透影白瓷样品都位于高K_2O、低CaO的区,而耀州样品SiO_2比邢窑高,二者有明显的界限;定窑细白瓷与汝窑青瓷及巩县

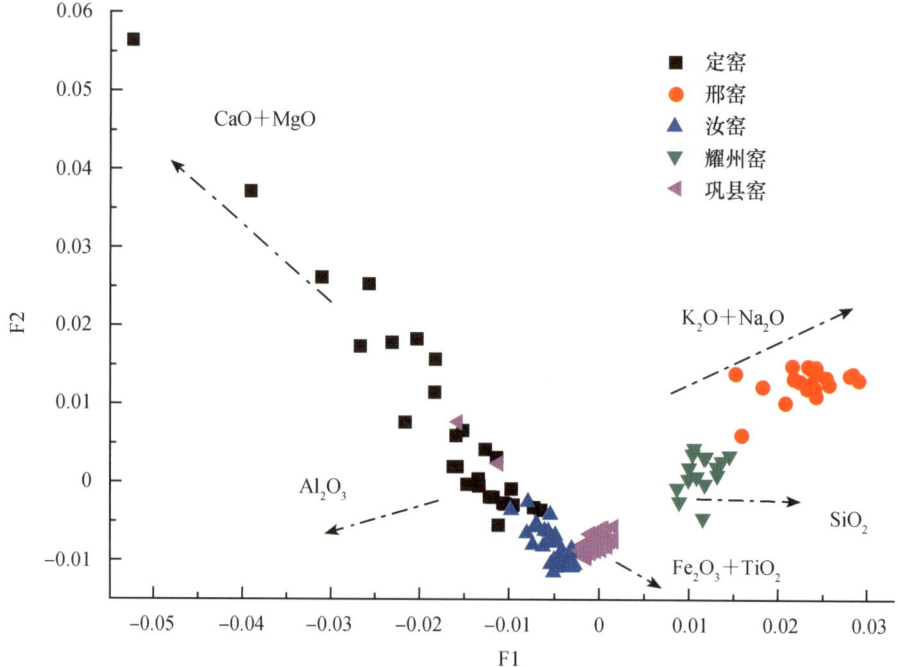

图2.3　耀州窑五代白胎青瓷、邢窑隋代透影白瓷、定窑晚唐五代细白瓷、巩县窑唐代白瓷及汝窑宋代青瓷样品胎化学组成的二维对应分析结果

窑白瓷位于低K_2O、高CaO的区，Fe_2O_3含量的差异导致明显的界限。由图2.4可以看出，这五个窑口的样品可以分为三个区，即邢窑样品及两个耀州窑样品所在的高K_2O区，这两个耀州窑样品的R_0系数b值小于0.76，属于钙-碱釉的范围内；汝窑全部样品与耀州窑重叠在高CaO、F_2O_3及TiO_2的区域；而定窑白瓷则位于高Al_2O_3的区域。

由上述统计分析的结果，我们推测有一种技术的交流与传承，耀州窑五代白胎青瓷继承了邢窑隋代胎釉配方添加钾长石的技术，但是从化学组成来看，由于文献[23]给出的任何一种原料中K_2O的含量均未大于3.5%，如表1.3所示，所以五代白胎青瓷胎釉的原料似乎并不是先前比较确定的富平釉石，更有可能来自其他地方，而且五代白胎瓷样品胎和釉中Al_2O_3和K_2O含量并不是以相同的比例降低，因此，胎和釉中的钾并不是来自同一原料，若胎的组成为北方高岭—石英—长石系[24]，那么釉中的钾应该是在钾长石的基础上又加了草木灰。而且耀州窑五代时期的胎很薄，这与邢窑隋代透影白瓷也极其相似。五代时期邢窑所在的河北三镇一直处于战乱之中，邢窑窑址出土瓷器研究也表明五代时期邢窑已渐衰落[25]，所以邢窑的窑工把先进的白瓷烧造技术带到相对安定的耀州也是极有可能的。只是由于耀州窑场所在地域的原料中铁和钛含量相比邢窑的要高出许多[26]，所以并不能烧造出精巧的"透影白瓷"。或许是加入纯度较高的高岭土，烧成温度达不到要求，五代白胎瓷的胎质呈现多孔现象[27]，但这却开创了青瓷釉中加高钾原料的先例。

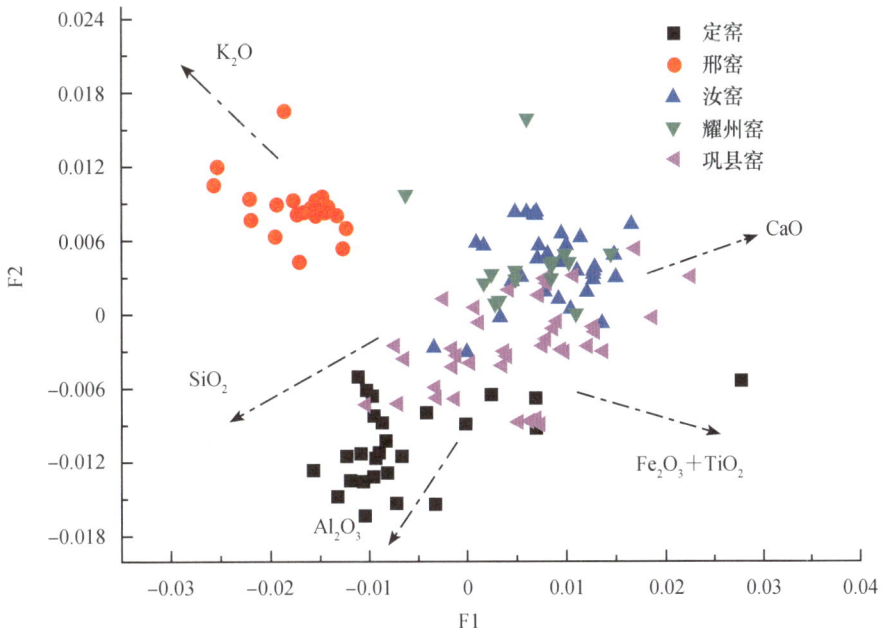

图2.4 耀州窑五代白胎青瓷、邢窑隋代透影白瓷、定窑晚唐五代细白瓷、巩县窑唐代白瓷及汝窑宋代青瓷样品釉化学组成的二维对应分析结果

耀州窑五代白胎青瓷是越窑系青瓷与邢窑白瓷的完美结合，它把单纯由Fe^{3+}/Fe^{2+}价态浓度变化的单一离子着色时代带入了离子与结构共同着色的时代（图2.5），天青色成为青瓷的最高追求，虽然不是最早的结构分相釉，但却烧造出了一种使世人尽折腰的天青釉色。

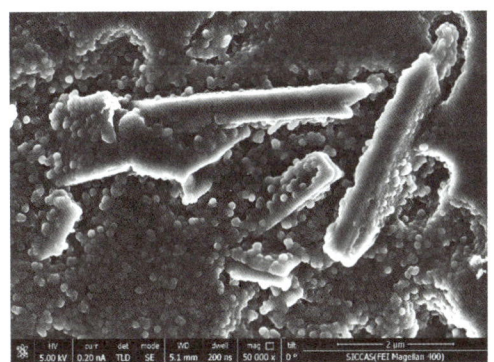 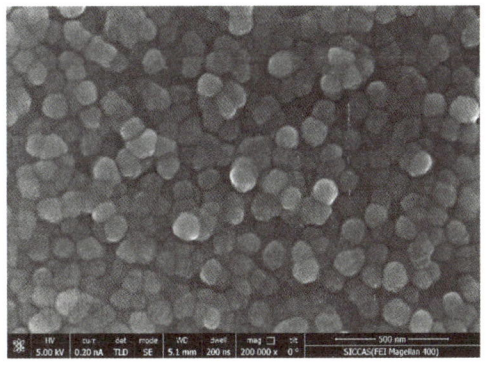

图2.5 五代耀州窑天青瓷釉显微结构

3 结 论

这次研究的成果有别于以往对耀州窑青瓷胎体化学组成两大类的分法，更加细致地认识耀州窑的发展历程，每个阶段既有其时代特征，各个时代之间又有一定的重合衔接，说明了耀州窑作为北方最大的青瓷窑业体系数百年发展的连贯性。特别是在研究中发现五代时期白胎青瓷的胎与釉中都含有很高的钾，这与北方的白瓷组成有一定的相似性，也反过来证实在五代时期，耀州窑还处于探索时期，并且可能依旧尝试着烧造北方窑口所擅长的白瓷，而且在五代时期白胎瓷中部分釉的R_0含量低于0.76，可归为钙-碱釉，把青瓷钙-碱釉的记录由宋代提早到五代。烧制成功的天青釉瓷，为北宋时期汝窑的天青釉瓷奠定了基础。

注 释

[1] 陕西省考古研究所：《唐黄堡窑址》，北京：文物出版社，1992年，第548~554页。

[2] 陕西省考古研究所：《唐黄堡窑址》，北京：文物出版社，1992年，第548~554页；陕西省考古研究所：《五代黄堡窑址》，北京：文物出版社，1997年，第540页；陕西省考古研究所、耀州窑博物馆：《宋代耀州窑址》，北京：文物出版社，1998年，第540页。

[3] 张志刚、李家治：《耀州窑历代青瓷釉瓷器工艺研究》，《'99古陶瓷科学技术4国际讨论会论文集》，上海：上海科学技术文献出版社，1999年，第65~72页；耀州窑博物馆：《中国耀州窑国际学术讨论会论文集》，西安：三秦出版社，2005年。

[4] 李国桢、关培英：《耀州青瓷的研究》，《硅酸盐学报》1979年第4期；罗宏杰：《中国古陶瓷与多元统计分析》，北京：中国轻工业出版社，1997年，第74~82页；李国桢、郭演仪：《中国名瓷工艺基础》，杭州：浙江大学出版社，2012年，第75~98页；梁宝鎏、罗宏杰、李家治等：《借助对应分析方法研究耀州古瓷的演变规律》，《硅酸盐学报》1997年第1期；王芬、陈士萍、孙洪巍：《五代耀州窑青瓷的研究》，《'99古陶瓷科学技术4国际讨论会论文集》，上海：上海科学技术文献出版社，1999年，第55~62页；杨钟堂、李月琴、王志海：《金代耀州月白釉瓷釉的研究》，《'99古陶瓷科学技术7国际讨论会论文集》，上海：上海科学技术文献出版社，1999年；刘中夏、王斌、李国栋等：《耀州窑遗址粘土及其古瓷的初步研究》，《文物保护与考古科学》1990年第1期；王芬、罗宏杰、李强等：《耀州窑月白釉瓷》，《'09古陶瓷科学技术7国际讨论会论文集》，上海：上海科学技术文献出版社，2009年，第345~350页；罗宏杰、李家治、高力明：《中国古瓷中钙系釉类型划分标准及其在瓷釉研究中的应用》，《硅酸盐通报》1995年第2期；张福康：《中国古陶瓷的科学》，上海：上海人民美术出版社，2000年，第54、55页；禚振西：《耀州窑遗址出土历代青瓷的时代特征》，《'95古陶瓷科学技术3国际讨论会论文集》，上海：上海科学技术文献

出版社，1995年，第418~422页；李家治：《中国科学技术史·陶瓷卷》，北京：科学出版社，1998年，第259~270页；Lu Xiaoke, Li Weidong, Luo Hongjie, et al. A scientific study on the Xing kiln of ancient China. *Sci China Tech Sci*. 2012, (10): 2902-2919；王小蒙：《试论唐代黄堡白瓷的发展——从黄堡白瓷与河南唐白瓷的比较中说起》，《考古与文物》1994年第4期。

[5] 耀州窑博物馆：《中国耀州窑国际学术讨论会论文集》，西安：三秦出版社，2005年；Edited by Shanghai Institute of Ceramics, Academia Sinica.Scientific and technological insights on ancient Chinese pottery and porcelain. Beijing: Science Press, 1986.

[6] 陕西省考古研究所：《五代黄堡窑址》，北京：文物出版社，1997年，第540页；张志刚、李家治：《耀州窑历代青瓷釉瓷器工艺研究》，《'99古陶瓷科学技术4国际讨论会论文集》，上海：上海科学技术文献出版社，1999年，第65~72页。

[7] 刘中夏、王斌、李国栋等：《耀州窑遗址粘土及其古瓷的初步研究》，《文物保护与考古科学》1990年第1期。

[8] 王芬、陈士萍、孙洪巍：《五代耀州窑青瓷的研究》，《'99古陶瓷科学技术4国际讨论会论文集》，上海：上海科学技术文献出版社，1999年，第55~62页。

[9] Lu Xiaoke, Li Weidong, Luo Hongjie, et al. A scientific study on the Xing kiln of ancient China. *Sci China Tech Sci*. 2012, (10): 2902-2919.

[10] 陕西省考古研究所：《五代黄堡窑址》，北京：文物出版社，1997年，第540页；张志刚、李家治：《耀州窑历代青瓷釉瓷器工艺研究》，《'99古陶瓷科学技术4国际讨论会论文集》，上海：上海科学技术文献出版社，1999年，第65~72页。

[11] 陕西省考古研究所：《五代黄堡窑址》，北京：文物出版社，1997年，第540页。

[12] 王芬、罗宏杰、李强等：《耀州窑月白釉瓷》，《'09古陶瓷科学技术7国际讨论会论文集》，上海：上海科学技术文献出版社，2009年，第345~350页。

[13] 王小蒙：《试论唐代黄堡白瓷的发展——从黄堡白瓷与河南唐白瓷的比较中说起》，《考古与文物》1994年第4期。

[14] 梁宝鎏、罗宏杰、李家治等：《借助对应分析方法研究耀州古瓷的演变规律》，《硅酸盐学报》1997年第1期。

[15] 罗宏杰、李家治、高力明：《中国古瓷中钙系釉类型划分标准及其在瓷釉研究中的应用》，《硅酸盐通报》1995年第2期。

[16] 李国桢、关培英：《耀州青瓷的研究》，《硅酸盐学报》1979年第4期。

[17] Lu Xiaoke, Li Weidong, Luo Hongjie, et al. A scientific study on the Xing kiln of ancient China. *Sci China Tech Sci*. 2012, (10): 2902-2919.

[18] 禚振西：《耀州窑遗址出土历代青瓷的时代特征》，《'95古陶瓷科学技术3国际讨论会论文集》，上海：上海科学技术文献出版社，1995年，第418~422页。

[19] 王芬、罗宏杰、李强等：《耀州窑月白釉瓷》，《'09古陶瓷科学技术7国际讨论会论文

[20] 禚振西：《耀州窑遗址出土历代青瓷的时代特征》，《'95古陶瓷科学技术3国际讨论会论文集》，上海：上海科学技术文献出版社，1995年，第418～422页。

[21] 陕西省考古研究所：《五代黄堡窑址》，北京：文物出版社，1997年，第540页；陕西省考古研究所、耀州窑博物馆：《宋代耀州窑址》，北京：文物出版社，1998年，第540页。

[22] Lu Xiaoke, Li Weidong, Luo Hongjie, et al. A scientific study on the Xing kiln of ancient China. *Sci China Tech Sci*. 2012, (10): 2902-2919.

[23] 陕西省考古研究所：《五代黄堡窑址》，北京：文物出版社，1997年，第540页。

[24] 王芬、陈士萍、孙洪巍：《五代耀州窑青瓷的研究》，《'99古陶瓷科学技术4国际讨论会论文集》，上海：上海科学技术文献出版社，1999年，第55～62页。

[25] 李家治：《中国科学技术史·陶瓷卷》，北京：科学出版社，1998年，第259～270页。

[26] Lu Xiaoke, Li Weidong, Luo Hongjie, et al. A scientific study on the Xing kiln of ancient China. *Sci China Tech Sci*. 2012, (10): 2902-2919.

[27] 李国桢、关培英：《耀州青瓷的研究》，《硅酸盐学报》1979年第4期。

附录八 新疆和静察吾呼沟四号墓地出土单耳彩陶带流罐保护修复

牛　耕[1]　刘存良[2]　王　俊[2]　申秦敏[2]　王　俊[2]　周　丹[2]

（1. 新疆巴音郭楞蒙古自治州文博院　2. 西安鼎铉文化遗产保护有限公司）

新疆和静县位于天山中段南麓，焉耆盆地西北部，是古代游牧民族文化和农业民族文化的共存和衔接地带，县境西部和北部的裕勒都斯盆地是历史上著名的游牧地，乌孙、西突厥等都曾占据，后者曾在此建立庭，同时也是历史上诸游牧民族进出天山东西和纵穿天山南北的重要孔道和咽喉。在这些山间盆地、山地峡谷中，保留着丰富的古代遗迹。"察吾呼"是蒙语，意思是悬崖的沟。察吾呼沟位于哈尔莫墩乡以北36km处，南北走向，长约10km，宽约150m，北通裕勒都斯大草原。新疆和静县察吾呼沟口四号墓地，位于察吾呼沟沟口北侧天山南麓一台地上，台地北高南低，呈西北—东南向的长方形，南北长约165、东西宽65～80m。1986年、1987年新疆文物考古研究所共清理墓葬248座，出土大量的陶、铜、木、骨、石、铁、金、银器和毛织品等，这些文物收藏于新疆巴音郭楞蒙古自治州博物馆（以下简称巴州博物馆）[1]。

为了保护修复察吾呼沟四号墓地出土陶器，博物馆委托陕西历史博物馆，编制了《察吾呼沟四号墓地出土陶器保护修复方案》［编号：XJJRX-JZCS（2020）-1103］，遵照新文物发〔2020〕49号，博物馆联合西安鼎铉文化遗产保护有限公司，在博物馆保护修复了这批陶器。本文选取这批陶器的典型代表——单耳彩陶带流罐，详细记录该器物的保护修复过程。

1　单耳彩陶带流罐保存现状

该器物编号BBC250，出土于新疆和静察吾呼沟四号墓地，属夹砂云母红陶，春秋时期，器物残缺，残高12厘米，破碎为5块，层状剥落严重，彩绘局部脱落，表面泥土附着。

早期按照考古工作规程，对文物进行抢救性发掘，文物经清理、拍照、绘图、发掘等流程后，用纸包装放入塑料袋内带回博物馆。自1987年考古发掘出土后运到巴州博物馆，存放于该博物馆库房，摆放在柜架之上。由于该馆条件有限，多件文物密密麻麻的摆放在狭小的库房内，并无通风、温湿度控制等基本设施，也没有条件进行修复整理，导致该件器物出现多种病害：残缺、破损、断开、裂缝、裂隙、划痕和盐析（表1.1）。

表1.1　单耳彩陶带流罐基本信息

名称	单耳彩陶带流罐	文物编号	BBC250
材质	夹砂云母红陶	文物时代	春秋
级别	未定级	收藏单位	巴音郭楞蒙古自治州博物馆
发掘时间	1987年	入藏时间	不详
发掘地点	察吾呼沟四号墓地87HJCIVM62：8	入藏地点	巴音郭楞蒙古自治州博物馆
修复史	无修复史		
修复前器物照片			
器物病害图	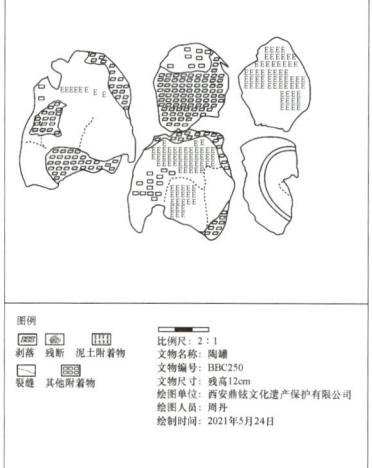		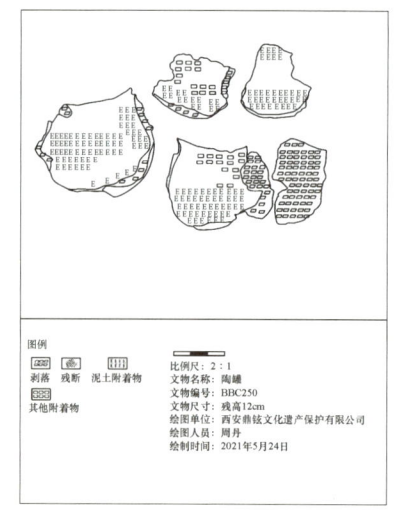

2 单耳彩陶带流罐科学分析

从同批墓葬中选取考古发掘的破坏严重的陶片样品，编号为001/21、004/21、006/21，样品信息见表2.1。

表2.1 样品信息记录表

序号	样品描述	分析编号
1	察吾呼沟四号墓地出土残破彩陶片，不规则形，2cm×3cm×4cm	001/21
2	察吾呼沟四号墓地出土残破彩陶片，不规则形，2cm×4cm×1cm，表面富集白色晶体及污染物	004/21
3	察吾呼沟四号墓地出土残破彩陶片，不规则形，2cm×2cm×1cm，表面富集白色污染物及晶体	006/21

2.1 X射线衍射分析（XRD）

实验采用的仪器是日本理学公司D/max-3C型X射线衍射仪，测定条件如下：管压为40kV，管流为40mA，发射狭缝DS为1°，接收狭缝RS为0.3mm，端窗CuK，α靶X-射线管，真空光路。样品的XRD测试结果见表2.2。XRD测试结果显示：陶片胎体的矿物组成主要为石英、部分长石类矿物，从其化学组成的Na_2O、K_2O、CaO的特点也可以看出，其原料应该就是新疆本地沉积黏土。彩陶罐表面盐分含量较高，可溶盐主要成分为$CaSO_4$、Na_2SO_4。

表2.2 样品XRD测试结果

分析编号	XRD分析结果
001/21	方解石、云母、石英石、伊利石
004/21	方解石、云母、石英石、石膏、芒硝
006/21	方解石、高岭石、石英石、石膏、芒硝

2.2 波长色散X射线荧光定量分析（XRF）

使用CIT-3000SM能量色散X射线荧光分析仪（B型），仪器测试条件：室温，约24℃；管压12000V；管流0.4mA；压样条件：样量8g，压力10MPa；测样时间：150s。X射线荧光定量分析结果见表2.3。

波长色散X射线荧光定量分析（XRF）给出每个样品中8种主次量化学组成（Na_2O、MgO、Al_2O_3、SiO_2、K_2O、CaO、TiO_2、Fe_2O_3）的分析数据，测试结果见

表2.3，总量都在99.5%左右，基本代表了样品的组成特点。可以看出这些样品的组成特征为铝含量在13%左右，铁含量较高（6%左右），这与早期陶器的原料并无太大差异，都属于易熔黏土。另外，各个样品之间的数据很接近，这表明它们所用原料特征和来源较为相近[2]。

表2.3　样品主量化学组成（wt%）

序号	Na_2O	MgO	Al_2O_3	SiO_2	K_2O	CaO	TiO_2	Fe_2O_3	总量
001/21	0.97	1.65	14.56	70.46	3.03	1.29	0.81	6.7	99.47
004/21	1.71	1.82	13.31	71.84	2.88	1.5	0.74	5.81	99.61
006/21	1.51	2.2	14.45	67.46	3.17	3.3	0.78	6.61	99.48

2.3　烧成温度及相关物理性能测试

样品的烧成温度及相关物理性能测试结果见表2.4。这些样品的吸水率都较大，平均值约18.23%，体积密度平均值约1.76g/cm³，抗压强度平均可达30.2MPa，烧成温度大约为780℃，样品的外观大多是红棕色，铁含量较高，所以是在氧化气氛下烧制的。

表2.4　样品烧成温度及相关物理性能分析

序号	体积密度（g/cm³）	吸水率（%）	显气孔率（%）	抗压强度（MPa）	烧成温度（℃）（±20℃）
001/21	1.73	16.5	27	35.5	790
004/21	1.85	17.8	28	25.6	780
006/21	1.71	20.4	35	29.4	770

2.4　陶片的偏光显微分析

制样设备有SPQJ-300型切片机、SMJ型自动磨片机（用于粗磨、细磨）、SPT-250型调速抛光机、202-OA型数显电热恒温干燥箱中，在60℃温度下，烘干5h放入真空恒温箱。用切片机切割残陶片，确保原样显微结构或存在的缺陷不受影响，同时需不断用水冲洗冷却，使得试样的残渣碎屑不会到处飞溅。由于陶片疏松多孔，为了使切割好的陶片在研磨过程中不受损伤，必须用环氧树脂及邻苯二甲酸酐进行浸渗、固化以提高其强度。浸渗、固化过程中需将样品放入真空恒温箱，一段时间后取出进行研磨处理，然后进行粘片，作为盖玻片。样品在尼康Eclipse E600POL型偏光显微镜下观察到的结果分别如下。

样品001/21大致由30%～40%的粉砂和60%～70%的黏土组成，其次为石英、云母、岩屑等。岩屑为黏土或火山灰，常有较高磨圆度。此外，还有少量碳酸岩碎屑，有的似结核，粒径在1mm以上，镜下可见有少量暗色副矿物。推测原始成分为粉砂质黏土，经后期改造出现内核外环构造，外环宽2～4mm，颜色红褐色，比内核深，风化氧化导致二者界限明显；内核中出现孔隙，内径0.2～1.5mm不等，常沿长轴定向排列。在外环中出现平行四周的裂隙，宽0.02～0.05mm、长0.2～2mm不等，互不连接。

样品004/21原始组成有两部分：一部分为粉砂质黏土，大致由20%～30%的粉砂和70%～80%的黏土组成。碎屑粒径小于0.05mm，由长石、石英和云母组成。由于与基质界限不十分清晰，外轮也少见棱角状。另一部分为中粗砂级碎屑，很可能为人工混入或掺和的，粒径为0.2～0.8mm，主要是长石和石英组成，还有部分岩屑（花岗岩、火山岩），少量云母、磷灰石、电气石、角闪石等，还有几粒碳酸盐碎屑。经后期加工改造出现不完全环边，氧化铁增高、颜色加深；碳酸盐碎屑与基质出现多个环带，碳酸盐矿物微粒化、析出氧化铁；有玻璃化现象，向均质体过渡。

样品006/21大致由25%～35%的粉砂碎屑和65%～75%的黏土组成，碎屑主要由长石、石英，其次云母组成，镜下可见少量岩屑，副矿物有电气石、辉石等。碎屑磨圆度多为次棱角状，少量次圆状、棱角状。原始成分为粉砂质黏土。经后期加工或风化出现不完全内核、外环构造；内部出现孔隙，大致定向排布；黏土局部出现玻璃化现象，浅色暗色发生分异，局部出现浅色蠕虫体。

岩相研究发现：陶片主要成分由砂屑及黏土构成，砂屑含量大约为25%，主要成分为石英、长石、云母和岩屑等，且砂屑形状多呈棱角状，黏土含量大约为60%。手工制作的陶器结构不均匀、不致密，其内部基质气孔个体差异较大，气孔较多且小，含量为5%左右，呈现不规则形。陶片中的孔隙促使盐分易于随着水分渗入内部，若温度和湿度反复变化，可溶性盐结晶析出，导致可溶盐损害。在边缘、裂缝等残损严重部位，有风化、酥粉损害陶片的痕迹。

3 单耳彩陶带流罐的保护修复

按照以上检测，制定了针对性的保护修复方案，设计了针对性的修复流程，并遵循修复流程对该件器物实施了保护修复（图3.1）[3]。

3.1 修复流程

提取文物，拍照记录、现状描述，器物基本数据测量（尺寸、重量），绘制器物线图病害图。清理表面污染物：用2A溶液软化，手术刀对表面物轻轻剔除。采用高吸水率滤纸贴敷脱盐，电导率判断除盐程度，贴敷前先采用去离子水喷壶喷湿，高吸水率滤纸紧密贴敷，完成除盐后，文物进行缓慢阴干。对残块拼接后采用环氧树脂胶进行黏接，固化24h；对残缺部位采用石膏进行补全；剥落层部位因太薄，影响文物安

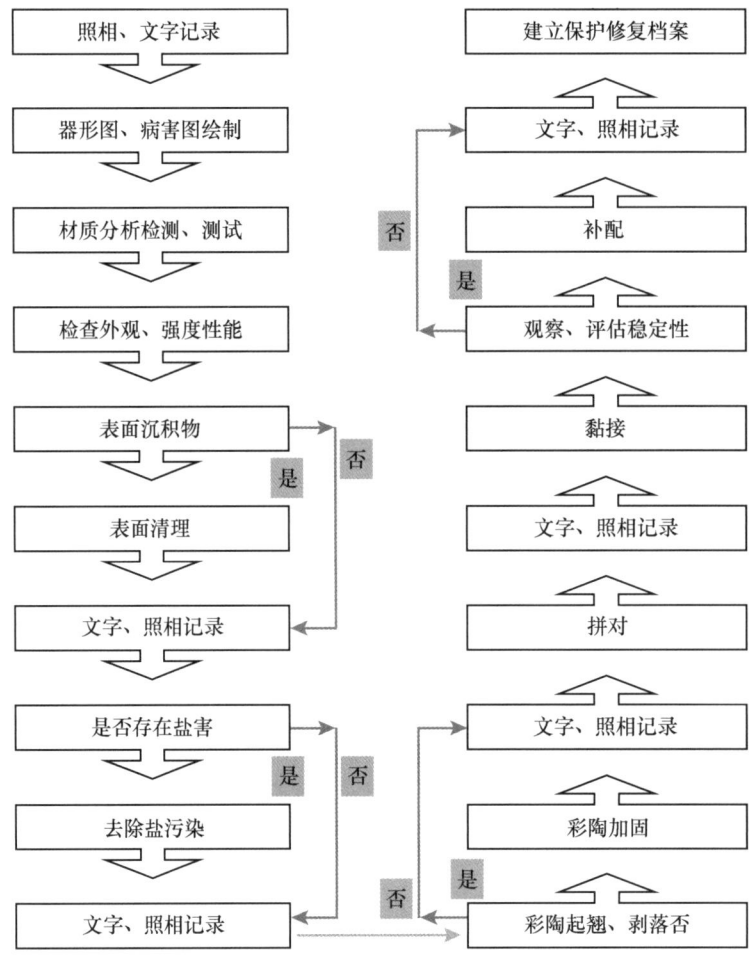

图3.1 单耳彩陶带流罐的保护修复流程

全，对其薄弱处进行补配。用酒精漆片调兑矿物颜料对补全部位进行逐层上色做旧，通过毛笔点、画、弹等方式达到文物展览要求。用1%的B72丙酮溶液进行封护。拍摄修复后文物照片，填写《文物保护修复档案》，将修复完成的文物入库。

3.2 修复材料和工具

棉签、毛刷、石膏、万达康达新材环氧树脂结构胶WD3620、矿物颜料、稀释后漆片、脱脂棉、高吸水率滤纸、白色A4纸、丙烯酸树脂B72、丙酮、去离子水等材料及试剂。

锉刀、剪刀、手术刀、打磨机、铅笔、砂纸、调色盒、毛笔、油画笔、标签纸、硅胶桌垫、修复套装、笔记本、尺子、电子秤、烧杯等工具。

3.3 保护修复过程

3.3.1 照相、记录

照相贯穿于器物修复保护的整个过程，直观反映器物的信息及修复保护过程，具体包括以下几个方面。

（1）修复前照相

记录文物修复前器物状况，从器物整体和各个方位的局部照片反映器物的外形、残损程度、彩绘状况等。修复保护侧重于器物形貌、病害变化等，通常对每一碎片正反面及全部碎片都需拍照。

（2）保护修复过程中的照相

整体清理前要进行清理实验，试验块清理前后都需照相，为后续清理工作提供依据。重点部位修复前后照相用以比较评估修复效果。器物制作迹象、重要纹饰等照片，其内部制作工艺迹象或刻划符号在黏接后再不可见，因此对于这些资料要及时照相。对比较有代表性的病变情况（变色、褪色等）和彩绘工艺较为特别的情况要照相记录。

（3）修复后照相

用于记录文物修复后的器物状况，从器物整体和各个方位的局部进行照相，应与修复前照片相对应，这样具有对比性（对于黏接成形后但还需进行补全的器物，其黏接成型、补全、作旧每个阶段都需拍摄）。

3.3.2 表面清理

清理是修复过程中的第一步，也是最基础、最关键的步骤。清理就是去除器物上的有害物质，使其更稳定、更安全。清理方法主要有机械法和化学法。机械法对器物损伤小，易于操作，且安全有效。

器物表面的泥土、硬结物、结晶盐、植物残留物等均需要清理。清理工具以竹签为宜，辅助以手术刀等工具。清理时先用软毛刷将器物内外表面的浮土、灰垢擦拭，针对单耳彩陶带流罐表面泥土附着物和沉积物等，采用机械方法和化学试剂涂敷相结合的方式清理，主要有以下几个方面。

（1）表面泥土的去除

用软毛刷、吸耳球、小竹签、自制竹刀和自制木刀等工具进行剔除。较难清理的其他附着物，可用雾化较好的喷壶在土垢表面喷少许2A溶液（去离子水+乙醇），使土垢充分润湿，然后用上述工具、棉签进行清理。

（2）表面其他附着物、微生物的去除

表面其他附着物主要分为有机脂类和炭黑。清理时，主要采用棉签滚动擦拭法，蘸取适量的过氧化氢和酒精的混合液反复擦拭，及时更换棉球。

（3）清除硬结物

选用20%的柠檬酸溶液清除表面硬结物，再用大量的去离子水将多余柠檬酸清除干净，以防止残留酸液对陶体及纹饰造成破坏。

（4）脱盐

结晶盐的清除也是本次保护修复中的一个难点，陶器表面、内壁的结晶盐成片状附着。通过XRD、扫描电镜能谱分析得知，可溶盐为$CaSO_4$、Na_2SO_4。依据盐分所在的部位和面积大小，选择物理方法脱盐。

对于本件器物而言，采用纸浆护敷法除盐。用纸浆等吸水性较强的物质作为吸附材料，以水为溶剂，通过使吸附材料中的水渗入多孔物质来溶解器物内部的可溶盐。溶解阶段之后，随着多孔物质外表面水分的不断蒸发，在毛细管作用的影响下，盐溶液就会由多孔物质内部向外部迁移，最终使得盐分被吸附到纸浆上。在处理过程中，先将棉纸撕成碎片放入去离子水中，并搅拌使之成为纸浆，再将纸浆敷在待除盐器物上，利用毛细作用使盐分从器物内部被吸附到纸浆上，干燥后敷以新纸浆，反复操作，去除可溶盐。对彩陶纹饰易脱落或者陶质较差的彩陶、局部陶胎部位富集的盐分，可使用棉签蘸去离子水或使用手术刀等工具进行清理；再使用湿敷法进行脱盐处理，直至电导率仪读数稳定（图3.2），脱盐即可结束。

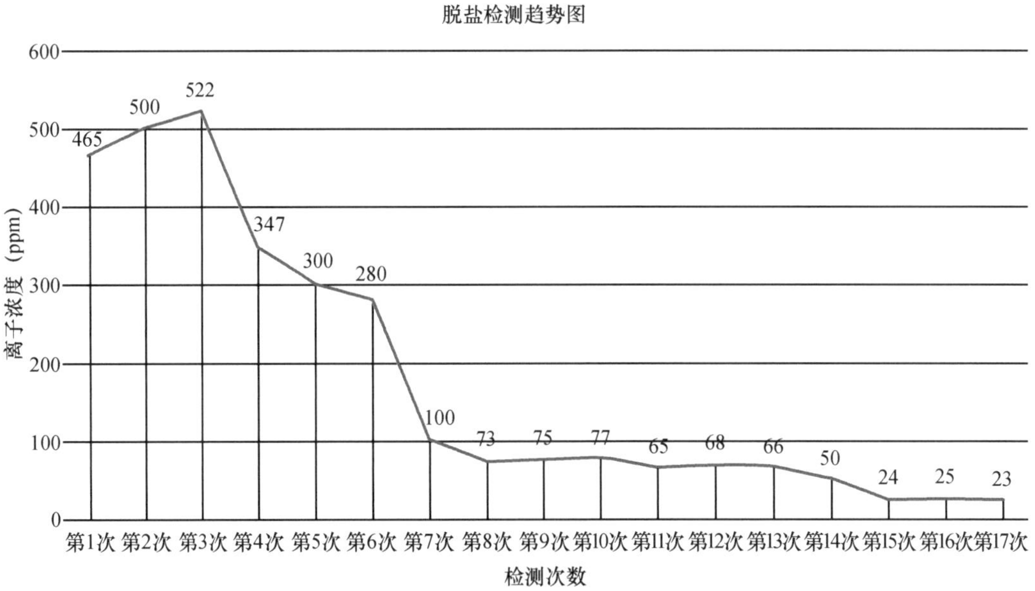

脱盐检测趋势图

图3.2 电导率测定脱盐效果评估

3.4 加　　固

表面清理、脱盐过程结束后，为了防止后续的拼对黏接、补全等保护修复过程引起彩陶表面胎层的剥落，先对彩陶器进行加固处理。选取Paraloid B72作为加固材料[4]，采用喷涂、点涂、包裹敷浸等保护工艺进行加固。

3.5 拼对、黏接、补配、封护

通过对国内外市场上出现的黏接剂进行综合性能研究，结合单耳彩陶带流罐的病害程度及自身强度和保存环境，对残块拼接后采用环氧树脂胶进行黏接[5]，固化24h。对残缺部位采用石膏进行补全；剥落层部位因其太薄，影响文物安全，对其薄弱处进行补配。用酒精漆片调兑矿物颜料对补全部位进行逐层上色做旧，通过毛笔点、画、弹等方式达到文物展览要求。用1%的B72丙酮溶液进行封护。拍摄修复后文物照片，填写《文物保护修复档案》，将修复完成的文物入库。

3.6 建立保护修复档案

按照国家文物局行业标准《陶质彩绘文物保护修复档案记录规范》（WW/T 0023-2010），建立起该件文物的保护修复档案，该器物修复过程中的照片见图3.3。

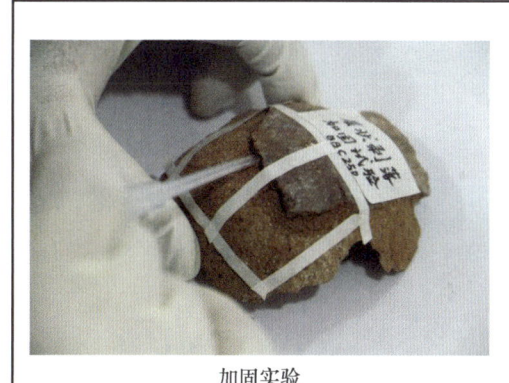

加固实验

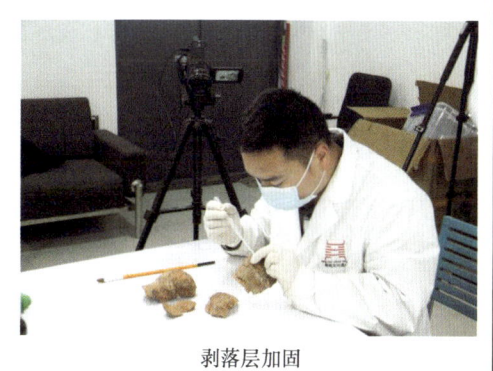

剥落层加固

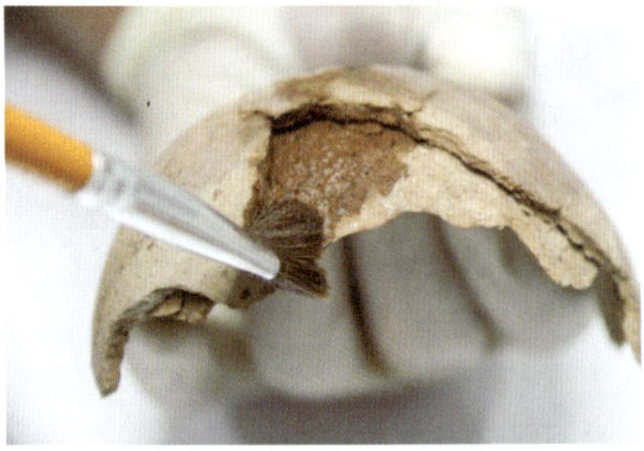

剥落位置加固	脱盐
电导率第一次测定	电导率最终测定
拼对	黏接
黏接后	参考同类型陶罐

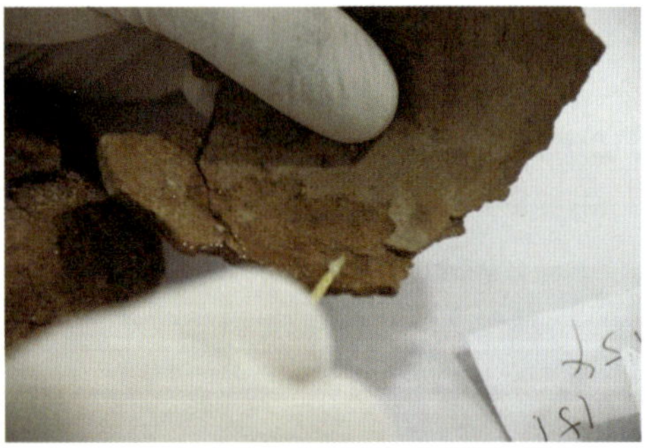

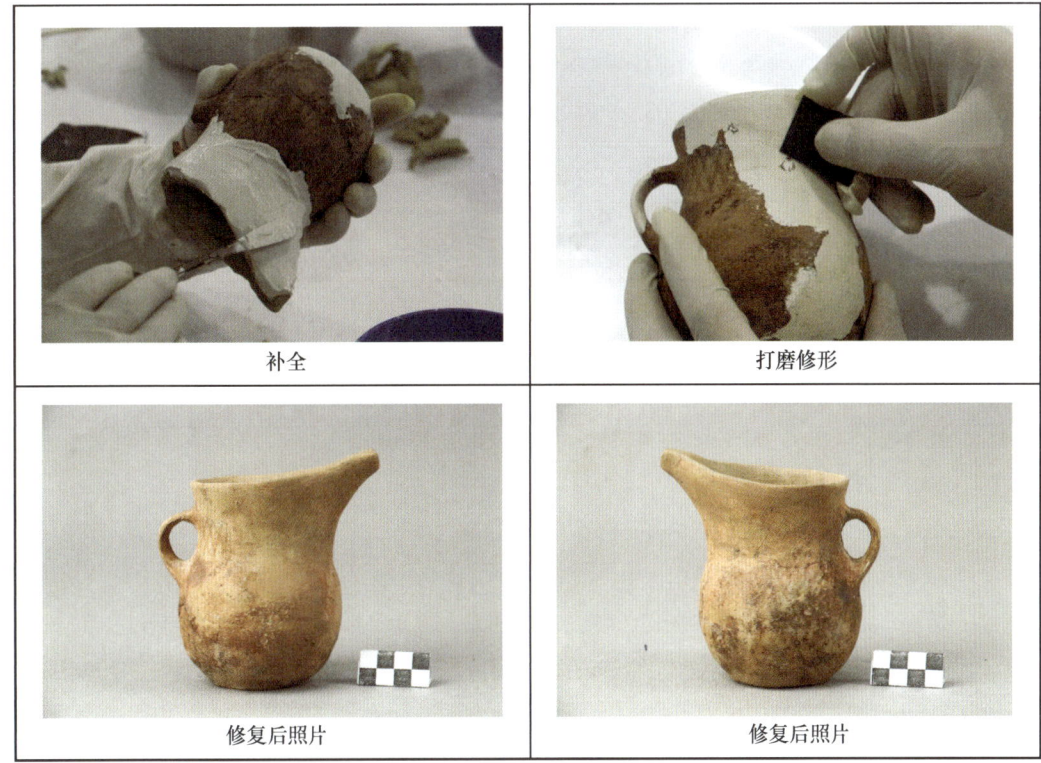

图3.3 修复后照片

4 小 结

在本次保护修复过程中,严格遵守文物保护修复原则,尊重文物、尊重文物修复职责。在对文物进行保护修复过程时,不能简单地把断裂的陶片重新进行黏接,如此处理后在搬运过程中由于受力会导致二次伤害或交叉伤害;保护修复文物要从根本上解决问题,要对文物、文物修复负责。

修复必须对该文物进行科学研究,保护文物上所附着的历史信息,甚至包括器物内所残留的填充物或痕迹。经检测发现:该陶由砂屑及黏土构成,主要成分为石英、长石、云母和岩屑等,且砂屑形状多呈棱角状,黏土含量大约为60%。手工制作的陶器结构不均匀、气孔较多、不规则且差异较大,表面盐分$CaSO_4$、Na_2SO_4结晶析出,导致可溶盐损害。在器物残损严重部位,风化、酥粉痕迹明显。

修复文物是对文物价值的再次挖掘,这首先要了解文物的材质结构。陶器的材质结构比较复杂,出土地点和时期不同,其材料的化学成分就有所不同。通过分析器物的密度、硬度和厚度,了解器物的坚固程度;分析器物受损程度是物理受损还是化学受损,从而确定其保护、处理措施。这是社会的进步,也是作坊交流传承的结果。

致谢：感谢中国科学院上海硅酸盐研究所赵静副研究员、李强博士的大力支持，项目实施受到国家文物局文物科技保护优秀青年项目（项目编号：2015-297）、陕西省社会科学项目（立项号：13H035）的资助，在此深表谢意。

注　释

[1]　陈戈：《新疆察吾乎沟口文化略论》，《考古与文物》1993年第5期。

[2]　容波、周铁：《陶质文物科技保护研究现状》，《文物保护与考古科学》2011年第2期。

[3]　李晓溪、王丽琴、李伟东等：《脆弱硅酸盐质文物保护用纳米级SiO_2-丙烯酸酯复合材料的性能》，《精细化工》2011年第10期。

[4]　袁传勋：《PVAc和PVB改性硅溶胶加固保护陶质文物的研究》，《文物保护与考古科学》2003年第1期。

[5]　周铁、容波：《陶质彩绘文物保护用加固剂研究进展》，《文物保护与考古科学》2008年第C1期；秦始皇帝陵博物院、中国科学院上海有机化学研究所、中国科学院上海硅酸盐研究所等：《出土陶质彩绘文物保护关键技术研究》，北京：科学出版社，2014年。

Abstract

This book focuses on the protection and restoration of painted pottery cultural relics, mainly concentrated on the properties and application status of protective and restoration materials systematically. Based on the principles of conservation and restoration of ancient cultural relics, a series of simulation experiment was designed according to the characteristics of conservation and restoration technology. The absorption rate, permeability, surface properties, mechanical properties and aging resistance of the materials were tested in the laboratory, and the mechanism of protecting and repairing materials against environmental erosion were explored in depth, and the mechanism of organic silicon, organic fluorine, polyurethane, epoxy resin, acrylic acid, ector the pottery reinforcement and fragment bonding were analyzed and discussed respectively. The service behavior of conservation and restoration materials was studied in laboratory for revealing the microscopic characteristics of the interaction between conservation materials and ancient potteries. Combined with the needs of the cultural relics protection field, the evaluation process of conservation and restoration materials for painted pottery was established, and the parameters and methods for the effect evaluation of the protective materials in painting pottery were constructed, the effectiveness of used protective materials and their protection processes was evaluated and verified scientifically, which provides a scientific basis for the protection and restoration effect evaluation of ancient painted pottery, with a good application prospect in this field. This book is suitable for researchers of cultural relics protection, scientific and technological archaeology, archaeology and other disciplines as well as teachers and students of relevant colleges and universities.

后 记

时光飞逝,岁月荏苒,在秦始皇帝陵博物院我已经工作25个年头。回想起从下坑、上陵、骑自行车到陵区的考古工地,以及看到修复后的跪射俑成为网红,那些已经逝去的和将要逝去的光阴,在眼前如幻灯片般闪现,心中满满都是对各位同事、同行、老师、领导深深的感激和眷恋之情。

2014年国家文物局发出通知,针对文物保护前沿、基础、共性或关键科技问题,启动文物保护科技优秀青年研究计划遴选工作。研究计划依托《2020年文物事业发展目标体系》和《国家文物保护科学和技术发展"十二五"规划(2011—2015年)》确定的重点任务,建立竞争性和稳定性相结合的支持机制,营造良好的学术研究和科技创新环境,培养造就一批青年科研领军人才和创新团队,实现我国文化遗产保护科技的可持续发展。经过多次评审选拔,我申报的优秀青年计划得以中选,研究计划实施周期为5年,研究方向为《陶质彩绘文物保护修复材料性能及应用效果评价》(项目编号:2015-297),课题承担单位为秦始皇帝陵博物院,参与单位为中国科学院上海硅酸盐研究所。国家博物馆铁付德研究员和浙江大学张秉坚教授作为合作导师,全程指导课题的研究过程,付诸了大量心血。项目于2020年6月经国家文物局组织专家通过结项验收。

研究计划围绕陶质文物彩绘保护材料性能,从评价指标、评估方法、服役行为及失效机制等方面入手,现场实验和模拟实验并重,开展系统的基础研究工作。具体研究内容包括陶质彩绘文物保护修复材料调研、陶质彩绘文物保护修复材料性能评价方法,通过实验室模拟和计算机仿真,并通过光谱等检测技术动态监测有机硅、有机氟、丙烯酸酯、聚氨酯乳液、纳米材料及天然材料等保护修复材料服役期间从微观到宏观的变化,科学认知其失效过程;建立保护材料与工艺的安全性、有效性及耐久性的评价流程,为预防性保护措施提供参考;为陶质彩绘文物保护修复材料准入提供思路和理论基础,为保护修复效果评价技术提供启示。

研究团队通力协作为本项目研究贡献了力量。项目实施过程中,系统梳理了陶质彩绘文物保护修复材料应用现状,充分调研了现有保护修复材料,将重点聚焦至彩绘加固材料及黏接材料,包括有机硅、有机氟、聚氨酯类、环氧树脂、纳米材料、丙烯酸等材料。实验室测试保护修复材料的吸收率、渗透性、表面性能、力学性能及耐老化性能。针对不同保存状况下的陶质彩绘文物病害,利用模拟老化箱,模拟保护修复材料抵御环境侵蚀的作用机制,微观研究保护修复材料服役行为和失效过程,评估陶胎加固材料、彩绘加固材料、残片黏结材料。结合具体材料实施应用,预测陶质彩绘文物保护修复材料在环境因素作用条件下的使用寿命,确立陶质彩绘文物保护修复材料安全、有效、耐久的评价指标,构建陶质彩绘文物保护修复材料性能评价流程与规范,为新型陶质彩绘文物保护修复材料的设计、研发、工艺实施提供科学基础。科学评价了典型保护修复材料性能,完成了对已用典型保护修复材料的认知及科学评价,开展了典型保护材料的老化速率和使用寿命的预测方法研究,系统揭示了材料老化失效的主要原因,对科学构建保护修复材料评价技术体系和开展新的保护技术研究有支撑和开拓作用。

《陶质彩绘文物保护修复材料性能及应用效果评价》是对上述研究内容的成果进行总结整理而成的。全书分为九章。第一章绪论,介绍陶质彩绘文物保护修复研究状况,回顾国内外陶质彩绘文物保护修复材料研究与应用现状。第二章是陶质彩绘文物保护修复材料研究现状综述,介绍了应用于陶质彩绘文物保护领域所用的丙烯酸树脂、有机硅树脂、含氟聚合物等保护材料,指出了各类材料的优缺点。第三章介绍了陶质彩绘文物的制作工艺及其材质,材质劣化、环境因素、人为因素造成的文物病害,以及病害识别和判别方法。第四章为实验室研究陶质彩绘文物保护材料性能评价。第五章为TEOS/PDMS-OH改性材料的实验室评价研究。第六章为陶质彩绘文物陶胎加固材料研究。第七章为秦俑彩绘保护材料实验室评价研究。第八章为陶质彩绘文物修复黏接剂性能及筛选研究。第九章为陶质彩绘文物保护材料的未来研究与应用展望。最后为相关案例介绍。

本书撰写过程中,秦始皇帝陵博物院容波研究员撰写了第一至四、六、八、九章;中国科学院上海硅酸盐研究所赵静副研究员撰写了第五、六章;第七章源于秦俑彩绘保护技术研究项目组;案例由保护修复负责人撰写。全书由容波研究员统稿,科学出版社责任编辑赵越、王蕾女士审核校对。

在推广应用和实施过程中,秦始皇帝陵博物院邵文斌、刘江卫、毛小芬、朱振宇,青州市博物馆周麟麟,荆门市博物馆赵永华、周伟、邹涵,焦作市博物馆刘鑫,青海省文物考古研究所高志伟,荆州博物馆江月,河南省文物考古研究院武志江,城阳城址国家考古遗址公园管委会刘勇,陇县博物馆王全军等众多同行的热心支持、大力协助,研究成果应用于秦始皇帝陵博物院、皖西博物馆、荆门市博物馆、青海省文物考古研究所、青州市博物馆，以及其他文物收藏单位陶器的保护修复，取得了良好的社会效益，具有重要的推广应用价值。研究成果通过研究论文、专利、示范应用及国内外学会会议邀请报告等多种形式进行传播，短时期内快速推动了技术成果的扩散与普及，又为民众普及了文化遗产保护的科学知识，进一步增强了民众参与文化遗产保护的积极性。

在研究队伍创新能力及人才培养方面，依托于项目研究团队，累计培养硕士研究生6人，1人获得利荣森国际基金会资助受邀赴美访学半年，并获得省部级科技奖励3项。发表学术期刊论文16篇，其中SCI收录3篇，相关专利5项。

当然，由于陶质文物病害程度各异，模拟难度大，保护修复效果与存放环境关系密切，文物保护修复材料性能评估需持续跟踪研究。在探索保护修复材料老化失效变化规律、理论模拟方式预测不同保护修复材料失效后对陶质文物可能发生的病害、拓展典型保护修复材料失效机理研究案例等则需要进一步研究。

研究计划的立项和实施得到了秦始皇帝陵博物院周铁研究员、陕西省文物局科技处孔昱调研员的鼎力支持和帮助。项目执行期间衷心感谢秦始皇帝陵博物院侯宁彬院长、王润录书记的督促和鼓励！

整个课题的顺利结项，离不开国家文物局博物馆与社会文物司段勇、罗静、孔祥芝等领导的支持，离不开陆寿麟、李化元、姜标、铁付德、张秉坚、王金华、胡道道、马涛、潘路等专家在课题各个阶段的指导和支持！

衷心感谢秦始皇帝陵博物院李岗院长、田静副院长、王原茵副院长、郭向东副院长、周萍副院长、武天新书记、侯宏庆主席、陈志平院长助理等院领导在课题研究成果出版中给予的关心和支持。

衷心感谢陕西省文物局罗文利局长、贾强副局长、孔昱调研员、范仲兴副处长对此项工作的支持和鼓励！

为了确保著作的系统性，本书也吸纳了笔者近些年的相关学术研究成果。水平所限，书中难免有不足或疏漏之处，敬请专家、学者、读者多多指正。祈愿我们以成熟的理念、科学的方法、发展的眼光、持之以恒的态度共同参与到文物保护材料研究和实践中来，推动文物保护事业更全面、更深入、更科学的发展。

最后，特别感谢科学出版社赵越、王蕾女士，为本书的出版付出了辛勤劳动。

容　波
于秦始皇帝陵博物院
2020年12月